中国历史上的职业与社会

徐 彬 常建华 主 编
刘道胜 余新忠 副主编

中国社会科学出版社

图书在版编目（CIP）数据

中国历史上的职业与社会 / 徐彬，常建华主编 . —北京：中国社会科学出版社，2020.9
ISBN 978-7-5203-6940-4

Ⅰ.①中⋯　Ⅱ.①徐⋯②常⋯　Ⅲ.①社会史—研究—中国　Ⅳ.①K207

中国版本图书馆 CIP 数据核字（2020）第 146817 号

出 版 人	赵剑英
责任编辑	安　芳
责任校对	张爱华
责任印制	李寡寡

出　　版	中国社会科学出版社
社　　址	北京鼓楼西大街甲 158 号
邮　　编	100720
网　　址	http://www.csspw.cn
发 行 部	010-84083685
门 市 部	010-84029450
经　　销	新华书店及其他书店

印　　刷	北京明恒达印务有限公司
装　　订	廊坊市广阳区广增装订厂
版　　次	2020 年 9 月第 1 版
印　　次	2020 年 9 月第 1 次印刷

开　　本	710×1000　1/16
印　　张	27.5
字　　数	445 千字
定　　价	158.00 元

凡购买中国社会科学出版社图书，如有质量问题请与本社营销中心联系调换
电话：010-84083683
版权所有　侵权必究

目　录

理论探索与学科建设

改革开放以来中国近代社会史研究：反省与寻求突破 ……… 李长莉（3）
构建内外融通的生命史学
　　——中国医疗史研究的回顾与前瞻 …………………… 余新忠（16）
论费孝通的历史观 ……………………………………………… 小　田（44）

职业与社会

再论清中叶江苏的社会经济与生活
　　——侧重于职业与生计的考察 ………………………… 常建华（69）
徭役与职业之间
　　——近代中国基层社会的"乡役" ………………… [日] 山本英史（88）
民国时期城市职业群体与慈善 ………………………………… 蔡勤禹（105）
近代人力车业治理的理念与制度困境 ………………………… 马陵合（117）

家族与宗族

比较视野下唐宋官宦世家的个案与群体研究 ………………… 王善军（137）
科举、商业与文化：宋明以来地方家族的转型 … 黄志繁　张洪亮（146）
名与责：徽州妇女守节的"经"与"权"
　　——以《新安女行录》《新安女史征》为例 ………… 王世华（177）

由书香门第到商人家族
　　——明代徽州府休宁邑前刘氏的商业活动 ………… 陈时龙（193）

地方社会与基层治理

宋元以来江苏常熟真武崇拜考 ………… 巫能昌（207）
清代徽州图甲户籍运作机制的分异与趋同
　　——以《祁门修改城垣簿》为中心 ………… 黄忠鑫（240）
庙宇与村庄：关帝庙在明清乡村社会的性质与作用
　　——基于高平地区关帝庙现存碑文的探讨 ………… 郝　平（269）
明清徽州赋役户籍和基层职役的"朋名" ………… 刘道胜（283）
田野调查所见华北碧霞元君信仰的几个问题 ………… 李俊领（302）
开口之争：明清时期里下河地区的水利社会史
　　——以盐城石䃺口为中心的考察 ………… 丁修真（313）
《橙阳散志》的编修及其史料价值 ………… 康　健（328）

商业、经济与社会

论徽州本土和域外对徽商形象认同的差异及其原因 ……… 卞　利（351）
古人的生活品味：养生、起居与赏玩
　　——《遵生八笺》解读 ………… 陈　锋（369）
在作茧自缚与破茧而出之间
　　——近代道教困境探微 ………… 刘　平（390）
1933—1937年间华北白银走私与中国各方应对探析 ……… 肖红松（409）

理论探索与学科建设

改革开放以来中国近代社会史研究：
反省与寻求突破

李长莉

(中国社会科学院近代史研究所)

摘要：改革开放以来中国近代社会史学科从萌动、复兴到发展成熟，研究重心由政治及上层向民间社会及民生论题转移，研究范式相继出现现代化、本土现代性、国家与社会、社会治理的转换，研究方法上则在开掘民间史料及借鉴社会科学理论方法方面不断探索。虽然已经取得显著成绩，但研究也存在同质化、碎片化、平面化、狭窄化的缺陷。今后突破瓶颈的方向在于：选题应在全球化视野下，着眼于中国社会改革面临问题，从学术链的缺环和薄弱环节入手，研究方法多元化，注重实证研究基础上的理论解释与概括，目标是为解决当今中国社会改革及人类发展面临的问题，提出本学科的系统知识阐述与多层面的理论解释。

关键词：中国近代社会史　研究重心　研究范式　研究方法

改革开放已经走过四十年，中国近代社会史是伴随改革开放而启动、复兴的新兴学科，走过了从无到有、发展成熟的历程，作为中国近代史领域改革创新的生长点，成为发展最快、最有创新活力、开拓空间最为广阔的研究领域。回顾与反省是推动学科不断深入发展的内在动力，在各个时段都有业内学者对学科的发展状况进行总结与反省，对学科的不断探索前行、调整方向、深化创新起到了促进作用。[①] 站在四十年后的今天，中国

[①] 如蔡少卿、李良玉：《50年来的中国近代社会史研究》(《近代史研究》1999年第5期)；行龙：《二十年中国近代社会史研究之反思》(《近代史研究》2006年第1期)；王先明：《新时期中国近代社会史研究评析》(《史学月刊》2008年第12期)等；闵杰：《近代社会史研究》(见常建华、郭玉峰、孙立群、闵杰编著《新时期中国社会史研究概述》，天津古籍出版社2009年版)。

近代社会史学科面临着学术内部理论创新与外部时代课题的双重挑战，反省学科的发展历程与现状，仍然存在着一些缺陷与薄弱环节，成为阻碍理论创新、深入发展的瓶颈。本文对四十年来中国近代社会史学科发展历程作一概括梳理与反省①，进而对于当今面临挑战和发展瓶颈之下寻求理论创新与突破路径作一探讨。

一 起步—开拓期（1978—1995 年）

1978 年改革开放，思想解放，被"左"倾错误和政治运动长期干扰扭曲的史学研究开始转向学术轨道。反省中国现代化何以艰难迟缓是当时学术界、思想界关注的中心问题，史学界出现从文化上加以反省的"文化热"，进而延伸到对中国社会的反省，社会史研究出现萌动。但中国近代史长期形成以革命史为主线、以政治运动及重大事件为专题领域的学科框架和研究路径，在 20 世纪二三十年代就有所萌芽的"社会史"，则被视为"资产阶级学术"受到排斥，不被作为独立领域，这种状况一时还难以改变。如 1979 年创刊的中国近代史专业权威学术期刊《近代史研究》，每年末附刊前一年"国内论著目录"，②其分类即为鸦片战争、太平天国运动直至第三次国内革命战争等十余个政治专题（这一政治专题分类至 1997 年废止），辅以经济史、思想史、中外关系史为专史补充，并无"社会史"门类，一些社会史相关内容附于政治专题之内，如附于农民战争中的秘密社会，妇女运动中的女性研究，革命运动中的社会团体、社会阶层、群体研究等。最早出现社会史独立发展的萌动，也是从这些原属革命史框架下的研究领域开始。如从农民革命话语中开出秘密社会史，1984 年 10 月在上海召开了第一届中国会党史讨论会，讨论了会党的起源、性质、地位、作用等问题，会后出版了会议论文集《会党史研究》（学林出版社 1987 年版）。这次会议可以说是第一次中国近代社会史专题研讨会。

1986 年首届中国社会史学术研讨会在天津召开，首次树起社会史独立

---

① 参看李长莉《中国近代社会史研究三十年发展趋势与瓶颈》（《南京社会科学》2017 年第 1 期）、《三十年来中国近代社会史研究范式转换》（《河北学刊》2018 年第 1 期）、《近三十年中国社会史研究方法的探索》（《南京社会科学》2015 年第 1 期），以及李长莉、唐仕春、李俊领、吕文浩合著：《当代中国近代社会史研究》（中国社会科学出版社 2017 年版）。

② 《近代史研究》每年第 5 期或第 6 期附刊上年度"国内论著目录"，2010 年度缺，2011 年后改为网络版，2014 年后停止。

学科的旗帜，成为社会史复兴的标志，也是作为断代史的中国近代社会史学科复兴的起点，从此走上至今三十余年的学科独立发展道路。此后，中国近代社会史研究队伍开始聚拢与扩大，相关研究逐渐展开，并以新领域、新视角、新方法，成为中国近代史学改革和创新的生长点。

专题论文是最快反映研究动向和学术前沿的成果形式，据闵杰《中国近代社会史论著目录》① 统计，开始注录的第一年1987年论文只有十余篇，后逐年增多，到1995年已近百篇，九年时间总计论文570余篇，平均每年60余篇，出版著作总计179部。从论著数量来看，与政治史、思想史、经济史等成熟学科相比还很少，可以说仍处于起步阶段和边缘地位。进入90年代后，随着社会史论著数量明显增多，学科地位也逐渐得到学界认可。如《近代史研究》附刊论著目录，至1991年开始将"社会史"列为独立学科门类，与经济史、思想史等专史并列，可视为学科独立地位得到学界认可的一个标志。

通史性著作也是专史学科确立的标志之一。中国近代社会史起步以后经过数年积累，到1992年出版了两本通史性著作：一是乔志强主编《中国近代社会史》（人民出版社1992年版）；二是陈旭麓《近代中国社会的新陈代谢》（上海人民出版社1992年版）。前者以横向的社会构成、社会生活、社会功能为框架建构了一种近代社会史体系；后者则以纵向、历史变迁阶段为框架建构了另一种近代社会史体系。这两本书分别代表了两种中国近代社会史学科体系构想，堪称这一新兴学科的奠基之作。但两书所述时段仍然沿袭从鸦片战争到五四运动的狭义"近代史"划分，没有包括1919年之后的内容，因而只能说是小通史。

社会史作为一个新兴学科，开拓一个新领域，首先面临的是学科理论建设，因此学科概念、研究对象等成为初兴时期集中讨论的问题。

关于学科概念界定的讨论，可归纳为三种意见：其一，"专史说"——认为社会史是与政治史、经济史、文化史等专史并立的一个专门史。② 其二，"总体史说"——认为社会史是涵盖政治、经济、文化等所有

---

① 见常建华、郭玉峰、孙立群、闵杰编著：《新时期中国社会史研究概述》，天津古籍出版社2009年版。

② 乔志强：《中国近代社会史·导论》，人民出版社1992年版，第2页。

领域及其相互联系的大社会的综合史。① 其三,"新视角说"——认为社会史是以社会为本位考察历史的新视角。② 正是从这一意义上,有人也用"新史学"来指称社会史。这三说分别从研究领域、社会性质和研究视角等不同角度,基于社会史的一些不同特性,试图对社会史在已有历史学学科体系中进行学科界定和定位。到了90年代以后,伴随着社会史研究的快速发展,社会史作为与政治史、经济史、思想文化史并立的史学分支学科的概念界定和学科定位,日益被学界所认同,社会史研究者也不再固执于社会史概念的某种界定限制,而是根据具体研究对象而展开研究,以具体研究成果自行显示社会史的学科特征,关于社会史学科概念定义的争议和讨论也渐趋沉寂。

关于社会史研究对象,学者们一致的看法是,改变以往以政治为重心而注重上层的历史研究模式,转而以民众为主体的社会作为研究对象,即"目光下移"。但对这一研究对象的具体内涵和内容,学者们又因角度不同而有不同表述,可归纳为广义与狭义两种:广义者认为社会史研究对象是社会整体,包括社会结构、社会生活、社会功能、社会过程等。③ 狭义者认为社会史研究对象是以社会生活为中心的社会体系,包括社会结构、社会组织、人口、社区、物质与精神生活习俗等。④ 90年代以后,涵盖比较宽泛的"社会整体"说得到学界的基本认同,业内学者开始在"社会史"旗帜下,在与社会相关的广阔领域展开研究,关于社会史研究对象的讨论也渐趋沉寂。中国近代史是具有较大变动性、处于社会急剧转型的特殊历史阶段,因而更加注重"社会变迁"这一历史特征,因此中国近代社会史研究对象可归纳为:中国近代社会结构、社会关系、社会制度、社会运动、社会现象、社会问题、社会生活、社会风俗、社会心态、社会意识等

---

① 陈旭麓:《陈旭麓文存》,上海人民出版社1990年版,第183页;张静如:《以社会史为基础深化党史研究》,《历史研究》1991年第1期。

② 赵世瑜:《社会史研究呼唤理论》,《历史研究》1993年第2期;赵世瑜:《再论社会史的概念问题》,《历史研究》1999年第2期;朱志敏、孔祥宇:《1990年以来中国近现代社会史理论研究概述》,《党史研究与教学》1998年第3期。

③ 乔志强:《中国近代社会史·导论》,人民出版社1992年版,第2页;池子华:《中国近代社会史的理论视野》,《河北大学学报》1998年第23卷第1期;张静如:《以社会史为基础深化党史研究》,《历史研究》1991年第1期;陈旭麓:《略论中国近代社会史研究》,《华东师范大学学报》1989年第5期。

④ 冯尔康等:《中国社会史研究概述》,天津教育出版社1988年版,第2—3页;王先明:《论社会史研究的对象》,《河北学刊》1990年第2期。

状况及其变迁过程与机制。社会史研究对象丰富且复杂，使其研究范围十分宽广，给研究创新与拓展提供了广阔空间，研究对象也随着研究领域的不断开拓而扩展和细化。

专题论文的论题反映了研究的内容和对象。据前述闵杰《中国近代社会史论著目录》统计分析，在社会史初兴九年间570余篇论文，论题涉及内容广泛，包括社会阶层和群体、社会结构、社会组织、基层社会与社会控制、社会生活与民众文化、社会问题与社会保障、社会观念与理论等，基本覆盖了社会基本方面和基础问题，表明社会问题已经成为主要研究对象，反映了社会史已经摆脱政治史依附性研究，而转向社会问题为主体。

专题论文集中的论题反映了研究者关注的重心所在。综观这一时期论文数量居前列的论题为"城市社会""秘密社会""吸禁鸦片"，表明这些问题是这一时期研究集中的重点。这三个论题都是从以往政治史衍生出来的，"秘密社会"由农民革命话语衍生而来，"吸禁鸦片"由反帝话语衍生而来。也正因如此，这类论文许多还不是从社会问题的视角，而是带有一定的政治史话语印迹。"城市社会"既与资本主义话语有关，也与现代化有关，因此成为初期社会史由旧向新的一个路径，持续受到关注。一些与政治没有直接关系的论题，如"救灾与慈善""生活与休闲""乡村社会"等，也已开始出现研究成果，表明这类论题已进入研究者视野，只是论文数量较少，处于边缘和起步阶段。

中国近代社会史开辟新研究领域，由于研究对象和研究视角的转换，研究理论和方法也有新的开拓，并成为学科的突出特色。基于某一中心问题及核心理论而形成的研究路径、认知范畴及理论分析框架，可称为"研究范式"。社会史复兴是从反省现代化起步，"现代化"成为初期许多研究论著的主题和关键词，"现代化范式"成为主流解释理论，其主要理路是以西方现代化模式为标本，对照品评中国近代社会发展的得失优劣。研究者在这一范式主导下，主要围绕中国社会近代化状况、传统社会元素与现代化的关系、社会现代化变革的艰难曲折、与西方模式相比的缺失等展开研究，作出了一批不同于以往"革命史范式"而别开生面的研究成果，推动了学科的初期发展。[①]

[①] 乔志强、行龙《中国近代社会史研究中的几个问题》(《史林》1998年第3期)一文，对中国社会近代化变迁的过程、特征和阶段作了比较全面集中的概括。

"现代化范式"的价值主要体现为：将中国近代社会发展目标确立为现代化，使研究重心由以往政治斗争、革命运动转向社会本身，重点研究社会状况及社会要素与现代化变革的关系。研究视角和关注重心由以往集中在上层精英阶层，转向社会与民众，使研究领域大大扩展。但"现代化范式"也显现出一些缺陷：一是"西方中心"的一元现代化论，导致以西方模式生搬硬套中国社会，而忽视中国社会发展的本土特性和内在逻辑。二是以"从传统向现代"的目的论线性发展概括中国近代社会变迁过程，忽视了社会变迁的丰富性与复杂性。三是以"传统—现代""中国—西方""落后—进步"的二元对立价值论评判社会现象，失之于简单化和绝对化。

社会史开拓一个新领域，以往旧框架下的传统史学方法已不能满足需要，还需探索开拓相适应的新研究方法和路径。对此学科初兴时期也有过集中讨论，[①] 同时在研究实践中也不断探索、开拓，这一时期有以下几个富有学科特色的研究方法。

第一，发掘利用民间史料。以往以政治和精英为主要研究对象的历史研究，比较注重利用官方档案、官书公文、人物文集等史料，而社会史由于研究视角转向社会与民众，研究重心下移，因而需大力开掘利用以往不被看重的民间史料。大量出自民间、反映民间社会和民众生活的资料被纳入可资利用的史料范围，如报纸、方志、日记、笔记、家谱族谱、书信、账本契约、民间读物等，甚至不再局限于文本史料，而扩大到碑刻、图像、口述等非文本资料。

第二，社会调查法的运用。社会史研究对象转向社会下层、民间社会与民众，而与此相关的文字记录往往并不完备，运用社会调查方法，走入民间，收集散落在民间的文本及非文本资料，弥补单纯文本史料的偏重上层、文字书面等的局限，大大扩展和丰富了历史资料范围和种类。

第三，借鉴社会科学理论方法。不再局限于文献考证、史实记述等传统史学方法，而更多借鉴其他社会科学理论方法，如社会学、人类学、民俗学、心理学、经济学等。如有借鉴社会心理分析方法，对一些社会群体社会心理、心态进行研究，如商人心理、市民心态、农民心理的研究，形

---

① 参看蔡少卿、李良玉《50年来的中国近代社会史研究》，《近代史研究》1999年第5期。

成"心态史"。① 有些重点借鉴某一社会科学理论方法进行研究，形成具有跨学科色彩的新学派。如较多借鉴人类学的田野调查法、民族志记述法、深入访谈法等，形成"历史人类学"学派。有结合社会史与文化史，致力于从文化视角透视社会问题，从社会路径探究文化特质，形成"社会文化史"学派。此外还有"社会经济史"等。

二 探索—发展期（1996—2005年）

中国近代社会史研究第二个十年，进入快速发展期。从研究成果数量来看，据《近代史研究》附刊论著目录统计，1996年发表论文80篇，后逐年增长，1999年150篇，2002年210篇，2005年310篇，十年共计1700篇，年均170篇，比前十年增幅近一倍半。十年间出版专著共约580部，比前十年增幅三倍多。1996年出版了龚书铎主编的自先秦至民国8卷本《中国社会通史》（山西教育出版社），以历代社会结构、社会运行、社会变迁为主要内容。这是第一套由断代社会史组合而成的中国社会通史著作，其中史革新主编《中国社会通史·晚清卷》和朱汉国主编《中国社会通史·民国卷》，共同组成了第一部1840—1949年百余年完整的中国近代社会通史。这些都反映了学科更加发展成熟。

第二个十年论文集中讨论的论题在前后两半期有所变化。据《近代史研究》论著目录统计，前半期论文数量排在前列的论题"城市社会"和"吸禁鸦片"是延续前一时段的老热门论题，原来居后位的"生活、休闲与大众文化"也升至前列，这一论题属于民众生活，反映了这时期的研究摆脱政治而关注民间、民众的趋向。这一趋向到后半期更加明显，居前三位的论题已经是"商人及行会商会""区域与乡村社会""灾荒、慈善、医疗、生态"，完全成为社会本位论题。可以说到这一时段，社会史研究重心已经完全摆脱了政治依附而完成了向社会本位的回归。研究重心转移的另一个表现是，前一时段论文数量排在前位的一些政治衍生论题，如"秘密社会""吸禁鸦片"，到这一时段排序下降，反映了研究视角由政治史向社会史转换之下，这些政治相关度较高的旧论题受关注度下降。

---

① 如马敏：《中国近代商人心理结构初探》，《中国社会科学》1986年第5期；程歗：《晚清乡土意识》，中国人民大学出版社1990年版；乐正：《近代上海人社会心态（1860—1910）》，上海人民出版社1991年版；周晓虹：《传统与变迁——江浙农民的社会心理及其近代以来的嬗变》，生活·读书·新知三联书店1999年版。

这一时期研究重心转移，还反映在出现两个热门领域。一是城市史。近代城市兴起是社会现代化变革的火车头，城市社会自然成为研究重心。首先是近代较早开放的通商口岸城市史研究，起步较早、成就突出的是上海史研究，如有上海社会心态史、生活史专著①，1999年出版了熊月之主编15卷本《上海通史》（上海人民出版社），上海史甚至成为海外中国学的一个热门领域。此外天津、武汉、北京等城市史研究也取得开拓成果。城市史后续发展兴旺，至今仍然是一热门领域。

第二个热门领域是区域史，即以一定地域范围的地方性社会状况及社会各元素之间的关系为研究对象，考察地方社会结构、民众生活、关系网络、制度运作等。一般以行政区划、自然环境、文化传统等形成的具有某种共同性的区域为研究单位，以乡村及基层社会为重心。较早做出显著成果的有华南研究、山西区域研究等，后扩展至更多地域。区域史避免了以往全域史忽视地区差别而过于笼统泛化的弊端，便于对相对独立的区域社会网络进行具体和系统的考察，以揭示中国基层社会的生态与运作方式。区域史以注重田野调查、发掘民间资料为突出特色，将以往忽视的乡村社会为主要对象，显示了贴近乡土、空间广阔的优势，成为长期兴旺发展的一个重要领域。②

从理论分析框架方面，这一时期一些学者力求矫正"现代化范式"的"西方中心"偏向，开始转向立足本土，考察中国社会自身资源与现代化变迁的关系。这一思路注重传统与现代的连续性，重在考察传统社会内在元素与现代性的契合度或连接转化，可称之为"本土现代性范式"。在这一范式之下，研究出现由宏观渐入微观、由笼统走向具体的趋向，区域史和微观研究的兴起，就是这一范式的实践反映。"本土现代性范式"是对"现代化范式"的深化与超越，体现了立足于中国本土、贴近社会实际探索中国自身现代化道路的认识提升。但也显现出一些缺陷：一是许多研究往往偏重还原史实的具体描述，而缺少宏观观照和理论分析，有"平面化"之弊；二是有些个案研究过于细碎、零散，缺少问题意识、整体性与

---

① 乐正：《近代上海人社会心态（1860—1918）》，上海人民出版社1991年版；忻平：《从上海发现历史——现代化进程中的上海人及其社会生活（1927—1937）》，上海人民出版社1996年版；李长莉：《晚清上海社会的变迁——生活与伦理的近代化》，天津人民出版社2002年版。

② 参看行龙《二十年中国近代社会史研究之反思》，《近代史研究》2006年第1期；行龙主编：《区域社会史研究导论》，中国社会科学出版社2018年版。

普遍联系的观照，因而缺乏普遍性价值。

一些研究者在反省"本土现代性范式"平面化、碎片化弊病的基础上，引入政治社会学"市民社会""公共领域"理论，形成"国家与社会"研究范式，注重基于公共权力的国家干预与基于个人权利的社会自治之间的互动关系。较早运用这一范式的研究集中在商会组织、市民社会、公共领域、国家与社会互动等主题，如研究近代城市形成的商业、社区、公园、娱乐场所等"公共空间"，研究行会、商会、学会、民间组织等"公共领域"，研究公共交通、公共卫生、慈善等"公共事业"，研究城市商业生活及大众娱乐生活的"公共生活"，研究报刊、集会、演讲等"公共舆论"等。① "国家与社会"理论注重探讨国家与社会的联系与互动，不同社会力量之间的权力关系，对近代社会状况及其变迁提出了理论层面的解释，使中国近代社会的研究达到一定的理论高度，因此，这一理论至今仍然是中国近代社会史领域中被广泛运用的一个热门理论。但这一范式也有缺陷，如运用这一理论的研究集中于大城市市民社会，而难以适用于考察中国广大农村地区国家与社会的关系。

这一时期借鉴社会科学方法的探索更加多样化，一些社会科学新方法被引入，进而形成新的研究分支。如一些学者运用词语分析法进行研究，形成"概念史"。有学者对中国近代出现的一些新词语或具有一定标志性意义的关键词，进行语言翻译学、传播学、语义学、文化建构等方面的分析，揭示这些新词语与社会文化变迁的相互关系。②

还有学者借鉴"文化建构"理论，对近代一些社会文化现象进行建构性分析。如"民族国家"是近代形成的一个重要政治观念和国民意识，有学者对中国近代"民族国家"观念如何建构的过程进行研究。一些研究者运用文化建构理论，分析民国时期一些新礼仪、新节日的出现、确立、意

---

① 参看朱英《近代中国的"社会与国家"：研究回顾与思考》，《江苏社会科学》2006年第4期；张志东：《中国学者关于近代中国市民社会问题的研究：现状与思考》，《近代史研究》1998年第2期；邓京力：《"国家与社会"分析框架在中国史领域的应用》，《史学月刊》2004年第12期；闵杰：《近代中国市民社会研究10年回顾》，《史林》2005年第1期。

② 这方面的代表性学者黄兴涛，近十余年来发表了系列相关论著如《清末民初新名词新概念的"现代性"问题——兼论"思想现代性"与现代"社会"概念的中国认同》（《天津社会科学》2005年第4期）、《晚清民初现代"文明"和"文化"概念的形成及其历史实践》（《近代史研究》2006年第6期）、《"她"字的文化史：女性新词的发明与认同研究》（福建教育出版社2009年版）、《重塑中华：近代中国"中华民族"观念研究》（北京师范大学出版社2017年版）。

涵及其社会作用。还有学者运用文化建构方法研究一些特定群体的形象与身份建构，如知识女性、职业女性、新女性、女学生、革命女性、女明星、留学生等。

三 成熟—深化期（2006—2018 年）

2005 年 8 月，由全国多所高校及研究单位联合举办"首届中国近代社会史国际学术研讨会"，是第一次中国近代社会史学科的大型国际学术会议，有海内外学者百余人参加研讨，反映了学科已经形成一支初具规模的研究队伍，并以一个独立学科搭建起国际学术交流平台。此后这一会议以学科年会形式每两年举办一届，每届参加者百余人，并编辑出版会议论集"中国近代社会史研究集刊"系列。年会至今已经举办七届，形成了业内学者定期交流的大型平台。

近十余年来研究成果也大幅增长，《近代史研究》附刊论著目录"社会史"门类论文 2005 年超过 300 篇，此后逐年增多，2009 年超过 400 篇、2013 年超过 500 篇。有统计的 2005—2008 年每年出版著作都有 80—90 部。而且自 2006 年始，社会史论文数量超过了经济史、中外关系史，与政治史和思想史并列为中国近代史领域论文数量居前列的三大学科。2014 年后虽没有专业论著目录可供统计比照，但近年社会史兴旺发展的态势仍一直持续，此为业内共识。

随着研究成果数量增长，研究领域也更加扩展和细化，形成更多的研究分支。除了此前已有的城市史、区域史、历史人类学、社会文化史等继续深化扩展之外，还有一些新的分支陆续开拓并初成规模，如灾荒史、疾病史、卫生史、生态史、日常生活史、社区生活史、个人生活史、身体史、家族史、口述史、影像史、电影史等，研究领域呈现日益多元化、精细化发展的态势。

从这一时段论文总体状况来看，研究者关注较多、论文数量居于前列的论题为"灾荒、慈善、医疗、生态""区域与乡村社会"，这是民生、民间社会和基层社会领域，还有"知识（官僚）阶层"即社会精英群体，是连接社会的纽带、引领社会的关键群体。民间社会与精英群体，是社会构成主体，也是支撑社会稳定与导致变革的双轮两翼，成为研究者长期关注的重点领域，反映了社会史已经形成以民间社会及上下层互动为重心的学科格局。在第一时段学科复兴初期论文数量居前列的热门论题"秘密社会""吸禁鸦片"论文数量已居后位，且研究视角已经转为"民间信仰""民间组织""禁毒"等社会问题的治理而政治性色彩退化，体现了以社会为中心的学术话语体系，这是社会史学科已形成独立、完整学术体系的反映。

纵观中国近代社会史复兴以来三十余年间研究重心的转移，有以下三个总体趋向：第一，由政治衍生论题向社会民生论题转移；第二，由上层（精英阶层）向下层（民间社会）转移；第三，由社会特殊问题向社会基本问题和普遍问题转移。

研究理论范式也有深化。在"国家与社会"理论框架下，深入思考国家与社会权力互动关系的实际效能，则不只是国家与社会的权力关系发生作用，而是多种因素综合作用的结果。考察何种因素参与社会互动、以怎样的方式综合发生作用，以及形成了怎样的社会效果，由此探索如何取得最佳的社会效果，形成良治社会，概括这一过程的一个理论概念就是"社会治理"。一些研究者开始从"社会治理"视角选择切入点，将"社会治理""社会管理""社会控制""社会秩序"等相关系列概念作为研究论题或中心问题，形成以"社会治理"为中心的新理论框架和研究范式。近十余年来，从"社会治理"视角研究中国近代社会史的成果逐渐增多，渐成规模，开始形成引起关注的新研究路向。[①] 已有成果比较集中的领域有乡村治理、城市治理、治理制度、社会问题治理等。

"社会治理"范式下的研究，对"国家与社会"范式有所深化，主要反映在三个方面：一是关注点从国家与社会的权力互动关系，转向这些互动作用对社会发生的实际效能与效果；二是从国家与社会二元互动关系，扩展为更加多元、多层、细化、复杂因素综合作用关系及其对社会生活的实际影响；三是不再以"传统与现代"二元对立价值观评判参与社会治理的社会因素，而是以超越传统与现代的区分，考察多元因素的综合作用，分析社会治理的实际效能，即从价值评判转向综合效能评估。这一研究范式至今还处于探索与拓展之中。

在研究方法方面，伴随研究的扩展、深化与细化，借鉴社会科学理论方法更加普遍与灵活，也更趋多样化、综合化，研究者往往不再刻意标榜

---

① 黄超《近二十年来国内近代中国社会治理研究发展概述》（《现代交际》2016 年第 10 期）一文，对近代中国社会治理的研究成果作了比较宽泛的概述，但界定不够清晰，评述也比较简略，可参考。

或拘泥于运用某种方法，而是根据研究内容和研究对象，综合运用多学科多种研究方法进行研究，且更加注意与史学方法的有机融合，避免生硬的概念化，显示出学科研究方法的包容与自信。研究方法的另一个新动向，是电子化资料的开掘、大数据运用，在这方面年轻一代更具优势。海量电子化资料为研究提供了更为广阔的开拓空间，大数据也为研究方法的创新提供了新的可能。与此同时，社会史理论方法也在向外扩散影响，政治史、经济史、思想史等学科的研究者，也纷纷借鉴社会史理论方法辅助其研究，扩展了其研究空间，增加了研究的立体感。学科之间相互借鉴、相互渗透，跨学科研究已成趋势，各学科之间的界限也日益模糊，出现更多重合地带。

结语：发展瓶颈与寻求突破

回顾改革开放以来中国近代社会史学科从萌动、复兴到发展成熟的历程，已经取得了突出成绩，显示出一个新兴学科的旺盛生命力和创新活力。但如果站在回应当今时代课题的高度来审视学科的现状，还存在一些缺陷与薄弱环节，成为阻碍理论创新、深入发展的瓶颈，主要有以下几点。

第一，研究成果虽数量增多，但同质化严重。许多研究成果从选题、主旨、思路、方法、框架、文风，甚至结论，多有雷同，同质性个案研究太多，只是具体论述内容的载体略有不同。因此有不少属于重复性研究，对于学术创新和深入推进价值不大。

第二，研究论题碎片化。许多研究论题日趋细化、碎化，或为缺乏社会意义与历史价值的细枝末节，或为缺乏社会历史联系的零散碎片，难以形成系统化、条理化的问题研究知识链。

第三，成果平面化，多史实描述而缺少理论思考，更少理论创新。许多研究成果仅止于对某种社会事象的具体描述、机械式还原，只运用历史学实证方法描述、还原社会现象的原貌，满足于"讲故事"，而缺少社会理论的解释与剖析，缺乏"讲道理"的层面，使研究成果缺乏深度。

第四，研究视野狭窄，往往局限于论题所限的具体事象、地域，就事论事，缺乏从国家社会整体，特别是从全球化视野的宏观观照，使得"地方性经验"难以上升为"普遍性意义"。

上述缺陷阻碍了学科的深化与提升，限制了理论创新能力，形成学科进一步发展的瓶颈,对此近年来学界多有批评与改进的呼吁,但迄今尚未见有明显突破与改观。中国近代社会史未来应向什么方向寻求发展与突破?在此提出一些思考。

首先,从学术内在发展脉络、提升学术质量方面。

第一,研究论题应避免填空式、零碎化,避免简单同质化和碎片化的个案研究,超越"分头挖坑、遍地栽树"的拓荒式研究模式,而要充分梳理以往研究成果链条的各个环节,寻找学术链的缺环和薄弱环节入手,使论题的研究成果与前人成果形成系统、充分的知识链,并发掘知识链条关键环节的独特价值,由此促使中国近代社会史形成比较系统、充分、立体、多元的知识体系。

第二,避免平面化叙述,跨越纯实证性研究,而在充分的实证研究成果基础上致力于更加深入的理论解释与概括,寻求对中国近代社会变革各方面问题提出不同层次的解释理论。

第三,在学科理论、研究范式和研究方法上有更多创新与突破,形成多元开放、适应多层面研究中国近代社会变迁历程的研究范式和学术流派。

其次,从回应现实挑战、提升学科创新力和影响力方面。

第一,中国近代社会史作为与当今社会转型变革联系紧密的学科,研究者不应回避时代责任,在一只眼瞄准学术内在发展的同时,另一只眼还要瞄准现实需求。从面临的现实社会问题着眼选择论题,从学科的独特角度,力求对中国近代社会转型和发展道路提出多层面的解释理论,并能得到学科内外的认可,为解决当今中国改革及人类发展面临的问题,提出本学科的有效知识和本土理论,特别是对当今困扰国内外思考者的"中国道路"这一难题,充分发挥本学科的优势,提出系统的知识阐述与可信的理论解释。

第二,当今全球化趋势及"全球史"兴起,我们需开阔视野,将近代以来的"中国道路"和"社会治理"等课题,放到全球视野和坐标中予以考察,更多地进行国际比较、世界各国不同社会元素及治理方式的比较。特别是中国近代社会本身就是对世界开放,在社会变革中有世界多种元素的交互作用。在这种世界坐标中考察,更能突显中国特色及中国社会的本质特性,这应是中国近代社会史的时代课题及未来需努力的方向。

构建内外融通的生命史学

——中国医疗史研究的回顾与前瞻

余新忠

（南开大学历史学院）

摘要：21世纪以来，医疗史研究取得了长足的发展，但也存在一系列的问题，为此，笔者认为拟从以下两个方面入手来推动新兴的医疗史研究的持续发展。一是更新理念，积极构建和践行立足生命，聚焦健康，将个人角色、具象生命以及历史多元性和复杂性放入历史学大厦的"生命史学"；二是要在跨学科的语境下，通过内引外联，促进内外史之间融通，进而推动具有相对独立性的医史研究的深入开展。而开展中医知识史研究，不失为融通内外史之间壁垒、真正开展跨学科研究的有效路径，将知识史的研究放在社会文化史的路径下展开，一方面，要充分关注和透视知识的社会文化意涵；另一方面，也将努力做"活"的知识史，即将知识文本与"人"密切的联系起来，在具体的实践中和历史情境下来认识和理解知识，故而也将具有生命史学的意蕴。

关键词：医疗史　生命史学　跨学科　融通内外史　中医知识史

近二十年来，笔者在开展中国医疗史的实证性研究之余，也一直在思考这一研究的发展理路、问题和可能。时至今日，医疗史，或者说医疗社会史，在史学界已不再是令人感到陌生的研究领域，无论是中国史还是世界史，这方面的研究都呈现出日渐兴盛之势。就笔者的体会，该研究的合法性和正当性问题，似乎正渐趋淡化。但作为一种新兴前沿研究，其在发展过程中，存在着种种困难和问题，也是必然而显而易见的：内外史之间的壁垒依然森严，对欧美成熟的医学史研究的理念、方法的了解和借鉴还十分不足，很多成果"新瓶装旧酒"现象严重，宏大叙事的影响依然强烈，相对独立的"医史"学科建设还遥遥无期，如此等等，不一而足。①特别是随着时间的推移，世人特别是年轻人趋新心理所带来的"新"的红利必将日渐消失，如果我们不能及时地针对其存在的问题，探明可行的发展方向，不断提出适切而有方向性意义的新议题，并相应地拿出有分量的新成果，那么这一研究的发展态势必然难以维系，不仅无法持续吸引更多的年轻学人加入其中，也更难以推动这一尚为边缘的研究不断壮大。

有鉴于此，笔者通过多年的研究心得，认为拟从以下两个方面发力，来推动新兴的医疗史研究的持续发展。一是更新理念，在尽可能地避免将对物质进步和整体社会经济的发展的追求和重视凌驾于对人自身的发展和个体生命的幸福的关注之上，将人自身的发展和个体生命的幸福化约为物质进步和整体社会经济的发展的前提下，以人为本，积极构建和践行立足生命、聚焦健康，将个人角色、具象生命以及历史多元性和复杂性放入历史学大厦的"生命史学"；二是要在跨学科的语境下，通过内引外联，尽可能地消解内外史之间的壁垒，通过发现恰当的议题，来推动内外史之间融通，进而推动具有相对独立性的医史研究的深入开展。

一 21世纪中国医疗史②的兴起

若放眼国际学界，主要由历史学者承担，以呈现历史与社会文化变迁为出发点的中国医疗史研究，早在20世纪七八十年代即已出现，至90年代，在个别地区，比如中国台湾，还展现了颇为兴盛的景象，但整体而言，特别是考虑到中国史研究的大本营——中国大陆的情形，这一研究日渐受到关注和兴起，仍可谓21世纪以来之事。这一研究的兴起，无疑应置于世界医疗史不断发展的脉络中来观察和思考，同时，亦应将其放在国际中国史研究演进的背景中来认识与理解。也就是说，它的出现和兴起，必然是国际以及中国学术发展史的一环。关于这一研究学术史，笔者以及其

---

① 参阅拙稿《当今中国医疗史研究的问题与前景》，《历史研究》2015年第2期；《序言：在对生命的关注中彰显历史的意义》，载余新忠主编《新史学》第九卷《医疗史的新探索》，中华书局2018年版，第1—15页。

② 这里所谓的医疗史不同于一般意义的医学史，主要是指立足于历史演变而非医学发展而展开的有关疾病、医药、卫生和身体等主题的历史研究。

他学者已有不少的论述①，毋庸赘言。于此值得思考的是，中国医疗史这样一个传统上属于科技史范畴的研究的日渐兴盛是如何成为可能的？究竟是什么力量在不断地推动这一个研究的兴起呢？

在当今中国的史学界，医疗史自新世纪以来取得了长足的发展，应是不争的事实，只要查翻这十年中的各种专业期刊以及具有一定学术性的报刊，就很容易感受到。但对这一形势，在不同人的眼里，可能会有相当不同的感受。对很多并不从事该研究的学者来说，往往都会有种直观的感觉，这一研究当下颇为热门，不过内心的感受却未必一致，在一部分人认为这是一项具有发展前景的新兴研究，甚或是未来社会史发展的新增长点的同时，另一部分人则可能会将其视为未必有多少意义的时髦。而对从事该研究的人来说，虽然大多会认同这一研究的意义和潜力，但却往往在现实中遭遇合法性和正当性的困惑。② 这些差异，除了一些个人的因素以外，主要应是研究者对医疗史的了解度、认同度以及对其未来发展的期待度的不同所致。对该研究缺乏认同甚或不屑一顾的现象，放在任何地方，都必定多有存在，不过相较于欧美以及中国台湾地区等学界，中国大陆史学界整体上对医疗史的了解和认同程度较低，似乎也是显而易见的。

造成这种现象的原因，首先最直接的当是中国大陆医疗史研究的兴起时间较晚，整体研究还相当薄弱，而若进一步追问更深层的原因，则应与中国历史学受传统的实证史学和马克思主义史学影响较深，尚未比较深入地经受欧美学界自20世纪六七十年代以来出现的"语言转向"和"文化转向"的洗礼，以及包括医学人类学、医学史在内的医学人学研究的整体学术积淀还颇为薄弱有关。不过，不管怎样，这一研究能在新世纪的史学研究中，呈现异军突起之势，必然自有其缘由，而且就笔者的感受，该研

---

① 余新忠：《关注生命——海峡两岸兴起疾病医疗社会史研究》，《中国社会经济史研究》2001年第3期；《从社会到生命——中国疾病、医疗社会史探索的过去、现实与可能》，杨念群、黄兴涛、毛丹主编：《新史学——多学科对话的图景》，中国人民大学出版社2003年版；《新世纪中国医疗社会文化史研究刍议》，载余新忠、杜丽红主编《医疗、社会与历史读本》，北京大学出版社2013年版；陈秀芬：《医疗史研究在台湾（1990—2010）——兼论其与"新史学"的关系》，《汉学研究通讯》2010年第29卷第3期，第19—28页；蒋竹山：《新文化史视野下的中国医疗史研究》，载氏著《当代史学研究的趋势、方法与实践：从新文化史到全球史》，台北五南图书出版股份有限公司2012年版，第109—136页；杜正胜：《另类医疗史研究20年：史家与医家对话的台湾经验》，载生命医疗史研究室《中国史新论·医疗史分册》，台北"中央研究院"、联经出版事业股份有限公司2015年版，第7—60页。

② 参阅余新忠《当今中国医疗史研究的问题与前景》，《历史研究》2015年第2期。

究未来的发展前景应该是乐观可期的。

医疗史能在新世纪的中国兴起，不外乎内外两个方面因素，是内动外促、内外合力共同作用的结果。就内外而言，可以分三个层面来谈。首先就地域而言，是中国社会与学术自身发展需要与国际学术思潮汇合而共同推动所致。自20世纪80年代以来，中国社会开启改革开放的进程以来，包括史学界在内的中国学界就一直在反省和引进中追求创新与发展。80年代中期，伴随着史学界在内省中提出的"还历史以血肉"诉求的出现，社会史研究开始在大陆全面兴起，并日渐成为史学界的显然，而医疗史或医疗社会史的出现，可谓这一潮流的自然延伸，因为在这一过程中，随着历史研究对象的扩展，研究者一旦涉足社会救济、民众生活、历史人口、地理环境等课题，疾病和医疗问题便不期而至了，同时，在针对以上论题开展的文献搜集中，亦不可避免地会不时遭遇疾疫之类的资料，这些必然会促发其中的一部分人开始关注这一课题。[①] 故而这一研究的出现，首先是史学界内省的结果，但与此同时，也离不开国际学术界的刺激和促动，而且有时甚至是至关重要的。比如在国内医疗史界造成重要影响的著作《再造病人：中西医冲突下的空间政治（1832—1985）》的作者杨念群早期有关医学传教士和西医东传研究，明显与他于20世纪90年代中期在美国游学的经历有关，而其关于疾病隐喻的论述也直接源于苏珊·桑塔格的影响。[②] 较早从事疾病史研究的曹树基也特别提到其研究与麦克尼尔的《瘟疫与人》等书的关系。[③] 而笔者最初兴趣，虽然源于在从事灾荒救济史研究时，发现了不少有关嘉道之际瘟疫的资料，但最后颇具理论自觉展开这一研究，则无疑是因为受到了西方和中国台湾地区的学界相关研究的启发和指引。或许可以这么说，在20世纪80年代以来中国史学界对前三十年教条主义史学研究广泛进行反省的基础上，越来越多地期望更新理念和拓展史学研究范围来推动中国史学的向前发展，在这一背景下，一些研究者敏锐地意识到疾病医疗的探究意义，而此时海外相对成熟的相关学术理论

[①] 参阅余新忠《从社会到生命——中国疾病、医疗社会史探索的过去、现实与可能》，载杨念群、黄兴涛、毛丹主编《新史学——多学科对话的图景》，中国人民大学出版社2003年版。

[②] 杨念群：《再造病人：中西医冲突下的空间政治（1832—1985）》，"导言"，中国人民大学出版社2006年版，第6、11页。

[③] 曹树基、李玉尚：《鼠疫：战争与和平——中国的环境与社会变迁（1230—1960年）》，山东画报出版社2006年版，第1—3页。

和颇为丰富的研究成果，则不仅为那些早期的介入者提供了学术的启发和指引，还更进一步提振了他们继续探究的信心，并让他们比较容易地找到了为自己研究辩护的理由。不仅如此，一些从事医疗史的重量级学者，比如台湾"中研院"院士梁其姿，与大陆史学界保持着较为密切的交流互动，利用其崇高的学术地位，通过呼吁倡导和奖掖后进学人等方式，对国内的医疗史研究的兴起起到了极大的促动作用。

其次，就学术的层面来说，则为学术界的内在冲动与社会的外在需求的结合。前面探讨，海内外史学思潮的共同作用，激发了中国史学界对于探究疾病医疗史的意愿。虽然中国史学界的医疗史研究出现较晚，基本始于20世纪90年代中后期，但史学界整体上从一开始就表现出了相当的认可甚至鼓励，1997年曹树基发表于《历史研究》上的论文《鼠疫流行与华北社会的变迁（1580—1644年）》，在翌年即荣获中国史学会颁发的"中国古代史优秀论文奖"。笔者于2000年完成博士论文《清代江南的瘟疫与社会》后，也获得了未能预料的广泛好评，并于两年后获得"全国百篇优秀博士论文奖"。四年后，再有李玉偿（尚）的《环境与人：江南传染病史研究（1820—1953）》再次获得这一奖项。与此同时，继曹树基的论文后，疾病医疗史的论文不时出现在《中国社会科学》《历史研究》和《近代史研究》等史学界的顶级刊物中。这些表明，医疗史研究虽然可能尚未成为大陆主流史学的一部分，但主流史学界对这一研究总体上是欢迎和认同的。如果学界一些重要人物的认可和接受，这些成绩的取得显然都是不可思议的。而在学界之外，这样一种研究在2003年SARS暴发以前，似乎可以说几无影响，近数十年来，随着现代医学的发展，传染病在现实生活中影响越来越小，而对其历史进行探究的兴趣自然更付阙如。而医学界内部的医学史研究虽然一直在持续，但不温不火，从业者较少，影响也比较少溢出学界。不过SARS的暴发，可以说极大地促动了社会对疾病医疗史的关注，当时笔者的博士论文刚刚出版，一本纯学术性的著作，顿时引起各大主流媒体的广泛关注，还在当年年底被《中华读书报》推选为"2003年社科十大年度推荐图书"（2003年12月24日）。此后，随着禽流感、埃博拉病毒等疫病的不时骚扰，社会上对疫病史基本能保持比较持续的关注。不仅如此，正如本文开头所言，SARS事件也引发了医学界对医学人文的关注，医学史是医学人文的重要组成部分，医学的社会影响力毋庸置疑，而医学人文则是相对容易引发社会关注的内容。不仅如此，虽然随着社会经济的发展，人们对健康问题的关注度也在不断提高，而当今中国社会这方面存在的问题又相当严重，甚至有愈演愈烈之势，特别是医疗保障问题、医患关系问题，十分突出。加之本来就比较受社会关注的中西医论证问题依然热度不减，这些都使得社会很容易对从历史角度探究疾病医疗问题产生兴趣，从而形成这方面的知识需求。对此，笔者颇多切身体会，近年来，不时会有媒体或社会组织来采访、约稿以及邀请讲演，有些编辑还会采摘笔者文章中的一些内容写成新闻稿来宣传疾病医疗史。这两方面的动力和需求相结合，无疑会更进一步促进学人特别是青年学者投身于这一研究之中。

最后，就条件和根源而言，则是医疗史本身的价值适切地得到一些拥有较高学养的研究者的发掘利用。毫无疑问，医疗史之所以能够兴起，最根本的肯定还是这一研究本身具有其价值和意义，疾病医疗不仅与人们的日常息息相关，而且也承载了丰富的社会文化变迁的信息，通过对历史上疾病医疗的研究，呈现历史上人类的生存境况、身体经验和社会文化变迁的轨迹以及对生命的感知和认识的历程，不仅可以让我们更系统地了解历史上人们的日常生活，更全面地认识和理解历史，更深入地把握和思考社会文化变迁的脉络，同时还可以让我们更深刻地理解社会文化境遇中的疾病和医疗本身。不过，有意义和价值的研究，若没有在合适的时间得到合适的研究者的关注和投入，可能也不利于这一研究的兴起和发展。相反，其意义若能得到一些重要学者的认同和倡导，则往往会直接推动其迅猛发展。台湾地区的中国医疗史研究，之所以能够在全球范围内最为亮眼，显然与杜正胜的积极倡导和推动，以及包括梁其姿、熊秉真等一大批重要学者的投入密不可分。而大陆的情况，虽然没有台湾地区那么明显，但显然也与20世纪末以来，有一批颇具实力的研究者投入到这一研究中直接相关。对此，常建华在前些年对国内该研究的总结，非常好地说明了这一点。他指出："融合疾病、环境等多种因素的医疗社会史属于新的学术领域，虽然起步晚研究者少，但研究起点很高，学术成果引人注目。"[1]

二　在对生命的关注中彰显历史的意义

关注生命，秉持生命关怀意识，无论对于历史研究还是现实活动来

---

[1] 常建华：《跨世纪的中国社会史研究》，《中国社会历史评论》第八卷，天津古籍出版社2007年版，第389—390页。

说,原本都应是十分自然的题中之意。然而,当我们将对物质进步和整体社会经济的发展的追求和重视凌驾于对人自身的发展和个体生命的幸福的关注之上时,当我们将人自身的发展和个体生命的幸福化约为物质进步和整体社会经济的发展时,在高大上的着眼整体的宏大叙事面前,个体生命的状况、体验和情感往往就没有了安放之地,对生命的关怀也就成了追求小资或个性的奢侈品。

20世纪出现的这一研究取向,虽然一定意义上也可以视为人类理性的进步,但无疑也导致了人文精神缺失和"人"不见了的后果,就像美国著名史学史家伊格尔斯评论20世纪最具影响力的史学流派年鉴学派所说的那样:"布罗代尔的历史学大厦,正如列维指出的,仍保留有很大的空间可以容纳大量各种各样的观点和研究路数——可是竟然没有人入住。"① 历史学家精心构筑的历史学大厦竟然没有人居住,正因如此,20世纪六七十年代以降,西方史学界在"文化转向"和"语言转向"等学术思潮的带引下,出现了微观史、日常生活史、新文化史和物质文化史等一系列新兴的史学流派或分支,这些研究虽然有各自不尽一致的特点和诉求,但整体上都可以视为对以往过度社会科学化的历史学研究的一种反动,都希望将具象而非均质化的人重新拉回到历史中来,都倾向从日常生活的逻辑和理解历史上的人与事。如果我们回到日常生活的语境与逻辑,那么对生命的关注就变得自然而不可避免,个体的生命离不开生老病死,缺乏疾病与医疗的历史,不仅会让历史的内容变得残缺不全,而且也必然会妨碍我们更全面系统地认识和理解历史中生命状态和行为,乃至历史的进程。李建民借用威廉·克诺利(William E. Connolly)的说法,指出:"医学要比已经知道的更多,尤其是更多地揭露了历史中关于'人'的故事。"② 显然,如果让我们的史学立足日常生活,更多地注目于"人",关心他们的日常经验和常识,以及由此透视出的时代意识和"地方感",那么我们便没有选择地会更多地关注到疾病、医疗和卫生等议题。实际上,当我们在阅读西方一些重要的日常生活史研究著作时,也很容易发现它们对这类主题的叙述。而在众多西方医学社会文化史的论著中,则不乏对日常经验和感觉的

---

① [美]格奥尔格·伊格尔斯:《二十世纪的历史学:从科学的客观性到后现代的挑战》,山东大学出版社2005年版,第110页。

② 李建民:《旅行者的史学:中国医学史的旅行》,第535页。

内容。①

　　有鉴于此，笔者一直主张，医疗史作为一项新兴的研究和"新史学"的一分子，应该尽可能地以新理念、新方法来探讨新问题，应参照和借鉴西方相对成熟的研究方法和理念，将自己的研究置于国际学术发展的脉络中来展开，更多关注并汇通日常生活史、微观史、社会文化史和物质文化史等新兴前沿研究，以便使中国的医疗史，在引入和践行国际新兴学术理念和方法上，在史学界更好地扮演先行者的角色，更多更好地彰显"新史学"的气象。并借由将具象的生命引入历史，构筑以人为本，立足生命，聚焦健康，将个人角色、具象生命以及历史多元性和复杂性放入历史学大厦的"生命史学"体系。② 要达至这样的目标，路径和方法固然是多种多样的，但显然都需要我们跳脱以往过于关注直接关乎社会经济发展的宏大主题、热衷宏大叙述的思维，将对历史的认识与理解拉回到日常生活的情境中来展开。一旦如此，便不难看到，尽管任何个人的生活与命运不可能逃脱于时代和社会的大势之外，不可避免会受到时代思潮文化、国家的政经大事等因素的影响，但个体生命，其存在的意义和价值决不应只是可以体现时代文化及其变迁或佐证社会发展趋向或规律的道具，生命本身作为一种自在的存在，其价值与意义也自有其相对的自主性和独立性，人性的光辉、生命的尊严、苦难的应对与拯救等日常生活中的主题，对于社会的宏观大势来说，或许无关宏旨，但却是生命本身的价值与意义之所在。故而，立足日常生活的逻辑，置身日常生活的语境，不仅让我们可以看到不一样的历史面向，可以更深入细致地观察到生命历程与体验，还可以更具人性地去理解和书写历史。这样，我们就可以日常生活的语境中关注生命，在对生命的关注中探究人类的疾病、医疗和健康，进而在对疾病、医疗和健康的探究中呈现生命的历史与意义。

　　对于上述的认知和理念，很多人也许并不反对，但也往往会生出"说说容易落实难"的疑问，这样的问题固然是存在的，要想很好地实现这一

---

① 参阅余新忠《回到人间　聚焦健康——新世纪中国医疗史研究刍议》，《历史教学》2012年第11期下。

② 参阅余新忠《当今中国医疗史研究的问题与前景》，《历史研究》2015年第2期；余新忠：《回到人间　聚焦健康——新世纪中国医疗史研究刍议》，《历史教学》2012年第11期下；Yu Xinzhong, Wang Yumeng, "Microhistory and Chinese Medical History: A Review", *Korean Journal of Medical History*, Vol. 24, No. 2, Aug. 2015, pp. 355-387；《生命史学：医疗史研究的趋向》，《人民日报》2015年6月3日，第16版。

目标，不仅需要研究者比较系统全面地更新学术理念和方法，而且也要有较为深厚的学术功力和较强的学术洞察力，要做好，诚然不易。但作为一种学术追求和目标，只要真正体认到它的价值和意义，努力进取，也完全是可能实现的。实际上，国内外已出现一些比较成功的范例。比如琼·雅各布斯·布伦伯格（Joan Jacobs Brumberg）通过对发生在女孩身上近代厌食症的探析，呈现了近代英法中产阶级家庭中女孩的生命状态，进而探析了诸多社会文化权力在女孩身体上的交织和博弈，认为文化和青春期女孩身上的压力在疾病的发生上起主导作用，而生理的和生物学的力量则掌控了疾病的经历过程。① 劳瑞尔·撒切尔·乌尔里奇（Laurel Thatcher Ulrich）以美国缅因州哈洛韦尔的产婆玛莎·巴拉德（不是医生）的日记为主要分析文本，通过充分引用日记的篇章让读者感觉到了日记"详尽而反复的日常性"，并彰显了18、19世纪美国社区中的普通人的内心世界、医疗行为、医患关系以及性别角色与特征等直接关乎生命的信息。② 芭芭拉·杜登（Barbara Duden）利用现在留存下来的1721—1740年一位德国医生约翰尼斯·斯托奇记载的1816份女性病人的陈述，细腻地探究了当时德国普通妇女对自身身体的经验、体验与认知。③ 吉多·鲁格埃罗，从微观史入手，对意大利威尼斯的一个老妇人Margarita Marcellini离奇的死亡为分析案例，细腻情景化地呈现了17世纪初意大利疾病、宗教、大众文化和日常生活之间的复杂关系以及文化对疾病与身体的解读。④ 在中国医疗史界，虽然还缺乏此类比较成熟的专著，但也不乏颇为成功的论文问世，比如，张哲嘉利用晚清名医力钧的医案《崇陵病案》，细致梳理了光绪三十三年（1907）力钧为光绪皇帝治病的经历，并着力探讨其中所展现的医患关系。该文很好地实践了从例外中发现正常的理念，尽管力钧为龙体把脉是个特殊的个案，但是透过这样的"例外"，我们仍得以省思宫廷中医患关系的

---

① Joan Jacobs Brumberg, *Fasting Girls: The Emergence of Anorexia Nervosa as a Modern Disease*, Cambridge, Mass., 1988.

② Laurel Thatcher Ulrich, *A Midwife's Tale: The Life of Martha Ballard, Based on Her Diary, 1785-1812*, New York, 1990.

③ Barbara Duden, *The Woman Beneath the Skin: A Doctor's Patients in Eighteenth Century Germany*, Translated by Thomas Dunlap, Cambridge, Mass.: Harvard University Press, 1991.

④ 吉多·鲁格埃罗（Guido Ruggiero）：《离奇之死——前现代医学中的病痛、症状与日常世界》，收入王笛主编《时间·空间·书写》，浙江人民出版社2006年版，第124—150页。

实态。① 韩依薇的《病态的身体——林华的医学绘画》即利用广东商业画家林华于1836—1855年间为医学传教士伯驾的肿瘤患者所作的医学绘画，通过细致分析这些绘画制作的背景、技术和内容，来探讨19世纪早期有关病态和中国人身份的信息是如何在文字和视觉文化上被传播和变化的。② 笔者在有关清中叶扬州医生李炳的研究中，也通过对有限资料的细致解读，努力在具体的历史情境和人情网络中来理解李炳的医疗行为和心态，呈现了一位普通医生的生命状态和历程。③ 如此等等，不一而足。

由此可见，只要我们能够更新理念和方法，努力挖掘资料，在生命史学理念的指引下，以疾病与医疗等主题为切入点，比较深入细腻地呈现历史上生命的存在状态、体验和表达及其与社会文化的互动，是完全有可能的。尽管与国际史学界相比，中国的医疗史研究在这方面的成绩还甚为薄弱，但国际同仁的成功范例以及目前业已出现的良好开端，让我们有理由对中国医疗史研究在这一方向上取得重要进展充满期待。而要实现这一目标，就笔者的考量，以下两方面的努力应是可行的路径。一是通过广泛搜集、细致解读日记、年谱、笔记、医话和医案等私人性的记录，尽可能系统而细腻地呈现历史上日常生活中之人的医疗行为和模式、疾病体验、身体感、性别观和健康观等情况。二是将从各种文献中搜集出来的相关史料，置于具体的历史语境中，从日常生活的逻辑出发，来发掘破解史料的背后关乎生命的文化意涵，观察和思考时代社会文化情境中人们的生命状态、体验及其时代特色。

我们借《新史学》一角，编纂医疗史的专辑，并名之曰"医疗史的新探索"，一方面固然是希望借此向学界展示海内外中国医疗史研究的新进展、新成绩，以期吸引更多的研究者，特别是青年人才加入这一研究队伍中来。同时，也希望通过展现这一新兴研究的新追求、新取向，并阐发其意义和价值，来推动该研究的不断向前发展。这里所收入6篇专题论文和2篇学术述评，虽然在内容和方法上未必完全如我们上面所述，可归于比较典型"生命史学"的范畴。但相较于大多比较传统的研究，称其为中国

---

① 收入黄东兰编《身体·心性·权力：新社会史（第2集）》，浙江人民出版社2005年版。

② 韩依薇（Larissa Heinrich）：《病态的身体——林华的医学绘画》，载杨念群主编《新史学：感觉·图像·叙事》，中华书局2007年版，第185—216页。

③ 余新忠：《扬州"名医"李炳的医疗生涯及其历史记忆——兼论清代医生医名的获取与流传》，《社会科学》2011年第3期。

医疗史的新探索，应是名至实归。这些研究基本都具有社会文化史的视角，且颇多日常生活史、物质文化史、身体史和性别史的色彩。不仅如此，它们还大多与我们倡导在日常生活的语境中关注历史上的生命的诉求相关。

笔者曾在回顾和展望当今中国医疗史研究的文章中谈道："近年来，史学界的医疗史研究作为新兴的研究，受到不少年轻人的欢迎。而今随着时间的推移，这种'新'所带来的红利正日渐消失，如果我们不能及时地针对其存在的问题，探明可行的发展方向，那么这一研究的未来之路必然会更加困难重重。而要让这一研究不断发展，最重要的不外乎研究者能够持续拿出有分量的学术成果，以真正有新意的研究成果来推动学术的发展，并不断彰显这一研究的价值和意义。只有这样，才能依靠实力坦然地面对来自外部的各种质疑。"[①] 一项研究要想取得持续的发展，无疑有赖不断有高质量的研究论著奉献于学林，而高质量的成果需要的不仅是研究者足够的时间和精力上的投入、扎实而深入的钻研，往往也离不开新鲜而有意义的理论和方法上的刺激和指引。对于当下中国医疗史研究来说，在作为新兴研究在名词和研究对象等方面的新鲜感日渐消退之时，适时地提出恰当的新的理念、方法和发展方向，凝练出新的概念，无疑是十分必要的。而如前所述，"生命史学"作为新的理念、方法和学术概念，对于当下的医疗史研究来说，不仅具有适切性、可行性，而且对于在总体上推进史学理念的更新，历史研究特别是社会史研究的深入开展，也终将大有助益。

不仅如此，笔者认为，若能较好地在日常生活的语境中关注历史上的生命，践行"生命史学"的理念和方法，贡献有品质的学术成果，还将有助于更好地彰显历史研究的价值与意义。

首先，更有人性的历史书写有助于提振历史论著在学界和社会上的影响力。如果我们从日常生活的逻辑和语境出发，将有血有肉、有情有理的具象的人拉回到历史中，去关注和呈现时人的疾痛体验、苦难经历、健康观念和生命状态等，必将会让我们的历史书写更具情趣和人性，也必将有更多的可能触发学界乃至社会之人内心世界的情感和认知阀门，引发他们更多的兴趣、关注和思考。

---

① 余新忠：《当今中国医疗史研究的问题与前景》，《历史研究》2015年第2期。

其次，有助于从历史的维度促进对疾病和医疗以及当今医学发展趋向的理解。现代科技，特别是生命科学与技术的不断发展，大大提升了现代医疗记忆的水平，然而在征服了人类众多疾病的同时，也遭遇了科技发展瓶颈以及诸多难以用科技解决相关的医疗社会问题，这些都推动现代医学人文的兴起。众多的医学人文学者，尤其是医疗社会学和医学人类学者纷纷开始重新思考疾病与医疗的本质，现代医疗模式与医患关系的困境，疾病对人的生活世界和人生意义的影响等问题。他们的研究让人们看到，疾病并不只是科学可以测量的生理病变，同时也是病人的体验、科学话语、社会制度和文化观念等共同参与的文化建构，医学更不只是一门科学的记忆，同时也是拯救灵魂与身体的保健服务，以及市场体系中的公共产品。若只是仅仅关注疾病（disease），而对病痛（illness）视之漠然，那就并不能真正消弭人类的苦痛。无论是疾病还是医疗，都深深地具有文化的意义。[1] 这些研究显然大大推动了人们对当今医疗技术、模式和发展方向等问题的反省，对于人类的健康和全面发展意义重大。但这些研究，若缺乏历史的维度，缺乏历史学的介入，显然不利于我们更全面系统且深入地认识疾病与医疗，也不利于目前相关研究的进一步推进。而对历史学者来说，对诸多深具文化意涵的疾病和医疗技艺的深入探究，比如上火、肾亏、麻风、肺痨以及温补、辨证论述等，不仅可以借此从全新的角度来展示社会文化的变迁，而且也可能和社会人类学一道来更好地理解和思考疾病和医疗的社会文化属性。实际上，社会人类学家对此应该是相当关注和欢迎的，梁其姿有关中国麻风病史的英文论著问世后，很快就引发了凯博文（Arthur Kleinman）、许小丽（Elisabeth Hsu）等著名医学人类学家的关注，并发表书评，就是很好的证明。[2]

最后，有助于从历史学的角度加强整个社会生命与人文关怀。近代以来，科学和理性似乎一直在蚕食人文的领地，科学的日渐强势，业已成为现代世界一种常态。针对这一状况，现代国家特别是西方发达国家，往往会通过有意识地保护和支持人文学科来加以平衡。不过在目前中国这样的

---

[1] 对此，可参阅［美］拜伦·古德《医学、理性与经验：一个人类学者的视角》，北京大学出版社2010年版；凯博文：《苦痛和疾病的社会根源：现代中国的抑郁、神经衰弱和病痛》，上海三联书店2008年版；《疾痛的故事：苦难、治愈与人的境况》，上海译文出版社2010年版。

[2] 杨璐玮、余新忠：《评梁其姿〈从疠风到麻风：一种疾病的社会文化史〉》，《历史研究》2012年第4期。

发展中国家中,虽然国家也有一定相应的举措,但整个社会对于科学推崇和对人文的轻忽,则明显比发达国家严重。在这样大的情势下,不仅整个社会的人文与生命关怀相对薄弱,而且即使是历史学这样传统的人文学科,也在不断追求科学化的同时,日渐淡化了其原本的人文属性,我们的研究和教科书中,甚少有关乎生命和人类精神家园的内容。故而,如果我们能够引入"生命史学"的理念和方法,在日常生活的语境中关注不同时空中人们的健康与生命,入情入理地梳理和思考健康文化和生命状态的变迁,一旦这样的成果获得足够的累积,必然会反映到历史教科书中,而借由教科书这部分内容传播和渗透,势必会引导和熏陶人们更多地拥有生命关怀意识,从而推动整个社会的生命与人文关怀的培育。

三 在医学与社会文化之间:21世纪中国医疗史研究前瞻

历史学者介入疾病医疗史研究基本肇始于20世纪80年代中期,发展至今已有三十余年,出现了一些高质量的研究成果,但医疗史研究的妥当性在中国史研究中仍会受到质疑。① 这种质疑并不仅限于史学界的同侪,同样来自医学出身的医史研究者,更有学者把这种医史研究称为"没有医学的医学史"。② 台湾医疗史研究的开创者杜正胜曾对郑金生将他们的研究视为"外史",似乎颇有些耿耿于怀,认为他们的研究"固非内史,但也不等于外史吧"。并提出了一个新的名词——另类(alternative)医学史,意思是这类研究虽还未被大众所接受,成为社会主流,但是带有高度尝试精神,企图寻找新的方向的探索。③ 尽管如此,即便时至今日,由于医学和史学的学科壁垒而造成相互之间缺乏认同的情况依然严重,人们似乎仍更习惯于使用内史与外史这样的名称来区分医学界与史学界的医史探索。对于绝大多数医学界的研究者来说,外史的研究,根本上无关医学;对于医学来说,其意义顶多不过是有利于真正的医学史研究者更好地了解医学的社会文化背景而已。而众多对疾病医疗感兴趣的历史研究者,也往往会

---

① 梁其姿:《为中国医疗史研究请命(代序)》,载氏著《面对疾病:传统中国社会的医疗观念和组织》,中国人民大学出版社2012年版,第3页。
② 参见廖育群《医史研究"三人行"——读梁其姿〈面对疾病〉与〈麻风〉》,《中国科技史杂志》2015年第3期;廖育群:《医者意也:认识中国传统医学》,台北东大图书公司2003年版,第224页。
③ 杜正胜:《医疗、社会与文化——另类医学史的思考》,《新史学》2007年第4期。

将专业的医学知识视为自己不敢碰触的"圣地",而自觉地以"外史"自居,仅希望从与疾病医疗相关的议题切入,更好地理解历史的演变,而无意于将自己的研究与医学真正关联起来。

在分科分类日渐细密、学术研究专业化程度不断加深的今天,出现这种疏离应该不难理解,但若我们安于这一现状,那不可避免地就会出现下面这样的问题,按当下一般的理解,医疗史研究无疑属于跨学科研究,而跨学科研究正是当前学术研究中特别受到肯定的追求,以跨学科相标榜和诉求的医疗史研究,若基本还是各自为政,那跨学科的意义又在哪里?跨学科又如何实现呢?毫无疑问,跨学科并不是要完全打破学科主体和立场,而是需要研究者以开放包容的心态,相互吸收和渗透。不同学科的研究者共同介入医史的研究,肯定是必要的,但要真正展现跨学科的意义,就需要:一方面促动不同学科的研究者去努力破解自身学科以外的相关学科训练不足的难题,以及对自己学科的自以为是;另一方面则应该尽可能地创建包容有不同学科背景研究者的医史研究中心,通过实际而频繁的接触交流,来渐进式实现相互吸收和渗透,进而通过彰显这一研究的价值和意义推动其成为一个广被接受的、具有相对独立性的学科。而要做到这些,最根本还在于需要研究者充分意识到,无论是对疾病的界定(framing)还是医学本身,即便是当代,也都不只是科学和专业知识,而也是现代整体知识认识下形成的社会文化建构和利益博弈与协商结果,而历史上的医学,在很多方面就更是如此。既然其并非只是所谓的专业知识,那么关于其形成和演变的历史,其参与整体历史演进的地位和角色等,自然就需要有不同专业知识背景的研究者共同参与才能梳理清楚,即便是疾病与医学的知识和技术史,恐怕也就不再是所谓的"内史"研究者的专利。

从历史学的角度而言,中国医疗史研究兴起乃是20世纪八九十年代以来出现的新动向,作为新史学的一分子,虽然目前有相当多的研究仍存在旧瓶装新酒的问题,不过总体来看,不难发现,其作为史学界的新兴前沿性研究,在引入和践行国际新兴学术理念和方法上,明显扮演了先行者的角色。仔细梳理近二三十年来中国医疗史的研究,便不难看到,在中文学界,相当一部分对国际前沿的史学思潮,比如新文化史、日常生活史、物质文化史、微观史和全球史等的引介和实践,往往都与医疗史研究者不无相关。① 学术的生命力在于创新，医疗史未来的发展，不仅应该为医学人文的发展做出自己的贡献，同时也应在现代中国史学发展的脉络中，在引入新理念、实践新方法、探究新问题和展现新气象等方面发挥更大的作用。

固然，立足不同的学科，自然就会形成其特定的诉求，我们可能很难要求文史出身的研究在医史的探究中，将包括中医在内的医学发展作为自己最根本的出发点，同样，可能无法要求医学出身的研究者借此研究去真正关心史学的发展。但是只要我们真正明了医学知识和实践本身就是生命科学与社会文化的交汇，而人类对疾病的应对和健康的追求从来未曾缺席历史的演进和社会文化的变迁，就会发现，无论是所谓"内史"还是"外史"，医史所探究的本来就在医学和社会文化之间。在这样的中间地带，具体的学术光谱或因个人和学科的因素，而对医学或社会文化有所偏向，但必定都需兼顾双方，才可能贡献出真正具有价值的医史研究。有鉴于此，笔者认为，对于医疗史的发展来说，若能在国际学术发展的新理念的关照和指引下，打通学科壁垒，以跨学科的视野和理念，在医学与社会文化之间发现、思考和解决问题，创建相对独立的医史科学科，无论是对医学还是历史学的深入发展来说，都将具有重要的意义。

四 跨学科研究：当务之急和可能路径

不久前，廖育群先生在《中国科技史杂志》上发表专文对梁其姿先生的两部近著《面对疾病——传统中国社会的医疗观念和组织》和《麻风——一种疾病的医疗社会史》做了评论。② 廖先生和梁先生无疑都是当今各自学术领域（中国医学史和中国医疗社会史）顶尖的权威学者，这样的评论也无疑可谓是医史研究的高端对话。在文中，廖先生以其一贯的直言风格对这两部著作的部分学术论述以及其代表的医疗社会文化史研究的方法和意义作出整体上比较负面性的评论。不能说廖先生的评论没有道理，但对梁先生研究的判断显然有违国际学术界的基本认识。

---

① 这比较典型地体现在台湾学者蒋竹山的相关研究成果上：《当代史学研究的趋势、方法与实践：从新文化史到全球史》，台北五南图书出版股份有限公司2012年版；《人参帝国：清代人参的生产、消费与医疗》，浙江大学出版社2015年版。

② 廖育群：《医史研究"三人行"——读梁其姿〈面对疾病〉与〈麻风〉》，《中国科技史杂志》2015年第3期。

廖先生是医学出身的医史学家，对近二十多年兴起的医疗史研究颇为了解，而且在我看来，他还是医学史乃至科技史领域较少真正具有历史感的学者，所以会作出这样的评论，就我的理解，乃是因为他从这些论著中并没有得到他所希望的真正启发，而且又有足够的自信来坦诚地表达他真实的感受。因为笔者也曾撰写过梁先生大作的书评①，所以这里我有必要申明，我们完全是以学术的真诚之心在写作，对梁先生大作的启发性和价值是有真切的感受的，绝非出于情面甚或利益的"虚言"。我在敬佩廖先生真诚的同时，也总在思考为何在史学界一片叫好的名著而无法给医史大家以真正的启发。个中的缘由，或许在于廖先生内心固守的医学立场，在于他内心念兹在兹的中医，在于他几乎没有历史学本身的问题。而从另一方面说，若只是站在如何从史学的角度思考中医的发展的立场来看，廖先生的失望也完全合理甚至必然，现在大概可以说，要历史学出身的医史研究者，对中医学术自身和中医发展有真正的心得，恐怕还为时过早。

由此可见，虽然在医史的大旗下，当下医学界的医学史和史学界的医疗（社会）史研究者，已经有不少的交流甚至合作，但细究起来，相互之间内在的隔膜依然很深，学科间的壁垒也仍然牢固。故而，打破学科壁垒，强调跨学科的视野和方法，对于当前的中国医史研究来说，仍可谓当务之急。

"学科"译自英文的 discipline。从词源学的角度来看，该词源于希腊文的教学用语 didasko（教）和拉丁文（di）disco（学），与教学和纪律有着密切的关系。在西方，从学科的本源来说，它一方面指知识的分类和学习的科目；另一方面又指对人进行的培育，尤其侧重于指带有强力性质的规范和塑造，即学科规训。近代以来，西方的学科体系传入中国，在中文语境中，学科主要是指学问和知识的门类，以及教学的科目。② 大体来说，现代流行的学科体系，乃是近代以来西方社会主要出于更好地开展科学与学术研究以及教育的目的而逐步建构起来的。学科，特别是作为学问和知识门类的学科，虽然具有一定的稳定性，但显然一直处在不断发展中，随着时代的发展，各种新兴学科层出不穷，而且不同的学科，也不同程度地

---

① 杨璐玮、余新忠：《评梁其姿〈从疠风到麻风：一种疾病的社会文化史〉》，《历史研究》2012 年第 4 期。

② 庞青山：《大学学科论》，广东教育出版社 2006 年版，第 20—21 页。

存在着互涉性。① 因此，这种人为建构的学科在促进学术发展的同时，也不可避免地会产生一定程度上遮蔽视野的影响。为此，跨学科的诉求便应运而生，自20世纪20年代以来，跨学科便逐渐成为科学研究中十分重要的概念。关于跨学科的内涵，至今并无公认而确定的界定，但大体上应是指"两门或两门以上不同学科之间紧密的和明显的相互作用，包括从简单的交换学术思想，直至全面交流整个学术观点、方法、程序、认识和术语以及各种资料"。其核心元素主要有两点，一是不同学科间的问题研究，即针对实践中出现的问题，以"问题解决"（problem-solving）为中心的研究模式；二是整合，即在系统的元素或组成部分越来越专门化、差异化时，为了保持系统效能而加深其各部分联系的一种方式。② 也就是说，真正的跨学科研究，是为了解决实践中出现的现实问题，研究者打破人为的学科分界，深度整合相关学科的立场、理论和方法而开展的学术探索行为。

医史学科无疑从一开始就具有医学和史学的跨学科或者说交叉学科的性质，然而长期以来，其隶属于医学学科这一现实，无可避免使该学科的跨学科特色难以得到良好的彰显，而近年来历史学越来越多地介入，以及跨学科研究的呼声日益高涨，虽然使跨学科探索和学科交叉融合为很多研究者表面上的共识，但实际上，受制于该学科积累较浅、研究者自身学术素养不够等诸多因素的影响，当前以跨学科相标榜和诉求的医史研究，其实基本还是处于各自为政、缺乏系统整合的状态。在这种情况下，又该如何补强医史研究本身具有的跨学科特色，推动不同学科出身的研究者开展真正意义上跨学科探索呢？

首先，我们需要充分意识到，学科的发展是一个长期而逐步积累的过程，与西方发达国家相比，我国的医史研究整体上还处于边缘或新兴状态，学科积累浅薄，研究力量薄弱，所以一方面短期内不宜对在跨学科研究基础上结出的果实抱有太高的期待，而应以积极鼓励的心态来看待类似的成果；另一方面也不能急功近利，搞一些轰轰烈烈的表面文章，而应该真正从跨学科理念出发，做一些踏踏实实具有长

---

① 参阅［美］朱丽·汤普森·克莱恩（Julie Thompson Klein）《跨越边界：知识 学科 学科互涉》，姜智芹译，南京大学出版社2005年版，第1—22页。

② 参阅金吾伦主编《跨学科研究引论》，中央编译出版社1997年版，第13—14、46页；邹晓东、陈艾华：《面向协同创新的跨学科研究体系》，浙江大学出版社2014年版，第21页。

远性的工作。

其次,应尽可能加强研究者跨学科意识、理念和素养的培育。通过不同的途径倡导不同学科的研究者努力破解自身学科以外的相关学科训练不足的难题,以及对自己学科的"自赏"。跨学科并不是要完全打破学科主体和立场,而是需要研究者以开放包容的心态,尽可能理解不同学科的各自立场和诉求,相互了解和吸收不同学科理论和方法,并将其渗透到自己的研究中去。

最后,从实际操作的层面,应努力培养具备多种学科背景的学术人才,在研究生教育和博士后培养中,积极支持鼓励历史学和医学及相关学科的学生投身不同学科进行学习深造。另一方面,在现有条件下,应该尽可能地通过组建包含不同学科背景的研究者的研究团队,展开深度合作的研究,定期开展工作坊、读书会等学术活动,并努力在此基础上创建多学科的医史研究中心。通过实际而频繁的接触交流,渐进式实现相互吸收和渗透,进而通过彰显这一研究的价值和意义推动其成为一个被广泛接受的、具有相对独立性的学科。

五 融通内外的可能路径:中医知识研究刍议

(一) 何为知识史

以上所述表明,加强研究者跨学科意识、理念和素养,积极倡导推动跨学科研究,对于当前中国的医史研究来说,不仅是当务之急,而且也有可实践的路径。不过上述的路径,还相对停留在认识和理念上,缺乏具体的学术上的切入点。虽然,从何种议题切入比较合理,并无一定标准,而需要根据个人的兴趣和学术诉求来确定。但在倡导某种理念方法时,举出具体的切入点,显然有助于读者更好地理解这种倡导,并有所归依。笔者曾依据自己多年的学术积累和思考在一篇论文结尾提出:

> 文史等学科出身的研究介入到向被医学界的医史研究者视为"核心地带"的中医知识史研究,特别是包括清代医学知识史在内的明清以降中医知识的演变和建构,不仅是可能的,而且完全有可能从自身的角度对于当今中医知识的认识和省思提供有益的思想资源,不仅如此,还以借此打破内外史的学科壁垒,展现跨学科的意趣和价值,并

为推动未来创立相对独立医史学找到一个可能的发展路径。①

这可谓一种很有针对性但过于笼统的说法,何为知识史?这一研究的意义何在?怎样打破内外史的学科壁垒,融通内外?具体探究什么?又如何探究?如此等等,都是问题,要想让人真正理解我们可以借此强化跨学科研究,推动融通内外的医史研究深入开展,就有必要对此作出进一步的论述。而在论述其为何展开、如何展开之前,首先需要回答的可能还是何为知识史。

知识(knowledge)是一个大家非常耳熟能详的词汇,一般意义上,知识是指"人们在改造世界的实践中所获得的认识和经验的总和"②。这实际上是个非常笼统而缺乏确定性的说明,细究起来,知识其实是一个极其纷繁复杂且至今也难有公认定义的词汇,它不仅是一个多域境现象,有多种形态和多种过程,渗透了人类的一切活动,涵盖了人类行为的几乎所有范畴,而且也拥有不同视角的现象学诠释。③ 不过从哲学的角度,传统一般认为,"知识构成的三个条件分别是信念、真和证实"④,或者说"知识就是得到辩护的真信念"⑤。从中可以看出,根本上来说,知识往往具有较强的真理性和科学性的意蕴。长期以来,探究知识本质的知识论一直是西方哲学关注的重点问题,近代之前对于知识的探讨,往往被称为认识论,而在当代知识理论中,它的研究内容从有关认识的发生学的研究,转变为有关知识本身之所以为真的条件的研究,特别是有关知识的确证问题的研究。⑥ 虽然当代的一些哲学家也对知识的真和可证实的本质,提出了激烈的质疑⑦,但这些纯哲学性的探究,对其他学科的影响并不大,反而是21世纪兴起的知识社会学及其当代转向,对当代学术潮流产生了重要影响。

20世纪以来,随着知识的爆炸性增长和学术研究的不断深入,学术界

---

① 余新忠、陈思言:《医学和社会文化之间——百年来清代医疗史研究述评》。
② 汉辞网,http://www.hydcd.com/cd/htm_a/42012.htm,2018年8月10日采集。
③ 张新华、张飞:《"知识"概念及其涵义研究》,《图书情报工作》2013年第6期。
④ 胡军:《关于知识定义的分析》,《华中科技大学学报》2008年第4期。
⑤ 潘磊:《知识概念与认知实践——从盖梯尔问题谈起》,《自然辩证法研究》2011年第8期。
⑥ 陈嘉明:《当代知识论:概念、背景与现状》,《哲学研究》2003年第5期。
⑦ 参阅潘磊《知识概念与认知实践——从盖梯尔问题谈起》,《自然辩证法研究》2011年第8期。

对知识的关注开始从其本质性的论述以及社会中的知识因素，转向知识中的社会因素，开始将知识作为反思和批评的对象，知识社会学应运而生。自1924年马克斯·舍勒创建"知识社会学"（Wissenssoziologie）开始，经过卡尔·曼海姆的发展和彼得·伯格和托马斯·卢克曼的完善，知识社会学的研究日趋成熟。20世纪70年代以后，随着范式转移，知识社会学问题再次成为西方社会科学研究中的焦点。大体说来，知识社会学在20世纪经历了决定论、互动论到建构论的演变历程。在建构主义的观点中，"社会现实被理解为个人和集体行动者的历史的和日常的建构，它更强调社会结构及其表征以及个体间关系的相互作用，其中心概念不是'决定'而是'互动'。……他们把出发点定在日常生活中的知识及其在面对面的环境中的激活，在面对面的相遇中，知识构成了人们据以进行理解和对待他人的典型化图式，由此建构出社会的客观实在和主观实在。"① 以建构论为核心元素的知识社会学的复兴，其主要刺激来自克洛德·列维-斯特劳斯、托马斯·库恩和福柯等人的研究。根据英国著名历史学家彼得·伯克的概括，新的建构论知识社会学主要有四个特点：一是关注的重心已经从知识获取和传播转移到知识的"建构""生产"，乃至"制造"上；二是知识的范围更扩大和多元化，实用的、地方性的或"日常"的知识，也同样被研究者严肃对待；三是更加关注小群体、小圈子、关系网或"认知论共同体"的日常知识生活，把这些小群体看作建构知识和通过特定渠道引导知识传播的最基本单位；四是主张知识是具有社会情境的，现阶段，人们更关注的是性别和地理研究。②

这些特色显然都与现代西方学术潮流相匹配。其中，福柯的研究，更明确将知识和权力关联起来，推动人们从建构论的角度思考知识背后的权力关系。他以"话语实践"作为核心的分析工具，对知识进行了探索，他说：

> 我们所谓的知识是由某种话语实践按其规则构成的并为某门科学

---

① 刘文旋：《知识的社会性：知识社会学概要》，《哲学动态》2002年第1期。并参阅郭强《知识社会学范式的发展历程》，《江海学刊》1999年第5期；黄晓慧、黄甫全：《从决定论到建构论——知识社会学理论发展轨迹考略》，《学术研究》2008年第1期。
② ［英］彼得·伯克：《知识社会史》上卷《从古登堡到狄德罗》，陈志宏、王婉旎译，浙江大学出版社2016年版，第6—10页。

的建立所不可缺少的成分整体。知识是在详述的话语实践中可以谈论的东西:这是不同的对象构成的范围,它们将获得或者不能获得科学的地位;知识,也是一个空间,在这个空间里主体可以占一席之地,以便谈论它在自己的话语中所涉及的对象;知识,还是一个陈述的并列和从属的范围,概念在这个范围中产生、消失、被使用和转换;最后,知识是由话语所提供的使用和适应的可能性确定的。有一些知识是独立于科学的,但是,不具有确定的话语实践的知识是不存在的,而每一个话语实践都可以由它所形成的知识来确定。①

由此可见,知识的形成经历了话语实践按其规则构成的这一过程,并非凭空产生,亦非生来就具备权威性和科学性。显而易见,知识的产生是一个历史的过程,福柯的知识社会学的研究,其实是围绕着知识史而展开的,其目的"是要解释西方文化借助于话语论述模式的不断变化、而形构历史发展和一切社会行动的主题"②。也就是要揭示知识的权力。不过福柯虽然关注历史,但不同于一般的历史研究,他有意摒弃传统的科学的历史学,而独树一帜地采用谱系学和考古学的方法,旨在以历史感性对抗历史理性,以着重对历史上的"断裂性"和"差异性"的关注来反叛传统思想史的"连续性"和"一致性"的论述。③ 他说:

> 人们看到这样的分析并不属于观念史或科学史:还不如说它是一种探究,旨在重新发现诸认识(connaissances)和理论在何种基础上才是可能的;知识(le savoir)依据哪个秩序空间被建构起来;在何种历史先天性(a priorihistorique)基础上,在何种实证性要素中,观念得以呈现,科学得以确立,经验得以在哲学中被反思,合理性得以塑成并且以便也许以后不久就消失。因此,我将并不涉及今日的科学最终在其中得以确认的向客观性迈进的那些被描述的认识;我设法阐明的是认识论领域,是知识型(l'épistémè),那些撇开了任何参照

---

① [美]米歇尔·福柯:《知识考古学》,谢强、马月译,生活·读书·新知三联书店 2007 年版,第 203 页。
② 高宣扬:《当代法国哲学导论》(上),同济大学出版社 2004 年版,第 429 页。
③ 参阅徐浩、侯建新《当代西方史学流派》(第二版),中国人民大学出版社 2009 年版,第 430—436 页。

其理性价值或客观形式的标准而被思考的认识都在该知识型中奠定了自己的实证性,在此叙事中,应该显现的是在知识空间(l'espace du savoir)内那些产生了经验认识之各种形式的构型(les configurations)。这个叙事与其说是一种传统意义上的历史,还不如说是一种"考古学"(une archéologie)。①

不管怎样,福柯的研究昭示了知识史研究的可能性,知识史逐渐成为史学界日渐关注的议题。在21世纪之前,西方史学界对知识史的关注并不多,但随着彼得·伯克《知识社会史》(上、下卷)的出版,知识史的研究日趋增多,就此,从目前西方中国医史的研究中,知识史已经成为其中最重要的问题意识之一,便不难看出这一趋向。而国内,目前具有知识史理论自觉的研究还十分有限,潘晟在其历史地理知识史研究的基础上,对知识史有一个简短的回顾和展望。他对当前较少的先行性研究,比如葛兆光、杨念群、程美宝、孙英刚及其他本人的研究做了介绍,认为这些研究都从不同的视角关注到了知识史的问题,但都还不够专业和系统,且进一步主张将知识史作为探讨社会变迁的一种手段或分析工具。② 这是目前国内极少的对知识史进行专门介绍和总结的论文,具有重要的创新意义。不过该文对知识史研究路径和意义的研究似乎并不全面,关注点似乎主要集中在知识与社会变迁一隅,而且遗漏了桑兵等人深具开创性的研究《近代中国知识和制度的转型》③ 这一重要著作。该书希望通过近代中国知识系统及相关制度的根本性变化,来更好地理解中国社会近代转型的轨迹和内在机理,获得理解传统、认识变异、了解现在和把握未来的"钥匙"。该书虽然并未在明确揭橥知识史的研究理念,但从其具体的研究来看,无疑可谓当今中国学术界有关知识史研究的先行性的重量级研究。此外,傅荣贤的《中国近代知识观念和知识结构的演进》一书,梳理了在历史研究中,知识与文化、学术、思想等概念的关系,作者认为,总体上,文化、知识和学术(思想)概念的外延递减而内涵递增。"作为语境背景的社会

---

① [美]米歇尔·福柯:《词与物——人文科学的考古学》(修订本),莫伟民译,上海三联书店2016年版,第8页。黑体字为作者所加。
② 潘晟:《知识史:一个简短的回顾与展望》,《史志研究》2015年第2期。
③ 桑兵等:《近代中国知识和制度的转型》,经济科学出版社2013年版。

文化和作为认识焦点的学术思想之间的博弈,存在着一个作为中间层面的'知识'。"① 该书旨在通过对近代中国知识观念和结构的演进来探究古代知识在当代的重建问题,可谓当今中国史领域具有自觉知识史理论意识的开创性著作。不过在具体的论述中,作者似乎并没有展现出对知识的建构性的自觉以及较强的对知识的反思和批判性意识。而最新出版的由张寿安主编的《晚清民初的知识转型与知识传播》② 则是其主持台湾"中研院"支持的大型主题研究计划"近代中国知识转型与知识传统,1600—1949"的先导性研究成果,该研究的基本问题与桑兵的著作颇为一致,不过相对更具有知识史的意蕴。其希望通过各种不同知识在近代的重构和传播来更好地认识和理解中国的近代转型,诠释中国的近代性。该计划集合了中国、美国、日本的9位著名前卫学者展开协同研究,展现了知识史研究在当前中国史特别是中国近现代史研究中强烈的蓄势待发意味。

综上可见,知识史是当今在后现代思潮影响下兴起的新兴史学研究,虽然目前的成果还不算丰硕,不过得益于知识社会学研究深厚的学术底蕴,知识史正趋成为西方史学界重点关注的热点议题,国内史学界也开始逐渐兴起。虽然我们一时还难以对知识史作出比较确定的界说,不过从知识论、知识社会学到知识史学术脉络的梳理,大体上可以概括出知识史的基本内涵和特点,知识史不仅关注介于社会文化和学术思想的知识的渊源、演进脉络,同时也注重探究知识的生产过程和建构、流传机制,考察知识的社会情境性,以及省思知识对社会文化的型塑作用,并通过将当今习以为常或视为经典的知识过程化,来重新认识和思考这些知识及其未来发展的可能性。除此之外,应避免将知识仅仅理解真理和科学,或者将其局限为精英的、系统化的观念和认识,而应尽可能在大众的、日常生活的语境中来理解多元化的知识。同时也需注意,我们对知识的认知不能局限于形而上的概念层面,而必须更多地置于社会实践的层面来展开。

(二) 中医知识史研究发凡

随着医学与社会文化的诸多关联以及医学本身的社会文化属性被更多地意识到,医学或者医疗社会文化史在20世纪后半叶以来,取得了长足的

---

① 傅荣贤:《中国近代知识观念和知识结构的演进》,知识产权出版社2016年版,第3—11页。
② 张寿安主编:《晚清民初的知识转型与知识传播》,北京师范大学出版社2018年版。

发展，然而，到 21 世纪初，著名的医学社会史家罗杰·库特却写下了《"界定"医学社会史的终结》一文，在该文中，作者鉴于在后现代思潮的冲击下，"医学""社会"甚至"历史"等概念的内涵已变得大有问题，以往过于简单肤浅的医学社会史在学理上业已终结，不过"医学社会史的终结时的前景并不是回归到，'社会'在重新理论化和'界定'时所错失的，而是回到对于下面这种现象各种不同的后结构主义的、'政治性的'理解，即在历史学的框架内，医学更加批判性地意识到自己的价值、前景和目标"①。这一论述提示我们，当今医史的研究，应该更多地回到医学本身的议题，尽管我们需要从更多元的视角来加以认识和理解。显然仅仅局限于技术史的方法和议题肯定是远远不够的，但若忘记了医学本身，而只是关注医学外围的社会文化因素，也不当是未来医史研究的根本所在。

而要将这两者很好地结合起来，知识史可谓非常恰当的研究路径，因为前面的论述已经表明，知识史研究并不仅仅将医学视为纯粹的科学技术，不但会充分关注医学知识建构机制中社会文化因素，也会思考知识建构所反映的社会文化变迁和建构的知识对社会文化的型塑作用，也就是说，这一研究中，社会文化史完全不会缺席。而另一方面，对医学知识的探讨，必然会指向对现实中医学问题及其发展的思考和理解。事实上，张大庆先生已经颇具开创性地对此作出了论述，他在《理解当下医学的悖论：思想史的路径》一文中，提出当今社会，医学在取得巨大进步的同时，也引来人们更多的不满和抱怨，针对这一悖论，就有待于我们从思想史的角度，联系过去和现在，来认识医学的复杂性，审视我们的健康观、疾病观和生死观，思考医学职业的价值和责任。② 该文虽然使用的是传统思想史的概念，但从其医学思想史概念的内涵的解说来看，谓之为医学知识史，可能是更为确切的表述。显然，对此的探讨，需要我们以现实问题为导向，通过跨学科的整合方法来解决问题。可见，从知识史的路径入手探究医学，不仅可以很好地践行跨学的理念和方法，而且也非常切合于当代国际医史研究的前沿态势。

相较于现代医学或者说西医，中医所面临的问题无疑更为复杂而严

---

① Roger Cooter, "'Framing' the End of Social History of Medicine", in Frank Huisman and John Harley Warner eds., *Locating Medicine History: the Stories and Their Meanings*, Baltimore and London: The Johns Hopkins University Press, 2006, pp. 309 – 337.

② 张大庆：《理解当下医学的悖论：思想史的路径》，《历史研究》2015 年第 2 期。

重，故而从知识史的角度来探究中医，更显必要。近代以来，有关中医的讨论相当热门，而且异彩纷呈，稍作考察便不难发现，人们对中医的认识其实颇为混乱甚至矛盾，比如一方面今人往往自然而然地将中医视为传统，并名之为"中国传统医学"（TMC）；另一方面，国家的定位和学科体系则又将其归入现代科技。这一混论不仅让世人有关中医的认知异常分歧，还使国家对中医的定位及其发展策略也往往曲折反复。之所以如此，一方面固然缘于世人对科学与文化的认知和情感多有差异，另一方面也直接与人们对中医究竟是传统还是"现代"认识混乱密不可分。实际上，以西医为参照对象而被视为传统的当下中医，若从中国医学自身的演进脉络来说，实乃"现代"，乃是近代以来，随着中国传统文化的日渐被质疑乃至否定以及西方医学的强势进入和日益迅猛的发展，一代代中医学人为了自身的生存和发展，努力用现代的科学和学科思维，通过医学史钩沉和传统医学知识筛选，逐渐建构起来的一套现代知识体系。也就是说，中医并不是一种作为传统象征的本质性存在，而是随着中国历史文化的变迁而不断演进的知识体系。而要理清这一点，让人们对此有清醒的认识，无疑就需要引入新学术理念，通过中医知识演进历史的梳理，来探究宋元以来的"中医"演变，特别是对近代以降面对作为他者的西医，中医如何通过自我重构来拯救和发展自身的历史。

虽然国内中医学界以及主要由中医学研究者组成的医史学界对中医的现代化问题十分关注，讨论也甚为热烈，但对于现代中医知识本身的历史性和现代性，却甚少给予注意，甚或还较少有人意识到这一问题。反倒是海外接受了系统人类学和历史学等现代学术训练且关注中医的研究者，比较早注意到这一点。文树德（Paul U. Unschuld）曾指出，作为一个整体的、界限明晰的、古今相传的医学体系的"中国医学"是在20世纪二三十年代中医存废之争中被创造出来的。[1] 20世纪90年代相继出版的两位医学人类学的作品也指出了，"中医"（Traditional Chinese Medicine）这个概念实际上是在20世纪50年代特殊的政治和社会环境中被创造出来的。现代的"中医"一方面宣扬其传统的根基和两千余年的历史，另一方面又强调其规范化、现代化以及科学化特征。实际上，不仅仅"中医"这个名词

---

[1] Paul Unschuld, *Medicine in China: A History of Ideas*, Berkeley: University of California Press, 1985.

的出现是很晚近的事情,当代中医的理论和实践有很多方面实际上是在近代以来被创造或重新发现的。① 稍后英国学者蒋熙德(Volker Scheid)出版了《中医在当代中国:多元和综合》一书,关注机构、政治、历史,以及"非人的媒介"(nonhuman agents)在塑造和重塑中医过程中的角色,为纠正把中医当作铁板一块及简化论的观点,他强调中医实践的被建构性,是多元的、不断变化的实践行为。② 而最近出版的两部历史学者的著作则以这一认识为出发点,从历史的视角探究了现代中医的形成过程。吴章的著作综合性研究考察了从 19 世纪中期至 20 世纪中期,中国医学由多元的私人性活动转变为标准化的、由国家支持的双轨系统,解释了西医和中医如何相遇及现代化的问题,认为现代中医领域形成了一种在很大程度上屈从于民族主义政治策略的新医疗方式(TCM)。③ 雷祥麟则试图在回答中医是如何从现代性的对立面转变成中国探索自身现代性的标志,其立足于对中医现代性的把握,探究了近代以来,在复杂历史背景中以及国人对待现代化和传统矛盾纠结的心态作用下,现代中医样貌的复杂性和多元性,并用"非驴非马"来加以概括。④ 类似的研究还有不少,这些只是其中的荦荦著者,似乎可以说,现代中医知识的形成,已渐趋成为西方中国医史和中医人类学界的热点议题。姜学豪(Howard Chiang)编纂出版的论文集可谓这一趋向的体现。⑤ 这些研究对我们理解现代中医,无疑提供了诸多非常有启发性的视角和议题,但他们的异域背景和立场,势必使其真正的关注点往往在对中国文化和历史现代性和非西方性的把握和思考,难以从中国自身的立场出发去关心中医乃至中国社会文化的发展,也不太可能深入中医学术内部。而且受学科背景等因素的影响,对于包括古代特别是宋元以来的传统时期医学知识演进对现代中医的形成的影响,还甚少论及。而国内

---

① Judith Farquhar, *Knowing Practice: The Clinical Encounter of Chinese Medicine*, Boulder, Colorado: Westview Press, 1994; Elisabeth Hsu, *The Transmission of Chinese Medicine*, Cambridge: Cambridge University Press, 1999.

② Volker Scheid, *Chinese Medicine in Contemporary China: Plurality and Synthesis*, Durham: Duke University Press, 2002.

③ Bridie J. Andrews, *The Making of Modern Chinese Medicine, 1850—1960*, Vancouver: University of British Columbia Press, 2013.

④ Sean Hsiang-lin Lei, *Neither Donkey nor Horse: Medicine in the Struggle over China's Modernity*, Chicago: University of Chicago Press, 2014.

⑤ Howard Chiang, *Historical Epistemology and the Making of Modern Chinese Medicine*, Manchester: Manchester University Press, 2015.

的研究者，受学术训练和研究视角等诸多因素的影响，虽然已有少数研究者注意到当代中医的现代特质①，但整体上对该问题的研究基本是点到为止，学术性和系统性严重不足。

值得指出的是，"中医"本身也是一个具有历史性的概念，不同的时代有不尽一致的内涵，大体上，外延是比较确定的，就是指在主体上在中国产生、发展并实践的医学知识体系，也就是现代意义上与西方医学相对的所谓的中国"传统"医学（TCM）。中医知识史的研究也主要是立足现代中医的基本认识，通过对其历史过程的追踪梳理，来探究现代中医的历史性和现代性以及历史变迁的复杂性。这无疑是一个十分宏大的课题，内容极其丰富，不同的研究者将很容易从自己的兴趣出发，找到探究的议题。不过就笔者的考量，以下几个方面的议题，对于这一研究来说，应该非常值得展开的。1. 中医知识的生产、流通和传承及其历史演进。这部分主要采用历史学的方法，从文本和实践两个层面来梳理中医知识的演进过程，借此让我们对知识演进的脉络有一个整体性的认识。而在具体探讨中，关注点将集中于生产、流通和传承等三个方面，从中医的核心问题出发，通过精选文本，引入书籍史和阅读史的理念和方法，将文本置于具体的历史情境中来加以考察。既关注知识的演进脉络和生产机制，也注重知识在日常生活的流传和实践及其变迁；不仅观察文本和实践之间的紧张与互动，也注意探讨精英和民众之间知识的异同和交流。2. 医史书写及其意义。医学史虽然可以视为对医学知识演进脉络的呈现，但更应看到，医史书写本身也是一种知识建构，这部分虽然也会通过对医史论著的梳理，来进一步呈现知识脉络的演变，但重要的是通过对历史上医史书写中的知识建构机制及过程的探讨，来考察知识谱系是如何形成的、范式转移又是怎样发生的，进而探究医史书写对中医知识的形塑作用。3. 技艺、器具变革与中医知识的演进和再生。技艺是一种相对独立的知识体系，是一种实践性、身体化的知识，而医疗器具则是知识的物化体现，借此的探讨，不仅可以进一步考察实践领域的医学知识的演进，亦可探索技能和器具这样具有物质性的知识对于中医知识建构的重要影响。4. 全球史视野下的"他者"与中医知识的建构。中医虽然是在中国文化脉络中相对独立发展起来

---

① 其中比较重要的成果有：廖育群的《医者意也：认识中国传统医学》（台北：东大图书股份有限公司 2003 年版，第 209—225 页），张效霞的《回归中医：对中医基础理论的重新认识》（青岛出版社 2006 年版）等。

医学体系，但也从来不是封闭而孤立生成的，在演进过程中，众多跨文化、跨地域、跨民族的外来因素，对于中医知识的建构起到极为重要的作用，特别亟待西方文化和医学知识，对现代中医的建构是极其重要的。对此的探讨，将非常有助于我们更开放而多元理解和认识中医。5. 知识史脉络中的现代中医理论体系的形成。现代中医知识的主要内涵体现在现代中医理论体系中，立足上述有关中医知识演变的研究，在历史的脉络中，考察梳理现代中医理论体系的形成过程、知识来源和建构机制，对于我们理清和思考现代中医的形成，将是至为关键的一步，也可以说，是我们在大量历史研究基础上的最终目标。

六 结语

综上所述，开展中医知识史研究，不失为融通内外史之间壁垒、真正开展跨学科研究的有效路径，不仅如此，我们将知识史的研究放在社会文化史的路径下展开，一方面要充分关注和透视知识的社会文化意涵；另一方面也将努力做"活"的知识史，即将知识文本与"人"密切的联系起来，在具体的实践中和历史情境下来认识和理解知识，故而也将具有生命史学的意蕴。借此，将为构建融通内外的"生命史学"体系提供可能。

论费孝通的历史观

小 田

(苏州大学历史系)

摘要：半个世纪以来，在社会史的"人类学转向"中，背负非历史主义冤名的功能派人类学一直遭到西方学界的拒斥。事实上，从20世纪30年代中叶开始，以费孝通为代表的功能主义者在关注文明社区生活变迁的过程中，逐渐形成了学派特色鲜明的历史观。作为对前此（进化论派和传播论派）人类学的反动，费孝通否定了"单线进化"的历史意识，但面对急剧变动的近代社会，他毅然自我否定，实现了历史意识的回归。这样的历史意识源自生活变迁的现场，着意于实际生活中仍在发挥功能的"活着的历史"，从而确定了其"历史"方位；这样的历史意识滋生于特定的时空坐落，偏好草根阶层的文化，表现生活关系的整体性，展示了历史的日常样态。人类学的日常史重构主要是在田野中完成的。在那里，费孝通对物质文化、口传、碑文和历史传说等材料进行生活的印证和释读，充分发掘其中的思想史价值，体现了功能主义本色。重温费孝通的学术世界，完整叙述其功能主义历史观，对于疗治西方学界的选择性失忆，构建中国社会史理论和话语体系，当非常有益。

关键词：费孝通 功能主义 历史观 社会史

在中国学术界，费孝通的声名大大溢出社会人类学界，而籍籍于包括史学在内的人文—社会科学领域。① 然而吊诡的是,"西方大多数人"在谈到"近代中国社会史的研究方法"时,却对费孝通的人类学方法似有不屑,认为他"建立的乡村社会模式……是有问题的";问题出在:"作为功能主义人类学家的先驱,费的著作受到……他的导师马凌诺斯基和罗伯特·帕克,以及他的朋友和同事罗伯特·雷德菲尔德的影响。"② 也就是说,功能主义人类学自其祖师爷那里就不受社会史学界的待见,后者宣称,因为功能主义胎里带病:它"把文化理解为一种同步功能关联"和"用以满足人们的需要的工具装备",认为"对文化进行历史分析几乎无助于澄清对文化的了解"。③ 于是在西方史学界,始于20世纪60年代的"历史人类学运动",从以格尔兹(Clifford Geertz)为代表的解释人类学那里获得灵感,而基本拒斥了功能主义,并由此形成一个定论:"解释人类学比之无论是结构主义还是结构—功能主义都更加接近于通常的历史学。"④

那么,费孝通及其导师马凌诺斯基(B. Malinowski)的功能派人类学

---

① 在史学方面,比较集中地讨论了费孝通的乡村经济思想,包括乡村工业、土地关系等问题。如:李金铮《"研究清楚才动手":20世纪三四十年代费孝通的农村经济思想》(《近代史研究》2014年第4期),小田《租佃关系的日常性状》(《近代史研究》2018年第1期),彭南生、金东《论费孝通的乡村工业化思想》(《史学月刊》2010年第11期),李学桃《20世纪三四十年代费孝通地权思想浅析》(《中央民族大学学报》2012年第2期),张佩国《近代江南乡村地权的历史人类学研究》,上海人民出版社2004年版,等等。在伦理学方面,主要是对费孝通学术思想的理论追溯,如王露璐《伦理视角下中国乡村社会变迁中的"礼"与"法"》(《中国社会科学》2015年第7期),侯俊霞、朱亚宗《中国伦理思想特征新论——兼评梁漱溟、费孝通、张岱年、李泽厚之论》(《伦理学研究》2013年第3期),等等。在政治哲学方面,方克立的《费孝通与"和而不同"文化观》(《中国社会科学院研究生院学报》2006年第6期)和张冉的《哲学论域中的文化自觉理论及其现实意义》(《求索》2010年第2期)重在对费孝通的"和谐世界"思想寻求哲学根据和理论基础,而冯天瑜在《"封建"考论》(武汉大学出版社2007年版,第422—426页)注意到,费孝通曾从政治结构层面揭示了"封建"与"大一统的专制皇权"的区别。从刘拥华的《差序格局、公共性与国家建构——费孝通对宗教的认识》(《世界宗教研究》2015年第4期)、孙平《文化监狱的构建》(中国政法大学出版社2007年版)、钟祥财《中国收入分配思想史》(上海社会科学院出版社2005年版),陈瑶、王昕的《从教学方法到学术制度:费孝通的"席明纳"》[伊继东等主编:《教育与区域发展研究(2012)》,云南人民出版社2013年版]和马士奎、邓梦寒的《费孝通的社会科学翻译成就》(《中国科技翻译》2014年第1期)等可见,对费孝通的研究还涉及宗教、法律、财政、教育、语言等多个学科。

② [英]威廉·T. 布雷伯里:《近代中国社会史的研究方法》,蔡少卿主编:《再现过去:社会史的理论视野》,浙江人民出版社1988年版,第309—310页。

③ [瑞士]雅各布·坦纳:《历史人类学导论》,白锡堃译,北京大学出版社2008年版,第61页。

④ [英]玛丽亚·露西娅·帕拉蕾丝-伯克编:《新史学:自白与对话》,彭刚译,北京大学出版社2006年版,第162页。

一直在逆"历史潮流"而动吗？对此，费孝通曾为其师进行过辩白：

> 有些人由于马老师反对过重构历史学派的社会发展阶段论，从而对他作出各种批评和攻击，甚至说他反对研究文化的历史，否认历史对文化的作用，等等。这是不符合实际的。马老师一再说明他所反对的只是凭空臆造的历史，"遗俗"重构的历史是主观的设想，不是事实。他强调实事求是，言必有据的实证论。这是现代科学的研究方法。①

在马凌诺斯基去世后两年出版的著作《科学的文化理论》（1944年）中，他明确写道："科学的"人类学"在任何意义上都不排斥或否认进化或历史研究的有效性"，因为这样的研究可以给功能分析"提供一个科学的基础"。马氏弟子普里查德（Edward Evans—Prichard）认为，该书代表了老师"最成熟的见解"。②就费孝通而言，他更明确："文化具有历史性……看文化，必须历史地看，只有在历史中，文化才显示出其真实的意义。"③

至此，我们面临一个问题：马氏一脉的功能派人类学到底秉持怎样的历史观？④是学界误读或漏读了他们，还是费孝通在诡辩？我们沿着费孝通的学术轨迹，进入费孝通思想世界一窥究竟。这样的探讨对于社会史与人类学的跨界沟通与互济是完全必要的。

---

① 费孝通：《从马林诺斯基老师学习文化论的体会》，《费孝通全集》第15卷（1995—1996），内蒙古人民出版社2009年版，第217页。
② [英]马凌诺斯基：《科学的文化理论》，黄剑波等译，中央民族大学出版社1999年版，第57、16—17页。
③ 费孝通：《费孝通在2003》，中国社会科学出版社2003年版，第102—103页。
④ 1987年10月，费孝通在接受美国人类学家巴博德（Burton Pasternak）采访时说："当我特别被涂尔干的'集体意识'概念吸引的时候，作为一个中国人我发觉有必要把他的概念转成垂直的。他的概念像是一个平面的人际关系；而中国的整合观念是垂直的，是代际关系。"（见费孝通：《经历·见解·反思——费孝通先生答客问》，《从实求知录》，北京大学出版社1998年版，第488页）台湾人类学学者乔健据此认为，费孝通给西方功能论"加入了历史的因素……这实在是提供给功能理论一项创造性的转换。……功能论犹如脱胎换骨，在包容度与诠释力方面都同时增厚与加强"；其功能论可称为"历史功能论"。（乔健：《试说费孝通的历史功能论》，《中央民族大学学报》2007年第1期）乔健敏锐地发现了费孝通对"历史的因素"的重视，但此文只以三分之一的篇幅摘录了费氏的一些观点，重在从人类学角度说明费孝通的功能主义特色，而未讨论费孝通的历史观。

一 历史意识的否定性回归

现代人类学从一开始就与历史结下了不解之缘,甚至可以说,人类学原本即为"历史科学"。[①] 当时,不论进化论派或是传播论派,都倾向于认为,人类学旨在发现文化"这个客观实体本身的发展或变动的规律"[②]。尤其是进化论派,他们将"社会制度自其原始状态以迄于今日的进化历程"作为考察对象,所以费孝通说,"进化论派的人类学是历史性质的。他们的贡献亦是在历史方面的,有许多古代社会的情形的确靠了他们得以证明"。[③] 但是,人类学的这类理论存在明显缺陷。人们不禁要问:"进化的尺度,只有以先进国家的标准才能作为最高价值的衡量尺度吗?进化的进程,有快慢的差异,在地域之外有世界共同之处吗?文化的各个领域是怎样互相连接的?"[④] 问题的实质是,这是人类学领域在功能主义出现以前西方中心主义的"台阶式"历史观。[⑤]

功能主义人类学把这种单线进化论作为靶的,在否定其褊狭历史意识的同时,以革命性的姿态,于20世纪20年代初异军突起:它"不问文化的起因,而只问文化是什么,它怎么发生作用,怎样变迁?……除非以功能论为基础,播化论者和进化论者都不能建立其文化史"[⑥]。所谓文化的功能,指一切文化要素"直接地或间接地满足人类的需要……都是在活动着,发生作用,而且是有效的",[⑦] 由此明示:文化的性质和功能研究是"人类学上最重要的业务",[⑧] 而把"重构的历史格局留作谈笑的资料"[⑨]。

---

① [美]派克:《社会学》,北京大学社会学人类学研究所编:《社区与功能:派史、布朗社会学文集及学记》,北京大学出版社2002年版,第43页。
② 费孝通:《从马林诺斯基老师学习文化论的体会》,《费孝通全集》第15卷(1995—1996),第205—206页。
③ 费孝通:《人类学几大派别——功能学派之地位》,《费孝通全集》第1卷(1924—1936),内蒙古人民出版社2009年版,第85—86页。
④ [日]中村俊龟智:《文化人类学史序说》,何大勇译,中国社会科学出版社2009年版,第12页。
⑤ 费孝通:《对文化的历史性和社会性的思考》,《费孝通全集》第17卷(2000—2004),内蒙古人民出版社2009年版,第516—517页。
⑥ [英]马凌诺斯基:《文化论》,费孝通译,华夏出版社2002年版,第104页。
⑦ [英]马凌诺斯基:《文化论》,第15页。
⑧ 吴文藻:《功能派社会人类学的由来与现状》,陈恕、王庆仁编:《论社会学中国化》,商务印书馆2010年版,第219页。
⑨ [英]马凌诺斯基:《文化论》,第104页。

1936 年印制的《花蓝瑶社会组织》,即表达了费孝通及其夫人王同惠"怎样运用社会人类学里的功能观点":

> 人们群居形成的社区,是由满足人们生活需要,各方面的社会制度相互联系而组成的整体。研究者的任务就是在分析这整体中各组成部分之间的功能关系。我们以花蓝瑶的几个村子为对象,叙明了他们的基本社会单位怎样形成,怎样活动,怎样世代更新,又怎样结合而成地域集团的村落……①

作为对前此人类学的反动,功能主义者力图通过对特定社区文化关系的分析,"得到一般的原则",这种原则性的关系"是抽象的、普遍性的,没有时间性的……因之我们说他是科学的性质而不是历史的性质"②。鉴于此,普里查德也承认,英国功能主义者"对历史都极端不友善",或"至少是漠视的态度";即使受其影响的美国人类学,"总体上"也呈现"反历史趋势"。③

功能派的"反历史趋势"至 20 世纪 30 年代中叶,悄然发生了变化。这一变化来自他们的自我否定。1937 年初,在马凌诺斯基主持的"今日人类学"(Anthropology Today)讨论班上,学生们已经注意到非洲土著文化与欧洲文化接触之后所发生的变迁,并就社会变迁研究的方法问题进行了讨论。不久之后,费孝通对个中方法一一评议,并"申说研究中国社会变迁时应有的观点"。④ 是年秋天,费孝通注意到,刚刚从东南非洲访问归来的马凌诺斯基,在讨论班上不再提用作解剖具体文化的"文化表格",而代之以"三项法",前者是"文化结构的静态分析",后者为"分析文化动态时所采用的方法"。50 年后的费孝通意识到,导师的这一主题转换表明其"学术思想上的一个重要的变化",简言之即,马凌诺斯基"从根据

---

① 费孝通:《我从事社会学的经历》,《费孝通全集》第 12 卷(1986—1987),内蒙古人民出版社 2009 年版,第 495 页。
② 费孝通:《人类学几大派别——功能学派之地位》,《费孝通全集》第 1 卷(1924—1936),第 89 页。
③ [英]爱德华·埃文思—普里查德:《论社会人类学》,冷凤彩译,世界图书出版公司 2010 年版,第 144 页。
④ 费孝通:《再论社会变迁》,《费孝通全集》第 2 卷(1937—1941),内蒙古人民出版社 2009 年版,第 24 页。

文化的静态分析而作出的功能主义的基本理论进入从不同文化的接触而引起的文化动态的分析"①。1938年10月，马凌诺斯基在为即将出版的《江村经济》（费孝通博士论文）所作"序言"中指出，此作"并不满足于复述静止的过去。它有意识地紧紧抓住现代生活最难以理解的一面，即传统文化在西方影响下的变迁"，他认为，该书有关蚕丝业改革的一章是"最成功的"，因为它"介绍了家庭企业如何有计划地变革成为合作工作，以适应现代形势的需要"，并预言，此著将成为"人类学实地调查和理论工作发展中的一个里程碑"。②费孝通后来才明白，他的著作之所以享此盛誉，跟当时"人类学的一个新的动向"有关，即"从简单和落后的部落突入所谓'文明社区'……而这些地区主要是文化较高的农民"③。

功能派人类学的历史转向源于近代文明的扩张力。功能主义者是从研究简单社会起家的。他们长期生活于与外界接触很少的孤岛上，那里不过几百几千人，聚族而居，自给自足。"在这种社会里，人和物、人和人的关系都可以靠传统的习惯俗尚来配合，世世代代这样绵延下去，千百年如一日。它是一个静止的乡土社会。"④但是，近代工业文明的冲击波不断刺激着人类学家的心灵。转向中国小农社区的费孝通分明发现，"传统的局面是已经走了，去了。最主要的理由是处境已变。在一个已经工业化了的西洋的旁边，决没有保持匮乏经济在东方的可能。……逼人而来的新处境里已找不到无邪的东篱了"⑤。如果功能主义者继续欣赏这朝暾夕月般的"天工微妙"，费孝通检讨道，势必沦为"一种阻碍变迁的保守主义"，而保守主义是"没有用处的"，因为"中国旧有的处境无从恢复，旧有的调适体系自然不能一成不变地保守下去"。⑥

现实变得如此紧迫，以至于功能主义者"再也不能忽略历史……而必须直截了当地否认或承认它的相关性。随着人类学家更多地关注文明社

---

① 费孝通：《读马老师遗著〈文化动态论〉书后》，《费孝通全集》第16卷（1997—1999），内蒙古人民出版社2009年版，第226页。
② 费孝通：《江村经济》，戴可景译，江苏人民出版社1986年版，第1、5页。
③ 费孝通：《留英记》，《费孝通全集》第8卷（1957—1980），内蒙古人民出版社2009年版，第108页。
④ 费孝通：《访美掠影》，《费孝通全集》第8卷（1957—1980），第286—287页。
⑤ 费孝通：《乡土重建》，上海观察社1948年版，第9—10页。
⑥ 费孝通：《从社会变迁到人口研究》，《费孝通全集》第2卷（1937—1941），第40页。

会，问题将变得更加突出"①。费孝通开始了否定之否定的过程：

> 社会是变动的，有历史的，进化派、传播学派都是要明了这文化的历史问题。他们方法上的错误谁都容易指出，但是，我们得问，功能学派如何来研究这社会及文化的动态呢？以前功能学派是避免这个问题，但是从澳洲到非洲，民族接触的事实愈来愈重要。"土著文化"已经深深地印上了外来的影响，而在急变之中。除非功能学派不走进这园地，他们一定要制下一套理论和方法来应付。②

事实上，马凌诺斯基已经着手制定应付社会变迁的"一套理论和方法"了。只是这一切鲜为人知。1938年暑假，马凌诺斯基与费孝通分手，去了美国，1942年突然去世。期间马凌做了些什么，回国后的费孝通久违謦欬，并不知晓。直到1990年代，费孝通读到一些追忆文章，才了解到，来到美国的马凌在耶鲁大学接着讲他的文化动态论，但"和一般的学生们思想接不上头"。③ 1940—1941年，他曾去墨西哥乡村访问了8个月，费孝通"联想"说，这可能是想去继续他的文化动态研究。因为，导师曾不止一次地说过，在殖民地土人中发生的文化变动，与"其他有农业传统的地方的人走上工业化道路的性质是类同的"，也就是说，20世纪后期世界各地古老农村，在现代工业入侵过程中所发生的社会文化变动，实质上和19世纪以来殖民地社会生活的变化有共同之处。④ 马凌诺斯基去世后，他的学生卡伯里（P. M. Kaberry）女士将其有关文化动态问题的遗著编成《文化动态论：非洲种族关系调查》（*The Dynamics of Culture Change: An Inquiry into Race Relations in Africa*）一书。暌违50年抚读此著，费孝通感想丛集：

> Malinowski（马凌诺斯基）却看到了一个正在发生文化巨变的社

---

① ［英］爱德华·埃文思—普里查德：《论社会人类学》，第106页。
② 费孝通：《再论社会变迁》，《费孝通全集》第2卷（1937—1941），第27页。
③ 费孝通：《读马老师遗著〈文化动态论〉书后》，《费孝通全集》第16卷（1997—1999），第245页。
④ 费孝通：《读马老师遗著〈文化动态论〉书后》，《费孝通全集》第16卷（1997—1999），第246—248页。

会，看到了文化变迁的现实，这使他后来写出了《文化动态论》。这是人类学历史上的一个很大的转折，从静态的分析转向了动态的研究。他把这个转折作为一个人类学的大题目，认为新的人类学必须以对变动中的文化的研究作为自己的主题。他明确地提出了这个主题。可是人生有限，他没有机会由自己来完成这么一个主题的转折了。[1]

值得注意的是，费孝通亲承了功能主义衣钵，但从一开始他就是一个"另类"：他的博士论文以变动中的小农社区作为考察对象，这与当时功能派学者的"规范"选题，存在总体方向的不同。马凌诺斯基确认了这一选题的研究价值，并对费孝通后来的成果赞赏有加。这与其说是老师的宽容，不如说出自其内心深处的学术勇气。恰是这样的勇气，在很大程度上改变了功能主义人类学的面目。实际上，费孝通的功能主义已经通过对自身的否定，实现了历史意识的回归。经过否定之否定，人类学呈现出与此前根本不同的历史意识及其历史样态。

二 功能主义的"历史"方位

费孝通视野中的历史，不但跟之前的进化论和传播论学派存在根本差异，也与一般意义上的历史学有别。

进化论和传播论学派把文化要素"孤立起来，脱离了人而独立处理"。比如，当时就有学者把图腾信仰脱离他所发生的具体群体而研究其起源、流动和在人类整个历史发展中的地位等。[2] 在费孝通看来，类似于这种"不同社会间的差异，只能谓社会变异"，因为与"历史"同义语的社会变迁，是指特定社会中"同一事物在时间过程中所发生的差异"。[3] 在另一处，他没有纠缠于"变迁"与"变异"的词义之分，直接指出："历史与科学的分别……简单地说，就是个别与概然的分别，前者在叙述具体的事迹，后者是在求抽象的原则。进化学派根本的错误就是想以抽象论历史，

---

[1] 费孝通：《从反思到文化自觉和交流》，《费孝通全集》第16卷（1997—1999），第256页。

[2] 费孝通：《个人·群体·社会》，《费孝通全集》第14卷（1992—1994），内蒙古人民出版社2009年版，第223—224页。

[3] 费孝通：《霍布浩士社会发展论概论》，《费孝通全集》第1卷（1924—1936），第270页。

抽象的原则是不能含时间性的。而进化学派正在求一含时间性的原则。"①

历史与科学、个别与概然、抽象与具体、事迹与原则，费孝通通过一系列面相，在学科（史学与人类学）范式的对比中，凸显了史学的特征。这其中，抽象与具体的关系，成为功能主义者建立自己历史观的基本依托。费孝通认为，社会发展之"实在情形"即历史。② 以社会变迁为例，"从冲突到调解、从调解到同化，甲群本有的生活形式消失，乙群的生活形式取而代之了"，是为社会变迁的方式，这是"普遍性的"，因为"任何时代，任何地方，任何种类的群体，变迁时都要经过这几个段落"；社会变迁的历史则不然："因为它涉及变迁的内容而不是变迁的方式，所以是个别的，不是普遍的。社会变迁历史的叙述，简单地说，就是要把一个社会群体从什么状态变到什么状态，据实地描写下来。"③

从费孝通所钟爱的社区结构分析中，不难见到功能主义历史观存在的理由："社区结构研究中对象是具体的；有这个综合的中心，各种影响这中心的因素都不致成为抽象的理论，而是可以观察、衡量的作用。"④ 在大量的社区研究中，作为功能派人类学家，费孝通首先关注的当然是社区中各种因素的"作用"，但具体"作用"的内容，不妨亦为社区的历史，特别是在考察社区变迁的过程中。在这里，对特定社会进行的功能考察是"具体的事迹"（即历史）演生的根本路径，而此前的人类学则无由得见。费孝通的历史观在与进化论和传播论人类学的比较中获得了历史方位。

功能主义历史观的历史方位确立，当然不能仅仅在人类学内部进行，最重要的，莫过于与历史学进行比照。费孝通是从社会—文化的变迁特征切入历史领域的。对于变迁，他有过清晰的界定："变迁是一个替易或发展的过程，从一种状态变成另一种状态。"⑤ 从这个概念可以认为，"变迁"与史学所谓的"历史"基本一致：强调"变得什么样"，或称"继续的状态"，理论上看应有：昔日状态（一种状态）、当前状态（另一种状态）及其两种状态间的转换。⑥ 不过，跟着费孝通的思路继续前行，情况有些

---

① 费孝通：《人类学几大派别——功能学派之地位》，《费孝通全集》第1卷（1924—1936），第87页。
② 费孝通：《霍布浩士社会发展论概论》，《费孝通全集》第1卷（1924—1936），第275页。
③ 费孝通：《社会研究的程序》，《费孝通全集》第1卷（1924—1936），第107页。
④ 费孝通：《乡土中国》，上海观察社1948年版，第103页。
⑤ 费孝通：《乡土重建》，第2页。
⑥ 费孝通：《社会研究的程序》，《费孝通全集》第1卷（1924—1936），第106页。

微妙起来："文化变迁是一个历史问题么？是一个前后差异的问题？"在这里，他竟然提出了一个在史学看来不成其为问题的问题。由此他进一步追问道："什么叫历史？什么叫过去？这里所谓历史及过去是不是纯粹的时间概念？"按照功能派的"现实观察法"，"历史"开始分化了："过去的事实，有些已经遗忘，有些还是念念不释，所以，历史可以分成两部：一是'已死的历史'，一是'还活着的历史'。"举例来说，20 世纪 20 年代在江苏吴江的开弦弓村，费孝通发现："养蚕时候，家家户户把芦席挡着门，生人不能随意穿门入户，凡是提到蚕时都说'宝宝'"，十年之后情况不同了：

> 你去时，不论蚕长得多大，你可以随意去找人，他们一样会来招待你，即使蚕出了毛病，也不会归咎于你，可是你听他们说话时，凡是说到蚕的时候，还是口口声声地"宝宝"。拒客的风俗是"已死的历史"，避讳的风俗是"还活着的历史"。①

在"死的历史"与"活着的历史"中，费孝通只关注后者，换句话说，仅关注历史的一部分。另一部分为何遭到抛弃呢？因为缺少现实关怀的价值："若是'过去的'真的是已经'过去'了，我们注重现实生活的人，正可不必去管它是红是白，反正红白都和我们生活无关。"②说它无关，表明它们不能在现实生活中满足人们的需要，即无法发挥功能了："凡是昔日曾满足过昔日人们的需要的器物和行为方式，而不能满足当前人们的需要，也就会被人们所抛弃，成为死的历史了。"从中很容易看出，不论是昔日状态，还是当前状态，抑或是两种状态间的转换，"功能"统摄着整个历史过程："文化中的要素，不论是物质的还是精神的，在对人们发生'功能'时是活的。"③历史就这样活在"功能"之中。历史的样态由于功能性的观照而有了死、活之分，而对活态历史的关注，使功能派人类学的历史样态呈现出与史学不同的意义。乔健认为，"活历史"概念是"费先生对功能学派创造性的贡献"。④也就是说，"活历史"是从属于

---

① 费孝通：《再论社会变迁》，《费孝通全集》第 2 卷（1937—1941），第 29—30 页。
② 费孝通：《再论社会变迁》，《费孝通全集》第 2 卷（1937—1941），第 29 页。
③ 费孝通：《文化的传统与创造》，《费孝通全集》第 16 卷（1997—1999），第 351 页。
④ 乔健：《试说费孝通的历史功能论》，《中央民族大学学报》2007 年第 1 期。

人类学的。

对于"曾满足过昔日人们的需要的器物和行为方式"的"昔日状态"（或者称"前期状态""原有状态"和"O点状态"），费孝通是承认的，但他更强调当前功能的发挥，因而"活着的历史"并不包括"昔日状态"中已经丧失功能的部分，也就是说，所谓"活着"更多地指当前"还活着"：

> 我们只问活着的，正在发生作用的传统势力的内容。这内容并不完全等于"前期状态"，而是当时当地的人民对于"前期状态"的解释。这种解释是现实的态度，而不是已消失的状态。消失的状态不能直接影响现实的行动，这一点是很重要的，因为许多社会史学者还在做梦，认为重构确切的过去状态可以借以明了现有状态，甚至预测未来状态。①

不言而喻，比之社会史，功能派人类学散发出更强烈的现实关怀。20世纪20年代末在吴江开弦弓所发生的乡村工业化实验，在某种意义上便是当地历史的活力再造。这"活着的历史"被费孝通概括成"人多地少、农工相辅"的传统。他认为，对乡土工业化的早期接触和理解，无从离开这个历史"苗头"而走得更远。② 20世纪30年代发生在太湖流域乡村的蚕丝业改良运动，之所以"做出了不小成绩"，即有重要的历史因素在：

> 江浙太湖流域原是"上有天堂，下有苏杭"的好地方，其所以富庶的原因之一就是农村里的丝绸业十分发达。有些农村，农业中只够供给农民一些日用的粮食，其他生活费用全是从养蚕、制丝、织绸以及有关的手工业中得来。这地方出产的生丝闻名海外。海关报告上有一项叫辑里丝，就是这地方的产品，在对外贸易中一直占着重要地位。③

---

① 费孝通：《再论社会变迁》，《费孝通全集》第2卷（1937—1941），第30—31页。
② 费孝通：《中国农村工业化和城市化问题》，《费孝通全集》第16卷（1997—1999），第310页。
③ 费孝通：《留英记》，《费孝通全集》第8卷（1957—1980），第106页。

历史上发达的丝绸手工业，就这样仍然在20世纪30年代太湖流域乡村生活里发挥功能，构成乡村工业化的历史依据。在这里，蚕丝业发展史因为与现实生活的关联，而受到功能派人类学的特别关注，也因此而羼杂了许多当时人的观念。立基于结构—功能分析的费孝通进一步强化了历史的主观性，但众所周知，这一特性也是历史的题中应有之义。

三　历史的日常样态

文化，在功能派人类学中居于核心地位，马凌诺斯基确认，这便是人类学研究的对象。① 文化者何？"非他，乃人类生活的方式"，② 更准确地说，关于日常生活方式；"生活方式的变迁是个人私人的历史"，③ 即日常生活方式史，或简称"日常史"。功能主义者由此展示了历史的日常样态。

首先关于日常史的形态。所谓日常生活方式，"系指居民在其生活各方面活动的结果形成的一定结构"。④ 在费孝通看来，此结构表现为一种功能关系，"各部分间及部分与整体间都有相互依赖"，⑤ 显示出整体特性。功能主义者既以整体性文化为研究对象，亦即关注整体性的生活，两者若合符节："文化之所以有整体性者，因其本身即系生活方式，不能离各个人之人生而独立，而人的生活乃一不能分整流故也。"⑥ 因此，功能主义者眼中的日常史，表现为既往生活的整体样态，其中，乡村社区日常史中的结构—功能关系最为费孝通所瞩目。从法国工程师勒普莱（Le Play）所留下的调查报告中，费孝通复原了19世纪30年代初期欧洲东北部村落的生活状态：

> 这些社区里的人和人有充分的互信和互助，维持着和平和安定。每个个人生活在这种社区里明白：他和团体有什么关系，一举一动对

---

① ［英］马凌诺斯基：《文化论》，第12页。
② 费孝通：《人类学几大派别——功能学派之地位》，《费孝通全集》第1卷（1924—1936），第88页。
③ 费孝通：《社会变迁研究中的城市和乡村》，《费孝通全集》第1卷（1924—1936），第130页。
④ 吴文藻：《〈花蓝瑶社会组织〉导言》，《费孝通全集》第1卷（1924—1936），第439页。
⑤ 费孝通：《人类学几大派别——功能学派之地位》，《费孝通全集》第1卷（1924—1936），第88页。
⑥ 费孝通：《亲迎婚俗之研究》，《费孝通全集》第1卷（1924—1936），第190页。

于团体有什么影响,团体里的礼法对于自己有什么意义。他不必需别人的干涉才去实行某项规范,因为在他这些规范不是限制个人行为的桎梏而是达到个人生活的方便之门。①

对于近代生活变迁链条中的这种昔日状态,作为立足于现实生活的功能派,费孝通志不在此,他更偏重于考察社会变迁的过程。在反思功能主义的"文化搭配"结构时,他发现,任何时代的生活方式,不管其结构如何微妙,内部要素的耦合度如何高,也都是一幅尚"未完成的杰作",因为文化是由"人要生活"与"给你生活的处境"两方面条件构成的,一方面,"人要如何生活"在变;另一方面,"给你生活处境"也在变;"两端都在变,它们中间的条件自然无法墨守了"。② 费孝通认为,作为变迁结果的当前状态更重要。从昔日与当前状态的比较中,两种状态间的转换脉络分明起来。勒普莱见证了20多年里随着工业化程度的加深,欧洲乡村生活的"动摇"甚至"解组"过程。费孝通注意到,勒普莱笔下的近代西欧乡村工业社区,在19世纪50年代,"已经失去了和平和安定的能力":

> 社会规范的权力已被忽视,亲属的联系已被拆散。在这种情形下,秩序得靠腰边挂着武器的警察来维持。每个人不安于他的现实,梦想着更好的去处,永远在不满足的心情下追求新异和刺激。个人间的联系一断,社会的重心也就不再契洽,而在于当前的利害,换一句话,人不得不集合而集合,不是出于自愿的去经营共同生活。③

对比19世纪30年代昔日"和谐"状态与50年代"当前"解组状态,两者的转换过程同样显示出整体性。这是文化要素在变动过程中,以彼此影响和呼应的形式体现的先后整体性,或称为日常生活的整体变动。这与昔日的静态关系整体性在功能发挥上具有异曲同工之妙。

其次关于日常史的主体。但凡是人,都有自身个性化的生活方式。包括费孝通在内的功能主义者,对于草根阶层怀有特别的偏好。对此,晚年

---

① 费孝通:《〈昆厂劳工〉书后》,《费孝通全集》第3卷(1942—1945),内蒙古人民出版社2009年版,第376页。
② 费孝通:《从社会变迁到人口研究》,《费孝通全集》第2卷(1937—1941),第40页。
③ 费孝通:《〈昆厂劳工〉书后》,《费孝通全集》第3卷(1942—1945),第377页。

的费孝通有过自白：

> 我自己的一生处在文化接触过程中被欺凌的文化一方，因而较为能够避开占支配地位文化对别人文化的偏见……能够在中国文化内部格局中强调弱小的"草根文化"或"小传统"的动力，在文化价值观上与把世界格局中弱小民族的文化当成与"先进文化"格格不入的观点形成很大差别，这也就是我能够做到不排斥外来文化、拒绝复制"文野之别"的根本原因。①

事实上，早在20世纪20年代，功能派人类学家既以初民社会作为主要考察对象，关注的就是草根文化，费孝通的草根偏好反映了人类学的学术传承。当大多数人热衷于分析传统上层社会精英的"礼"文化时，他注意到：

> 一代代知识分子……到宋明时期已将它（礼）改造成为一种可以"化人文"于天下的文明秩序了。生活在晚古时期的中国人定能知道，"礼"、"仁"等概念代表的那种文化论，已是赋予我们人和生活意义的观念，作为一种潜在中国人日常生活中的文化，早已积淀成人们司空见惯的生活方式了。②

眼光向下的费孝通就此衍生出文化—日常—草根的必然逻辑。在涉及社会变迁问题时，他自然地深入草根文化之中。1932年，太湖流域部分地方出现旱荒，有些人寄希望于政府救济，有些人迷信于机器抗旱，经济学家们则在考虑机器租赁之法，而费孝通惊讶地发现：在苏州的一个赌镇，因为使用了机器浇灌，赌场"利市百倍"，农妇们哭诉，她们的丈夫或儿子，因为有了机器，可以不必工作，上赌场里去把家产都荡尽了，弄得农村中六神不安。从功能主义出发，他认为，这其实是生活变迁过程中习见的文化整合障碍："社会决不是一个各部分不相联结的集合体。反之，一切制度，风俗，以及生产方法等等都是密切相关的，这种关系在中国因为

---

① 费孝通：《人文价值再思考》，《费孝通全集》第16卷（1997—1999），第49页。
② 费孝通：《对文化的历史性和社会性的思考》，《费孝通全集》第17卷（2000—2004），第515页。

经过了数千年悠久的历史,更是配合得微妙紧凑。"① 长时段的中国小农经济—社会结构及其生活方式的坚韧、生活变迁中历史文化要素的"活力",都在1932年苏州乡民的行为和态度中尽显毕呈。

最后关于日常史的空间。功能学派"既以文化结构为研究的对象,而且注重文化的整体性,所以不能离开了研究对象的所在地而推考"②。为何文化结构(或称"日常生活方式")的分析就必须联系"研究对象的所在地"呢?或者说要确定一个具体的观察空间呢?这是功能主义的基本理路,而与进化论完全不同。社会进化的研究是以"一抽象的社会制度……来作单位的。研究者可以自由去引用各地各时的事实来构造他们的'进化路线'",而日常生活分析针对"一种相似共同经营、相似的生活方式,而卜居于相同的区域中的一群人",从"具体的人群"出发,"设法去了解人类如何在某地,某时维持他们的生活"。③ 功能主义者"多是从比较小的社区入手的"。④ 就费孝通而言,他几乎将其一生都倾注在社区研究上。

在费孝通看来,社区是人们生活的"时空的坐落"。⑤ 也就是说,除了空间,社区还有一个很重要的时间维度:"文化一面固有其地域性,一面尚有其时间性的认识,较之地域性的认识尤为重要,因为文化原为历史的产物。社区生活如果离开了时代背景就无法了解。"⑥ 人类学试图"在空间中理解时间",⑦ 良有以也!

费孝通强调,人类学的社区分析首先"是在一定时空坐落中去描画出一地方人民所赖以生活的社会结构",在这一点上"是历史学的工作相通的。社区分析在目前虽则常以当前的社区作研究对象,但这只是为了方便的原因,如果历史材料充分的话,任何时代的社区都同样的可作分析的对

---

① 费孝通:《我们在农村建设事业中的经验》,《费孝通全集》第1卷(1924—1936),第115—116页。
② 费孝通:《人类学几大派别——功能学派之地位》,《费孝通全集》第1卷(1924—1936),第89页。
③ 费孝通:《从"社会进化"到"社会平衡"》,《费孝通全集》第1卷(1924—1936),第240页。
④ 费孝通:《从马林诺斯基老师学习文化论的体会》,《费孝通全集》第15卷,第231页。
⑤ 费孝通:《乡土中国》,第102页。
⑥ 吴文藻:《〈花蓝瑶社会组织〉导言》,《费孝通全集》第1卷(1924—1936),第440页。
⑦ 赵世瑜:《在空间中理解时间:从区域社会史到历史人类学》,北京大学出版社2017年版。

象"①。从专业分工的角度，历史时代的社区日常生活还是交付历史学家分析更合适些，但进行何种分析，功能派人类学在此已经提供了一个可以参照的范本。

四 在田野中重构历史

在人类学传统中，"田野"的地位如此重要，以至于成为"惟一用于区分人类学与其他学科的组成要素"。② 早期功能主义人类学家来到非洲、大洋洲等殖民地，常常一个人在一个部落里或一个岛上，和当地居民住在一起，详细观察他们的生活，这便是"田野工作"。③ 不只是当前生活状态，就是昔日生活方式的追寻，费孝通认为，也可以在田野工作中完成。马凌诺斯基说过："研究历史可以把过去的考古遗迹和最早的记载作为起点，推向后世，同样也可以把现状作为活的历史，来追溯过去。两种方式互为补充，且需同时使用。"④ 为此，他创造了理解社会变迁过程的"三项法"。此法将现实的文化"接触情境"分成三项：第一项是推动变迁的新环境及新势力；第二项是保存在"当前"社区中的传统环境及势力；第三项是两种势力相消相成而成的现实状态，其中，传统环境及势力即"活着的历史"。根据"马氏三项法"，费孝通认为，研究社会变迁"不需要重构过去状态来和现有状态相减，以得变迁状态"，⑤ 而可以在现实社区情境中，观察传统与外来两种文化如何相激相荡，如何"表现于现象的行为里"，⑥ 因为历史就活在这"现象的行为里"。费孝通所要做的，便是在田野中"追溯过去"。

此种历史倒溯法无意于重构历史的"原有状态"。费孝通指出，倘要重构原有状态，要么乞灵于"遗俗法"，要么"利用口说无凭的记忆及断

---

① 费孝通：《乡土中国》，第103页。
② [美]古塔、弗格森：《人类学定位：田野科学的界限与基础》，华夏出版社2005年版，第3页。
③ 费孝通：《怎样找问题》，《费孝通全集》第10卷（1983—1984），内蒙古人民出版社2009年版，第183页。
④ 费孝通：《文化的传统与创造》，《费孝通全集》第16卷（1997—1999），第352页。
⑤ 费孝通：《从社会变迁到人口研究》，《费孝通全集》第2卷（1937—1941），第45页。
⑥ 费孝通：《再论社会变迁》，《费孝通全集》第2卷（1937—1941），第30页。

烂朝报式的零星记录"。① 前者为进化论学派和传播论学派所青睐,② 而后者,他主要针对无根的史学。类似的历史重构,功能主义者没兴趣。

所谓"遗俗法","根据某种现存的风俗,视为古代遗留,而借以推测古代状态"。③ 在广西布努瑶族,历史上有这样一种风俗:女子结了婚并不立刻到男方家庭去和丈夫同居,而是住在自己父母家里。男子在农忙时节到女方家去帮工,过了农忙还回家住。到快生孩子前的几个月,他们一起到野外的山洞里去过共同生活。孩子生下来满120天回到丈夫家。在离家去山洞时,女家请来歌手唱《送女歌》;夫妇和孩子到男家那天,进门时,男家请来歌手唱《迎孙歌》。④ 有研究者认为:"这是母系社会的遗留,是血缘婚配的痕迹……这些是历史的痕迹。过去的社会制度消灭了,可是配合这个制度的风俗和歌唱却没有完全消灭,保留到了今天。"⑤ 这种说法包含有"文化的安排可以在失去了功能之后继续生存"的意义,⑥ 因此,费孝通明确表示"不喜欢这种用'历史痕迹'来以今测古的研究方法。我从这些风俗习惯里想看出的是它们对这些人在社会生活中的意义"⑦。即关注"当前"生活中"活着的历史",其实是历史传统。普里查德一语中的:"一个民族的传统史重要,其深层原因是它构成了今人思想的一部分,从而成为人类学家能够直接观察的社会生活的一部分。"⑧ 在田野中重构传统史因而构成费孝通历史观的一大特色,体现了功能派人类学的本色。

其一,物质文化史料的意义。费孝通很赞成萨斯在《初民艺术与手工》中提出的"很根本而极可注意"的见解:"物质文化最重要的意义,却是它和应用者生活的关系。它一方面是人类借以适应自然以谋生存的工具,而同时却限制和规定了应用者生活的方式。从一地人民的物质文化,我们可以一层一层地推见该人民整个生活的状态",因此,"从物质方面去

---

① 费孝通:《再论社会变迁》,《费孝通全集》第2卷(1937—1941),第28页。
② 费孝通:《从马林诺斯基老师学习文化论的体会》,《费孝通全集》第15卷,第215—216页。
③ 费孝通:《人类学几大派别——功能学派之地位》,《费孝通全集》第1卷(1924—1936),第85页。
④ 蒙冠雄等编:《瑶族风情歌》,广西人民出版社1983年版,第38、46页。
⑤ 费孝通:《谈谈民俗学》,《费孝通全集》第10卷(1983—1984),第175—176页。
⑥ [英]马凌诺斯基:《文化论》,第13页。
⑦ 费孝通:《谈谈民俗学》,《费孝通全集》第10卷(1983—1984),第176页。
⑧ [英]爱德华·埃文思—普里查德:《论社会人类学》,第133页。

研究一个社会可视作了解文化其他各方面的一个好入手方法"。① 20世纪30年代,"对于中国社会史研究……有一些过分的反感"的费孝通,却对冀朝鼎的《中国历史上的经济钥区》起了兴趣,认为该书"确曾给普通的历史有一个很大的改革",使人们知道,社会史"不单是'断烂朝报',好像冀先生注重农业的发展史,更从水利的建筑来入手"。在这里,他对冀著的兴趣"并不在结论,而达到结论的方法"——"从'逻辑的'、'可以试验'或'可以证实'的路上达到结论",②最重要的是物质文化史料的使用。

其二,口传史料的获得及价值。深度访谈是人类学的田野工作方式之一。③在涉及日常史问题时,口传史料便是通过深度访谈获得的。"生活方式的变迁是个人私人的历史……各个人的生活如何由甲形式变为乙形式。这里要一个人一个人地加以记录的。最好是由经过这一番变迁的人自述其历史。"费孝通称之为"个例法":

> 因为一个人的生活方式是由他所处的群体所有的形式中蜕印来的,所以并不是他个别私有的,而是和他同生在一形式中的人所共有的。他个人在某环境中发生变化正是代表着他群体的形式在新环境中发生的变化。④

通过访谈获得的口传史料,费孝通还原了吴江开弦弓村蚕丝业改良的过程:

> 在开弦弓,自从养蚕的科学方法输入之后,以前的种种关于养蚕的迷信和禁忌大多遗失了。可是这种旧法,还存在于人民的记忆,他们还能一一地为你详述,若我们根据这些记忆把以前的旧法重构起

---

① 费孝通:《介绍萨斯著〈初民艺术与手工〉》,《费孝通全集》第1卷(1924—1936),第312—313页。
② 费孝通:《读冀朝鼎著〈中国历史上的经济钥区〉》,《费孝通全集》第2卷(1937—1941),第57—60页。
③ 李亦园:《人类的视野》,上海文艺出版社1996年版,第12页。
④ 费孝通:《社会变迁研究中的城市和乡村》,《费孝通全集》第1卷(1924—1936),第130页。

来，和现有的新法相比较，"蚕丝改良"的过程就明显了。①

在这里，也有"旧法重构"，但他之"重构"，只是为了与"新法"进行比较，以显示社区生计变化的过程。

其三，文献资料的生活解读。有一个普遍的误解，似乎人类学天生地对文献资料不屑一顾。实际上，不是不屑于文献，而是缺少文献。与"主要写政治事件"的历史学家不同，人类学家"重视（社会）内部关系，又重视社区关系……在这些主题上，文献都没有供我们支配的大量材料……我们直接观察（人们的）行为，引出所问问题的答案"②。也就是说，面对"文字的用处是很有限"③的基层社会，因为文献的缺失，人类学家便来到田野，采取"直接观察"的方式以获得素材。事实上，田野里也有文献，比如碑文。在费孝通曾经访问过的广西花蓝瑶，"石牌"其实是碑文：

> 凡逢着社会上有争执时，一地方的老年人便在一个公共场所集会，讨论应当怎样解决这争执。等他们商量出了一个判决之后，这判决就成了以后类似事件的解决法。为了怕大家口说无凭，他们又没有文字可以记录，所以各人用刀在一块石头上打一个印。这是石牌的最早的方式。……没有文字的石牌的内容仍只能由记忆来留传，究竟不很方便，所以后来有刻着汉字的石牌了。在六巷至今尚遗留着一块"老石牌"……是道光时代所立，当西历1838年。所刻字迹已很模糊，大致是规定不准破坏水沟和不准买卖田地的法律，若是违犯的要罚银若干两。民国十九年，他们又立了一块新石牌。④

碑文有关社区制度，以物质文化的形式存活于社区，变动历历有序，构成社区生活的组成部分。这种特殊的文献来之于田野，也只有在田野中才能获得充分的解读。事实上，在田野中释读文献并进行生活的印证，正是费孝通对于文献的基本态度。他很清楚史学对于史料可靠性的要求：

---

① 费孝通：《再论社会变迁》，《费孝通全集》第2卷（1937—1941），第26页。
② [英] 爱德华·埃文思—普里查德：《论社会人类学》，第139—140页。
③ 费孝通：《江村通讯》，《费孝通全集》第1卷（1924—1936），第467页。
④ 费孝通、王同惠：《花蓝瑶社会组织》，《费孝通全集》第1卷（1924—1936），第416页。

历史学者的任务是在反映客观存在的历史事物,他用种种方法去搜集资料,如书本上的记载,地下发掘出来的文物,被访问者的谈话等等,他的第一步工作就是审核这些资料在什么程度上真正反映了实际。①

什么样的资料"反映客观存在""反映实际"呢?费孝通认为,功能主义人类学"首先要取得有关人的生活的可靠资料。可靠的资料是指符合实际的资料,人确是这样生活的记录"②。因此,确认史料的真实性,从根本上说就是确认它是否符合生活的逻辑,而这样的逻辑存活在田野里,等待着与文献的邂逅。

其四,社区传说的思想史价值。历史学家对传说常常心存疑虑,一个主要的原因是,其中的真实性成分到底有多少?民俗学家提醒说,一方面,"我们不应把传说同正史混同起来",同时,"又必须从史料价值方面,对传说给以高度的评价"。③ 那么,传说的史料价值在哪儿呢?

与历史学家的一般思路不同,费孝通另辟蹊径。在广西花蓝瑶,20 世纪 30 年代堕胎、杀婴和将男孩"嫁出去做女婿"的现象严重。这些做法是以一个历史传说做依据的:

> 100 多年前有一家生了五个孩子,父亲死后,遗嘱把所有田地都传给长子,其余四个儿子一点都分不到手,因之怀恨在心,一天四个兄弟约好了把长兄谋杀了均分田地。长兄这时有一个儿子已经长大,立意要为父亲报仇,有一次设计成功,把他四个叔父都杀死了。这事闹大了。"石牌"开会议决从此规定每家每代只准留一对夫妇。

费孝通意识到,"这传说并不一定是历史事实",但他认为:"这种习俗显然是对于现有瑶山处境的一种适应。瑶山水田面积有限,开田极难,人口数目当不能任其自然增加。传说中偏重土地问题不是没有理由的。"这是推断,费孝通还要到瑶民当中去进行生活确认。他向瑶民们询问:为

---

① 费孝通:《我看人看我》,《费孝通全集》第 9 卷(1981—1982),内蒙古人民出版社 2009 年版,第 514 页。
② 费孝通:《从马林诺斯基老师学习文化论的体会》,《费孝通全集》第 15 卷,第 202 页。
③ [日]柳田国男:《传说论》,连湘译,中国民间文艺出版社 1985 年版,第 9 页。

何不多留几个孩子？得到的答案总是：瑶山田狭，养不起多人。① 在这里，费孝通没有纠缠于史实的真伪，而从历史传说的社会意义入手，揭示其中的民众观点，向我们告知了"某些有关产生它们的社会的信息"。②

同样是在花蓝瑶，历史传说在社区生活中发挥了社会规范的作用。这是一则关于离婚的传说：

> 以前有一对夫妇告到族长那里要求离婚，虽则他们所提出的理由是不能成立的，但是族长贪了他们的酬劳费，所以给他们离了。第二天族长屋前两棵树忽然好好的都枯死了。他明白这是因为误判了离婚才引起的，所以立刻把酬劳费退回，不许这对夫妇离婚。事后，那两棵树果然全都复活了。

枯木逢春的概率太小了，但传说重在表达不能轻率离婚的彝伦。费孝通发现，花蓝瑶的离婚"并不是普遍的事，而且大家觉得是不好的"③。传说内容与社区道德规范是吻合的。它向人们透露了这种文化中"理想的伦理行为"的"一些线索"，④ 循此可见社会秩序的运行机制。

费孝通对社区传说的分析让我们明白：某些"历史资料能够就其内容加以解读，而且还能作为一种深入到制作这些资料的人和社会思想——心态（mentality）——中的一种路径"⑤。就历史传说来说，这条路径在田野里。

五 结语

历史人类学，就其史学形态来说，⑥ 对功能主义没什么好感，于是在社会史的"人类学运动"中转向了解释人类学，但他们发现，解释人类学

---

① 费孝通、王同惠：《花蓝瑶社会组织》，《费孝通全集》第1卷（1924—1936），第377—378页。
② [美] 威廉·A. 哈维兰：《文化人类学》，瞿铁鹏、张钰译，上海社会科学院出版社2006年版，第429页。
③ 费孝通、王同惠：《花蓝瑶社会组织》，《费孝通全集》第1卷（1924—1936），第384—385页。
④ [美] 威廉·A. 哈维兰：《文化人类学》，第430页。
⑤ [英] 约翰·托什：《史学导论》，吴英译，北京大学出版社2007年版，第240页。
⑥ 历史人类学有"史学的形态"与"人类学的形态"之分，见周秋良、胡鸿保：《历史人类学：史学还是人类学》，《求索》2010年第2期。

家"不关心结构的不平等以及权力游戏""采取静态的、没有时间观念的观点""把作为研究对象的不同民族化为一律",等等。[1] 尽管如此,因为狃于成见,他们宁愿继续为印尼巴厘岛的斗鸡而欢呼,而不去关注中国开弦弓的蚕丝业改良;他们宁愿发掘象征符号的意义,也不考虑符号背后的社区关系;他们宁愿想象地"深描",却不相信实证的知识。[2]

走进费孝通的学术世界,可以真切地看到,以1938年《江村经济》的问世为里程碑,功能派人类学已经将生活方式的变迁作为重要议题纳入研究范围。马凌诺斯基早在20世纪30年代末40年代初对此已经有过一些初步思考,费孝通的社会变迁研究几乎贯穿了他的整个学术生涯,其间所包含的历史观,包括对历史意识的否定之否定,与此前人类学和史学的异同,历史的日常生活形态,重构社会史的思路与方法,等等,特色鲜明,粲然可观。然而,这一切却如明珠暗藏,鲜为人知,只有一些中国历史学者零星地引用其田野工作文本,[3] 或者借用其"差序格局""文化自觉"等概念理解各自学科的问题。[4] 至于西方人类学者,他们出现了选择性失忆:只记得马凌诺斯基的文化论,而不记得费孝通的变迁论;只记得西太平洋的特罗布里恩德群岛(Trobriands),而不记得东太湖的开弦弓;只记得早期功能主义的马凌—布朗时代,而不记得筑起功能主义新碑的费孝通时代。总之,他们只认识西方变化历程,不了解中国发展道路;只认同西方理论,不承认中国话语。质言之,这就是话语霸权。人类学家曾骄傲地声称,较之他人,人类学"也许是最能揭露暴力的了",他们相信:"思想意识中的暴力一旦遭到遏制或废除,以往全无可能的思想和行为就有了出

---

[1] [英]迈克尔·罗伯茨:《历史》,中国社会科学杂志社:《人类学的趋势》,社会科学文献出版社2000年版,第153—154页。

[2] 小田:《对"历史人类学"问题的检讨》,《南国学术》2018年第1期。

[3] 如樊树志在《江南市镇:传统的变革》(复旦大学出版社2005年版,第427—428页)中涉及费孝通对民间信仰的考察,小田在《江南乡镇社会的近代转型》(中国商业出版社1997年版,第190页)中涉及费孝通在开弦弓调查过的"航船制度",冯贤亮《太湖平原的环境刻画与城乡变迁(1368—1912)》(上海人民出版社2008年版)和吴宏岐、郝红暖的《费孝通城乡社会研究的历史地理学视野》(《陕西师范大学学报》2010年第4期),则从"历史地理学视野"采集了费孝通著作中的资料。

[4] 如,刘悦笛《儒家政治哲学当中的"情之本体"——从费孝通的"差序格局"谈起》(《中国文化研究》2010年冬之卷),乐黛云《中国传统文化的一些特点及其对世界可能的贡献》(《浙江大学学报》2007年第4期),刘瑜《从费孝通的乡土理论看〈白鹿原〉的乡土特性》(《贵州社会科学》2005年第9期)和苏力《费孝通、儒家文化和文化自觉》(《开放时代》2007年第4期)等。

头的机会。"① 我们相信这是真的。面对西方学界的皮里春秋，我们不必作怨妇般的呶呶抱怨，而应积极地进行建构。而首先必须做的，把包括费孝通在内的功能主义进行完整的叙述，尤其是其中的历史观。唯其如此，才能给有意突破学科畛域的社会史学界提供基本的参照对象，以助推中国社会史理论和话语体系的构建。

---

① ［法］莫里斯·戈德利耶：《社会人类学产于西方，就离不开西方么?》，中国社会科学杂志社：《人类学的趋势》，第185页。

职业与社会

再论清中叶江苏的社会经济与生活

——侧重于职业与生计的考察

常建华

（南开大学中国社会史研究中心）

摘要： 清中叶江苏刑科题本显示76个职业事例，种田22例、佣工15例、手艺与开店14例，总计51例，显示出务农、佣工、经商耍手艺的谋生手段的比重。此外还有多样性的谋生方式，如求乞、夫头、僧道、摇海船、牛行帮伙、晒盐池、出租房屋、县署内帮办杂务、本村支更、拉纤、挑挖盐河、捕鱼、漕船米夫、管坟山、地主、砍柴、行窃等。有鱼盐之利和河运之便的江苏，生计多有与水运、河工、盐务有关者，招募人夫的夫头活跃在人力市场上。虽然从事各种职业的社会下层生计较为艰难，然而择业多样化，这应当是经济发展与人口增长压力下的选择，清中叶江苏的社会具有较大的流动性与活力。

关键词： 刑科题本　人口　婚姻　土地债务　职役

笔者利用已出版的《清嘉庆朝刑科题本社会史料辑刊》[①] 一书，撰有《清中叶江苏的社会经济与生活》《清乾嘉时期的江苏地方社会职役》[②] 两文，前文论述了乾嘉时期江苏人口、婚姻与家庭，多样性的生计，借贷、租赁、典卖土地与雇佣；后文探讨地方社会职役。南开大学尚存未出版的

[①] 南开大学中国社会史研究中心暨历史学院、中国第一历史档案馆编，杜家骥主编，冯尔康、朱金甫、宋秀元副主编：《清嘉庆朝刑科题本社会史料辑刊》（全三册，列入"国家清史编纂委员会·档案丛刊"），天津古籍出版社2008年版。

[②] 常建华：《清中叶江苏的社会经济与生活——以61件嘉庆朝刑科题本为基本资料》，《复旦史学集刊》第六辑，复旦大学出版社2018年版；《清乾嘉时期的江苏地方社会职役——以刑科题本为基本资料》，《江南社会历史评论》第十一期，商务印书馆2017年版。

嘉庆朝刑科题本1000多件，我将利用其中37件江苏的刑科题本，继续为以上两文作补充，特别是加强了有关职业方面的分析。

一 人口、婚姻与家庭分析

南开大学中国社会史研究中心藏未刊中国第一历史档案馆嘉庆朝刑科题本抄件，主要属于土地债务类的档案，其中属于江苏的有37件，如表1所示。

表1　　南开藏清嘉庆朝刑科题本抄件江苏资料一览表

序号	年月	府州县	标题	包号
1	乾60/5	松江金山	金四佾因被索利钱殴伤金王氏身死案	3065
2	乾60/7	徐州睢宁	雇工王贵戳伤苏俫和身死案	3076
3	嘉1/11	常州江阴	民顾尚保殴伤尼僧自欲身死案	3072
4	嘉2/10	淮安桃源	地主王怀义打死佃户马自名身死案	3165
5	嘉2/4	太仓嘉定	严万生致死吴舍案	3081
6	嘉2	常州武进	民祁惠明因公钱纠纷殴伤□艦须增身死案	3169
7	嘉3/4	常州无锡	民严文钊等发掘邹大观家坟冢案	4672
8	嘉4/4	常州阳湖	道徒龚增受扣抵工钱酿成人命案	3205
9	嘉5/5	徐州沛县	民赵欣木挟嫌砍伤院郗氏等五人致毙二命案	4550
10	嘉5/6	扬州江都	民孔登魁踢伤吴添磬身死案	4554
11	嘉5/7	太仓嘉定	民顾阿狗殴伤张百年身死案	4539
12	嘉5/8	海州	民王可有殴伤董太和身死案	4554
13	嘉6/4	徐州铜山	民张存伟因祖业纠纷殴伤张存质身死一案	4640
14	嘉6/5	常州宜兴	民储会招戳伤张会书身死案	4654
15	嘉6/7	徐州砀山	民张洪声因口角殴推伊妻周氏致伤身死案	4618
16	嘉6/9	通州	民管尊爵擦伤沈添余身死案	4672
17	嘉6/9	通州	民陈琦戳伤降服小功堂弟陈勇身死案	4672
18	嘉/10	常州武进	民樊朝沅致伤大功堂兄樊阿沅身死案	4621
19	嘉7/3	松江南汇	瞿鹤山撞伤瞿卫氏身死案	4686
20	嘉7/11	松江上海	民徐大明殴伤僧能修身死案	4678
21	嘉7/11	苏州常熟	民郁勇邻夺斛掊伤高大宝身死案	4681
22	嘉10/10	苏州新阳	民邱绍山因口角推跌薛大垫伤身死案	4942
23	嘉11/2	苏州如皋	民王耀文因被索田价踢伤孙钱氏身死案	4970

职业与社会　　　　　　　　　　　　　　　　　　　　　　　71

续表

序号	年月	府州县	标题	包号
24	嘉12/5	海州沭阳	段士俊因误认越界殴伤缌麻服侄段洪业身死案	5034
25	嘉12/6	扬州江都	民武泳章挟嫌杀死缌麻服兄武泳奉及温魁余案	4943
26	嘉12/8	徐州铜山	民孙美因因拒还地亩殴伤无服族兄孙洪身死案	5015
27	嘉13/2	扬州宝应	民周存如因债务纠纷殴伤徐堦身死案	4990
28	嘉13/2	镇江丹徒	民李谷顺因索欠纠纷殴伤芮世来身死案	5050
29	嘉13/4	松江奉贤	民计士沅诬控唐如川欠钱讹诈致唐如川之母唐张氏忿迫自缢身死案	5108
30	嘉13/4	徐州铜山	民李允中等共殴赵凤台身死一案	5112
31	嘉13/5	镇江溧阳	韦昭瑞殴伤陈宗轩身死一案	5125
32	嘉13/5	苏州新阳	民蔡二因索分田麦致伤胞叔蔡三宝身死案	5036
33	嘉13/5	扬州泰州	民王文炳殴伤罗许氏身死案	5115
34	嘉13/闰5	江苏	马凤侯殴伤小功服弟马贵身死案	5103
35	嘉13/10	常州荆溪	民钱玉衡砍伤缌麻服兄钱启沅身死案	5120
36	嘉14/7	太仓崇明	潘传诬奸污蔑致陆黄氏忿激自尽案	5130
37	嘉16/2	镇江丹阳	民人吴玉春等致伤吴开科身死案	5309

说明：表中的"年月"栏目中符号"/"前面的数字为乾隆、嘉庆的年份，后面的数字为月份；"府州县"栏目中前面为府或直隶州，后面为府州所属的县；"包号"为原藏中国第一历史档案馆刑科题本土地债务类的纸包号码。

表1档案有两件事发在乾隆六十年（1795）处理在嘉庆年间的，其余为嘉庆朝档案。嘉庆朝共25年，表中的档案分布在嘉庆十六年（1811）之前。

据《清史稿》地理志，嘉庆时期江苏省领府八，直隶州三，直隶厅一，厅四，州三，县六十个。府州厅包括：江宁府，领县七；淮安府，领县六；扬州府，领州二，县六；徐州府，领州一，县七；通州直隶州，领县二；海州直隶州，领县二；海门直隶厅；苏州府，领厅二，县九；松江府，领厅一，县七；太仓直隶州，领县四；常州府，领县八；镇江府，领厅一，县四。

上述表格中的37件档案，如按照府州分布，可知淮安府1件，扬州府4件，徐州府6件，通州直隶州2件，海州直隶州2件，苏州府4件，松江府4件，太仓直隶州3件，常州府7件，镇江府3件，除了江宁府、海门直隶厅之外，各府州均有题本资料，其中常州、徐州、扬州、苏州、松江五府题本均在4件以上较多，其余在3件以下。各府州题本数量分布的比重状态，大致已与前文的统计相当。

刑科题本有案件事主交代的家庭亲属年龄及基本情况的记载，有助于了解当时人口、婚姻、家庭等状况。我们将档案中的这些情况辑为表2。

表2　南开藏清嘉庆朝刑科题本抄件江苏事例中的人口数据表

序号	当事人	双亲	兄弟、妻子、子女	职业	包号
1	王贵二十二岁	父母已故	并无兄弟妻子，孤身一人	佣工度日	3076
2	顾尚保二十九岁	父母俱故	并无弟兄，有妻陈氏，生有一子	种田度活	3072
3	王怀义三十七岁	父母俱故	并无弟兄，妻子已故，生有一子	种地、贸易	3165
4	严万生二十三岁	父亲严还年四十八岁，母亲已故	并无兄弟妻子	成衣生理	3081
5	严文钊七十岁	父母妻子俱故	一子严公学，娶妻吴氏生有一孙严阿□，年十六岁，胞弟严文千已经分居	管坟山度日	4672
6	龚增受三十二岁	父母俱故		自幼为道士	3205
7	赵欣木五十二岁	父母俱故	并无兄弟，妻李氏，生子赵现	向做木匠手艺	4550
8	顾阿狗二十八岁	父亲已故，母亲潘氏，年五十六岁	哥子顾庆生，兄弟顾金斗，妻子已故，并没儿子	种田度日	4539
9	王可有二十六岁	父亲病故，母亲六十三岁	并没兄弟，娶妻李氏，没生子女	靠晒盐池度日	4554
10	储会招二十八岁	祖母骆氏，父亲五十八岁，母亲已故	无兄弟，娶妻甄氏，生有一子	开豆腐肉店生理	4654
11	张洪声三十一岁	父亲六十九岁，母亲已故	无兄弟，已死妻子周氏，生有一子四岁	种地度日	4618
12	管尊爵四十七岁	父亲已故，母亲七十六岁	妻子葛氏，生有三个儿子，弟兄六人，管尊年是胞弟，分居已久	未记载	4672

续表

序号	当事人	双亲	兄弟、妻子、子女	职业	包号
13	樊朝沅三十三岁	父母俱故	兄弟樊传沅,妻子王氏,一个儿子	种田	4621
14	瞿鹤山四十一岁	父母已故		种田	4686
15	徐大明三十岁	父亲六十九岁,母亲已故	无弟兄,娶妻陈氏,没有子女	开豆腐店度日	4678
16	郁勇邻五十二岁	父母俱故	无兄弟妻子	王金氏家帮工	4681
17	邱绍山四十二岁	父亲六十七岁,生母已故,继母五十四岁	三个兄弟都已分居。妻子潘氏,妾荣氏,嗣子弥观	地主(出租,有佣工)	4942
18	王耀文四十五岁	父亲七十八岁;母亲已故	哥子王凤翔,久已分居。妻子黄氏,没生儿子	未记载	4970
19	段士俊四十六岁	父亲段宗鲁七十四岁,母亲已故	有三个兄弟,都已成丁。妻子王氏,生有两子	种地度日	5034
20	孙美四十六岁	父亲已故,母亲王氏八十四岁	胞兄孙得,已经分居	种地	5015
21	周存如四十七岁	父母已故	无兄弟。妻故,儿子周怀远	夫头	4990
22	李谷顺三十一岁	父母俱故	无妻子,兄弟李谷祥	开箍桶店生理	5050
23	计士沅四十二岁	父亲计文陇七十五岁,母亲已故	胞兄计桂观,妻子纪氏,没有儿子	务农	5108
24	李允中三十二岁	父亲五十二岁,母亲五十三岁	胞弟李允金,妻子单氏,生有一子	未记载	5112
25	韦昭瑞四十九岁	父母俱故	没弟兄妻子	家仆、帮工	5125
26	蔡二二十四岁	父亲蔡若扬,母亲已故	兄弟五人,娶妻陆氏,没生儿子	务农	5036
27	王文炳二十六岁	父亲病故,母亲六十七岁	无弟兄妻子	管田帮伙	5115
28	钱玉衡三十五岁	父母俱故	无弟兄妻子	砍柴度日	5120
29	潘传二十六岁	父亲已死十五年,母亲五十二岁	没有弟兄妻子	行窃	5130

续表

序号	当事人	双亲	兄弟、妻子、子女	职业	包号
30	吴玉春四十四岁	父亲已故，母亲颜氏现年七十九岁	胞兄二人，胞弟一人，同居各爨。妻子已故，生有一子	耕种	5309

说明：表中的年龄数字，按照古代中国的传统是虚岁，比实际年龄多一岁。

表2三十例中有七例未婚，序号1、4、8三人年龄分别是二十二、二十三、二十八岁，序号22、28二人年龄分别是三十一、三十五岁，序号25的年龄是四十九岁，序号16的年龄是五十二岁。三十岁以上的四人未婚，超过了适婚年龄，可能与从事的工作类型及经济能力有关，分别是开店、砍柴、家仆、帮工。

我们还看到事主的父母长辈有很多高寿者。事主父亲年龄在七十年龄段的三人，即18号父亲七十八岁，19号七十四岁，23号七十五岁；六十年龄段的三人，即11号六十九岁、15号六十九岁、17号六十七岁；五十年龄段的两人，即10号五十八岁、24号五十二岁；四十年龄段的一人，4号四十八岁。以存世有年龄记载的这九人来看，五十、六十、七十岁三个年龄段分布均匀，六七十岁者六人。

事主母亲年龄在八十年龄段的一人，即20号母亲八十四岁；七十年龄段的两人，12号母亲七十六岁、30号女性七十九岁；六十年龄段的两人，即9号六十三岁、27号六十七岁；五十年龄段的两人，即24号五十三岁、29号五十二岁。五十岁以上七人，集中在六十岁至八十岁者，计有五人，八十岁以上的女性老者（前文中也有两位母亲在八十岁以上）引人注目。这些事例进一步佐证了前文对于江苏老年人较多的看法。

表2还透露出其他信息，如已婚者当中，由于出现父母的年龄，我们可以获得父母年龄差的资料。17号父亲六十七岁，生母已故，继母五十四岁，父亲比继母大十三岁；24号父亲五十二岁，母亲五十三岁，母亲比父亲大一岁。

在有父母子女年龄的数据中，我们可以推算出生子的年龄。8号是母亲二十八岁所生，9号三十七岁所生，12号二十三岁所生，20号是母亲四十二岁所生，24号二十一岁所生，27号四十一岁所生，29号二十六岁所生，30号是三十一岁所生，共计八例。这其中二十岁年龄段生育的四例，其中三例在二十五岁以下，应是婚后不久生育；三十岁年龄段生育的两例；四十岁年龄段生育的两例，育龄偏大。多数事主是母亲三十岁以内生育的。

在有事主父亲年龄资料的场合，4号是父亲二十五岁所生，10号是父亲三十岁所生，11号三十八岁生子，15号三十九岁所生，17号二十九岁所生，18号是三十三岁所生，19号二十八岁所生，23号三十三岁所生，以上共计八例，三十岁以上五例，二十岁以上三例，同样可证当时三十多岁的父亲得子属于普遍现象。

有的记载婚后无生育。如9号王可有二十六岁、15号徐大明三十岁都是婚后无子女。

婚后生育子女的情况。2号顾尚保二十九岁，生有一子；3号王怀义三十七岁，生有一子；7号赵欣木五十二岁，生有一子；10号储会招二十八岁，生有一子；11号张洪声三十一岁，生有一子四岁；12号管尊爵四十七岁，生有三个儿子；13号樊朝沅三十三岁，生有一子；19号段士俊四十六岁，生有二子；21号周存如四十七岁，生有一子；24号李允中三十二岁，生有一子；30号吴玉春四十四岁，生有一子。以上十一例，有九例得子一人，二子一人，三子一人。有的只说无子，不谈女儿，似是有女。如8号顾阿狗二十八岁、18号王耀文四十五岁、23号计士沅四十二岁、27号蔡二二十四岁都是婚后无子。

兄弟同居与分家问题。资料中有一些兄弟分家另过的事例，12号管尊爵四十七岁，兄弟六人，分居已久；17号邱绍山四十二岁，兄弟三人已分居；18号王耀文四十五岁，与哥哥分居；20号孙美四十六岁，与胞兄分居；30号吴玉春四十四岁，胞兄二人，胞弟一人，同居各爨。以上五例显示出兄弟异居。

还有七个事例只讲兄弟几人，未言是否分居，经判断似是未婚未分居。如8号顾阿狗二十八岁，兄弟三人，其兄、弟可能未婚，因而同居。13号樊朝沅三十三岁，其弟可能是同居的未婚者。19号段士俊四十六岁，有三个兄弟，"都已成丁"的说法可证未婚，仍与兄长同居。22号李谷顺三十一岁未婚，其弟应是未婚与其同居。23号计士沅四十二岁，婚否难以断定。24号李允中三十二岁，其弟很可能未婚未分居。26号蔡二年二十四岁，兄弟五人，居次，兄弟都年龄偏小，当是尚未分居。

纳妾的事例也有。17号邱绍山四十二岁，妻子潘氏，妾荣氏，嗣子弥观。

二 职业与生活

在表2的30个事例中,"职业"一栏可以断定其谋生手段的27例,其中佣工(帮工)4例,种田(务农)11例,手艺(成衣、木匠)2例,开店(豆腐肉店、豆腐店、箍桶店)3例,管坟山、道士、晒盐池、地主、夫头、砍柴、行窃各1例。

在《清中叶江苏的社会经济与生活》一文的"表2《清嘉庆朝刑科题本社会史料辑刊》江苏事例中的人口数据表",我未设"职业"一栏,这里将其53例中有职业内容的罗列以下46例:金颖异种地度日,李玉庭宰猪度日,严春源箍桶手艺,周瑞凤耕种,顾潮沅撑摇海船度日,陈良孙即陈咸生向在牛行帮伙生理,殷茂林自开肉店生理,席世德耕种,王可有一向晒盐池度日,张兴二向在汪蒋氏家帮工,余自平佣工度日,蔡五出租房屋,王全开杂货店生理,冯春喜开张木匠店,陆六德向在陆胜行家佣工,胡在兴向在乌程县西门开张钉店,陶七幅等在乌程各开钉店,顾富之在武昌县署内帮办杂务,张二供上船相帮装柴,刘原在外帮工,张得成佣工度日,僧宝明自幼在大王庙披剃出家,毛哥子剃头生理,夏希碧向在本村支更得钱度日,殷腊生向在张鹤受家佣工,何纪坤租地、做工,宋长发佃户,和大供种田度日,陈玉佃户,许升沅种田度日,姜思慎开张烟店,宋学枚雇在郁球家做工,米回九身在仪征拉纤度日,陈起万向来代人雇觅人夫度日,田潮元在仪征县夫头冯广生处挑挖盐河,冯广生充当夫头,赵黑雇与董昭家做长工,许五观到他人家帮种田亩,冯兆祥捕鱼度日,王六求乞度日,韩世科在漕船做工,王希潍在漕船充当米夫,盛二曾犯窃业改过求乞度日,赵炳咸种田度日,华阿三等种田,申奉求出租土地。其中佣工(帮工)11例,种田(佃户、出租等)11例,手艺(宰猪、箍桶、剃头)3例,开店(肉店、杂货店、木匠店、钉店、烟店)6例,求乞2例,夫头2例,和尚、摇海船、牛行帮伙、晒盐池、出租房屋、县署内帮办杂务、本村支更、拉纤、挑挖盐河、捕鱼、漕船米夫各1例。应当说不少未明确职业状况的多属于农家,但是也存在兼业的情况,如种地也出外做工、贸易,我们均作不明职业处理,有一例刘知不务正业,可能属于游民。

将以上两部分合在一起分析,可知务农与佣工者最多,在76个事例中,种田22例、佣工15例这也正符合土地债务类题本的基本内容,不容忽视的是经商开店与手艺人也占有相当比例，因传统社会手艺人制作与出卖往往为一，这两项不能截然区分开来，总计有 14 例。还有就是由于江苏靠海晒盐，运河长，还有黄河，与水运、河工、盐务有关的谋生方式较多，如其中的三位招募人夫的夫头引人注目。总而言之，当时的职业比较多样化。

下面我们依据新资料，具体考察不同的职业，了解其生计状况。

江苏的农业种植，水田种水稻，旱地种麦、豆等，农民以此谋生。种植麦的事例较多，如通州人陈琦，嘉庆六年（1801）九月二十一日在田种麦。苏州府新阳县人蔡二，嘉庆十三年（1808）五月十四日，其父下田砟麦，他在隔田收割麦子。扬州府泰州，嘉庆十三年五月内，田主高从安帮伙王文炳在庄收麦。种植豆子的事例如常州府武进县樊阿沆是樊朝沆共祖堂兄，他们有田一块，各半执业，中隔土埂为界。嘉庆六年他们在田各种黄豆，同时收割。徐州府铜山县孙得嘉庆十一年（1806）八月初四日下午，在地割豆。还有种植水稻的事例，如常州府阳湖县吴玉昌于嘉庆三年（1798）九月二十一日受雇于东岳庙道士陈瑞初割稻。

运河经过江苏，河工需要雇工。扬州府宝应县人周存如与徐堵邻居相好。嘉庆十二年（1807）十一月，周存如在清江浦河工上充当夫头，徐堵向周存如揽夫七十名，讲定夫价每名钱五百文。

捕鱼摇船也是江苏百姓的生计形式。如苏州府吴县人冯兆祥的胞弟冯兆薩，捕鱼度日。松江府上海县民顾潮沅年二十八岁，撑摇海船度日。

江苏人经营店铺谋生。开设专门的行铺。如牲畜行业的存在：

> 徐州府铜山县张泳安家有祖遗牲畜行业，于乾隆四十二年间经张泳安之侄孙张存方遵例更名领帖开张，因伊系张姓长房子孙，故得递传接顶。又因行业系属祖遗，是以张泳安同胞弟张泳率等各房派定集期，牧收行用。张明玉因为张姓义子，故亦有分。迨张泳安弟兄故后，系张明玉与张泳安亲子张金并张泳率之孙张存质等分管，历久相安。嘉庆六年四月初八日集期，张明玉同张金当行，收用骡马甚多，生意热闹。至初十日，值张存质、张存成牧管之期，买卖稀少。是日傍晚，张明玉到行间谈称伊会做生意，所以初八集期得用较多。张存质听闻，以张明玉出言夸张，一时生气，声言异姓子孙分业牧用，无甚体面。张明玉以行业系继父遗受，不应讥诮之语回覆。张存质又称

逐出归宗亦非难事。彼此口角。①

可知张姓有领帖开张的牲畜行，是"各房派定集期，牧收行用"。从"收用骡马甚多，生意热闹""牧管之期，买卖稀少""集期得用较多"这些用语来看，这一牲畜行的业务似乎是从牧养马匹者手中租来马匹，再行转租给用户的业务。

工匠手艺事例，如嘉庆十三年（1808）二月江苏丹徒县民李谷顺因索欠纠纷殴伤芮世来身死案，肖文璋开篾匠店生理，李谷顺与芮世来都开箍桶店生理。

开餐饮店铺的较多。松江府上海县人徐大明向开豆腐店度日。扬州府江都县卜广子经营肉店。而常州府宜兴人储会招开豆腐肉店生理，雇族叔祖储受明在店帮伙。苏州府如皋县人王凤翔王耀文兄弟，嘉庆十一年（1806）二月初八日午后，一起在徐志标茶店吃茶。

此外，还有各种简单的劳力性工作。如砍柴，常州府荆溪县人钱玉衡，年三十五岁，父母俱故，并无弟兄妻子，砍柴度日。资料记载了他的生计细节，嘉庆十二年（1807）十月十三日，钱玉衡带了柴刀赴山砍柴，傍晚时候他"挑柴回来，把柴在路卖掉，扁担绳索寄存店内，柴刀插在腰边，就在街上买吃晚饭"②。如裁缝，太仓州嘉定县严万生成衣生理，同业者还有吴舍。

再从食衣住行看当时江苏人的生活。

饮食方面。从前述江苏农业种植可以看出，稻谷、麦豆应是江苏人的主要食粮，副食有猪肉、鱼类、豆腐等，饮茶也流行。还应注意，普通百姓挖野菜，通州有两个事例：管尊爵嘉庆六年（1801）九月十二日下午拿了一把小刀在田边挑挖野菜，嘉庆六年九月二十一日陈勇携刀赴田挖菜。

衣着方面。布衣草鞋应是普通农民的衣着，如镇江府丹阳县人吴玉春，到吴德玉家索讨地契，吴德玉的妻子回说吴德玉不在家里，吴玉春怀疑吴德玉有意躲避，就把吴德玉屋里放的一件蓝布马褂，一件青布外套，一件白布小衫，一床布被拿去，要吴德玉拿出契纸，送来看过再还衣服。这反映了普通人家的服饰。再如，海门厅人潘传，二十六岁，寄住崇明做

---

① 南开抄件，中国第一历史档案馆所藏土地债务类，第4640包。
② 南开抄件，中国第一历史档案馆所藏土地债务类，第5120包。

工度日。与陆方德邻村熟识，因被陆黄氏叫骂，诬告陆黄氏与黄三保有奸情。潘传看见陆黄氏房内放有布衫一件，就即拿取捏称黄三保逃走，检获布衫。又把布衫并自己蒲鞋、兜肚诉交甲长陈纪棕作为获奸凭据，叫他禀究。可知布衫、蒲鞋、兜肚是成年男性的普通衣着。

居住方面。下层百姓多住草房，如徐州府睢宁县人王贵，乾隆五十八年（1793）春，租刘坤弃地基搭盖草屋居住，与苏桂家住屋毗连，因苏桂家屋檐较高，每逢下雨，檐水从王贵屋上滔下，王贵草屋渗透，要苏桂修葺，儿子苏德和不肯，与王贵争吵过。到乾隆六十年（1795）五月里，王贵因檐水侵入屋内，恳求苏德和借钱修理，苏德和不依，两下吵骂，引发事件。再如，太仓州崇明县陆方德住房草屋一间，开有笆门出入。

出行方面。江苏水乡，出行会使用到船只。如苏州府新阳县人邱绍山与薛大邻村居住，薛大叔父薛凤山佃种邱绍山田二亩，邱绍山叫工人金阿富摇船同到薛凤山家讨租。

三　经济往来与人际关系

（一）借贷

乡村属于熟人社会，邻里村民之间互相帮助，但往往因借贷产生矛盾，甚至导致斗殴。

借钱索还是矛盾产生形式之一。如常州府江阴县人顾尚保，种田度活，与尼自欲素识无嫌。乾隆六十年（1795）十二月，顾尚保凭徐锦堂作中借尼自欲七折银二两，言明下年冬间清还。嘉庆元年（1796）十一月二十日下午，尼自欲到顾尚保的家来索讨，顾尚保恳缓，自欲不依詈骂，顾尚保回骂，导致案件。再如，镇江府丹徒县人李谷顺与芮世来都开箍桶店生理，邻居素识，他曾欠芮世来钱五百文未还。嘉庆十三年（1808）二月十七日黄昏时分，李谷顺在肖文璋篾匠店内闲谈，芮世来走来向李谷顺索讨欠钱。李谷顺没钱恳缓，芮世来不依混骂，李谷顺回骂。芮世来顺拿肖文璋店内小木凳殴打，李谷顺夺凳过手，就用木凳回殴一下，不期适伤芮世来，不料芮世来伤重，翌日身死。

族人之间也有类似事件。如镇江府溧阳县陈传祥供：陈宗轩是其族兄，韦昭瑞自幼卖与他家为仆，后因家贫仍时常来帮工。嘉庆十三年四月初六日，陈宗轩向陈传祥借钱三百五十文未还。五月初二日下午陈传祥同韦昭瑞籴米回归，见陈宗轩正持锄在田工作，向他索讨欠钱。陈宗轩说为数无多，不应催逼，与陈传祥口角。

钱会是民间自助性质的筹资形式，也会产生纠纷。如松江府金山县人金四倌，与金王氏同姓不宗，邻近居住。乾隆五十九年（1794）金阮氏合一钱会，一共五人，金王氏在内，每会出钱三百文，到第三会金王氏不愿出钱，金阮氏邀金四倌顶补，议明收会时加利偿还。乾隆六十年（1795）五月二十四日，金四倌收得会钱，算明应还金王氏本利三百五十文，当即送去。适金王氏站在门外，金四倌交还钱文，金王氏说要三分起息，还要加钱六十文，金四倌不允，金王氏詈骂，金四倌分辩，金王氏打了金四倌腮颊一掌，金四倌用掌回打，适伤金王氏胳肚。

赊欠。消费者因日常生活所需向店铺赊欠或商家之间赊欠，因还欠问题引发的纠纷。事例一，松江府上海县人徐大明向开豆腐店度日，与仙水庵僧能修并没嫌隙。能修日逐赊欠豆腐钱六百五十文，屡讨未还。嘉庆七年（1802）十一月十八日徐大明又去索讨，能修仍说无钱。徐大明因有急用不肯宽缓，能修骂之不该追逼。双方争执，引发案件。事例二，扬州府江都县一个案件中，据吴泰万供：已死吴添磬是其子，与孔登魁素没仇隙。嘉庆五年（1800）二月里，卜广子向吴泰万赊猪二口，讲定价钱四千八百文，陆续还过钱二千六百二十文，下欠钱文屡讨没还。六月二十二日吴泰万同子吴添磬工人景绍先前往索讨，卜广子无钱恳缓。吴泰万要拿他店内猪肉作抵，引发案件。事例三，常州宜兴人储会招开豆腐肉店生理，他与张会书素识无嫌。嘉庆六年（1801）三月初五日，储会招向张会书的父亲张岳年买得毛猪三只，除付现钱净欠钱七千文，凭中张云明们立有票据，期到本年冬底加利归还。到五月十二日中午，张岳年晓得储会招收有会钱，叫儿子张会书索讨。储会招因钱已用去，覆他至期交还。张会书不依，坐索，并出言谩骂，储会招回骂，发生争斗。

特殊的赊欠。苏州府新阳县人蔡二家有公共租田四亩。因上年祖父故后，丧费是父亲蔡若扬一人承办。原议把田归父亲耕种抵偿丧费。嘉庆十三年（1808）五月十四日，父亲下田砟麦，蔡二在隔田收割麦子。午后，见叔父蔡三宝来向父亲分麦，父亲不依，彼此争骂。父亲拳殴叔父左眼胞，叔父把父亲仰面掼倒田内，骑压身上拳殴。蔡二救护情切，拾乂向嚇，不期适伤叔父致死。

（二）租赁

欠田租讨要引发的纠纷。如苏州府常熟县人郁勇邻向在王金氏家帮工，与高大宝并没嫌隙。高大宝佃种王金氏家田十五亩五分，每年应还租米十二石四斗。嘉庆七年（1802）十一月二十一日王金氏叫去讨租，郁勇邻同吴忝宝到高大宝家收取。高大宝先斛付米六石五斗，余米说要缓日补交。郁勇邻见他囤内见有余米，要照数斛足。高大宝不依，产生争执。再如，苏州府新阳县人邱绍山与薛大邻村居住，薛大叔父薛凤山佃种邱绍山田二亩，每年额租二石一斗。嘉庆十一年（1806）十月十四日午后，邱绍山叫工人金阿富摇船同到薛凤山家讨租。薛凤山斛给米一石五斗，其余要求减让。邱绍山不依，争闹，薛大上前拉劝，邱绍山用手将薛大推倒在门槛上，被木节垫伤身死。

押租与顶首。清代租佃制下，租用土地所付的保证金称为押租，在退租时应归还租用者。佃农如果转佃，上首佃农将他用押金租来之田，向下首佃农索取顶首银钱转租出去，顶首也是押租。顶首的事例，如松江府奉贤县人计士沅与唐如川邻居，嘉庆十二年（1807）十二月初二日，唐如川央计士沅同相云亭、包九阜作中，租佃蒋业田四十亩，议定每亩顶价钱一十五百文，计士沅私向唐如川说明要分种三亩，唐如川允许。十三年（1808）二月二十三日，计士沅向唐如川分田耕种，唐如川要计士沅交出顶价钱四千五百文，方肯分给。

（三）典卖土地

典地回赎引发争议。如镇江府丹阳县人吴玉春，嘉庆十六年（1811）十一月，没田耕种，知道堂侄吴泷沅有田一亩一分活卖①与吴德玉家，想要代他赎回耕种，因吴泷沅向在句容帮工，就去向他商允，备了田价同胞兄吴受千去向吴德玉赎田，吴德玉说契上注明十年回赎，如今年限未满，不能放赎，吴玉春因堂侄吴泷沅并未说起契内注明年限，疑他说谎，向他索讨契纸查看，吴德玉许俟另日找寻给看，后未看成契约，发生争执。再如，马凤侯殴伤马贵身死一案。马凤侯系马贵小功服兄，马贵父故后，其母吴氏改嫁李成才为妻，马贵与继父同居。嘉庆十一年（1806）五月间，李成才将田三亩立契典与马凤侯之母马林氏，得钱四千六百元，期至是年八月回赎，言明到期不赎，接年偿麦租二斗，豆租四斗。李成才过期未赎，租回不偿，不交。引发案件。

房屋典卖也有类似问题。常州府荆溪县人钱玉衡与钱启沅本是同祖父

---

① 活卖，即卖主以后可以再向买主索取一定费用的买卖，一般来说，活卖的价格比较适中。

堂兄弟，大功服制。因钱启沅的姑父钱青升出继与钱黄为子，就所后面论是同高祖族兄，缌麻服制。乾隆四十二年（1777），钱启沅的父故。钱青升将瓦房子三间得价七折钱四十两绝卖与父亲钱来溥管业。父亲故后，嘉庆十二年（1807）正月间他先把瓦房一间得七折钱二十两典与族兄钱佑川居住，各自开门出入。十三年（1808）九月间他又把瓦房两间召卖。钱启沅闻知，要将原屋赎回。因是绝契①，议明加价五两，共计七折钱四十五两。内除他得过钱，佑川典价二十两外，应找七折钱二十五两，合计足钱十七千五百文。钱玉衡应允，写立退契，就叫钱佑川作中。钱启沅先付足钱十千九百文，下欠足钱六千六百文，说明钱房两交。钱佑川典住一间，听钱启沅自向取赎，因钱启沅未将钱玉衡的房价交清，是以钱玉衡也未搬让。到十月十三日，钱玉衡带了柴刀赴山砍柴，把房屋托钱佑川照应。起更时钱玉衡回家见门已关锁，问邻居钱佑川，说钱启沅乘钱玉衡出外砍柴走来把门关锁的。钱玉衡因没处睡卧，往寻钱启沅理论。适钱启沅同钱忝顺延更走来，钱玉衡恳他开门。钱启沅说屋已赎回，屡催不搬，不肯再给居住。钱玉衡说交清屋价，即行搬让，说屋内还有家伙什物，把他拉住，央他务要开门，被拒引发纠纷。

土地绝卖后加找价钱引起纠纷。徐州府铜山县人孙美是孙洪的无服族弟，同庄居住，孙洪有分授祖坟余地六亩。嘉庆十一年（1806）五月立契卖绝与孙美为业，契价大钱三十六千文。十二年（1807）七月，孙洪来孙美找价，孙美因系绝产没有应允，他又恳还原契让他另卖将来陆续措还原价，孙美因这地贴近祖坟，恐与坟墓有碍，当即回复，孙洪气愤走回。八月初四日，孙美在地割豆，孙洪走来说他已寻有买主，叫孙美不要阻挠，将地让他另卖，孙美不依。下午时候，孙美尚在地内割豆，孙洪拿木杆铁枪走来说要与孙美拼命，用枪戳来，孙美夺枪过手顺用枪杆打他，后孙洪伤重死了。

其他形式的纠纷。买田欠钱，徐州府铜山县人李允中与赵风台邻居。嘉庆十三年（1808）二月，李允中的堂叔李士太将田九亩卖与赵凤池管业，共价钱五十三千一百文，除收欠一千三百九十六文。四月初六日，李士太到赵凤池家索讨前欠，引发案件。

退买田地欠退还款。苏州府如皋县孙元魁嘉庆二年（1797）上，用钱

---

① 绝契，即买卖成交后卖主不得再向买主索取补偿的契约。

三百九十一千文契典王凤翔沙田十三亩二分，十年（1805）十二月，他因没钱使用，把田退还王凤翔，凭中徐志标转典陈万名管业。孙元魁已陆续收过钱三百二十二千文，下少六十九千，等陈万名交出归还。十一年（1806）二月初八日下午，孙元魁同妻子钱氏到王凤翔家催讨，见王凤翔同他兄弟王耀文在徐志标店里吃茶，孙元魁向王凤翔讨钱。王凤翔说要向陈万名讨出才有。产生争端。

（四）雇佣

雇主与雇工往往因工钱产生矛盾，引发纠纷。或雇主欠雇工工钱，如太仓州嘉定县人严万生，成衣生理，与吴舍同业。嘉庆元年（1796）十二月间，吴舍雇严万生帮做衣服，欠帮工钱四百二十文，屡讨不还，二年（1797）四月初七日午后，严万生又向催讨，吴舍仍又恳缓，严万生不依，产生争执，引发案件。再如，太仓州嘉定县人阿狗，种田度日，与张百年熟识。嘉庆五年（1800）五月十二、三两日，他邀张百年帮车田水，许给工钱。七月初九日路上口遇见张百年，向他索讨工钱。阿狗恳缓，张百年不依混骂，阿狗回骂，引发案件。

或雇募数量不够雇主回收款项不足。扬州府宝应县人周存如与徐堦邻居相好。嘉庆十二年（1807）十一月里，周存如在清江浦河工上充当夫头，徐堦向周存如揽夫七十名，讲定夫价每名钱五百文，周存如当付钱三十五千文，后来徐堦止交夫四十二名，少夫二十八名，应该退还夫价钱十四千文，周存如屡讨无偿，引发案件。

或以工钱抵欠，常州府阳湖县人龚增受，自幼投东岳庙道士陈瑞初为徒，与吴玉昌素识无嫌，嘉庆三年（1798）七月间，吴玉昌曾借龚增受五十文钱未还，九月二十一日，师父陈瑞初雇吴玉昌钱艺时黄正田割稻。黄昏时分，师父叫龚增受在神殿上给发工钱，每人七十文，龚增受要在吴玉昌工钱内扣钱五十文抵还旧欠，吴玉昌不允，发生案件。

（五）其他

因额外劳动引起争执。淮安府桃源县人王怀义，出租马自名地亩，每年分收租籽。嘉庆二年（1797）秋间，王怀义出外贸易，马自名把收获秋石堆贮场上看守候分。十月初十日，王怀义回家，马自名走来分秋，说因看守日久，要多分秋石。王怀义不依，马自名詈骂，王怀义回骂，发生案件。

购物欠钱，徐州付沛县人赵欣木，年五十二岁，做木匠手艺，因没生意，借住申廷家房屋，就在他家帮工度活，嘉庆六年（1801）二月里，他向申廷借钱二千文做成棺木一口，要售卖赚钱，贴补家用，有素识的院坤，因他妻母病故，向赵欣木买这棺木，讲定价钱三千文当给钱一千三百文，余约另日归结，屡讨无还。导致赵欣木的杀人案。

换田补贴租钱未付，通州人管尊爵、管尊年兄弟分居，有合种族丁周鹏程屯田三千步内高田一半，在沟北低田一半，在沟南中间尚隔邻田，向来高低各半分种，每年各完业租钱二千一百文。嘉庆二年（1797）间管尊年把他分种一半高田与管尊爵兑换一半低田，归个人并种，管尊爵当给弟弟钱四千文，每年并贴租钱三百文交弟照旧各完地租。业主是不知道的。到嘉庆六年管尊爵应贴弟的租钱尚没付给，引发争议。

四 地方社会职役

收录37件有关嘉庆朝江苏刑科题本中，共计32件刑科题本记载了报案的地方官役名称，我们制成表3：

表3　南开藏嘉庆刑科题本抄件的江苏地方社会职役一览表

序号	时间	地点	名称	出处
1	乾隆六十年	松江府金山县	据保正阮耀宗禀	第3065包
2	乾隆六十年	徐州府睢宁县	据地方应俊禀	土地房屋，第3076包
3	嘉庆元年	常州府江阴县	据地保徐锦堂禀称	土地房屋，第3072包
4	嘉庆二年	淮安府桃源县	据地保高名德禀	土地房屋，第3165包
5	嘉庆二年	太仓州嘉定县	据地保顾新禀	第3081包
6	嘉庆三年	常州府无锡县	查知投保报县	第4672包
7	嘉庆三年	常州府阳湖县	据地保杨绍之禀	第3205包
8	嘉庆五年	徐州府沛县	据地保高位禀	第4550包
9	嘉庆五年	扬州府江都县	据保正孔春报	第4554包
10	嘉庆五年	太仓州嘉定县	据地保陈年报	第4539包
11	嘉庆五年	海州	据乡团刘迎报	第4554包
12	嘉庆六年	常州府宜兴县	据保正储百恒禀	第4654包
13	嘉庆六年	徐州府砀山县	据地保陈荣报	第4618包
14	嘉庆六年	通州	据保总徐成章禀	第4672包
15	嘉庆六年	通州	据保总金玉疑、蒋浩禀报	第4672包

职业与社会

续表

序号	时间	地点	名称	出处
16	嘉庆六年	常州府武进县	据地保顾熊占报	第4621包
17	嘉庆七年	松江府南汇县	据地保张卫宗禀	第4686包
18	嘉庆七年	苏州府常熟县	据地保钱沧呈报	第4681包
19	嘉庆十年	苏州府新阳县	据地保朱廷爵禀	第4942包
20	嘉庆十一年	苏州府如皋县	据地保张士勤报	第4970包
21	嘉庆十二年	海州沭阳县	据保正李长位禀	第5034包
22	嘉庆十二年	徐州府铜山县	据地保李淋报	第5015包
23	嘉庆十三年	扬州府宝应县	据地保薛如冈报	第4990包
24	嘉庆十三年	镇江府丹徒县	据地保朱坤具报	第5050包
25	嘉庆十三年	松江府奉贤县	据保正仰秀峰报	第5108包
26	嘉庆十三年	徐州府铜山县	据地保杜邦寿报	第5112包
27	嘉庆十三年	镇江府溧阳县	据地保陈寅禀	第5125包
28	嘉庆十三年	苏州府新阳县	据保正蔡景阳报	第5036包
29	嘉庆十三年	扬州府泰州	据地保刘潮报	第5115包
30	嘉庆十三年	常州府荆溪县	据地保蒋怀禀	第5120包
31	嘉庆十四年	太仓州崇明县	据甲长陈纪棕禀称	第5131包
32	嘉庆十六年	镇江府丹阳县	据地保王绍云禀	第5309包

说明：表格"出处"一栏中只写包号的属于刑科题本土地债务类，其他类别则直接注出。

统计以上32件有地方社会职役名称的档案，其中地保20例，保正6例，保总2例（均为通州），甲长、地方、乡团各1例，还有1例投保。这些名称，在《清嘉庆朝刑科题本社会史料》的江苏事例中，出现过地保、保正，甲长、地方则出现在《清乾嘉时期的江苏地方社会职役》一文所举乾隆朝事例中，即乾隆五十八年（1793）扬州府泰州出现过"地方"禀报的事例，嘉庆六年（1801）太仓州崇明县出现过"甲长"的事例，巧的是，这次嘉庆十四年（1809）新出现的甲长事例，也发生在太仓州崇明县，可见太仓在乾隆、嘉庆朝一致存在保甲制度。乡团的事例均出现在嘉庆五年（1800）的海州。新出的"保总"一词，与前文表2中嘉庆十七年（1812）常州府金匮县、七年（1802）常州府无锡县、十八年（1813）太仓州宝山县的"地总"相似，"地总"似是"地方"之总，而"保总"则似"保甲"之总。又，地总可称地保，保总应也可称地保。上述名称中地保以及保正数量较多，最为普及。

江苏地方社会职役的地区分布如下：

淮安府1件：桃源县1件地保。

扬州府3件：江都1件保正，泰州1件地保，宝应县1件地保。

徐州府5件：铜山县2件地保，砀山县1件地保，沛县1件地保，睢宁县1件地方。

海州直隶州2件：州属1件乡团，沭阳县1件保正。

通州直隶州2件保总。

苏州府4件：新阳县保正、地保各1件，常熟县1件地保，如皋县1件地保。

松江府3件：金山县1件保正，南汇县1件地保，奉贤县1件保正。

太仓直隶州3件：嘉定县2件地保，崇明县1件甲长。

常州府6件：无锡1件投保，阳湖县1件地保，江阴县1件地保，武进县1件地保，宜兴县1件保正，荆溪县1件地保。

镇江府3件：溧阳县1件地保，丹徒县1件地保，丹阳县1件地保。

常州、徐州、苏州的数量较多，分别为6、5、4件；苏州4件次之，扬州、松江、镇江、太仓各有3件，通州、海州2件，淮安1件。在江苏省的八府三直隶州一直隶厅里，除了江宁府以及一直隶厅外其他七府三直隶州都出现了地方社会职役的名称，资料比较具有普遍性。

嘉庆朝上述地方社会职役名称的分布大致与《清乾嘉时期的江苏地方社会职役》一文相同，仍是"地保"以及"保正"最多。

如同我已在《清乾嘉时期的江苏地方社会职役》指出的，保正负责图民事务，这里又有两处"图民"的记载，一是苏州府新阳县嘉庆十年（1805）十月十五日，地保朱廷爵禀，"据图民薛凤祥投称"；二是镇江府溧阳县嘉庆十三年（1808）五月初三日，地保陈寅禀，"据图民陈喜观投称"。地保负责图民的诉讼事务。

资料中也解释了一些甲长报案的细节。如太仓州崇明县嘉庆十四年（1809）七月三十日案例，据甲长陈纪棕禀称，案中潘传将伪造的物证"诉交甲长陈纪棕作为获奸凭据，叫他禀究"[①]。可见甲长对于甲内事务的职责。

---

① 南开抄件，中国第一历史档案馆所藏土地债务类，第5130包。

五　结语

本文使用新资料，补充了对于清中叶江苏社会经济与生活的认识，进一步佐证了《清中叶江苏的社会经济与生活》《清乾嘉时期的江苏地方社会职役》二文的观点。如有关老年人较多且比较长寿、地保负责图民的诉讼事务等观点。

本文新的研究部分主要是有关职业方面的考察。刑科题本所提供的76个职业事例，种田22例、佣工15例、手艺与开店14例，总计51例，显示出务农、佣工、经商要手艺的谋生手段的比重。此外还有多样性的谋生方式，如求乞、夫头、僧道、摇海船、牛行帮伙、晒盐池、出租房屋、县署内帮办杂务、本村支更、拉纤、挑挖盐河、捕鱼、漕船米夫、管坟山、地主、砍柴、行窃等。有鱼盐之利和河运之便的江苏，生计多与水运、河工、盐务有关者，招募人夫的夫头活跃在人力市场上。

有些事例值得关注。如徐州府铜山县张泳安家有祖遗牲畜行业，松江府金山县金阮氏合一钱会等。

相对而言，清中叶江苏因土地债务引发的命案较少，总计98件，在全国比例较低。虽然乾嘉时期江苏从事各种职业的社会下层生计较为艰难，然而择业多样化，这应当是经济发展与人口增长压力下的选择，清中叶江苏的社会具有较大的流动性与活力。

2018年8月18日星期六成稿，翌日修订

徭役与职业之间

——近代中国基层社会的"乡役"

[日] 山本英史

(南开大学历史学院)

摘要：清朝将16、17世纪以来陷入流动不安的中国社会，进行再次统合，同时，在确立支配之际，将维持"钱谷"与"刑名"的机能委托于身为基层社会管理者的"乡役"，或是不得不委托某些构造，来贯彻这个目的。特别是对于目标在于成立国民国家的南京国民政府而言，掌握"钱谷"与"刑名"这两者乃是重要的课题，因此，为了促进中国的"近代化"，针对现状进行改革，就成为他们的使命。不过，乡役仍然是管理基层社会种种机能的存在。因为他们还有两种侧面——徭役和职业，也就是说，他们一边保有为国家服务的侧面，一边保有为社会服务的侧面。不管是想要维持传统统治构造的国家，或是在基层社会生活的乡民，对于这两者而言，乡役都是绝对不可或缺的存在。就这个意义来看，他们绝非是容易斩除的存在。

关键词：基层社会　乡役　地保　经造

前言

所谓传统中国的王朝支配指的是：如何确保"钱谷"与"刑名"这两个词汇所象征的资源，以及维持与其相关的社会秩序。因此，对于王朝国家而言，透过某种形式，保障基层社会的"钱谷"与"刑名"一事，自然有其必要性。

清朝将16、17世纪以来陷入流动不安的中国社会，进行再次统合，同时，在确立支配之际，将维持"钱谷"与"刑名"的机能委托于身为基层社会管理者的"乡役"（乡役虽然源自于里甲制度，但是不再具备徭役方面的性质,大致为负责乡村业务的专员),或是不得不委托某些构造,来贯彻这个目的。①

那么,针对以"钱谷"与"刑名"为主的基层社会管理,标榜"近代国家"的中华民国又是如何进行改革的呢?关于"钱谷"方面,乃是转变为以下目标,也就是基于国家的租税体系来管理土地,借此确保经济资源,最终达成"富国"的目标。关于"刑名"的方面,则是转变为以下目标,也就是基于国家的秩序体系来管理人民,借此确保人力资源,最终达成"强兵"的目标。

特别是对于目标在于成立国民国家的南京国民政府而言,掌握"钱谷"与"刑名"这两者乃是重要的课题,因此,为了促进中国的"近代化",针对现状进行改革,就成为他们的使命。这么一来,南京国民政府是透过何种过程来实现这个使命的呢?或是最终无法实现这个使命呢?本报告将透过以江南·苏州为中心的事例,对这个问题进行考察。

近代苏州乃是拥有高度生产力的传统地主制度极为发达的地域,在这个地域,传统地主制度强固且复杂地发挥作用,同时间,由于和对外开港的巨大都市上海邻近之故,也是受西洋影响极深的地域,可说是传统与革新互相交错的一个独特地域。另外,具体观察近代中国的面貌之际,研究者们往往以近代苏州为事例之故,因此有不少相关研究,史料方面,也较

---

① 关于乡役的专论,如下。田中忠夫《支那の地保制度》(《满蒙》第96号,1928年,后收于同《革命支那农村の实证的研究》众人社,1930年)。天野元之助《中国农业经济论》中卷(改造社,1942年,改订复刻版:龙溪书舍,1978年)。Hsiao Kung - chuan(萧公权),*Rural China: Imperial Control in the Nineteenth Century*, Seatle: Washington: University of Washington, 1960. 佐伯富《清代の里书—地方行政の一齣—》(《东洋学报》第46卷第3号,1963年),同《清代の乡约、地保について—清代地方行政の一齣—》(《东方学》第28辑,1964年)。皆收于同《中国史研究》第二(东洋史研究会,1971年)。Philip C. C. Huang(黄宗智), *The Peasant Economy and Social Change in North China*, Stanford, California: Stanford University Press, 1985. Prasenjit Duara(杜赞奇),*Culture, Power and the State: Rural North China, 1900 – 1942*, Stanford, California: Stanford University Press, 1988(王福明译《文化、权利与国家——1900—1942年的华北农村》,江苏人民出版社1996年版)。蒲地典子《清季华北の「乡保」の任免—中国第一历史档案馆藏〈顺天府全宗〉宝坻县档案史料绍介を兼ねて—》(东洋文库《近代中国研究汇报》第17号,1995年)。山本进《清代江南の地保》(《社会经济史学》第61卷第5号,1996年),同《清代四川の地方行政》(名古屋大学《东洋史研究报告》第20号,1996年)。皆收于同《清代财政史研究》(汲古书院,2002年)。山本英史《清代の乡村组织と地方文献—苏州洞庭山の乡村役を例にして—》(《东洋史研究》第58卷第3号,1999年,后收于同《清代中国の地域支配》庆应义塾大学出版会,2007年)。高岛航《吴县·太湖厅の经造》(收于夫马进编《中国明清地方档案の研究》〔科学研究费报告书〕京都大学大学院文学研究科东洋史研究室,2000年)。

为丰富。①

顺道一提，在理解基层社会之际，文献史料能够提供多少有效的情报呢？至少在前近代中国，文献史料多为知识分子所留下来的资料，因此我们不能忘记：透过文献史料所描绘出来的基层社会其实就是反映于知识分子眼里的面貌，多少有些偏颇。

第二次世界大战以前，在上海经营书店近30年左右的内山完造乃是直接体验了中国民众生活的一名日本人，他认为"就我所知，日本大部分的中国研究者不过是研究文章文化罢了，具体观察生活文化，并且进行研究的人极少。……如果没有文章的话，日本的研究者是不会轻易相信的。尽管是确确实实的事实，只要是没有文献佐证的事实的话，日本的研究者就算是目睹这个事实，也会装作没有看到的样子，就算是耳闻这个消息，也会装作毫不知情的样子。日本的研究者不会说我目睹了这个事实，或者是这个事实确确实实地发生了，而是确认哪一本书哪一节的相关记录后，才会相信这个事实。听来不可思议，同时也是相当滑稽的事情"②，对于战前日本的中国研究的现况，进行了批判。

现在的日本，是否完全克服了内山完造所提出的这个问题呢？为了解决这个问题，我认为进行田野调查可以有效地弥补文献资料的缺憾。不过，如何修正文献资料当中的偏颇，以及透过访问所得知的情报该如何与现存的文献史料当中的情报互相结合呢？这乃是现在中国基层社会研究的一个重要课题。

一 清末民国初期的基层社会管理者

以里甲制度的徭役为中心的基层社会管理在明末清初的时候，随着里甲制度的解体，并且因应各个地域的需求，发生了分化·转型，其名称也随着各个地域，有所不同。

根据道光《苏州府志》以及其后的同治《苏州府志》可知，雍正十二

---

① 关于近代苏州的地主制，日本方面的主要研究，可以列举如下。村松祐次《近代江南の租栈—中国地主制度の研究》（东京大学出版会，1970年）。铃木智夫《中国近代の地主制》（汲古书院，1977年）。川胜守《明清江南農業經濟研究》（东京大学出版会，1992年）。夏井春喜《中国近代江南の地主制研究—租栈関係簿冊の分析—》（汲古书院，2001年）。小岛淑男《近代中国の農村経済と地主制》（汲古书院，2005年）。

② 内山完造《文章文化と生活文化》（同《生ける支那の姿》学艺书院，1935年）。

年（1734），对于"图书"，进行严革（严禁·废革），并且设立了"清书"与"保正"。在"清书"这个项目之下有"缮造征册，分给易知滚单"的夹注，"保正"之下，则可见"在图中一应役务"的夹注。又，乾隆十一年（1746），将"清书"散撤（解散·撤去），另外设立"庄书"。关于"庄书"，则有"自庄册立而缮造征册，专以民间住址为庄，分收各区图圩之田归并一处，总立一户，催办粮折"的夹注。①

以上可知：苏州社会在乾隆十一年以后，存在着负责"图"（基层区划单位）的全体业务之"保正"，以及管理土地情报的"庄书"等乡村役。

这个记录也出现于府以下的各县的地方志②，因此，当时的苏州府或许已经实施了具备共通名称的统一制度。不过，根据光绪《常昭合志稿》的记录，即"按本邑现行之例，各图有经造，经管田粮一切杂务，地方经管乡里一切杂务"③，可知常熟·昭文两县在光绪年间为止，则是存在着包办土地管理业务的"经造"以及包办乡村业务的"地方"。

又，根据苏州府太湖厅的地方行政文书《太湖厅档案》可知：在19世纪后半的洞庭山地区，则是由负责全体业务的"地保"，以及以土地情报管理为专业的"经造"，进行基层社会的管理。④

以上可知，实际上，乡村役的名称和履历未必和地方志的记载一致，即使是同样位于苏州府的县，也未必实施着全府统一的制度。不过，清末苏州基层社会的管理者仍然可以大致分为两种，也就是负责征税、维持治安、其他杂务的管理者，以及负责管理土地情报的管理者。其中，在吴县，前者往往被称为"地保"，后者则是"经造"。

---

① 道光《苏州府志》卷10，田赋三，徭役。同治《苏州府志》卷13，田赋二，徭役。
② 关于道光《苏州府志》的文章，亦收录于同治《苏州府志》[其稿本完成于同治十三年（1874），刊本则是光绪九年（1883）]。又，相同的文章也可见于民国《吴县志》、乾隆《崑山新阳合志》、道光《崑新两县志》、光绪《崑新两县续补合志》、光绪《常昭合志稿》等。乾隆《崑山新阳合志》的文章乃是最早。
③ 光绪《常昭合志稿》卷7，户口志，附徭役。
④ 关于《太湖厅档案》，参照夫马进《国会图书馆藏太湖厅档案に见る诉讼と裁判の实际——その初步的知见——》（收于永田英正编《中国出土文字资料の基础的研究》〔科学研究费报告书〕1993年）。

"地保"亦称作"地方"①,这个名称虽然源自于保甲制度的职务名称,但是在某些地域,"地保"不直接和保甲制度发生关联,而是独自发展。②

相较于此,"经造"一般被称为"里书"或是"册书"③,自里甲正役分化出来,此后日益专业化。"经造"的这个名称似乎仅限于苏州府这个地域,其职务也仅止于土地情报的管理。④ 不过,不管是"里书"或是"册书",其职掌都和"经造"大同小异。

"地保"被认为"其职务正如保甲长之职务,并非高尚者"⑤,"经造"也同样如"况经造多年无业贫民"⑥ 所言,被认为是身份低下的人,两者皆是出身于共通社会阶层的人物⑦。另外,他们也是"假借官威,为人民带来种种弊害的存在"⑧,或是"向粮户强行要求陋规,将部分馈送给书吏·衙役的存在"⑨,特别在19世纪的基层社会里,有着引发"弊害"的恶棍形象。

1913年5月,吴县警察事务所(年底改称为吴县警察所)正式成立,负责管辖苏州城外27市乡的治安业务。⑩ 不过,对于作为基层社会治安管

---

① 收录了许多20世纪前半叶特殊语汇的井上翠《井上中国语新辞典》(江南书院,1954年)认为"地方"乃是"地保"的俗称。根据萧公权的看法,"'地方'与'地保'的语汇由于使用者众多之故,经常被胡乱使用,其严密的定义必须视每个使用者的实际情况而定"(萧前引书67页),可知"地方"与"地保"这两个语汇常常被混淆在一起。萧认为"'地保'乃是'地邻保甲'的略称"(萧前引书66页)。另一方面,在20世纪30年代的华北顺义县,所谓的"地方"被理解为"一个人负责一个面积当中的所有事务,并且联络上与下。地方为地面的意思"(《中国农村惯行调查》第2卷,公租公课篇,岩波书店1981年版,第372页)。
② 村松祐次:《近代江南の租栈—中国地主制度の研究》,东京大学出版会1970年,第366页。
③ 关于"里书",参照佐伯富《清代の里书—地方行政の一出—》,《东洋学报》第46卷第3号,1963年。在1661年的江苏、浙江,每个里都会设置一名称做"册书""里书""扇书"的"专门负责书算"者(《松郡均役成书》行集,柯耸《清乘编审科疏》)。
④ 村松祐次:《近代江南の租栈—中国地主制度の研究》,东京大学出版会1970年,第366页。
⑤ 《清国行政法》第1卷下,第138页。
⑥ 《益闻录》光绪七年(1881)4月24日。
⑦ 《中国土地文书目录·解说》下,东洋学文献中心1986年版,第13页。又,高岛前引论文,第210页。
⑧ 佐伯富:《清代の里书—地方行政の一出—》,《东洋学报》第46卷第3号,1963年,第377页。
⑨ 山本进:《清代江南の地保》,《社会经济史学》第61卷第5号,1996年,第225页。
⑩ 江苏省吴县公安局编著:《吴县公安志》,上海社会科学院出版社1994年版,第32—35页。又,参照《苏州市志》第3册,第176—177页。

理机构的"地保"制度等,并无太多润饰加工的痕迹。

在土地管理方面,随着江苏省的独立,也同时设立了征粮处,尝试建构一个全新的田赋征收机构,但是对于基层社会土地情报的管理构造,并无太大的影响。苏州于1912年成立了吴县田赋粮食管理处,沿袭清制,将基层社会分割为都、图、甲,借此掌握全县的土地,但是并无太大成效。[①]

以上可知,进入民国时期以后,虽然地方行政方面的一连串整顿工作为整个苏州地域社会带来了自治机能,但是基层社会整体并无划时代的变化。"地保"与"经造"仍然是管理基层社会种种机能的存在,并且,他们的恶行恶状也仍然持续受到了政府的谴责。

那么,他们的哪些恶行恶状"必须受到谴责"呢?首先,"地保"和"经造"当中,存在不少吸食鸦片者以及赌徒,他们并未认真地执行本身的职务。第二点则是如同"鱼肉乡民,勒索诈取"所言,他们往往劝诱他人行赌,借此获得利益,或是教唆他人打官司,从中强行索取手续费。第三点则是他们透过"地保"与"经造"的职位,促使以上恶行恶状得以实现,这乃是关于基层社会管理者的实际状态。

二 南京国民政府的改革及其实际状态

(一) 南京国民政府的改革

1927年3月,国民革命军入苏州城,1928年11月,苏州市政府正式成立。[②] 苏州市政府成立之际,苏州公安局改为苏州市公安局,与吴县公安局共同分担城内·城外的警务。1930年3月,苏州市并入吴县后,苏州市公安局也被统合至吴县公安局之内。最后,在公安局之下,分为分局、分驻所、派出所,共同维持治安。[③] 关于土地管理,则是于1931年设立土地局,针对管理土地情报的乡村役,着手进行改革。接着,1934年,吴县土地局成立,开始进行城乡土地的丈量工作。[④]

以上可知,自国民革命军入苏州城以来,频繁地实施了行政机构的改编,也尝试了关于治安管理以及土地管理方面的诸多改革。不过,这些改

---

① 《苏州市志》第2册,第1111—1112页。
② 《苏州市志》第1册,第26页。
③ 《吴县公安志》,第32—35页。《苏州市志》第3册,第177—178页。
④ 《苏州市志》第2册,第1111—1112页。

编或改革都无法自根本改变整个基层社会。因此,"地保"与"经造"的"弊害"也一如往常,依然被政府视为一个严重的问题。

有鉴于此,到了20世纪30年代,江苏省终于出现了尝试废止乡役的动向。这个动向的背景来自以下请求,即"国府新颁之县组织法,县之下为区,区之为乡、镇、闾、邻,并无图保字圩等名目……将抵触县组织法之图正一职,即行废除"①的这个请求。

首先,关于"地保",1931年2月,苏州受到省令,废止"地保",打出将其业务归之于乡镇公所的方针。②所谓乡镇公所也就是基于地方自治,设置于乡镇,即县内百户以上的村庄(乡)与百户以上的街市(镇)区域当中的公所,各设立乡镇长1名,让其管理该乡镇的自治事务。又,统辖乡镇公所的公所称为区公所,在各区设立区长(由县任命),让其管理该区的自治事务。③吴县共有23个区、672个乡、68个镇,其数量众多,即使在苏州府当中,也是特别出名。④但是,"向来地保之职务,关涉行政司法各项,应办各事,责任甚重,且极繁琐。若不设立专役承当,恐有互相推诿,遇事卸责之虞。是区长等会同磋商,拟设乡丁镇丁,专办从前地保原有职务"⑤。

1927年6月,吴县县公署成立后,8月,县长受到民政厅的命令,向征粮处发布废止"经造"的命令,乃是对"经造"进行改革的开端。当时,基于以下理由,即"有经造数百名,平日赖其办理粮务。今若实行一律裁撤,于粮务颇多困难",废止"经造"的命令暂且保留。⑥不过,"经造"的"弊害"不时被视为重大问题。1929年10月,乡民阳保和等人向省民政厅提诉,要求废止"经造",并且设立征粮给单处,由征粮给单处代为发放田单。⑦又,阳保和等人在11月,又进行了同样请求。⑧接着,

---

① 《苏州明报》1930年10月18日"图正等名目废除"。
② 《苏州明报》1931年2月25日"地保之变相'各区长请设乡丁镇丁以承其役'"。
③ 赵如珩编:《江苏省鉴》(1935年铅印本),第36页。
④ 赵如珩编:《江苏省鉴》(1935年铅印本),第40页。
⑤ 《苏州明报》1931年2月25日"地保之变相'各区长请设乡丁镇丁以承其役'"。
⑥ 《苏州明报》1927年8月11日"旧五境经造一律缓裁"。又,高岛航《近代江南の土地、征税、国家—土地·征税文书と田赋征收机构》〔学位论文〕2001年版,第4章,第20页。
⑦ 《苏州明报》1930年10月22日"取消经造:公民献议民政厅,另办征粮给单处,余款作自卫经费"。又,1930年10月24日"革除经造之请愿人原呈"。
⑧ 《苏州明报》1930年11月16日"取消经造:厅令一律革除名义,公民阳保和等再请设办征粮给单处"。

1931年6月，以请求未付诸实行为理由，再次向县政府要求废止"经造"以及设立征粮给单处。最后，阳保和等人的请愿并未实现。

当时，设立"催征吏"一事，却得以付诸实现。废止已有的乡役，将乡役的机能交由"科征吏"和"催征吏"分担，当中负责督促纳税业务的正是所谓的"催征吏"。"科征吏"与"催征吏"的名称当中，皆有"吏"一字，可知这是为了征税，分配至每个图的"类似胥吏的官吏"，由此可以推测：废止"经造"，设立"催征吏"的意图在于让基层社会的土地情报管理机能至少提升至胥吏的程度，并且归诸公家的掌握之中。

不过，实际上，对于"经造"的改革，并不如财政厅的预期。1931年6月，望亭黄泥乡长认为"以经造革声后，变相为催征吏，诚恐仍有营私舞弊情事"，要求废止"催征吏"①。8月，区公所则称"以变相经造之催征吏，时向乡民需索单费每亩三角，不遂即撤单不发，致乡民滞纳之罚，而国家赋税所受影响亦大"，向县政府提出废止"变相经造"的要求。于是，县长发布命令，严禁"催征吏"的"不正行为"②。不过，这项命令并未彻底落实。

以上可知，"催征吏"的实际状态以及"弊害"，与"经造"并未有所不同。苏州的"催征吏"也在不知不觉当中，被同化吸收至"经造"当中了。

1933年5月，县政府借故废止那些不断进行需索等违法行为的"经造"与"地保"，并且采取了极为严厉的方针。③但是，取代"地保"的"乡镇丁"也步上了"催征吏"的后尘。1935年10月，基于省令，针对各区的"乡镇丁"，采取了废止方针④，同年12月末，正式废止"乡镇丁"，以及"地保"的名称，若发生杀人事件，由"保甲长"代为验尸报告。⑤

到了20世纪30年代后期，基层社会的治安维持业务逐渐纳入保甲制度当中，不过，当时，"地保"仍然持续发挥着以往的作用。由于"乡镇

---

① 《苏州明报》1931年6月13日"请严禁催征吏舞弊"。
② 《苏州明报》1931年8月15日"催征吏滥索'吴县长令财局严禁'"。
③ 《苏州明报》1933年5月17日"县政府再禁经造·地保"。
④ 《苏州明报》1935年10月8日"各区乡镇丁，省令废除"。
⑤ 《苏州明报》1935年12月31日"裁撤乡镇丁：地保名义省令取消，发生命案由甲保长转相报验，身份高卑无关，不得借端推诿"。

丁"或"保甲长"的职掌与"地保"有诸多重复,因此,无形中,"乡镇丁"和"保甲长"最后也被同化为"地保"了。

(二) 基层社会中乡村役的实际状态

这里,我们要针对作为基层社会管理者的乡役之业务,再次进行考察。若将地域限定于苏州,针对该地乡役之业务,进行确认的话,可知"地保"的职掌可以列举为①警察业务(搜查、逮捕、护送、治安管理)①,②对倒在路旁的尸体或是不明死尸,进行验尸②,③对乡民间的纠纷进行仲裁③,④民事·刑事裁判的证人④,⑤其他(例如,向佃户进行缴纳租税的劝告⑤、筹措夫役⑥、通知缴纳固定资产税⑦)。但是,当中①与②位居多数,特别是验尸以及其后的埋葬遗体。

又,关于"经造"/"催征吏"的职掌,可以列举为制作纳税通知书与土地簿册等、追征未缴·滞缴的款项、分配纳税通知书、更新土地所有名义四点最为重要。⑧可说是管理基层社会之际,不可或缺的工作。

接着,我们将焦点转移至当地住民的身上,针对"经造"/"催征吏"的实际状态,进行观察。如前所述,"经造"/"催征吏"的主要业务之一乃是更新土地所有者的名义。在1949年前的中国,关于土地所有权的纠纷可说是源源不绝,苏州也绝非例外。对于毫无权力的当地住民而言,能够保障他们土地所有权的人物正是"经造"/"催征吏",另外,地方官在进行审理的时候,也不得不将判断的基准归诸"经造"/"催征吏"的证言。

这么一来,虽然在买卖土地,对所有者进行名义变更之际,必须要缴

---

① 《苏州明报》1927年12月3日"浒关发生仇杀案'在河东旅馆内'"、1931年4月13日"毁掘公墓盗取尸骨:三分局五分所拘获二人'尸骨一包'"、"警务段昨召集地保会议:讨论沿线行车安全"、1935年5月5日"地保训话:乡民勿掷击列车玻璃"等。

② 《苏州明报》1928年3月10日"妇人因赌负服毒自尽'好赌者之殷鉴'"、1928年6月15日"疑云疑雨"、1929年2月4日"投河老妪—死在公安局"、1930年7月28日"可疑之死:传闻被人殴伤致死,地保报验谓系病毙"、1932年9月28日"山塘命案开棺检验:身有伤痕,惟非致命伤,栗拘凶手发押待侦查"等。

③ 《苏州明报》1931年9月25日"兄妹争殴伤及地保"等。

④ 《苏州明报》1929年1月15日"逆偷嫌疑案辩论终结"、1930年9月28日"谋产陷媚:仮名提奸通宵吊打"等。

⑤ 《苏州明报》1929年1月15日"尹山乡政员劝佃完租"。

⑥ 《苏州明报》1927年10月5日"募雇夫役"。

⑦ 《苏州明报》1927年9月25日"传究地保"。

⑧ 高岛航:《近代江南の土地、征税、国家—土地·征税文书と田赋征收机构》〔学位论文〕2001年版,第4章,第17页。

纳一笔手续费,不过,这笔手续费其实如同保障金一样,与正规的名义变更相较之下,更为便宜。

另外,"经造"/"催征吏"的业务当中,还有代缴的部分。对于那些难以自行缴税的零细纳税户而言,虽然收到纳税通知书的时候,必须要缴纳被称为"单费"的手续费,不过,这笔单费其实就是"经造"/"催征吏"为其代缴的手续费。

由此可知,"经造"/"催征吏"对于地域住民而言,绝非仅是带来"弊害"的存在而已。这可说是颠覆了"经造"/"催征吏"的恶棍形象。

以上,我们透过几个事例,对于基层社会乡役的实际状态,进行了考察,可知:地方政府与当地住民虽然拥有各自的立场,不过都期待身为基层社会管理者的乡役能够发挥固有的机能;表面上,他们虽然高唱乡役的"恶行恶状",但是实际上,并未全然否定这些乡役的存在。

三 访谈调查的具体事例

(一) S 的情况

S 为吴中区临湖镇石舍村一名"经造"的儿子,父亲已经逝世,不过,仍然记得父亲生前担任"经造"的样子。乃是还原苏州"经造"实际状态的珍贵证人之一。我在 2008 年 8 月 23 日进行了访谈调查。

〔S的简历〕生于1923年农历九月十七日,2008年接受访谈的时候为86岁(虚岁,以下的年龄皆为虚岁)。出生且成长于石舍村,以农业为家业。自7岁至14岁,在私塾接受教育。同时,也学习了阴阳学(风水)。自16岁至21岁,担任村子里的教师,经营了一间拥有20多名学生的私塾。22岁的时候,与小5岁的女性结婚。1949年解放之际,其家人为父亲、2名兄弟、1名妹妹、2名兄弟的妻子、1名孩子,共为8人。现在则是在庙里宣读宝卷的宣卷艺人。

S家代代居住于石舍村,向木渎镇和苏州城内的地主承租土地,各为3—4亩,并且缴纳佃租至苏州各家的租栈。租栈的经手人将纳租通知书交给"地方"后,"地方"再将其发放至各个佃户,要求缴纳佃租。佃户前往设置于苏州城内的总柜台缴纳佃租。该名经手人乃是苏州人,不过解放后,遭到杀害。

祖父是一名漆工,不过,仍以农业维生。向地主承租12—13亩的土地,在1930年左右逝世。祖父并非"经造"。父亲同为漆工。生于1900

年，1965年逝世。在私塾接受了3—4年的教育。并且担任石舍村九都七图的"经造"，主要工作为"发粮单"（也就是发放纳税通知书）。每个图设置"经造"1名，不过，并非为世袭。任用之际，必须经过乡民的承认以及保证人的担保，S的父亲也是经由乡民的选拔，才得以担任"经造"。

"经造"的业务乃是发放纳税通知书，并且督促土地所有者缴纳税金。不过，将税额纪录于纳税通知书之际往往会予以参考的底簿册（土地清册）并不存在于此地。"经造"也和土地所有者的纳税行为无太大关联。另一方面，"地方"的业务则是调停纠纷以及发行民间不动产买卖的字据。追捕犯人的工作，主要由警察负责。买卖不动产之际，"地方"可得买卖金额的百分之四，以作为手续费。"地方"比较类似于此后的"保甲长"。原则上，"地方"也和"经造"一样，1图设立1名。

S的父亲从前并未担任过"地方"之职，这是因为原本担任7图"地方"的人染上鸦片，并且自甘堕落，挪用租税，导致信用尽失，被迫免职，在这个时候，S氏的父亲受到乡民的推举，得以兼任"地方"。

地主委托"催甲"向佃户收租，"催甲"再委托各图的"经造"或是"地方"，督促佃户尽快缴纳佃租。"催甲"虽然清楚佃租的金额，但是关于图内各户的生活状况，例如，某户因为贫穷，才会无法缴纳佃租，诸如此类情报，并不是相当清楚，所以才会委托对这些情报了若指掌的"经造"或是"地方"。

土地改革后，"经造"也消失于此地，S的父亲不再是"经造"，在土地改革的阶级区分当中，被认定为中农。

（二）L的情况

L乃是吴中区横泾镇后里泾（现在的长远村）的"地方"之子，他父亲已经逝世，不过仍然记得父亲生前担任"地方"的样子。可说是理解苏州"地方"的实际状况之际，极为珍贵的另一名证人。我分别在2009年12月26日、2010年12月25日，进行了两次采访。

〔L的简历〕生于1928年农历十月十三日，受访于2009年，为82岁。出生并且成长于后里泾。8岁，在赤脚医的门下，学习了2年。到了10岁，进入横泾镇的新式学校就学。不过第二年由于日军侵华，学校被迫关闭，此后，从事农业，并且学习如何养牛、割草，以及家事等。22岁的时候，迎接解放。到了25岁，则是前往苏州城内，在公私合营的民族乐器工厂工作。

职业与社会

　　L 的父亲生于 1906 年的后里泾，于 1981 年，也就是 76 岁的时候逝世，曾为"地方"。L 的祖父也同样是"地方"，不过，关于祖父的任职期间，并不清楚。L 的祖父过世后，"地方"的职位委托给别人。那个人在中日战争为止，都担任了"地方"，不过，也因为老死之故，最后"地方"的职位还是交给了 L 的父亲。L 的父亲在 1949 年以前，担任了 2 年左右的"地方"。

　　关于当地的乡役，我在 2010 年所进行的调查当中，曾和 L 有过以下的问答。

> 问："经造"和"地方"这两个职务是一样的还是有区别的？
> 答：不是的，名称是以前说是"地方"，那么后来叫"经造""经造"，弄不清楚。那么"地方"其实就是"经造"，"经造"其实就是"地方"。"老地方"，这个时候就是以前都是"老地方""老地方"的。后来了才"经造"，好像解放之后才"经造"的。一般的老百姓都叫"地方"。
> 问：你的父亲就是做"经造"的，又是"地方"又是"经造"？
> 答：是的，"地方"么就"经造"，"经造"就是"地方"。
> 问：那有没有"地保"的？
> 答："地保"就是"地方"，一样的没有区别的。
> 问：还有"图董"是吧？
> 答："图董"对的，你一个图份就有"图董"，就是"地方"。
> 问：你父亲也是"图董"？
> 答：就是"图董"，我父亲是管四图，四都四图上四图"图董"。
> 问：你父亲又是"图董"又是"经造"又是"地方"，都是他管的？
> 答：我解放前不知道这个"经造"，只知道"地方"，解放以后才听说有"经造"，才知道他当的是"经造"。
> 问：那么"图董"呢？
> 答："图董"么在图份里面，上四图的"图董"，"图董"就是"地方"。
> 问："图董"就是负责人？
> 答：是的，一个图份里，有什么事都找他。

根据 L 可知，所谓"经造"就是"地方"，所谓"地方"就是"经造"。两者并无差异，当地乡民往往将其称为"地方"。解放前，只知道"地方"，并无听说过"经造"这个名称。"地保"也是"地方"。另外，图还有"图董"，不过，这其实就是"地方"，和以前的"地保"大致相同。

"地方"的具体业务乃是管理田粮。在当时的苏州，拥有土地的人极多，即使是佃户，也拥有房基地等建筑物的宅基或是墓地，因此，必须缴纳这些土地的租税。"地方"会在粮串（纳税通知书）上面记录应缴纳的租税金额，一张一张发放给各家。"地方"仅负责发放粮串，并不会为那些无法纳税的人代缴，也不会代垫。

"地方"的另一个具体业务乃是更新不动产的名义。包含耕地、宅基地、墓地的所有土地在买卖之后，其所有者名义发生更动一事，称为"过户"，这意味着纳税者也要转变为新的土地所有者，因此，在更新不动产的名义之际，"地方"必须在场。"地方"也会索取手续费。

"地方"仅将不动产名义的更新记录上报至上级机关（县）而已，自身并不会保留记录着相关情报的底簿册（原簿）。到了纳税时期（一般而言，多为每年冬至的前后），县会直接发放粮串。"地方"会在县城领取这些粮串，接着下乡，只要将粮串发放给各个纳税户即可，并不需要制作相关记录。

发放粮串之际，可以从纳税户得到一笔少额的手续费，也就是"役费钱"或是"辛苦钱"。具体金额不太清楚。不过，贫穷人家往往会用米来代替这笔手续费，实际上，也不会向他们索取这些米。

四都四图分为上下，父亲管辖上四图，另一方面，管辖下四图的 H 在 1949 年前，被人控告，年纪轻轻就被处刑了（被人控告的理由并不清楚），其父亲也是"地方"。过去管辖整个四图的"地方"因为老死之故，因此将上四图交给父亲管辖、下四图则是 H，形成了 1 图同时存在 2 名"地方"的局面。

L 的曾祖父曾经向当时担任"地方"的祖父如此警告："上头的饭不可以乱吃，上头的事不可以插手。"这是因为"地方"的工作极为琐碎，几乎得不到好处之故。

L 家的主要收入来自农业，以酿酒为副业。光靠"地方"的收入（也就是役费钱），是无法生活的。土地皆为承租而来的土地，16—17 亩，最多的时候为 25 亩，解放当下则是 11 亩。一部分的佃租主要缴纳给木渎的 Y 姓，不过，并非全部如此。承租而来的 11 亩土地当中，父亲将 6 亩 6 分让给 L，剩余的 4 亩 4 分分为两份，作为嫁妆田，各自交给两名妹妹。宅基地则是代代相传的自有土地。

土地改革的时候，曾经担任过"地方"一事，并无太大问题，L 家被认定为"中农"。因为土地改革之故，"地方"不再存在，父亲也辞去了"地方"之职位。

以上乃是向那些曾经在苏州担任过乡役的人物之子孙，进行采访的内容。现在，我们将这些内容稍作整理，如下。

首先，在要求废止"地保"和"经造"的请求此起彼落的 1930 年以后，至 1949 年解放前后的这段时间，尽管多次实施了制度改革，不过，我们还是可以发现中国的传统乡役仍然存在于苏州基层社会，不管是他们的作用或是名称，都没有消失。

不过，这些乡役根据不同的地域，而有各式各样的名称。另外，"地方"或"地保"与"经造"的职务内容是有所区别的，但是，一个人兼任这两个职位的现象也不在少数。又，"地方"即为"经造"，现场的乡民并未强烈意识到这两者的差异。接着，一般而言，被认为是"经造"专门负责的民间不动产买卖证明业务，有的时候，也会由"地方"负责，因此，两者的职务界限相当模糊不清。

"地方"或"地保"的职务可以列举为仲裁乡民之间的纠纷或是处理尸体等一般业务，至于追捕犯人这类的警官业务则是交由警察负责。

苏州的"地方"／"经造"未必是世袭，就任之际，必须获得乡民的推举和承认，但是，我们可见"地方"／"经造"之职缺集中于特定家庭的现象。

苏州的"地方"／"经造"并无底簿册（土地清册）一事，相当耐人寻味。所谓底簿册，乃是管理土地情报的乡村役得以拥有权力的"源泉"，一般而言，多半基于底簿册上面的情报来制作纳税通知书，不过，苏州的两名受访者皆否定了这一点。

苏州横泾镇的乡民当中，极少自耕农，由于房基地等土地也在课税对象之中，所以纳税通知书也会发放至他们的手里，从这一点可知，"地方"／"经造"必须接触众多乡民。L 声称"地方"／"经造"的任务仅止于发放纳税通知书而已，并不会为乡民代缴或是代垫。

印象中，基层社会的乡役多为来自社会底层的贫民，不过，也有一部分乡役过着相当优渥的生活。他们并不会完全倚赖手续费维生，而是追求其他的收入来源，以维持较为稳定的生活，行有余力才能完成基层社会的种种业务。正如L的曾祖父曾经向祖父耳提面命一般，"地方"的任务极为琐碎，但是却得不到多少利润，可说是一种"为人民服务"的概念。

"地方"/"经造"在1949年解放后，终于画下了句点。值得注意的是，在土地改革的时候，曾经担任过"地方"/"经造"的人以及其家人都被认定为"中农"，分配到土地，持续从事农业。虽说土地改革的判定基准当中包含了不少复杂的要素，不过，至少他们在基层社会当中似乎没有被视为"恶棍"。

结语

如上，在这报告，我们将焦点集中在苏州这个地域，针对那些发挥基层社会种种机能的乡役，进行了概观。最后，我们可以推测：那些确立于18世纪的基本构造在经过辛亥革命以及国民革命之后，并未发生极大变动，而是持续存在于苏州的基层社会。

南京国民政府在标榜国家的"近代化""制度化""组织化"之过程当中，不断地尝试对传统的苏州基层社会进行变革，不过，全新设立的制度却在不知不觉当中，又脱胎换骨变成了以往的模样，最后，尝试进行变革的意图终究还是不了了之。为什么无法在苏州基层社会成功推动改革，导致旧制度、旧惯行仍然持续存在呢？这乃是我们必须再次进行考察的问题，而考察这个问题的时候，我们必须针对乡役的实际状态以及他们在基层社会所发挥的作用，再次进行检讨。

在王朝体制的这个方面，国家往往顽固地否认自己与人民之间存在着种种势力。实际上，历代王朝其实就是靠着这些势力，才得以进行对于人民的支配，即使如此，国家的这个原则依然没有发生变化，或是国家不愿改变这个原则。因此，如果以清代为例，对于乡绅、生员、胥吏、衙役等，诸如此类"借由私人力量来支配"人民的这些势力，国家往往将他们的行动批评为"假公济私"，或是"蠹国剥民"，认为这些是"不应该存在的行为""必须矫正的行为"。并且，在这个延伸线上，将王朝国家难以直接进行支配的基层社会之管理者，也就是乡役，贴上恶棍的标签。

即使是王朝崩坏，进入民国以后，只要国家的支配构造未发生动摇的话，这个观念往往会持续存在着。由于乡役并非国家公认的职业，也无明确的报酬，导致了人们对于乡役，往往抱持着违法，甚至是贪财的印象，无形中，也在乡民之间，出现了乡役"如蛇蝎一般令人厌恶，如虎狼一般令人恐惧"的虚像。

不过，正如"白马非马"所言，"恶地保"非"地保"，"恶经造"也非"经造"。透过以上的新闻报纸与采访调查所浮现出来的乡役之实像与其说是"恶棍"，其实比较接近在基层社会为了地域住民尽心尽力的"义工"，这也和从前笔者对于清代的乡役进行考察后，所归纳出来的形象较为接近。

当然，乡役当中也有不少人滥用自身职权，从事不法行为。虽说"将少数人的特异行为视为是整体形象"的现象不时发生，但是，这些特异行为绝非是乡役整体的属性。而是代表着乡役在传统的国家构造当中，对于国家和基层社会的乡民们而言，都是不可或缺的存在，就这个意义来看，他们绝非是容易斩除的存在。

尽管在制度方面，国家认为必须针对乡役的"弊害"，进行改革，但是他们仍然存在于制度当中，只要部分人士认为他们仍有些许价值的话，即使形式上进行了改革，但是，实质上，还是毫无任何变化，并且持续存在着。透过近代苏州乡役制度的相关考察，我们清楚地看见了这个真理。

另外，在近代中国基层社会的相关研究当中，已有一些以"华北乡役"为题目的论文。① 其中，值得注意的是，美国学者杜赞奇所提倡的"国家政权的内卷化"（state involution）概念。他用这个概念来说明20世纪前半期中国国家政权的扩张及其现代化过程，指出"在政权内卷化的过程中，如同赢利型国家经纪一样，政权的正式机构与非正式机构同步增长。尽管正式的国家政权可以依靠非正式机构来推行自己的政策，但它无法控制这些机构。在内卷化的国家政权增长过程中，乡村社会中的非正式团体代替过去的乡级政权组织成为一支不可控制的力量"②。

不过，如上概观苏州乡役的样态时，关于杜赞奇的这个概念是否可以完全适用于江南基层社会，不免有所疑问。从上述苏州乡役的实际状态来

---

① Philip C. C. Huang（黄宗智），*The Peasant Economy and Social Change in North China*, Stanford, California: Stanford University Press, 1985.

② Prasenjit Duara（杜赞奇），*Culture, Power and the State: Rural North China, 1900–1942*, Stanford, California: Stanford University Press, 1988, p. 74.

看，他们究竟是不是"赢利型国家经纪"呢？

近代中国的苏州乡役肯定是"国家经纪"（state brokerage）。不过，他们还有两种侧面"徭役和职业"，也就是说，一边保有为国家服务的侧面，一边保有为社会服务的特性侧面。虽然杜赞奇提出"国家经纪"有两种类型——赢利型经纪和保护型经纪，但是在苏州乡役所示的范围内，即使是20世纪40年代也无法如此截然划分为二。并且据我个人看来，杜赞奇所据的主要资料，即南满洲铁道株式会社调查部根据1940—1942年间调查编成的《中国农村惯行调查》[1]，其中所载的华北乡役实际状态也和苏州乡役，有许多类似之处。比较两者的特性，是接下来的课题。

---

[1] 中国农村惯行调查会编：《中国农村惯行调查》6册，岩波书店1952—1958年版（1981年复刊）。

民国时期城市职业群体与慈善

蔡勤禹
（中国海洋大学中国社会史研究所）

摘要： 民国时期职业群体众多，但对于慈善事业来说，有三类职业群体对慈善的组织和发展影响较大：工商界人数多，实力大，参与社会公共事务意愿强烈，在各地慈善机构中发挥主力和骨干作用；一些卸职公务人员热心慈善，他们利用任职期间建立起来的声望和社会影响力在一些地方慈善事业中发挥着领导和组织作用；文化知识界依靠其所掌握的新的社会理论和方法研究社会问题，为慈善事业提供学理支撑。不同职业群体对慈善影响有别，众多群体的共同努力，推动着民国慈善发展。

关键词： 民国时期　职业群体　慈善　工商业者　卸职官员　知识群体

在中国传统社会里，慈善主要由绅士集团为主，重在本乡本土进行救助。近代以来随着中国现代化的启动和发展，都市逐渐发展壮大起来并代替传统的市镇成为慈善活动中心，职业分化和新职业群体涌现使传统的士农工商的职业划分和职业位次已经不能反映新的社会变化，以士绅为领导主体的传统慈善力量逐渐被以工、商、政、学为代表新兴社会力量所代替，这些新兴社会阶层参与社会公共事务能力增强，成为民国时期慈善事业发展的中坚力量。城市成为近代慈善事业重心，城市中的工、商、政、学等职业群体的身份和地位以及经济基础决定着他们更希望社会的稳定和有序发展，慈善成为他们关注和热衷参与的领域，他们的参与和贡献大小

---

① 项目来源：青岛市社会科学规划研究项目："青岛社会救济史（1897—1949）"（QDSKL1901001）。

决定着慈善组织兴衰。鉴于此，本文以上述群体在民国时期慈善事业作用进行分析，探讨不同职业对慈善事业影响之差异。

一 工商群体走进慈善中心

近代以来随着工商业发展和社会观念转变，工商业者从传统的"四民之末"日益走向社会中心而跃为"四民之首"，他们社会地位提升使他们在社会诸多领域，诸如禁毒禁烟、义卖筹赈、乡村建设、文化教育等领域都有他们活跃的身影。在慈善领域，他们是最活跃的群体之一，他们不仅是许多城市的慈善组织创始人和组织者，还是主要的管理者和捐赠者，他们与其他热心慈善的人士一起，推动着民国慈善事业发展。1937 年世界红卍字会向社会部报送的相关登记资料统计，在有据可查的 300 多名会员中，商人 139 人，占 42.7%；政府公务人员 82 人，占 25.2%；学校校长和教师 25 人，占 7.6%；在地方从事慈善事业者 25 人，占 7.6%；军人 23 人，占 7%；地方议员 9 人，占 2.7%；医药人员 6 人，占 1.8%；地方士绅 6 人，占 1.8%；另有和尚 1 人、道士 1 人、孔庙奉祀官 1 人（河南滑县）。[①]工商业者的力量增强与士绅的没落从上述统计的数字中可以一目了然，工、商、政、学成为最热心慈善者。关于民国时期城市工商业者与慈善之间关系，有学者曾整理了一份《民国时期上海的慈善团体统计（1930 年前后）》（见表 1）。

表 1   1927 年上海慈善团体联合会主要成员职业一览表

姓名	职务	职业或从业经历
王一亭	委员长	大达轮埠公司
黄涵之	副委员长	公益局局长
王晓籁	常委委员	大来号负责人，经营丝茶商业
陆伯鸿	常务委员	华商电器公司经理
顾馨一	常委委员	申大面粉公司、立达面粉公司经理
姚子让	执行委员	前上海市议会议长
王彦彬	执行委员	上海市商会常委委员

[①] 宋光宇：《民国初年中国宗教团体的社会慈善事业——以世界红卍字会为例》，台北《文史哲学报》1997 年第 46 期。

续表

姓名	职务	职业或从业经历
陈良玉	执行委员	上海卷烟同业公会会长、万昌号烟号总经理
王骏生	执行委员	万三号经理
项如松	执行委员	万金公会会长、洋货商业公会代表、老顾计五金经理

汪华：《慈惠与规控——近代上海的社会保障与官民互动》，上海书店出版社2013年版，第220页。

表1显示，上海慈善团体联合会所属各善堂会所的负责人身份大半以上都是商人。其中，上海慈善团体联合会主要职员以及联合会中注明团体名称与负责人身份的29个慈善团体，负责人为工商界人士的就有21人之多，占72%。上海工商业发达与上海慈善事业走在全国前列成正向关系，上海形成了慈善网络化和规模化，涌现了一大批引领民国慈善的风云人物。王一亭担任主持的慈善团体共有18个[1]，若加上任职的慈善团体，数量至少有27家之多，其为慈善事业累计捐募总数超过1亿元，有时一些慈善组织"无可筹措际，先生常出其所作书画，集巨款，而以嘉惠公益慈善事业"[2]。徐乾麟"半生事业基慈善"，一生或担任会长或院长或所长或董事的慈善公益团体达40多个，一生精力贡献于慈善事业，功绩昭著，被誉为"海上耆英第一流"[3]。虞洽卿"热心公益，遐迩景从"，在上海参与创办的慈善组织有几十个。[4] 可以说，上海被公认为中国近代慈善事业中心，这一地位的形成离不开上海工商业崛起和工商业者队伍的壮大及其对慈善的热心参与。

在中国北方，天津作为重要的工商业城市，自民国建立后工商业得到较大发展。1929年天津有民族工业2191家，资本总额3173.3万元，形成了以纺织、化工和食品工业为主体的工业体系。同时，外资工业尤其是日资企业迅速膨胀，据初步统计，1937年有外资工业企业217家，资本总额11117.9万元。1925年天津商店总数增加到15456户，1928年有中外商店

---

[1] 张礼恒摘编：《民国时期上海的慈善团体统计（1930年前后）》，《民国档案》1996年第3期。
[2] 溪南：《记白龙山人王一亭》，《申报》1938年11月15日。
[3] 陆志青：《代友寿徐乾麟八十》，《江浙同乡会三周纪念刊》，1941年版，第40、43页。
[4] 孙筹成：《悼虞洽卿先生》，《商业周报》1946年第7期。

和公司 25448 家,到 1936 年前后商店数量增加到 31600 余户。① 天津成为名副其实的华北区域经济中心。随着工商业发达,天津涌现了一批知名工商业人士,他们怀着社会责任感,积极参与慈善事业,比如天津市慈善联合会作为联合各界善士的团体,其核心成员有多人来自工商界,副委员长王晓岩、赵聘卿是天津市商会执委;慈善联合会中常委委员纪仲石、卞白眉是商会领导层人员,在委员中数量最多的也是工商界人士。② 作为天津钱业公会主席的王晓岩同时还担任天津市慈善事业委员会副会长等多项慈善职务。天津红十字会交际股员王兰亭,是天津市商会执行委员。天津市商会执行委员王春熙同时任长芦育婴堂董事、天津市地方协会劝募委员会委员。曾任天津商会会董、商会监察委员的徐懋岩,历任天津教养院董事。③ 著名的"李善人"家族,他们从清代开始经营盐业,李文照和李春城兄弟两人成功致富后,就开始在天津举办寄生所、保贞所、御寒社、义塾和保生所等慈善机构,清政府赠予李春城"李善人"称号。④ "李善人"家族第二代李士铭除了继承并经管其家族的慈善机构外,还参与到清末赈灾事务中。到第三代李宝諴时,继续光耀李家善名,参与组织了很多慈善机构,发起组织中国慈善会,是天津红十字会、备济社、积善社、直隶临时兵灾救济会、天津急赈会等组织的襄理或董事,是天津市救济事业联合委员会的常委、明德慈济会的名誉会长、华洋义赈会的干事、天津教养院常务董事等。⑤ 上述人士是天津地方精英行善代表,在他们的影响和带动下许多工商业者加入慈善行列,推动着民国时期天津慈善事业的发展。

　　沿海城市慈善事业发展离不开工商业者推动,内陆城市也同样如此。成都作为西南地区重要的经济中心,慈善事业也相对发达。1920—1940 年间先后出现过 100 个慈善团体。⑥ 这些慈善团体,有的是从传统的善会和善堂演变而来,有的是新立者。其中最著名的中西人士合组的成都中西组

---

① 张利民、周俊旗、许檀、汪寿松:《近代环渤海地区经济与社会研究》,天津社会科学院出版社 2003 年版,第 385 页。
② 《天津市慈善事业委员会各委员名单》,《天津商会档案汇编(1928—1937)》(下),天津人民出版社 1996 年版,第 2314 页。
③ 任云兰:《近代天津的慈善与社会救济》,天津人民出版社 2007 年版,第 212 页。
④ 《天津卫八大家之一,"李善人"家族捐私人花园》,中国网,2016 年 2 月 3 日。
⑤ 任云兰:《地方精英与慈善事业:近代天津的个案研究》,天津古籍出版社 2008 年版,第 365 页。
⑥ 谭绿英:《民国中期成都慈善事业发展及变化》,《中华文化论坛》2009 年第 2 期。

合慈善会，成立于 1921 年，其办事机构董事会，担任过董事的，商界 3 人，政界 3 人，文教界 2 人，宗教界 9 人，以及一身兼几任者 12 人（兼在宗教、文教界者 10 人，兼商、政、军界 1 人，兼政、文教、宗教界者 1 人）。① 虽然该组织是一个宗教性慈善组织，但可以看到工、商、政、文教等职业人士在其中所占比例大，他们社会地位和文化素养决定和影响了组织的发展。

云南丽江是古代茶马古道上的一个重要驿站，近代以后更成为滇藏贸易中转站，贸易发达，从商者多。当地的工商业者富而不忘施济众生，达记商号经理李达三在丽江县立中学成立时，捐出 196 亩农田，作为县中的办学基金。② 1944 年省立丽江中学因经费短缺停办附小，300 余个学生面临失学，裕和号店主牛文伯主动承担了所有的办学费用，并捐资兴建了两个教室及一个办公室，补充了教桌文具。民国政府颁给牛文伯"嘉惠青莪"的匾额，以示表彰。③ 丽日升经理余仲斌，捐赠丽江省立中学、县立中学、县图书馆"万有文库"内各类图书共达 10 余万册。④ 鉴于丽江无幼儿教育机构，仁和昌驻昆明分号经理杨超然拿出毕生积蓄，在仁和昌总经理和丽日升经理支持下，于 1943 年建成师资雄厚、设备齐全的滇西第一园——黄山幼稚园。1948 年，根据国民政府教育部的考察评估，该园的教学水平跻身全国先进行列。⑤ 为了提高喜洲地区小学的师资力量，永昌商人严燮成出资于 1941 年秋成立大理县立喜洲师范学校，招收三年制中等师范生，全部费用由严燮成先生提供。⑥ 此类事例，在城市中比比皆是，它表明了工商业者在城市慈善组织事业发展中发挥着重要作用。

通过对沿海与内陆几个城市考察，可以看到工商业者通过创办慈善组织、参与慈善团体管理、捐赠善款或者通过设立慈善设施等方式，主动参与慈善事业，并以其影响力带动其他工商人士和社会公众参与慈善，推动着民国慈善事业发展。关于工商业者的慈善动因，在传统观念中一般认为

---

① 谭绿英：《民国时期基督教在华慈善事业——以成都中西组合慈善会为例（1920—1940）》，《宗教学研究》2003 年第 1 期。

② 杨俊生：《李达三先生事略》，《丽江志苑》第 7 期，转引自周智生《商人与近代中国西南边疆社会——以滇西北为中心》，中国社会科学出版社 2006 年版，第 186 页。

③ 郭大烈主编：《中国民族大辞典·纳西族卷》，广西人民出版社 2004 年版，第 288 页。

④ 余钟尧：《余仲斌先生事略》，《丽江志苑》1990 年第 7 期。

⑤ 张永林：《丽江黄山幼稚园》，《丽江志苑》1988 年第 3 期。

⑥ 李正清：《大理喜洲文化史考》，云南民族出版社 1998 年版，第 559 页。

工商业者重利轻义，对于经济利益的追求远超其对社会慈善事业的投入。事实上，民国时期工商业者慈善动因是复杂的，非一两个因素所能概括。笔者曾撰文进行分析，认为工商业者从事慈善，有的出于国家和民族大义而行善，有的出于社会责任或为扬名留史而行善，有的受宗教影响而相信善恶报应而行善，有的出于经济目的而行善。① 他们行善不是受到一个因素而是多种因素影响，无论出于何种原因行善，行善本身存在及其影响和带动了更多群体参与慈善，使他们成为民国慈善的主角之一。

二 卸职公务人员在慈善领域发挥重要作用

公务人员是代表国家管理公共事务的行政人员，他们参与官方救济事业，有的身居要职，或被聘为官办救济组织的名誉会长，或列为董事、理事等，既可以显示政府关注民生的一面，也可以提升官员和政府形象。公务人员在职期间是不能担任民间自发组织的慈善团体职务的，否则就会出现公权私用的现象，对于慈善组织之间平等竞争是不利的。但是，他们卸职后一些人会投身到慈善领域，通过自己多年从政形成的社会影响力与建立的社会关系网络，为慈善事业出谋划策，寻求社会支持，熊希龄、朱庆澜、黄涵之、尹昌龄等一批人物就属于此类。他们都曾有过从政的经历和较多的人脉关系，他们自身拥有的声望使他们社会责任感和对社会稳定的需求愿望更强烈，对于慈善这一"安全阀"与"稳定器"的投入也积极。

熊希龄是民国时期最著名的慈善家，他曾担任北洋政府总理，1917年逐渐离开政坛后，便开始从事慈善、救灾和教育工作，一生创办的慈善团体并担任职务的近20个。② 他在这些组织中或作为发起人或主要参与者，或担任会长或院长。特别值得一书的是，1931年底其夫人朱其慧去世后，熊希龄"深感家产私有观念甚属无谓"，于1932年10月15日，邀请亲友54人组成董事会，决议将全部家产捐献出来由董事会负责管理。董事会接收了熊希龄捐献的全部家产，总计大洋275277.14元，白银6.2万，设立"熊朱义助儿童幸福基金社"，设总社于北京熊希龄住宅，在其家乡湖南芷江县熊公馆设立分社。根据熊希龄的提议，用所捐基金在北京、天津和湖

---

① 蔡勤禹：《民国时期工商业者慈善动因论析》，《东方论坛》2017年第5期。
② 周秋光：《熊希龄传》，百花文艺出版社2006年版，第557—561页。

南,以纪念父母双亲、夫人朱其惠和恩师朱其懿,共开办 12 项慈幼事业。① 熊希龄后半生全身心地投入慈善事业,其最大贡献是 1917 年创办香山慈幼院,亲自担任院长。作为一所专为收养孤贫儿童的永久性慈善教育机构,其宗旨是"教养孤贫失学之男女儿童,使有适当之智能、道德,俾可谋生于社会"。② 为此,熊希龄为该院确定了"以农业教育为本位""以乡村教育为本位""以回报和服务社会为本位"的三个本位的教育方针③,并推行学校、家庭与社会"三合一"的教育体制,使该院成为慈善教育的典范。该院存在 30 年中,先后教养孤儿达 6000 余名,并且培养出一批有益于社会的人才。熊希龄以一个离职官员的身份,创办众多慈善组织,并将自己家财献给慈善事业,体现了一个具有强烈社会责任感的社会名流在动荡年代里,救济苦难众生的博爱之心。

事实上,在民国慈善舞台上,像熊希龄这样的卸职而做慈善的官员还有很多。比如在慈善救灾领域有一位名气和成绩都很大的人物——朱庆澜,他曾任黑龙江省民政长、广东省长。1925 年后,他退出了政治舞台,迁居天津。④ 此后,他献身于慈善事业。1926 年,他在天津组织华北慈善联合会,通过在华北、东北各慈善团体募捐,先后购粮 18 万担,用以救济冀鲁豫和平津两市旱灾灾民。1928 年至 1930 年,华北、西北大旱,他筹组成立统一的筹赈机构西北赈灾募款委员会并任副会长。⑤ 他联合东北慈善团体及华洋义赈会、佛教会等组织,倡"三元救一命"之义举,进行大规模劝募活动,募集善款总计百万元以上,粮食 16 万担以上。他亲押赈粮入陕西开展救济,在灾区设立粥厂 10 余处,每日就食者多达 4 万余人。⑥ 由于他在救灾方面的经验和形成的良好的人脉关系和社会影响,1931 年夏天江淮流域大水灾后,在国民政府救济水灾救济委员会多次邀请和慈善团体的恳切希望下,他担任国民政府救济水灾委员会灾区工作组主任,下设急赈、工赈、农赈、视察、运储五处,工赈管理局 18 处,几乎承担了全部

---

① 吴廷燮编纂:《北京市志稿——民政志》卷五,赈济四,北京燕山出版社 1989 年版,第 175—176 页。
② 李中伦:《香山慈幼院四周年概况》,《中华教育界》1925 年第 14 卷第 9 期。
③ 周秋光:《熊希龄传》,湖南师范大学出版社 1996 年版,第 594—595 页。
④ 费永军:《朱庆澜慈善事业研究》,硕士学位论文,湖南师范大学,2014 年,第 6—12 页。
⑤ 《救济西北灾民》,《申报》1930 年 3 月 17 日。
⑥ 上海宗教志编纂委员会编:《上海宗教志》,上海社会科学院出版社 2001 年版,第 661 页。

救济工作。他深入灾区，查勘灾情，制定灾区工作方针计划，提出"救命为先，仍不以救命为止境，须标本兼施，培养人民元气，增进生产能力。急赈之后，继以工赈、农赈"①。在他领导下，工作组与地方政府通力合作，有效地开展各项赈济活动，在洪水消退后又主持以工代赈，许多被洪水冲毁的设施得以修缮。②全面抗日战争爆发后，他负责整个西北地区的赈济工作，主持了黄龙山垦区，开辟了郿扶垦区，积极推行以垦代赈。朱庆澜一生主办或参与的慈善救济机构有20多个。③朱庆澜以其影响和对慈善的热心，在民国慈善史上留下了不朽功绩。时人评价他："历仕显要，从事慈善事业，造福社会，惠泽群众。"④

熊希龄和朱庆澜都属于有全国影响的慈善家，他们创办和领导的一些慈善组织具有规模大、救济区域广特点。比如，熊希龄创办的世界红卍字会，在国内外都有较大影响。他自1925年起被推举为会长，连任三届，至1937年去世，历时12年之久。还有更多的官员，其官位并不显赫，他们卸职后回到家乡，造福乡梓，为家乡慈善事业发展，贡献颇多，尹昌龄就是这样的代表。他历任陕西知县、知府、四川省内务司长，1916年被任命为四川政务厅厅长，后因"蜀中多故，昌龄不欲归随，遂逊位以去，专力慈善事业"，⑤成为成都有名的慈善家。尹昌龄为官时建立起来的身份地位为其行善奠定了良好基础，其最大的成就是对成都慈惠堂的管理与运营。慈惠堂是清朝时期出现的一个官办救济机构，1735年创办于成都华阳县，收养鳏寡孤独和残疾人中无依靠者，1923年转为民办改名慈惠堂。尹昌龄于1924年接办慈惠堂及其所属机构，并任该堂总理。1925年冬，市政公所将成都旧有慈善机关孤老院、慈惠堂、婴孩厂、育婴堂四处交归当地人士负责。他们组织成立救恤董事会，由绅商各四人组成，公推尹昌龄主其职。⑥1927年，救恤董事会改组为慈善院，1933年左右将慈善院并入慈惠堂，并向成都市政府立案，为成都市规模较大的慈善机构。尹昌龄管理慈

---

① 《朱庆澜救灾方针》，《生命》（南京）1931年第12期。
② 《灾区工作大纲，朱庆澜所发表》，《申报》1931年9月4日。
③ 费永军：《朱庆澜慈善事业研究》，硕士学位论文，湖南师范大学，2014年，第62、90页。
④ 陆树枏：《朱庆澜先生的追念》，《中央周刊》1941年第29期。
⑤ 周开庆编著：《民国四川人物传记》，台湾商务印书馆1966年版，第274—275页。
⑥ 《成都慈惠堂概况》，《四川月报》1935年第6期。

惠堂期间，主张"教尤重于养，无论是何职业，总以成好人不危害社会为主"①。对于收养的女婴，"采半工半读制，以读、写、算、织、缝、烹为施教准则"；孤寡老人多自业，如打草鞋、纺线、补洗衣服、做竹用具，盲人"亦唱道情等，以赚钱买菜或零用费"。②慈惠堂在尹昌龄苦心经营下，无论规模、收容人数及影响，在四川慈善史上是难有匹敌的。

卸职官员作为社会名流，他们沿袭了中国传统绅士的品质，卸职归乡，既可以延续其在任期间社会影响力，达到稳定社会良性发展的希望，又可以利用为官期间积累的社会资本，为慈善和社会救济事业发展发挥作用。同时，他们以自己在政商学界的人脉关系带动公众投入慈善，从而将民国时期的慈善发展为一项参与人数众多的社会事业。

三 文化与知识群体研究慈善与宣传筹款

新知识群体相对于传统的士人更善于对社会问题进行思考，他们利用近代以来从欧美传播到中国的新思想、新理论与新方法，研究社会问题，并提出解决问题的办法和对策。比如，研究灾荒成因和救荒思想与举措，如邓云特、陈高镛、黄泽仓；③以平等、权利和义务等观念启迪民众，激励社会创设更多慈善机构，如柯象峰、朱友渔、冯柳堂、王龙章、马必宁；④以演艺助赈，宣传慈善，唤起公众的群体意识和公共意识，如梅兰芳、金少山、尚小云等。他们在各自领域为慈善研究和慈善义捐等做出贡献。下面以知识和文化界的柯象峰和梅兰芳为例，来考察他们对民国慈善事业发展贡献。

柯象峰是民国时期著名的社会学家，他早年毕业于金陵大学，1930年获法国里昂大学社会学博士学位。回国后任教于金陵大学社会学系，历任教授、系主任、金陵大学教务长。1943年当选中国社会学社理事长。⑤柯

---

① 《成都慈惠堂特刊》，1928年，第27—28页。
② 《成都慈惠堂概况》，《四川月报》1935年第6期。
③ 邓云特：《中国救荒史》，商务印书馆1937年版；陈高镛：《中国历代天灾人祸表》，国立暨南大学1939年印；黄泽仓：《中国天灾问题》，商务印书馆1935年版。
④ 冯柳堂：《中国历代民食政策史》，商务印书馆1934年版；朱友渔：《中国慈善事业的精神：一项关于互助的研究》，商务印书馆2016年版；王龙章：《中国历代灾况与振济政策》，独立出版社1942年版；马必宁：《成都市慈善机关调查》，金陵女子文理学院社会学系论文，1939年版。
⑤ 庞绍堂：《关注民生——柯象峰先生的学术主旨》，《学海》2005年第2期。

象峰对民国的贫穷和社会救济问题出版了两部专著，发表若干篇文章，推动了慈善与社会救济事业向专业化和科学化方向发展。1935年，他出版《中国贫穷问题》一书，是中国社会学界首部系统研究中国贫困问题的著作。在该书中，他分析了中国贫穷原因在五个方面：一是物质因素，包括自然环境、灾害频发等；二是生物因素，包括蝗灾及病虫害、传染病蔓延、公共卫生落后等；三是政治因素，包括内乱频仍、匪患剧烈、法制不当、吏治不清等内政不修和外患日亟、丧师失地；四是经济因素，主要体现在生产、分配、交易、消费要素不健全；五是社会因素，家族制度、宗教迷信、教育缺乏、卫生恶劣、奢侈之风等。[①] 他指出防治贫穷的办法有二：一是治本，分为改善自然环境、改善人口状况和改善社会环境三个方面。二是治标，即为发展社会救济事业。救济事业虽为治标，但是诸多贫穷问题也迫切需要解决，救济必不可少。长期来看，需要以治本作基础，行救济治标之策，标本兼治，贫穷问题可解决矣。[②] 关于治标问题，他在1944年完成《社会救济》专著。该书是民国时期为数不多的研究社会救济著作，其突出贡献在于：第一，系统而深入地阐述了社会救济的理论。他分析了社会救济概念，并从社会的责任、社会连带关系与责任、传统的道德观念等方面，深入探讨了社会救济意义及必要性。第二，倡导"教养兼施"的积极救济理念。他认为："救济的目的，是要使不能生产者能得着适当的生活，使无力生产者养成生产能力，已经失去生产能力以及暂时失去生产机会者，均各得适当之救济，能培植及恢复生产能力。"[③] 第三，他认为社会救济偏重于事后矫正，有其合理性和存在必要，但是由社会救济发展为社会保险，更由社会保险发展为社会福利制度，社会保障制度日臻完善将是社会救济事业未来发展的方向。[④] 柯象峰以自己所学知识服务慈善，从研究贫穷着手，提出社会救济只是救济贫穷的一种应急方式，且带有事后补救的意味，要改变这种状况，需要建立社会安全制度，包括社会保险和社会福利，如此才能减少贫穷。他对贫穷和社会救济的理论探讨与实践总结使慈善事业发展从感性实践迈向理论行动，为民国慈善事业发展提供了理论支撑，也对未来中国慈善事业发展起着前瞻性指导作用。

---

① 柯象峰：《中国贫穷问题》，正中书局1935年版，第二编第五章至第九章。
② 柯象峰：《中国贫穷问题》，正中书局1935年版，第三编第十一、十二章。
③ 柯象峰：《贫穷问题》，商务印书馆1937年版，第134页。
④ 柯象峰：《社会救济》，正中书局1944年版，第210页。

民国还有许多知识分子像柯象峰一样投入到对社会救济与慈善事业研究中,他们的成果使慈善从一个缺乏学理支撑的善心善举变为一项社会事业,并纳入民国政府的法律和社会管理之中。还有一些文艺界人士,以自己的演艺舞台,宣传慈善,为慈善义演筹款,梅兰芳就是这样的一个代表。梅兰芳从1912年参与北京正乐育化会义务为育化小学筹款开始到1936年20年间,为赈灾济贫、助医兴学、救亡济难等各种活动,"演剧助赈百余次,捐金万计,旁及日本震灾,好施不惜"①。1937年日本侵华后,他从舞台隐退,守志不屈,保持气节,为伶界楷模。抗战胜利后,他再度出山,以自己所能,为赈灾义演。1946年,为赈济湘北以及各省灾民,宋庆龄在上海发起盛大京剧义演,梅兰芳参与并演《霸王别姬》。② 同年,为了支持宋庆龄发起筹募中国福利基金会,他与程砚秋、马连良三位艺术家在上海中国大戏院进行义演,每人各演两场,演出6天,票价从法币4000元至5万元不等。③ 1948年5月,他参加了"上海伶界联合会"和"北平国剧公会"在上海的两场义演,将全部收入接济沪、平两地戏剧界同行。他对其子梅葆琛说:"到了旧历年,我就要为他们组织一场义务戏,那就是所谓的'窝窝头'会,我总是与各班的演员联合一起亲自参加演出,把收入分发给贫穷的同行,让他们安度年关。如果我不在北平时,在外地也要专场为北平的同人们演出,然后把所得的款项全数寄回北平周济他们。"④ 梅兰芳以自己的演艺和人格魅力,在中国戏剧史上写下了光彩一页,也为中国慈善史上留下了浓墨重彩,他将艺人从传统的受歧视的卑贱形象,改善为受人尊重的职业群体。

以梅兰芳为代表的演艺界群体通过慈善义演,表达了自身的社会责任感,推动着慈善义演的持续与兴盛。同时,慈善义演作为中国近代新型的助益方式,将新的慈善观念、合群结社思想和义演剧目所表达的价值观念直接向社会各阶层扩散,改变着人们的思维方式和行为习惯,推动着社会进步与发展。

综上所述,工商业者、卸职公务人员和知识群体是对慈善事业发展影响较大者,他们以自己的影响和感召力创建和组织慈善团体,宣传和动员

---

① 李宣倜:《梅兰芳小传》,《青鹤》1934年第17期。
② 《赈济灾民义演》,《秋海棠》1946年第6期。
③ 《宋庆龄发起筹募中国福利基金会 梅、程、马单独义演!》,《秋海棠》1946年第4期。
④ 李仲明、谭秀英:《梅兰芳》,河北教育出版社2002年版,第107—109页。

社会成员参与慈善,从而影响和带动公众捐钱捐物,推动着民国慈善事业发展。同时,他们又是社会发展的中坚力量,通过慈善来协调社会阶层之间贫富差距,缓解社会矛盾与紧张,促进社会的良性发展。不可回避的问题是在参与慈善的职业群体中,真正的慈善专业人才匮乏,没有形成数量众多的慈善专业群体,普遍的做法是一般的办理慈善者,"其中人格高尚者固多,经验丰富者亦不少,惟多数人员,皆未经专门训练";慈善团体主持者"大多为年高望重之绅董,或殷商富户之'做好事者',辅佐办事者,则多为主持人员之亲戚故旧"。① 慈善专业人才缺乏,制约着民国慈善事业发展,即是在今天这个问题也普遍存在,慈善事业发展任重而道远。

---

① 陈凌云:《现代各国社会救济》,商务印书馆1936年版,第295—296页。

近代人力车业治理的理念与制度困境

马陵合

（安徽师范大学学报编辑部）

摘要：近代中国人力车业不仅存在存续与废止的纠结，也存在政府、车商与车夫之间的冲突，其间，还伴随难以定型的人力车夫救助制度。救助与废除之间的两难境地，折射出人力车业背后的社会诸多矛盾。在上海租界建立人力车夫救助制度的影响下，各地政府将对救助车夫和加强对人力车业的管理，作为两难之下的过渡性举措。抗战胜利后，南京国民政府将废除人力车作为其社会管理政策的一个重要方面，通过行政命令强制执行，但实际效果不理想。近代中国人力车业治理始终面临理念和制度的困境。

关键词：人力车　救助　取缔　理念　制度

在人力车成为历史遗迹的今天，考察此种行业时，人道主义关怀和对行业治理的省思应是我们要关注的两个视角。[1] 透过人力车夫这一特殊群体，可以剖析处于转型期的中国社会诸多问题，尤其是与城市发展有关的劳工问题、社会救助问题。人力车业不仅存在存续与废止的纠结，也存在政府、车商与车夫之间的冲突，其间，还伴随难以定型的人力车夫救助制度。因而，以人力车夫作为考察视角，它的意义是多重的。自民国初年起，要求废除人力车的呼声始终没有停息。抗战胜利后，国民政府将废除人力车作为其社会管理政策的一个重要方面，并通过行政命令强制执行，

---

[1] 近年来出现了一些有关人力车的研究成果，就研究取向而言，主要集中在几个方面：其一，对于人力车在城市公共交通中地位的评论。其二，评述人力车夫的生存状况。其三，从人力车夫这个特殊群体出发研究近代中国的劳工运动。相对而言，救助与废除一直与人力车运输这一特殊行业相伴随，相关研究并不充分。

但实际效果差强人意。本文拟从理念与制度入手,讨论近代人力车这一城市中特殊行业的治理困境。

一 城市化之痛:人力车业的多维观察

从某种意义上说,人力车是中国近代城市发展水平的标尺。[①] 由于人力车夫在城市中处于边缘阶层,就业不充分,受到市政当局、车商的管制和剥削。他们的苦难受到不同类型知识分子的关注,并通过不同形式的文献留存下来。此为我们对于人力车行业的深入认知提供了众多素材。通过不同类型的文献,可以多维度观察时人对人力车存废以及人力车夫人道关怀的纠结与无奈。

在近代,人力车夫一直是文学家笔下劳苦民众的典型类型。有学者将以老舍的《骆驼祥子》、胡适的白话诗和鲁迅的《一件小事》为代表的一大批小说、戏剧,称为"洋车夫文学"。这些人力车夫文学作品,显然受到西方人道主义的影响,作者从自己颠沛流离的人生经验出发,或写出了他们的穷苦困顿以引起社会的疗救,或写出了他们的诚朴美德以激起自己的策励。[②] 1918 年 1 月《新青年》4 卷 1 号发表的白话新诗中,就有胡适和沈尹默同以"人力车夫"为题的两首新诗。胡适在诗中用"客看车夫,忽然心中酸悲"表达自己的怜悯之心。在新文化运动时期的文学作品中,人力车夫被清晰地塑造成"被救济"者的形象。宽泛的人道主义在面对车夫生存问题时,只能坠入一种人道的悖论之中,坐与不坐,都无力救车夫于苦难。梁实秋指出,文学若出于为人力车夫抱不平,进而以此满足对劳工神圣的敬佩,其实偏离了残酷的事实。这些人"觉得人力车夫的生活可怜、可敬、可歌、可泣,于是写起诗来张口人力车夫,闭口人力车夫。普遍的同情心由人力车夫复推施及农夫、石匠、打铁的、抬轿的,以至于倚门卖笑的娼妓"[③]。梁实秋的评论似有些刻薄,但不无道理。对车夫有着生动描写的文学作品给我们展示的仅仅是"劳工神圣"的情感和一些抽象的阶级斗争意识。然而,见诸报章的评论文章和调查报告较为务实地关注与

---

① 参见拙作《人力车:近代城市化的一个标尺——以上海公共租界为考察点》,《学术月刊》2003 年第 11 期。
② 马玉红:《梁实秋人文主义人生艺术追求与实践》,民族出版社 2006 年版,第 91 页。
③ 梁实秋:《浪漫的与古典的·现代中国文学之浪漫的趋势》,《梁实秋文集》第 1 卷,鹭江出版社 2002 年版,第 44—45 页。

研究人力车制度和人力车夫生存状况，其中不乏对这种行业的理性思考，包括从理念上和制度上关切人力车行业的未来。

20世纪30年代以后，上海公共租界、法租界、上海华界、南京、杭州、青岛等地也相继进行人力车制度改革，设立了不同类型的人力车夫救助机构。这些救助机构能否改善人力车夫的生活境况是当时报章关注和讨论的问题。这些时评类的文章不仅展现了时人对人力车问题的诸多思考，同时也间接地介绍人力车制度改革和对人力车夫进行救助的实际效果。

上海等地人力车夫救济机构组织较为完善，存续时间较长，留下了一些文献资料。对于一些影响较大的人力车风潮，相关组织也专门编撰资料汇集。这类文献针对性强，且资料系统集中，不仅可以反映一些人力车风潮的原貌，而且也展现救济者对人力车问题的认知。

1913年7月1日，传教士玛达生在上海设立车夫福音会（Ricsha Miaaaion Matheson），向车夫施衣、施粥、施诊，是持续时间较长的专门救济人力车夫的民间慈善机构。它每年出版一份工作报告小册子。在上海档案馆内有其1923—1924年度、1926—1927年度、1931年度的报告。该报告书为英文本，印刷精美，每册30页左右，主要记载该会一年内善款的筹集情况及对人力车夫的救济事项统计。

上海市人力车夫互助会每年出版《上海人力车夫互助会会务报告》，有时也称统计报告，个别年份还有英文版的报告。该报告主要内容有理事会、基金保管委员会的工作报告，主要工作业绩，每年的事工统计、财务报告。这种会务报告从1934年始每年出一册，一般从上年8月至次年7月为统计年度。该报告一直出版到1942年。此后因太平洋战争爆发，停止出版。

20世纪30年代，工部局进行人力车改革，引起人力车车商反对。他们为造成舆论声势，曾两次出版宣传小册子。一本是针对1934年8月人力车风潮的《上海工部局改革人力车纠纷真相》，1934年12月印发。1936年4月，因工部局要求车行减租而引发的风潮，上海特区人力车办事处出版了《上海公共租界人力车问题》。这两本小册子虽带有明显的倾向性，但保留了相对完整系统的资料。两本书的内容主要是人力车公会特区办事处所发表的一些宣言、公告，报刊上一些评论文章的选登及相关会议的记录、电稿。

除了舆论关注，人力车问题也较早进入社会学者的视野。因人力车夫的社会影响面大，他们的生存状况首先引起一些社会学者的关注。1914—1915年间由北京社会实进会进行的对302个洋车夫的生活情况的调查应是最早的社会学者针对人力车夫所进行的实证调查。此后，1917年清华大学教授狄特莫指导学生对北京西郊的195家居民的生活费用进行了调查，其中有相当一部分是车夫家庭。1925年李景汉对北平人力车夫也进行了专门调查。①此外，还有1926年7月陶孟和等人对北京36户人力车夫家庭的调查，社会学家言心哲在20世纪20年代后期对南京1350户人力车夫家庭的调查，1930年复旦大学社会学系对上海人力车夫收入的调查，1939年伍锐麟对广州人力车夫的调查，等等。

除了学者的调查外，不少地方市政当局也进行了系统的调查。有的编成书，但较多的是发表在期刊上。这些调查主要侧重于车夫来源、营业人力车制度、租车之租金、劳动时间、营业收入、家庭人口、家庭消费支出、健康状况等情况。其中上海公共租界工部局和上海市社会局的调查最为详尽。

在学者视野中，"交通工具随人类智识文化之进步而发展"②，即交通方式间的"优胜劣汰"机制是人为选择：能满足人类社会经济发展需要或爱好的交通方式能得到生存和继续发展，而那些不符合的交通方式逐步会被淘汰。③不可否认，抗战前"人力车为现今都市重要交通工具之一种，所以人力车夫亦为维持都市交通重要之一员"④。时人认为"在新式交通设备尚未完成前，失业问题方兴未艾际，人力车亦不能遽即废止。吾人对此问题应取态度首当顾全事实，新式交通工具故应提倡，而此成千累万之人力车夫生计问题，岂容置之不顾？人力车夫多为善良人民，吾人即不誉之为神圣劳工，然较之一般游民乞丐、寄生社会以苟活匪盗之流，徒赖偷窃以生存为害国家扰乱社会治安者，又不啻天壤之别"。既如此，"吾人对此问题应具同情心理与拯救热忱，谋所妥善解决之道，此固为政府当局应尽责任，抑亦社会一般人士所当共同努力者也"⑤。

---

① 李景汉：《北京人力车夫现状的调查》，《社会学杂志》第2卷第4号，1925年4月。
② 吴琢之：《都市合理化的交通工具》，《交通月刊》第1卷第1期。
③ 刘贤腾：《交通方式竞争：论我国城市公共交通的发展》，南京大学出版社2012年版，第138页。
④ 《组织人力车夫福利会或俱乐部》(1936年)，中国第二历史档案馆藏，档号1001-1-674。
⑤ 言心哲：《南京人力车夫生活的分析》，南京国立中央大学1935年版，第70页。

无论是文学作品,还是时评,虽然体现对人力车夫这一特殊的城市边缘性群体的关切,但是,对于人力车行业的未来发展总是表现得瞻前顾后,痛切之外仍是迷茫。机械交通替代人力工具已成为历史趋势,前者暂时退缩并不能为后者提供永续保障。诚如所论,"人力车不仅在欧美各国无之,即在人力车发轫之地——东京亦渐归淘汰",即"文明进步的今日,机械如此发达,残酷劳动如拉人力车者,按理想而言根本应行废除"。① 问题之焦点在于,无论是社会舆论方面还是政府管理层面,畏惧取缔后可能引发的就业压力。在存废之间,倾向于对这一行业采取限制性的保护政策。"人力车费时多而劳工苦,欧美各国均不采用,吾国生产事业不发达,以此为调剂失业平民,原属权宜之计。"② 在城市交通近代化进程中,依靠人力的交通工具被淘汰是必然趋势,人力车的地位自然是悲惨的。"一面是人力与牲畜运输竞争的结果,一面又在抵抗机械运输的应用之中挣扎着。"无论车夫如何抗争,"机械运输依旧随时在将人力车夫抛到失业的苦海中"③。

1919年,张厚载提出救济与废止并举。"我们中国人对中国人力车夫的痛苦,竟象越人视秦人之肥瘠,漠然无动于其中,而外国人反而'借箸代筹'起来,我实在觉得渐汗无地。"他认为在管理方面应该规定年龄,限制数额,施以教育。张厚载主张废除人力车夫,认为人力车的坏处表现在:"1. 养成社会的惰性。人力车越多,坐人力车的人也越多,凡惰性的人一定不喜欢'安步当车'而一定喜欢坐人力车。2. 消耗国民的精力,拉人力车是不生产的劳动,既没有储蓄的余资,更没有改业的希望,一家人租了一个人力车,父子兄弟都靠着他吃饭,所以人力车最消耗国民有用的精力,于国家生计上,是有损而无益。3. 人道上看不过去。4. 平等上说不过去。人力车在形式上固然不平等,而精神上更不平等,他的知识思想,永远不能和一般受过教育的人平等,日本的人力车夫,还晓得democracy,中国的人力车夫虽也会说,'共和年头者平等拉',但是完全不晓得是怎样一回事。总之,人力车是……文明进化线上最大的障碍物。"他还认为发展汽车电车、多办工厂和开垦事业是废除人力车的先决问题。他不

---

① 言心哲:《南京人力车夫生活的分析》,南京国立中央大学1935年版,第1、70页。
② 《首都无轨电车计划》(1930年),中国第二历史档案馆藏,档号:1001-3-159。
③ 蔡斌咸:《从农村破产所挤出来的人力车夫问题》,《东方杂志》第32卷第16号,1935年8月16日。

否认废除人力车会使大量车夫失业,但只要做到上述两点,"虽一时暂呈纷扰,不外也便宁静。文明进化是直线上进行的,所以种种变动和阻力是应当经过的,不应当躲避的。若要躲避,便永远躲在一个圆圈里,决没有直线上的进步"。但他也承认,"管理者必定说废除人力车的主张'迂远而不切于事情',一般人也一定觉得陈义太高"。①

二 官方角色:以业内互助为折中之策

1933 年 9 月,上海公共租界工部局组成人力车务委员会(Ricsha Committee),该会的职责是"将公共租界内通行之人力车和与车有关的一切方面情形调查报告,并提出改良新现时通行人力车制度之各项建议"②。该会专门组织人力车调查委员会,派调查员三人,实地考察界内人力车夫的生活境况。1934 年 2 月 7 日,该调查委员会提交工部局董事会一份报告书。报告书中提出十六项改进人力车管理的建议。3 月 22 日,工部局召开警察交通两处联席会议,设立人力车管理委员会。7 月 1 日,人力车管理委员会根据这项提案对租界人力车业的规模做了明确的上限规定:人力车数量仍控制 1 万辆以内,车夫数量限制在 4 万人之内,每辆车平均可由 4 人拉车;车商必须到工部局重新登记;车夫须至车务处登记拍照、体检、领取执照,才能拉车,将老弱及眼力不好的车夫淘汰。同时,提出具体的改善车夫状况的意见,如规定车租降到每天小洋 8 角;为谋人力车夫生活的改善,收取互助费成立车夫互助会。③

人力车夫互助会是近代新型的救济方式,它是以提高人力车夫生活质量、解决人力车夫的急需为宗旨,而不是普通意义的施舍。它的救济既有普遍性,又有针对性。究其原因,一是它虽然不是官方性质,但通过行政力量保证资金来源的稳定和相对充裕。二是资金管理严格。该机构有相对独立的基金保管委员会。但互助会的领导层为社会上层人物控制。1935 年秋,车夫自行组织车夫协会试图强行接收互助会,结果遭到捕房弹压,30 名车夫被捕。车夫协会在互助会和工部局的要挟下解散。④ 这说明车夫尽管是该组织资金提供者,但其主体地位并不能得到保证。当时即有人指

---

① 张厚载:《人力车问题》,《新中国》1919 年第 1 期。
② 《关于人力车委员会之报告》,《上海公共租界工部局年报》,1933 年版,第 14 页。
③ 《人力车务委员会报告》,《上海公共租界工部局年报》,1934 年版,第 46 页。
④ 陈达:《我国抗日战争时期市镇工人生活》,中国劳动出版社 1993 年版,第 270 页。

出,真正可以到互助会中享受有关福利的"不足尽纳费义务者的百分之六",互助会"未能注意积极改善车夫之根本办法"。①"所谓救济车夫者,不啻为车夫加重负担而已……无异空洞之口惠而已。"②《上海产业与上海职工》③ 作者认为"互助会仍是十足官办工会"④,它长期是"外界操纵包办的官僚机构",互助会没有丝毫负起教育、组织、训练车夫的责任。⑤ 更重要的是,互助会的存在使工部局的人力车政策显得模棱两可:一方面救济车夫,维持这一特殊城市劳工群体的生存;另一方面又以消灭人力车相标榜。就此有人认为,工部局"似乎歧路徬徨,模棱两可,将何以自圆其矛盾之使命,而不致贻为德不卒之讥乎"⑥。

上海市人力车夫互助会成立之后,上海市政府也试图以之为蓝本,由官方设立人力车夫救助机构,并最终合并公共租界工部局控制的人力车夫互助会。政府方面对人力车夫问题解决的途径主要有两个:一是实行人力车公营化或逐步实现拉者有其车,避免车商的盘剥;二是组织专门的人力车夫救济组织。但是,无论解决哪个方面的问题均需要政府有严密的管理机制和稳定的经费来源。而在这两个方面,华界政府与工部局相比仍有相当差距。

1935 年 3 月,上海市平民福利事业管理委员会附设公营人力车委员会。其职责是负责公营人力车的计划、监督、财务审核、人力车夫的福利。人力车的管理由市政府主管局组织管理处负责。⑦ 1936 年,平民福利事业管理委员会曾向上海电力公司借款 155 万元,计划用其中 100 万元建筑平民住所,以 50 万元办理救济人力车夫事业,⑧ 此外,专门成立了理事

---

① 王刚:《救济上海市人力车夫计划草案》,《社会半月刊》第 1 卷第 15 期。
② 上海市特区人力车业同业公会编:《上海公共租界人力车问题》,1936 年版,第 14 页。
③ 《上海产业与上海职工》是 1938 年由中共江苏省委派员进行调查进行编写的。1939 年 7 月以远东出版社在香港印刷的名义正式出版。编者胡林阁、朱邦兴、徐声均属假名。其中"黄包车业"一节由郭剑平编写。(沈以行、姜沛南、郑庆声主编:《上海工人运动史》下,辽宁人民出版社 1996 年版,第 385 页)
④ 胡林阁、朱邦兴、徐声:《上海产业与上海职工》,远东出版社 1939 年版,第 602 页。
⑤ 胡林阁、朱邦兴、徐声:《上海产业与上海职工》,远东出版社 1939 年版,第 603 页。
⑥ 上海市人力车业同业公会编:《上海工部局改革人力车纠纷真相》(1934 年),上海市档案馆藏,档号:Q5-5-1377。
⑦ 《上海市公用局关于市办营业人力车案》(1934 年 8 月—1935 年 7 月),上海市档案馆藏,档号:Q5-2-1069。
⑧ 上海通志馆编纂:《上海市年鉴(1936 年)》,中华书局 1936 年版,第 150 页。

部，其职责之一是人力车管理，后又设人力车委员会。① 1934 年 8 月 10 日，公用局曾拟订市办人力车计划草案，约需资本 5.5 万元。② 1935 年 1 月，公用局又拟订人力车业合作社计划草案。至年月，已购置市营人力车辆，"以树市办之先声，但每月须亏耗 300 元。之后无形取消"。到 1938 年，35 辆存放在高桥仓库的公营人力车，仅剩 22 辆，其中只有 4 辆是完好的。③ 因缺乏其他制度的配套，公营人力车的努力应该是失败的。

总体而言，上海救济人力车夫政策趋于清晰，即政府基本上放弃了救济车夫的责任，同样也不将拉者有其车，人力车公营作为目标，甚至也没有像工部局那样提出逐步减租和减车计划，只是单纯地效仿互助会，通过车夫出资互助的形式建立福利会，并试图以此来合并互助会，形成统一的人力车夫救济组织。因为随后抗战的爆发，刚刚启动的救济工作即陷于夭折。

上海地方政府对人力车夫的救助，在战前得到中央的肯定，其他地方也仿效为之。1937 年 4 月，彭学沛（中政会经济专门委员会副主任委员）提出改善人力车夫生活案。④ 1937 年 4 月 23 日，中政会针对彭学沛提案，召开经济财政两委员会，"佥以人力车夫生活过于困穷，急应改善，且与观瞻有关，应建议中央政治委员会请交行政院办理"⑤。

上海市人力车夫互助会是国内第一个形式完备且针对人力车夫的救助组织。尽管批评较多，但由于它确有成效且能持续存在并不断扩大规模，引发了对人力车夫救济更多的关注和实际行动。更重要的是，这种组织形式与国民政府的劳工政策相当吻合。1934 年 9 月 27 日，中央民运会以人力车夫较一般劳工劳苦，应迅速筹设人力车夫福利会或俱乐部，改善其生活。⑥ 1935 年 1 月 6 日，实业部也函告各省市，暂缓组织人力车夫工会，

---

① 上海通志馆编纂：《上海市年鉴（1936 年）》，中华书局 1936 年版，第 152 页。
② 《上海市公用局关于市办营业人力车案》（1934 年 8 月—1935 年 7 月），上海市档案馆藏，档号：Q5-2-1069。
③ 《日伪上海特别市交通局有关高桥存放前市营人力车无人保管运回东昌路卷》（1938 年），上海市档案馆藏，档号：R54-2-8。
④ 《上海市政府有关人力车登记的文件》（1935 年 4 月—1937 年 5 月），上海市档案馆藏，档号：Q1-5-484。
⑤ 《上海市政府有关人力车登记的文件》（1935 年 4 月—1937 年 5 月），上海市档案馆藏，档号：Q1-5-484。
⑥ 王晋伯：《读人力车夫应组织工会后的感想》，《市政评论》第 3 卷第 4 期，1935 年 2 月 16 日。

先筹设人力车夫福利会或俱乐部，以谋车夫生活改善。① 在中央政府干预之下，各地开始筹备各种人力车夫福利组织。尽管它们大都在一定程度上效仿上海人力车夫互助会，但与上海人力车夫互助会比较，各地人力车夫救济组织的目标更为模糊，效果也相差很大。

1934 年，受经济不景气影响，南京市人力车营业不振。南京市政府令江南、兴华电车公司从 1934 年 7 月 16 日起规定乘客乘车最少站数为 3 站，使短途之旅客，舍公共汽车而乘人力车，聊资救济苦力。南京市人力车业公会认为此举并非根本救治办法，于是推派代表吉汉卿等数人赴市府请愿，要求减低车捐，彻底救济车夫。同时，也有市政专家指出，减轻车捐及车租是救济人力车夫的根本办法。② 但是，市政府没有接受减低车捐的要求，认为减低车捐会影响税收。③ 当时南京市政府更倾向于采用合作社形式实现拉者有其车。

1934 年 9 月，南京社会局开始筹备人力车夫合作社，社员暂定 100 人，先贷款每人购车一辆，然后从拉车收入扣除一部分归还贷款，还清该项贷款后，该车即归社员所有。④ 1935 年 4 月 28 日，南京第二区人力车夫合作社在江苏省立民众教育馆民众食堂举行成立大会，合作社员 52 人，主席是靖步坦。⑤ 6 月 2 日，南京第二区人力车夫合作社向金城银行贷款 5000 元，拟购置人力车 55 辆。⑥ 到 1936 年 10 月，南京的人力车夫合作社共发出 5 期贷款，发放车辆 60 余部，社员百余人。⑦ 但南京有人力车近 1 万辆，依赖车夫拉车生活者 4 万—5 万人。⑧ 二者比较，相去千里。

除了通过合作社实现所谓拉者有其车之外，南京市也开始建立车夫福利机构。1935 年 4 月 3 日，市政府举行第 348 次会议并决议设立人力车夫生活改进委员会。计划设置食宿所，为车夫提供廉价伙食和住宿，设立诊疗室为车夫提供免费的治疗给药，等等。其经费由南京市政府在每季车捐

---

① "国内劳工消息"，《国际劳工通讯》第 6 号，1935 年 4 月。
② 《救济人力车夫根本办法》，《中央日报》1934 年 7 月 20 日。
③ 《人力车公会请求减低车捐》，《中央日报》1934 年 7 月 26 日。
④ 《市社会局决组织人力车合作社》，《中央日报》1934 年 9 月 30 日。
⑤ "国内劳工界"，《劳工月刊》第 4 卷第 6 期，1935 年 6 月 1 日。
⑥ "国内劳工界"，《劳工月刊》第 4 卷第 7 期，1935 年 7 月 1 日。
⑦ 《南京人力车合作社扩充》，《国际劳工通讯》第 3 卷第 10 期，1936 年 10 月。
⑧ 《改善人力车夫生活》，《中央日报》1936 年 11 月 14 日。

项下拨充。①

其他城市也基本与南京相似。杭州在1935年6月成立人力车夫协助社，其宗旨是"本社以协助人力车夫俾以劳力之代价，取得车辆，达到独立生活目的"②。1936年4月，杭州市又设立人力车职工俱乐部，仿照南京改善人力车夫生活方案，下设信托、教育、管理、从事、总务五所。③

1934年10月29日，青岛市社会局为改善人力车夫生活，制定相当完整的工作方案，包括车夫登记、拉者有其车、增放车牌、管理、储蓄、合作、卫生、教育、救济九项，并期望在一年内达到车夫有其车的目的。④ 1935年8月3日，青岛市人力车俱乐部成立，为车夫免费开设国语、日语、算术、精神训练等课程，车夫颇感兴趣，尤以晚班为佳。⑤ 1936年广东省合作事业委员会设立后，计划在广州筹组"手车夫利用合作社"（广州称人力车夫为手车夫），其计划将来由合作社购置手车，低价供给社员利用。⑥ 1937年5月，广州市政府还颁布了人力车手车夫福利会简章。⑦ 广州市政府计划在车捐收入项下拨20%，建筑车夫公寓，廉价租给车夫，减轻车夫负担。⑧ 但上述措施未付诸行动。

通过以上几个主要城市的人力车夫救助状况的梳理分析可以发现，它们有两个共同特点：一是实际效果非常有限，二是将拉者有其车与车夫救济并举。就救助方式而言，它们在很大程度上受到上海人力车夫互助会的影响，但又不仅仅局限于车夫福利问题，而是试图通过合作社消灭人力车行业中的剥削制度，超越了工部局所倡导的单纯救济的范围。只是无论通过何种方式实现车夫有其车，都背离了近代中国人力车夫恶性膨胀的症结。人力车夫供过于求是城乡对立的产物，并且人力车行业自身有道德上和经济上的落后性，要做到保存与救助的两全其美只能是缘木求鱼。

与上海人力车夫互助会比较，这些城市的人力车救助机构成效甚微。

---

① 《劳工月刊》第4卷第5期，1935年5月1日；又见《昨市政会议决定设人力车夫生活改进会》，《中央日报》1935年4月4日。
② "国内劳工消息"，《国际劳工通讯》第7号，1935年7月。
③ 《杭州筹组人力车夫福利会》，《国际劳工通讯》第3卷第12期，1936年12月。
④ "国内劳工界"，《劳工月刊》第3卷第12期，1934年12月1日。
⑤ "国内劳工界"，《劳工月刊》第4卷第9期，1935年9月1日。
⑥ 《广东组织手车夫利用合作社》，《国际劳工通讯》第19号，1936年4月。
⑦ 《广州人力车夫福利会简章》，《国际劳工通讯》第4卷第6期，1937年6月。
⑧ 参见唐富满《20世纪二三十年代广州的人力车夫及其政府救助》，《中山大学研究生学刊》2005年第3期。

但是互助、合作性质的救济组织已经显现其现代社会救助的特征，也隐含通过救济与控制并举的方式渐进地废除人力车的目标，主要表现在：

第一，通过专门组织救助人力车夫这一特殊的城市贫苦群体，而不是依靠一般的救济组织。时人下面这段话应该还是客观公允的："我国以前并不是没有救济贫贱的组织，如游民习艺所，游民工厂等，可是此等慈善机构，虽对车夫们，并不加以限制或拒绝，但是要广收效果，怕还不是切实的办法。上海市人力车夫互助救济会是社会上一种特殊的组织，目的完全在使车夫在物质上精神上都有得到改善与安慰。作者希望全国热心人士，参照上海公共租界人力车夫互助会的办法，在已经有人力车夫的城市，从事人力车夫生活的改善。"[①] 事实上，互助会及其他地区所创办的各类救助明显具有社会福利的性质。互助会业务不仅包含传统慈善业所关注的弱势群体的生存问题，而且开始关注他们生活质量问题。信贷合作社、职工教育、儿童教育、娱乐卫生、平民住宅，已是社会保障体系中最高层次的保障内容，政府愈益明显地突出其在有关人力车夫社会福利事业中的主体地位。尽管效果并不如意，但足以显现其现代性。

第二，互助会是以抵御劳动风险为目的的互助组织，在制度属性、管理形式、项目设置、责任承担等方面已具备现代社会保险制度的雏形。这种互助组织是以会员的共同利益为出发点，创造了不以营利为目的、互助互济、全新的保险模式。互助会是在自利的基础上组成的群众性经济团体，从某种意义上说，每个会员既是责任者，又是受益者，每个会员享有遭遇劳动风险受助的权利，同时也承担对其他会员的责任。这种以缴费为显著特点的保险机制体现了雇员、雇主、政府三方共同承担责任的社会保险制度的基本原则。上海人力车夫互助会在一定程度上体现了上述新的社会救助原则，在社会保险机制方面开了先河。

但是，互助会本身的功效并不能掩盖其对于解决人力车问题上的不足和缺陷。这主要表现在如何通过互助会渐进消灭人力车，工部局并没有清晰的计划，相反，每次工部局提出减车或减租计划，互助会即成为攻击的对象。上海市政府和其他城市地方政府在仿效互助会过程中，也表现出对人力车夫救助方向的迷失。其中最核心的问题是对人力车的存废问题采取回避态度。如谷士杰曾提出"取消人力车起码需要十年或十五年的时间"，

---

① "读者来信"，《华年》第4卷第2期，1935年1月19日。

认为目前立即实行人力车公有相当困难。①

因而，20世纪30年代对人力车夫问题的关注，从本质上看是滞后的行业治理结构与制度和所谓文明社会形成巨大反差在经济伦理层面的反映。无论工部局、国民政府的各级官员还是专家学者，试图以拯救者的形象向车夫施救，但他们完全忽视车夫自身，回避了农民进城拉车的必然性。由此，在一片救助之声中，车夫是孤立和沉寂的。"在车主和承包商的控制下，人力车夫几乎不可能起来反抗他们的雇主。而且，在这些雇主的煽惑下，车夫们倒是经常性对当局制定的规划发起抗议。车主和承包商在这类斗争中的显著作用使得任何拉拢车夫的企图都将无果而终。"②

三　走向歧途：人力车业管理的制度困境

抗战胜利后，在对待人力车问题上国民政府放弃了战前的互助政策，以取缔人力车作为政策目标。蒋介石对此高度重视，亲自过问，多次发布手令。1945年7月1日，蒋介石手令："上年或今年初手令各省市和改制人力车为脚踏车自动车案其期限似已过期，各省市有否切实遵行一面拟令查报，一面应将阳奉阴违之主管严加处分办法详呈核。"9月13日，蒋介石再下手令："令饬研拟三年内分期完成禁止人力车具拟办法及步骤。"③ 11月2日，战时运输管理局兼局长俞飞鹏呈称，"已拟定办法由部分呈行政院核示，拟即回电院方迳予核定切实执行"④。12月3日，军事委员会复函经济部吴鼎昌，认为所拟办法"尚属可行"，并要求三年期限必须遵行，希望能指定专员负责办理，如期完成。12月12日，行政院复函称，"该办法尚属可行，拟交行政院令行各省市县切实推行"⑤。1946年1月7日，行政院决定自5月1日起通令停止人力车执照，并严禁制造人力车，"凡有手推之人力车应令所有人着即改制为脚踏包车由院通令各省市政府注意执

---

① 谷士杰：《中国的人力车夫问题（续完）》，《劳工月刊》1936年第5—6期。
② [美] 裴宜理：《上海罢工》，刘平译，江苏人民出版社2011年版，第317页。
③ 《禁止人力车并发展机踏车案》（1945年），台北"国史馆"国民政府档案，档号：1200.01/0037.01-1。
④ 《战时运输管理局兼局长俞飞鹏呈》（1945年11月2日），台北"国史馆"国民政府档案，档号：1200.01/0037.01-1。
⑤ 《军事委员会复函经济部吴鼎昌》（1945年12月3日），台北"国史馆"国民政府档案，档号：1200.01/0037.01-1。

行为要"①。

这项政策遭到各方的强烈反对,而且在舆论上也发生转向,促进人力车夫改就他业取代了对其直接救助。1946年3月5日,南京国民政府行政院正式下发《各省市人力车夫安置就业办理要点》,明确要求各地按计划、分步骤取缔人力车,要求地方政府做好人力车夫的再就业工作,"各省市得视实际情形分区分期办理,至每期应行减少人力车夫之数量须依当地经济状况及劳力供需情形决定之";对于人力车夫转业,也"应由社会主管机关会同有关单位组织委员会",共同"商定安置就业实施计划"。② 对于人力车夫而言,若废除人力车,他们的去向只有两途:一是转为三轮车夫,二是通过对其进行短期培训后进入工厂或企业。但实际状况是人力车夫转业非常艰难。1946年8月,行政院向蒋介石报告了执行中的困难。"前奉谕禁止使用人力车限期主废除一案,经拟具分期淘汰三年禁绝办法于本年秋季……现时社会困难,人力车未宜骤行废除情况,盖以逃难农民及失业工人多恃拉车为生,废除将造成失业,影响社会秩序,再现时燃料及其他交通工具两感缺乏,须赖人力车辅佐维持交通等情,兹查全国多数地方尚为特殊势力盘踞,受害地方元气未复,逃难流离者俱不能还乡,一届秋季换照实施淘汰之时,此辈失业车夫难免填于沟壑,拟请准予延期一季实施,俾可救济。"③ 原定于1946年5月1日开始实施的废除人力车计划,在启动之初就受到他们的强烈抵制。上海市参议会在审议公用局1946年4—8月工作报告时,曾表示:"现查淘汰人力车一事,中央既严令于两年内办竣,而环顾本市实际状况,似有展缓之必要。该局尤应兼筹并顾,详予研究,郑重将事。"④

1946年10月25日,上海市政府第五十二次市政会议曾议定抽签废止办法。11月1日,进行第一次抽签,抽到是4号。⑤ 此后未再进行抽签。

---

① 《行政院复函鉴核》(1945年12月12日),台北"国史馆"国民政府档案,档号:1200.01/0037.01-1。
② 《行政院通令》(1946年1月7日),台北"国史馆"国民政府档案,档号:1200.01/0037.01-1。
③ 《各省市人力车夫安置就业办理要点》,《山东省政府公报》1946年第6期(复刊)。
④ 《行政院代电》(1946年8月7日),台北"国史馆"国民政府档案,档号:1200.01/0037.01-1。
⑤ 《本市第一届参议会第一次大会对于公用局工作报告之决议案》,《上海市政府公报》第5卷第12期,1946年10月27日,第281页。

1946年7月底，重庆的人力车夫和人力车商即公开反对废除人力车。①8月初，人力车商组织集会，提出缓期取缔人力车的要求。8月，上海人力车工人拟发动游行请愿，要求南京、上海、汉口三市延期一季实施。②在各方压力下，上海市市长吴国桢致电南京："上海实行抽签淘汰车夫，失业车夫过多，足以增加社会之不安，一再函请展缓。默察现在工商各业日趋凋敝，失业工人有加无已，深感救济困难，倘操之过急，必致影响苦力生计，事态更将严重，经市政会议决本年内暂维现状，俟年底再行察酌情势拟订淘汰及积极救济方案，自明年起实行。"③ 8月23日，南京国民政府同意延期实施废除，同时也明确表示，需要有一个改造人力车为脚踏车的缓冲过程，这"对于车夫之生涯与生活并无关系"④。

其他地区也相继出台取缔人力车的举措，效果也不尽如人意。1946年1月，山东省府委员会第五十四次会议通过《山东省禁止使用人力车办法》和《人力车工人失业救济办法》。《山东省禁止使用人力车办法》包括消极办法和积极办法两个部分。除了与其他城市相同的取缔办法外，该办法在第六条还规定："省辖暨中央驻鲁各机关所属公务人员，凡有自用人力车者，自三十五年八月一日起于一个月以内尽先改乘其他交通工具或徒步，以作倡导。凡自用人力车户应负责协助车夫转业。"⑤ 救济办法包括：第一，人力车失业工人应由人力车工会随时按照规定手续举办登记。第二，人力车工会对于已登记之失业车夫应负代办申请救济及介绍转业之责。第三，政府及救济机关或公私工矿等厂所需用劳工从事修路挖河采矿及其他劳役等工作时，人力车工会应随时洽请尽先雇佣失业车夫。⑥ 但这仅仅是停留在纸面上的政策规定，未见付诸实施。

1946年3月，湖南省政府颁布《限制使用人力车实施办法》，也未对人力车工人的就业问题作任何安排。长沙豪绅谭常恺趁机私办开明汽车公

---

① 《上海公用局公告》，《上海市政府公报》第5卷第12期，1946年10月27日，第268页。
② 汤蕾：《战后汉口人力车夫的生存合力（1945—1949）》，《华中师范大学学报（人文社会科学版）》2007年第6期。
③ 《上海市政府函》（1946年8月），台北"国史馆"国民政府档案，档号：1200.01/0037.01-1。
④ 《吴国桢电》（1946年8月10日），台北"国史馆"国民政府档案，档号：1200.01/0037.01-1。
⑤ 《行政院代电》（1946年8月23日），台北"国史馆"国民政府档案，档号：1200.01/0037.01-1。
⑥ 《山东省禁止使用人力车办法》，《山东省政府公报》1946年第15期，"公牍"第16页。

司,购买汽车8辆,行驶于城内繁华区;因有利可图,又呈请长沙市政府要求增辟环城马路新线。面临失业和饥饿威胁的人力车工人闻讯,要求暂停开明公司开辟新线。经市政府调解无效,3000人力车工人乃于6月21日宣布罢工。部分人力车工人前往阻止公共汽车开行,与司机发生冲突,愤怒的人力车工人在南街口、水风井、如意街三处,捣毁汽车10辆。他们随即遭到宪兵和警察的镇压,宪兵和警察当场开枪打死人力车工人5人、重伤5人,行人亦有5人受伤。工人奋起反抗,打伤警察4人,并将被打死的工人尸体抬至开明公司,要求发给抚恤金。湖南省政府主席王东原为平息事端,拨法币300万元作为死难工人的抚恤安葬费,并允查办凶手,诱使工人复工。在人力车工人复工后,省政府授意保安司令部和第十七集团军司令部于7月2日联合发出布告,称人力车工人为"不良分子,招摇聚众,借端滋事",将人力车工人李福生、左未云、言宗廷3人逮捕。①

1946年,成都市政府也曾作出禁止使用人力车计划。但统计数据显示,直到中华人民共和国成立初期,成都人力车规模并未发生太大变化。据1946年统计,全市共有黄包车10566辆,黄包车夫2万余人,大多是农村流入城市的破产农民。1950年6月,成都市军管会公安处车辆登记,全市共有黄包车9027辆,拉车工人19153人。②

就实际状况而言,在1949年之前,废止人力车既没有完全付诸实现,同时也可以发现各地人力车的数量正在迅速减少,三轮车逐渐取代人力车。这种变化与政策本身关系并不大。

废止人力车在各地基本都是草草收场。对此,时人从伦理和经济两个角度进行了评论。舆论普遍认为,对车夫的转业和救济问题,政府缺乏相应的制度安排。这种只是单纯从人道主义立场出发的政策,只会造成几十万、上百万人走向死亡线的"新的不人道"。1946年7月29日《新湖北日报》曾有这样的评论:

> 他们对于政府取缔人力车一节,站在人道的立场讲,是赞成这个原则的,但是希望在废除以前,先要找到代替的交通工具,给他们继续的工作,不致因为人拉人的不"人道",而使他们两万多人因失业

---

① 《人力车工人失业救济办法》,《山东省政府公报》1946年第15期,"公牍"第17页。
② 雷国珍主编:《湖南党建90年》上,湖南人民出版社2011年版,第168页。

以致饿死,那才是真正的不"人道"哩!①

对于这样新的不"人道",《申报》一篇评论道出其中的困境:

> 对于人力车的取缔,在今天似乎并不是一个最适当的时间。因此,我们希望行政当局能够权且从缓办理为宜。如果必须要办,那么在取缔的时候,一切办法,务必求其平衡妥善。不可操之过急,不当罚之过严,期使这班劳苦人民的精神,不致刺激太甚。务使他们在取缔以后的吃饭问题,虽不是全部有了着落,至少一部分也有切实的解决办法。一件好政令的推行,往往带着极大的困难。这是我们所知道的。我们愿政府采取郑重稳妥的办法,以求逐渐达到这个"中国无人力车"的进步境界。②

当然也有学者基于实现经济平等的理想,对于废止人力车发出不同于战前流行的救助理念的"新思辨":

> 要知道在有阶级的社会里,没有罪恶者便没有资产,只好自己走路,而坐不起车;小罪恶者才有小资产,但也只能乘人力车,而还买不起汽车。大罪恶者才有大资产,买得起汽车,用不着坐人力车。据此看来,乘人力车者是"小不人道",乘自备汽车者是"大不人道"。必需到了经济平等的社会,人人得免费坐汽车,再也没有人力车轿,才是"真人道"。③

更有甚者,将人力车业的悖论隐喻所谓男女平等的伦理指向。就像男性转而崇拜女性不能代表真正意义的男女平等一样,补偿性去坐人力车,也非救济人力车的正道。这或许是对早期同情、救济人力车夫的反思,也表现出对废止人力车的伦理认知:

---

① 成都市地方志编纂委员会编纂:《成都市志·公安志》,四川人民出版社1999年版,第351页。
② 严昌洪:《马路上的对抗——民国时期人力车夫管理问题透视》,《湖北大学学报(哲学社会科学版)》2010年第2期。
③ 《取缔人力车平议》,《申报》1946年10月2日。

或祖若宗坐人力车的年数、次数，叫人力车夫坐在人力车上，自己或子若孙拉彼若干年若干次，才算偿还了旧债，才算对得住人力车夫的。人力车夫所要求的，只是乘客平等的待遇，决非坐乘客所拉的车；那末，我们女性所要求的，也只是男性平等的待遇，决非男性底崇拜。所以晓风崇拜女性的主张，虽然是隆情可感，却也不能不从可感中表示谢却哩。①

四 结语

抗战胜利后国民政府实施废止人力车政策，似乎是将长期以来要求废除人力车的思潮与舆论付诸实践。但是，工业化不发达导致劳动力转移的通道阻塞，缺乏消解城市相对过剩劳动人口的基础；政府机关又无力对人力车行业进行整体性变革，难以有效地形成城市公共交通的过渡形态。骆传华在一部研究劳工的专著中称："站在人道的人场上，这种工作是应当完全禁止的，不过在中国工业还没有十分发达，不能够将这批工人吸收去从事生产工作之前，只有对于人力车夫、工人赶快实行几种补救的方法。譬如各地市政当局所收月捐，应当减少，各车行的租金应当由政府规定减低，车夫年龄的限制，要普遍的切实执行，将拉车的工作当做一件救济失业的临时工作，市政当局应规定期限，以便车夫去找他种工作，满期以后即不准再拉车。"他还提出应实行人力车公有化，"禁止私人藉以谋利，使渐成政府救济车夫失业的临时工作，这都是过渡时代的治标方法"②。显然，骆传华这种退而求其次的做法在近代也无法实现。南京国民政府曾希望通过合作社、互济会、福利会的形式实现拉者有其车，将人力车夫作为一个有产阶层固定下来。这种救助人力车夫的政策只是流于形式，没有明显的效果。就总体趋势而言，因受制于城市化水平低和行业治理能力有限，近代各种类型的市政机构在人力车问题处理上存在偏向。所谓偏向是指它的最初动机在实施过程中的缺失，目标与效果间存在巨大落差。城市发展水平的制约，扭曲的城乡关系以及自身的利益动机，使政府在力图对人力车夫进行救济时，对于如何彻底解决人力车问题举棋不定，在存与废

---

① 《蔡尚思全集》第8册，上海古籍出版社2005年版，第206页。
② 《陈望道文集》第1卷，上海人民出版社1979年版，第564页。

之间摇摆游移。这就使救济要么成为一种点缀，要么成为引发诸多矛盾的导火索。车夫并不能得到真正的救助，相反，往往成为一种牺牲品。只有到了中华人民共和国成立后，通过集体所有制的方式，才完成了废止人拉人的人力车的历史任务，将其送进了历史博物馆。①

---

① 作为中国新闻史的经典作品《上海最后两辆人力车送交博物馆》（新华社上海1956年2月25日电），曾对新中国短时期内废止人力车做了这样的解释："解放后，政府在发展公共交通建设的同时，就有计划地帮助人力车工人分批转业。有些人力车工人已经被训练成为汽车驾驶员或技术工人。有的回到农村参加了农业生产。没有劳动力又没有依靠的老年工人进了养老院。63岁的老工人姜威群，拉了50多年人力车，穷得一直不能结婚，现在他正在养老院里安静地度着晚年。"[郭超人主编：《新华社优秀新闻作品选集——国内新闻选（1949—1999）》，新华出版社1999年版，第56页。]

家族与宗族

比较视野下唐宋官宦世家的个案与群体研究

王善军

（西北大学历史学院）

摘要：唐宋两朝具有较为明显的时代差异，学术界对唐代或宋代的官宦世家进行个案与群体的研究，应在相互比较中阐明其个性与共性。个案研究不仅要进行个案与个案的比较，也应对同一个个案在不同发展阶段进行比较。群体研究应关注官宦世家在不同层次上的分类，避免以偏概全，将小群体的共性误视作大群体的共性。只有将群体研究的进行建立在个案研究的基础之上，而个案研究以群体研究为指归，才能不断加深对问题的认识。

关键词：唐宋时期 官宦世家 个案研究 群体研究

近年唐宋宗族史的研究，较为明显地围绕个案与群体展开，特别是对官宦世家的研究，更是如此。由于魏晋隋唐社会阶层划分的突出特点是士族与庶族的区别，而宋代社会阶层划分的突出特点则是官户与民户的区别。因此，唐代的官宦世家，既包括传统的门阀士族，也包括成功跻身于高级官僚阶层从而能够世代仕宦的所谓新贵宗族，亦即旧士族与新士族。宋代官宦世家，则是能够利用各种社会条件而累代仕宦的宗族。学术界以往对官宦世家的个案与群体研究，尽管多是在相互比较中阐明其个性与时代特征，但近年来随着研究成果的不断积累和对问题认识的深入，比较视野有了更广泛的基础，也更为突出地体现在研究成果中。有鉴于此，对比较视野下唐宋官宦世家的个案与群体研究方法不断加强认识，无疑有助于推动官宦世家研究的深入。

一 个案的选取与比较

作为宗族史研究的重要方法,个案研究不但可以深入认识宗族内部的各种关系,而且可以深入认识宗族与社会的关系。学术界从个案角度对唐宋时期的官宦世家进行登堂入室的观察与分析,已走过了相当长的一段历程,积累了一定数量的相关研究成果。由于个案研究容易"见树木"而不易"见森林",如果在选取个案时不能进行充分比较,或在对个案进行分析时疏于各种比较,则必定为人诟病。

个案研究首先要做的就是个案选取,也就是要在众多的个案中进行比较,选取最有学术研究价值的对象。一些社会影响比较突出的官宦世家,不但当今学者会在比较中发现其价值,而且古人也早已作了比较、概述甚至排序。北宋人欧阳修、宋祁所撰《新唐书》,在正史中独创《宰相世系表》,收入唐代宰相凡98姓之世系。著名的官宦世家,几乎全部在录。其中不少官宦世家,"或父子相继居相位,或累数世而屡显,或终唐之世不绝"[1]。迄今关于唐代官宦世家的个案研究,多在此范围之内。南宋人王明清也曾列举了宋代著名官宦世家的字辈关系,包括真定韩氏、相州韩氏、东莱吕氏、河内向氏、两浙钱氏、真定曹氏、亳州高氏、澶州晁氏、濮州李家、看楼李家、念佛桥李氏、金水门陈氏、三槐王氏、青州王氏、太子巷王氏、九院王氏、侍中家张氏、厢后坊贾氏、宣明坊宋氏、安州宋氏、泉州曾氏、南丰曾氏、赣州曾氏、盐泉苏氏、同安苏氏、眉山苏氏、华阳范氏、苏州范氏以及莆田之蔡、白沙之萧、毗陵之胡、会稽之石、番阳之陈、新安之汪、吴兴之沈、龙泉州之鲍等[2]。这些个案,在当代宋史学者的研究成果中,几乎全可找到专门的论文或专著。

个案的选取应以在某些方面具有代表性为标准,但要想在各个方面均有代表性,则难度极大。因此,不能认为每个个案均能全面代表相关群体。如果个案的选取过于随意,不惧"碎片化",发现一个个案就视作研究对象,无疑会降低个案研究的学术价值,事倍功半。有鉴于此,选取个案,不但应在比较中确定,而且应主要以在某些方面具有代表性为标准。

---

[1] （宋）欧阳修、宋祁:《新唐书》卷七一《宰相世系表》,中华书局1975年版,第2179页。
[2] （宋）王明清:《挥麈录》前录卷二《本朝族望之盛》,上海书店出版社2001年版,第15—16页。

在具体的研究过程中，一方面应适当地进行超越个案的概括，即概括个案官宦世家所体现的同类群体的普遍性；另一方面也应尽量在个案中进行概括，即概括个案官宦世家所体现的本身独有的特殊性。若做系列个案探索，作为研究对象的不同个案，还需要具有一定程度的多样性。

有些个案比较相似，或同一个案已有较多研究成果，研究价值会不断递减，甚至题无剩义。研究者选取的个案如果与前人研究对象相近，即使是不同的个案，但其研究价值也已被削弱。在近年日益增多的研究成果中，我们还时常见到一些研究个案完全相同，内容、观点亦无重大突破的论著发表。一些著名的官宦世家，尤其受到学者的关注，甚至出现多部相关著作。如隋唐时期的博陵与清河崔氏、京兆韦氏、河东裴氏，两宋时期的澶州晁氏、东莱吕氏、吴越钱氏等个案，相关论著连篇累牍，有的个案甚至仅学术专著就达多部。这类现象，的确值得我们认真反思。

比较视野下的个案研究，不仅是指个案与个案的比较，也包括对同一个个案在不同发展阶段的比较。就学术界的研究成果来看，官宦世家的个案研究多是就断代论断代，或论唐代的某个宗族，或论宋代的某个宗族，即使跨代，也多就魏晋隋唐立论，这实际上仅是与学者的断代研究习惯相一致。而唐宋时期官宦世家的跨代发展，即从唐到五代再到宋代的发展，对于认识中国古代的社会变迁，无疑具有重要意义。遗憾的是，学术界现有研究成果还较少论及由唐及宋的官宦世家。仅见的个案成果，主要是姜士彬《世家大族的没落——唐末宋初的赵郡李氏》[1] 探讨李氏宗族的跨代演变；游彪《由唐入宋：从钜鹿到婺源的魏氏家族》[2] 对魏氏的迁徙和跨代发展进行分析；周扬波《从士族到绅族——唐以后吴兴沈氏宗族的变迁》[3] 考述吴兴沈氏宗族历经唐代、五代、宋元直至明清的发展演变。这类研究，在具体的考察过程中，多能结合唐宋社会的发展变迁情况，来揭示官宦世家的时代递嬗，无疑今后应继续加强。

历史研究中的个案研究，尽管有可能出现一定程度的偏颇，但共性存

---

[1] Johnson David, "The Last Years of a Great Clan: The Li Family of Chao Chun in the Late T'ang and Early Sung", *Harverd Journal of Asiatic Studies 37*, No. 1（1977），见 Authur F. Wright 等著《唐史论文选集》，陶晋生等译，台北幼狮文化事业公司1990年版，第231—339页。

[2] 北京大学中国古代史研究中心编：《邓广铭教授百年诞辰纪念论文集》，中华书局2008年版，第620—630页。

[3] 周扬波：《从士族到绅族——唐以后吴兴沈氏宗族的变迁》，浙江大学出版社2009年版。

在于个性之中，其学术价值是无可替代的。只要充分注意个案研究的方式和方法，在选取和分析个案时充分进行比较，自然会有利于深入认识官宦世家的各种面相与社会变迁。

二 群体的分类与比较

官宦世家是宗族群体中的一种类型，但在官宦世家群体中，又有若干不同的类型。这是因为，社会群体可以划分出若干层次，每一层次又可进行若干分类。处在不同层次上的群体类型，是不能同等看待的；只有处在同一层次上的群体类型，才可以对其异同进行比较。不过，由于宗族所具有的综合性社会特点，要想按单一标准进行层次和类型划分，绝非易事。因此，人们对宗族各层次、各类型群体的称谓，往往相互交叉或包含，很难泾渭分明。在中国历史上，对于官宦世家的称呼，不但不同时期有别，即使是同一时期，也是多种多样的。毛汉光在研究魏晋隋唐门阀士族时，曾从文献中检索出与这一社会群体有关的称呼多达27个：高门、门户、门地、门第、门望、膏腴、膏粱、甲族、华侨、贵游、势族、势家、贵势、世家、世胄、门胄、金张世族、世族、著姓、右姓、门阀、阀阅、名族、高族、高门大族、士流、士族。[①] 这说明，在门阀盛行甚至作为王朝法定制度的情况下，有关的称谓就是丰富多彩的。对于宋代社会中累世官宦的宗族，文献中的称谓同样繁多。宋人所使用的故家、故家大族、世家、望族、世家大族、大家世族、大家故族、故族大家、士族、仕族、世族、名族、显族、世臣、世臣大家、令族、大族、大家、大姓、显姓、冠姓、势家、巨室、巨族、势家巨室、豪家大姓、华宗茂族、名门华阀、衣冠家、衣冠大族、世禄之家、阀阅之家等概念，或者较为明确地是指官宦世家，或者与这一社会群体有着密切的联系。

尽管上述每一个概念的外延并非均有法律意义上的固定范围，使用者所指称的群体范围往往需要根据其所处语境来确定，但古人使用众多概念来指称官宦世家的情况，实际已蕴含了对社会群体的分类意识。不过，一方面因分类的标准并不统一，故造成所指称群体的相互交叉，颇显复杂；另一方面也由于有些概念本来就是同义词，故秉笔者使用起来较为随意。还应注意的情况是，在语言变迁的过程中，同一词汇的含义也可能发生较

---

① 毛汉光：《中国中古社会史论》，上海书店出版社2002年版，第141页。

大的变化。如"士族"一词,唐宋即有所不同。在唐代,士族无疑是有明确范围的概念。无论是旧士族还是新士族,他们皆必须符合明确的标准。而延及宋代,人们对这一词汇的含义就无法达成统一的认识。宋哲宗时曾在关于宗室婚姻问题的诏令中使用士族一词,当时人就对其具体含义发出了疑问:"体问宗正司条制,虽言祖免亲不得与非士族之家为婚,然不知如何遂为士族?"① 当今学者对这一概念的使用,亦不无分歧。黄宽重《宋代的家族与社会》② 一书"有时将宋代家族的主角称为'名门望族',简称'名族',更多地则将其称为'士人家族',简称'士族'。陶晋生先生也这样简称,他在《北宋士族——家族·婚姻·生活》一书中说:'最常见关于士人家族的称呼是"士族"。'这一简称虽然在宋代的史料中可以找到某些依据,但容易引起误解,以致将质的规定性大不相同的魏晋士族和宋代士族混为一谈。"③ 当然,如果用"士族"一词来指称宋代世代仕宦的宗族,也同样可在史料中找到根据。正因为历史文献中概念含义的复杂性特征,所以研究此类问题时,要确定一个像现代自然科学概念一样的学术概念,几无可能。不过,也有些称谓,在不同历史时期的变化并不是很大。相对而言,这类称谓为我们今天的跨代使用提供了方便。如"世家"一词,先秦时期已被广泛使用,意为"世世有禄秩家"④,后世一般理解为三世及其以上的仕宦之家。陈傅良所撰写的敕文曾说:"有以文墨论议,绵及三叶,是谓世臣。"⑤ 陈傅良只涉及文臣之家,事实上各类"绵及三叶"的仕宦之家,皆可谓之世臣、世家。而仅延续两代的仕宦之家,也不乏被称为世家的事例。但就宗族势力的状况来看,两代仕宦尚难以充分发展。有鉴于此,研究者多以是否三世仕宦作为鉴别官宦世家与普通官户的主要标准,应是比较符合历史实际的。

官宦世家群体既然可以在不同层次上进行分类,研究者就应避免以偏概全,将小群体的共性误视作大群体的共性。曾有学者研究宋代的官宦世家,认为科举是宋代官宦世家的共性。事实上,科举可说是诗书类官宦世

---

① 赵汝愚编:《宋朝诸臣奏议》卷三三彭汝砺《上哲宗乞详定祖免亲婚姻条贯》,上海古籍出版社1999年版,第327页。
② 黄宽重:《宋代的家族与社会》,台北东大图书股份有限公司2006年版。
③ 张邦炜:《黄宽重〈宋代的家族与社会〉读后》,《历史研究》2007年第2期。
④ (汉)司马迁:《史记》卷三〇《平准书》,中华书局2014年版,第1733页。
⑤ 陈傅良:《陈傅良先生文集》卷一二《右丞相葛邲初拜赠三代封妻》,浙江大学出版社1999年版,第162页。

家的共性，而军伍类、特权类官宦世家就未必有这一现象了。宋代"六世词科只一家"①的华阳王氏和"尽有诸元"②的浦城章氏，可以说是科举成功的典范，但从其事例来看，仍不能过分强调科举选官对宗族发展的作用。群体研究要注意大群体的共性，更要注意小群体的共性。宗族有宗族的共性，宗族中的官宦世家又有官宦世家的共性，官宦世家中有诗书类、军伍类，还有特权类，它们也同样有各自的共性。小群体存在于大群体之中，所包含的个体数量，自然比大群体要少，因而除具有大群体的共性外，还具有自己的共性。在宋代的官僚宗族中，官宦世家就只是其中的一小部分。宋人李新在谈及其家乡的科举情况时曾说："吾乡于蜀为小郡。衣冠而称士者，大率不过三百人，试笔砚，戏场屋。獐头鼠目，咕嗫儿女语，读书鱼鲁，阔视大言者，又居其半。至于以世家自名者，盖有二焉。"③ 能够"以世家自名"，一个小郡甚至仅有两家而已。

与个案研究需进行不同发展阶段的比较一样，群体研究也需要进行不同发展阶段的区分与比较。而且，这种比较的价值更大。孙国栋《唐宋之际社会门第之消融——唐宋之际社会转变研究之一》分析了唐宋之际各类官宦世家群体的构成后指出："唐代以名族贵胄为政治、社会之中坚；五代以由军校出身之寒人为中坚；北宋则以由科举上进之寒人为中坚。"④ 邹重华分析了唐代迁入四川地区的官僚宗族及其在宋代的发展状况，认为入蜀宗族对宋代区域宗族特点具有重要影响。⑤ 笔者曾考察唐代崔、卢、李、郑等高门士族的入宋后裔，结论是某些适应宋代社会环境的士族支系，仍然可以不断培养出仕宦成员，成为两宋官宦世家的组成部分。⑥

群体研究除类型、发展阶段的比较外，不同区域间的比较也引起了学者的关注。唐代的山东士族、关中士族、江南士族一向为研究者所重，其各个侧面大多已有学术成果涉及。毛汉光《中古山东大族著房之研究——

---

① 庄绰：《鸡肋编》卷中，中华书局1983年版，第77页。
② （宋）王明清：《挥麈录》前录卷二《浦城章氏登科题名》，第17页。
③ 李新：《跨鳌集》卷二二《答喻企先书》，文渊阁《四库全书》第1124册，台湾商务印书馆1986年影印本，第583页。
④ 原刊《新亚学报》第4卷第1期，1959年，见《唐宋史论丛》，上海古籍出版社2010年版，第337页。
⑤ 邹重华：《士族与学术——宋代四川学术文化发达原因探讨》（博士学位论文），香港中文大学1997年版，第203—208页。
⑥ 《唐代高门士族入宋后裔考略》，《社会科学》2015年第8期。

唐代禁婚家与姓族谱》① 探讨了山东大族的房支状况。范兆飞《中古太原士族群体研究》② 涉及太原士族的婚姻关系与门第消融。李浩《唐代三大地域文学士族研究》③《唐代关中士族与文学》④ 对三大地域士族的文学状况进行了比较和分析。宋代的江西、两浙以及四川等地区的官宦世家也受到学者较多的关注。黄宽重《宋代的家族与社会》、柳立言《科举、人际关系网络与家族兴衰：以宋代明州为例》⑤ 以及邹重华与粟品孝主编《宋代四川家族与学术论集》⑥ 所涉及的研究内容，事实上对区域差异进行了应有的关照。魏峰《宋代迁徙官僚家族研究》⑦ 对两浙地区的迁入和迁出官宦世家作了相当细致的分析，突显了其区域特点。

三　个案与群体的相互照应

个体与群体的关系是一种辩证关系，官宦世家的个案研究与群体研究理应有机结合。群体研究的进行应建立在个案研究的基础之上，而个案研究应以群体研究为指归。只有将两者统一起来，才能真正做到走出个案，走进群体。要想做到个案与群体的相互照应，就必须充分关注两者之间的密切关系，在研究过程中至少应注意以下两点。

首先，避免就个案论个案，不与群体或其他个案相互照应。个体与群体具有个性与共性的关系，是密不可分的，绝不能将个案研究与群体研究完全割裂。现有学术成果中，有不少的个案研究，视角仅是官宦世家的若干已为前人关注过的侧面，而很少对官宦世家中的各类群体进行总体把握，尤其是未能很好地在整体下观察个案、在个案中发现整体特征。也有的个案研究，实际上成了宗族人物研究的汇合，研究者热衷于人物事迹描述，而未能揭示官宦世家嬗变的真实状况及其规律。

不过，个案虽在群体之中，但确定特定的个案要说明哪一类群体却并

---

① 原刊《历史语言研究所集刊》第 54 本第 3 分，1988 年，见《中国中古社会史论》，第 187—233 页。
② 范兆飞：《中古太原士族群体研究》，中华书局 2014 年版。
③ 李浩：《唐代三大地域文学士族研究》，中华书局 2002 年版。
④ 《唐代关中士族与文学》，中国社会科学出版社 2003 年版。
⑤ 柳立言：《科举、人际关系网络与家族兴衰：以宋代明州为例》，《中国社会历史评论》第 11 卷，天津古籍出版社 2010 年版，第 1—37 页。
⑥ 邹重华、粟品孝：《宋代四川家族与学术论集》，四川大学出版社 2005 年版。
⑦ 魏峰：《宋代迁徙官僚家族研究》，上海古籍出版社 2009 年版。

非易事。前文曾举述的史料中的各种相关名词，或者较为明确地是指累世官宦的宗族，或者与这一社会群体有着密切的联系，而并非均可作为同义语看待。正是由于这类复杂情况的普遍存在，所以在个案研究中呼应群体时就要充分注意到概念的内涵与外延。

其次，结合一定数量的个案研究，总结群体的特征。群体研究的进行，主要建立在个案研究的基础之上。在一定数量个案研究的基础上，对群体特征加以总结，就会比较全面。在具体研究过程中，研究者往往对所选个案的突出社会特点，适当加以深入探讨，其他方面则可能较少论述，而一般难以对每个个案均进行面面俱到的分析。这对循序渐进地认识官宦世家的各个侧面，是切实可行的。又由于历史上官宦世家的数量众多，仅靠研究者个人的个案研究基础显然又是远远不够的。因此，研究者应对前人的所有个案研究进行全面了解并充分消化。同时，也应尽力搜集现存各种类型的史料，尤其是正史列传、出土墓志、方志、族谱、文集中的碑传资料以及笔记小说中的有关记载，鉴别官宦世家与普通官户的差异。某些较为知名或较有代表性的个案，学界已有较多研究成果，理应充分吸收。在此基础上再从个案研究出发，结合对相关资料的全面了解，进行比较分析，才可能对群体有进一步的认识。笔者研究首创义庄的苏州范氏，侧重分析族产对宗族成员仕宦的作用[1]；研究饶阳李氏，侧重分析宗族共财对家法和家风建设的影响[2]；研究成纪张氏，侧重分析经济势力的形成与维持对宗族发展的影响[3]。这些看似都属于官宦世家的经济问题，但侧重点是不同的。各种经济问题综合起来，对我们认识官宦世家的发展就会有明显的作用了。

要之，比较视野下唐宋官宦世家的个案与群体研究，不但应充分进行个案与个案的比较，也应注重个案发展不同阶段的比较；不但应充分进行群体中各级层次、各种类型的比较，也应注重群体发展不同阶段及其区域特征的比较；不但应充分考量个案研究与群体研究之间的关系，更应注重个案、群体与社会变迁之间的关系。在研究过程中，需要立足群体分析个

---

[1]《范氏义庄与宋代范氏家族的发展》，《中国农史》2004年第2期。

[2]《共财与家法——宋代饶阳李氏家族探析》，《中国社会历史评论》第9卷，天津古籍出版社2008年版，第89—102页。

[3]《骤贵者必暴富：南宋武将家族的经济势力——成纪张氏个案考察》，《南国学术》2018年第4期。

案，通过个案反观群体，使个案研究和群体研究能够有机结合和互动。通过个案与个案之间、个案与群体之间的结合和互动，跳出个案研究的狭小天地，避免群体研究的空洞浮泛，从群体视野下看待具体的个案，从具体个案中反观群体状况及其变迁，才能不断加深对问题的认识。

科举、商业与文化：
宋明以来地方家族的转型

黄志繁　张洪亮

（南昌大学人文学院历史系）

摘要：廖氏和孙氏是江西宁都县的两大家族，他们家族自宋以来一直到清代都有连续不断的历史记载，且可与正史和地方志互相印证。宋代，由于科举取士人数的扩大和录取率的提高，给了廖氏和孙氏利用科举步入仕途并维持家族繁荣的机会，他们通过科举考试获取功名，在考取功名后，充分利用了其累世仕宦的文化资本，继续积累了政治和经济资源，成功地成为政治世家和文化大族。明清之后，由于科举制产生了变革，"举业"变得更加艰难，但明清时期的商品经济的发展又给了家族以新的机会，即通过介入商业活动获取经济利益来扩大家族影响力，并通过商业利益来谋求政治资源和地方影响力。廖氏家族作为当地的名门望族，他们通过控制土地和璜溪墟市，积累了不少财富。在拥有一定经济实力的基础上，廖氏家族在当地建设约所、学堂、桥梁等基础设施，甚至是参与到基层管理中，而且与官府建立了良好的互动关系，最终完成了从文化世家到地方士绅大族这样一个转变历程。孙氏在面对"举业"衰落的时候，没有像廖氏家族那样进入商品经济发展的洪流中，因而在明清时期遭受了多重的打击，科举的衰落、战乱的破坏和坟山的争夺，都让孙氏家族疲于应付，最终不可避免地衰落。廖氏和孙氏这两大家族不同的发展结果，应该是宋明以来中国传统基层社会转型的一个缩影。他们的历史似乎可以说明，对"举业"的重视，并通过仕宦活动积累政治资本是宋元时期地方大族兴盛的根本，而能否成功介入地方商业则是明清地方宗族能否兴盛的关键。

关键词：赣南　宁都　科举　文化世家　地方大族

关于宋明之间的宗族转型问题,学界颇多讨论。郑振满探讨了福建兴化府地方宗族与宗教在宋明之间的转型问题,刘志伟曾以广东黄佐家族为例,阐述了元明之际广东地方乡豪转型为名门望族的过程。[①] 贺喜对北宋大儒欧阳修所编《欧阳氏谱图》流变的考察,非常精彩地揭示了不同地域的欧阳氏后人,通过不同层次的迁移传说,和图谱建立联系,建立实体性宗族的过程。在贺喜看来,宗族起初只是一个概念或理想,后来混合了地方经济,就成了实体化的宗族。[②] 笔者也在最近的研究中,以杨万里家族为例,分析了江西吉安地区的宋明之间的宗族实践,并由此认为,"始祖的建构"所带来的世系的突破是非常关键的环节。只有始祖成功构建出来,宗族的世系有了一个起点,族谱的统一和祠堂的修建才能顺理成章,同姓才能转变成同宗。[③] 在这些研究中,我们可以很清晰地看到,我们当代比较熟悉的拥有家庙、祠堂和族谱等要素的宗族组织是从宋代以后家族组织逐渐演变过来的。已有的研究表明,从宋到明家族向宗族的转型过程中,"宗法伦理庶民化"[④] "国家正统意识形态的建构"[⑤] "地方经济的发展"[⑥] "始祖的建构"[⑦] 等诸多因素都起了非常重要的作用。

但是,从宋到明,每个家族经历的遭遇并不一样,最后的结局也不一样,所以,我们能够看到有些宗族组织历史悠久、组织严密,有些宗族组织刚刚萌生、力量单薄,有些宗族则豪门衰落、沦为破落户,有的甚至宗族衰微,甚至退出历史舞台。那么,我们要追问的是,是什么因素在家族组织从宋明以来的转变中起了关键作用?要回答这一问题,需要能够完整地观察一个家族组织从宋到明,乃至清的转变历程。然而,由于存世的大部分族谱都是清以后修撰的,因此,如果单凭族谱中的史料,没有正史佐证的话,很难令人信服地揭示从宋到清的历史演变。非常幸运的是,在江

---

① 相关论述,参考郑振满《莆田平原的宗族与宗教——福建兴化府历代碑铭解析》,《历史人类学学刊》第4卷第1期,2006年4月;刘志伟:《乡豪历史到士人记忆:由黄佐自叙先世行状看明代地方势力的转变》,《历史研究》2006年第6期;常建华:《明代宗族研究》,上海人民出版社2005年版,第360—398页。
② 贺喜:《〈欧阳氏谱图〉的流变与地方宗族的实体化》,台湾《新史学》2016年冬季卷。
③ 黄志繁:《从同姓到同宗:宋明吉安地区的宗族实践》,《安徽史学》2018年第2期。
④ 郑振满:《明清福建家族组织与社会变迁》,湖南教育出版社1992年版。
⑤ 科大卫、刘志伟:《宗族与地方社会的国家认同:明清华南地区宗族发展的意识形态基础》,《历史研究》2000年第3期。
⑥ 贺喜:《〈欧阳氏谱图〉的流变与地方宗族的实体化》,台湾《新史学》2016年冬季卷。
⑦ 黄志繁:《从同姓到同宗:宋明吉安地区的宗族实践》,《安徽史学》2018年第2期。

西赣南的宁都县，笔者发现当地的廖姓和孙姓两个家族保存着从宋到清代的史料，而且，有相应的正史可以佐证，颇具观察研究价值。本文即以宁都廖氏和孙氏为个案，来探讨宋明以来地方宗族的转型问题。

一 科举与仕宦：廖氏早期历史及宋代的强盛

宁都县地处江西东南部，赣州市北部，是赣州市下属面积最大的县。宁都县建县历史悠久，早在春秋时期，宁都地区就已经有了行政建制，当时的宁都称阳都，属越国地，号称西越。[1] 汉代属豫章郡。宁都最早建立县治则是在三国吴嘉禾五年（236），分庐陵立南部都尉，建阳都县。[2] 至晋武帝太康元年（280），改阳都为宁都，是宁都县得名之始。自嘉禾五年建县，宁都的历史至今已有1700余年，是赣南历史最为悠久、开发较早的地区之一。因此，宁都很早就有有影响力的家族出现，廖氏和孙氏就是其中的代表。

据《中坝廖氏族谱》中记载，廖氏家族最早迁入江西是在唐代，其始迁祖是唐虔化令廖崇德："自唐崇德为虔化令，留家于虔，生兰芝，兰芝生光禄，光禄生德迁，由廖屯徙黄荆头下。"[3] 其中提到的黄荆头，就是今天的江西省宁都县黄陂镇。据《重镇黄陂》记录，黄陂古名卢毛坝，又称黄荆兜下。[4] 传说东汉末年，有王、黄二姓迁居此地，因居住在溪边，将两家姓氏合为璜，取名璜溪，也就是廖氏家族族谱中"璜溪"地名的由来。换句话说，所谓璜溪，就是今天的宁都县黄陂镇。

廖氏家族的兴盛，最早的记载可以追溯到唐末五代，根据《中坝廖氏族谱》记载，廖銮奠基中坝时，廖氏家族在政治舞台上已经官声显赫，仕宦不绝。尤其是廖銮之父廖昌岐，十子均成知州，以致清代宁都知县称其为"十子十知州"[5]。当然，这一记录不一定可信，从正史角度来看，廖氏家族在政坛上的显赫，更为确切的体现应当是在五代时期。这一时期，廖

---

[1]（清）黄永纶、刘丙：《宁都直隶州志·卷二·沿革志》，道光四年（1824）本，台北成文出版社1989年版，第131页。

[2]（清）黄永纶、刘丙：《宁都直隶州志·卷二·沿革志》，道光四年（1824）本，台北成文出版社1989年版，第137页。

[3]《璜溪中坝清河廖氏重修族谱》（不分卷），乾隆四十六年（1781）本，宁都县图书馆藏。

[4] 罗荣、廖安生、姜开仁：《重镇黄陂》，江西人民出版社2015年版。

[5] 宋必达：《平溪廖氏六修族谱序》，《宁都璜溪中坝廖氏族谱》（不分卷），乾隆四十六年（1781）本，宁都县图书馆藏。

氏家族是赣南地区拥有较大影响力的家族，以廖爽、廖匡图等人为代表的廖氏家族在政治、文化上都产生了很多优秀的代表人物。

政治上，廖氏家族在赣南地区一度受到镇南军留后卢延昌重用，卢延昌是唐末赣南地方军阀卢光稠之子，五代时期在赣南有相当大的影响力。廖氏家族在当时镇守广南，任韶州刺史，在政治上已有较高成就。后期由于战争而迁往湖南，但其家族在赣南期间拥有的武装力量就已达数千。据《宁都直隶州志》记载："廖爽初事镇南军留后卢延昌为将，延昌表于梁，授韶州刺史。为广南所攻，举族奔湖南，部曲随者数千人。"①《宁都直隶州志》上述记载来自《十国春秋》。关于廖爽出奔湖南之事，历代正史均有记载，虽然记载的细节不太一致。例如《旧五代史》认为廖爽出奔湖南是受到虔州刺史钟章排挤："廖氏，虔州赣县人。有子三人，伯曰图，仲曰偃，季曰凝。图、凝皆有诗名，偃骄勇绝伦，由是豪横，遂为乡里所惮。江南命功臣钟章为虔州刺史，深妒之，于是图与凝等议曰：'观章所为，但欲灭吾族矣，若恋土不去，祸且及矣。'于是领其族暨部等三千余人，具铠仗号令而后行，章不敢逐，遂奔湖南。"② 然而，查证《赣州府志》，并没有出现任何与钟章有关的记载。实际上，五代时期赣州的最高行政长官应该是卢光稠，光稠死后，其子卢延昌继承其政权。廖爽则是在卢延昌手上被任命为韶州刺史的。《新唐书》对这一时期赣州的行政长官的更迭有如下记载："虔人卢光稠者，有众数万，据州自为留后，又取韶州。……是岁，光稠死，子延昌自称刺史，为其下所杀，更推李图总州事。图死，钟传尽劫其众，欲遣子匡时守之。不克，州人自立谭全播为刺史，附全忠云。"③

综合各种史料，笔者认为廖氏家族当时应当是在卢光稠或卢延昌统治时期，由于被广南割据势力刘隐所攻，因此出奔湖南。即便廖氏家族当时战败，但其家族力量依然十分庞大，率领数千家丁，浩浩荡荡来到湖南，其家族当时在赣南的影响力可见一斑。

五代时期廖氏家族影响力巨大的另一个佐证是出奔湖南后湖南统治者

---

① （清）黄永纶、刘丙：《宁都直隶州志卷二十二·人物志》，道光四年（1824）本，台北成文出版社1989年版，第1631页。
② （宋）薛居正等：《旧五代史·卷一百三十三·世袭列传二》，中华书局1976年版，第1764页。
③ （宋）欧阳修等：《新唐书·卷一百九十·列传第一百一十五》，中华书局1975年版。

马殷的态度。由于家族人数过多,刚入湖南时,马殷并不愿接纳,甚至想铲除廖氏。《旧五代史》对这一过程有所记载:

> 时武穆王在位,见其众盛,恐难制,欲尽诛之。或者曰:"大王姓马,而廖来归,廖者料也,马得料其势必肥,实国家大兴之兆,其可杀之乎?"武穆喜,遂善待。仍治下以宁为永州刺史,图为行军司马,偃为天策府列校,仍赐庄宅于衡山,自称逸人。①

由此可见,出奔湖南的廖氏族人一度险些被诛,不过在马殷受到劝阻后,还是将廖氏家族的主要人物授予要职。其中官职最高者为廖匡图,受封为天策府学士,进入楚国行政中枢。天策府最初是唐高祖李渊所建,武德九年废。② 及至楚国时期,楚王马殷受梁太祖封为天策上将军,建天策府,天策府遂成为楚国的决策机构,《十国春秋》载:

> 廖匡图(欧阳史避宋讳作光图),虔州虔化人。父爽,事镇南军留后卢延昌为将,延昌表于梁,授爽韶州刺史。武穆王时为广南所攻,举族来奔……匡图故年少,善文辞,授江南观察判官。文昭王时选为天策府学士,与徐仲雅、李宏皋等同在十八人之列。居数年,卒于官。有集一卷。③

可见廖氏家族即使出奔湖南后,也维系了其非常大的影响力。关于廖氏家族在湖南的发展不是我们讨论的重点。我们感兴趣的是在五代时期影响力很大的廖氏家族和宁都廖氏是否为同一个家族。根据上引《十国春秋》的记载,廖爽儿子廖匡图是虔州虔化人,而虔化正是宁都的古称。根据《宁都直隶州志》记载,南朝宋大明五年(461),析宁都虔化(今东山坝镇大布村)置虔化县。④ 然而《十国春秋》毕竟是清人所编撰的史书,

---

① (宋)薛居正等:《旧五代史·卷一百三十三·世袭列传二》,中华书局1976年版,第1764页。
② 参见《旧唐书·卷四十二·志第二十二·职官一》,中华书局1975年版,第1783页。
③ (清)吴任臣:《十国春秋·楚七·列传》,中华书局1983年版,第1011页。
④ 参见(清)黄永纶、刘丙《宁都直隶州志·卷二·沿革志》,道光四年(1824)本,台北成文出版社1989年版。

说服力还不是很强。南宋陆游编写的《南唐书》记载曰："廖偃、彭师暠，皆楚马殷之臣。偃，虔州虔化人，祖爽父匡图仕皆至刺史。"① 陆游是南宋人，他说廖氏家族是虔化人，还是有一定可信度的。

通过上述论述，不难看出，在唐末五代期间，廖氏家族在当时的宁都地区乃至江南都曾有很大的影响力，家族中多人担任高官，在各地任职时，都受到了当地执政者的重视。之所以作出如此推测，是因为笔者相信，廖氏家族的这种影响力不可能仅仅在其迁入湖南后的几年内迅速建立起来，应当是在赣南期间就有了一定的实力。除了出奔湖南的廖氏族人之外，应该还有部分廖氏族人留在了宁都。当然，还有一种可能，就是宋代留在宁都的廖氏家族和出奔湖南的廖氏不一定是同一批人，只是后来廖氏家族修族谱时拉大旗，将正史中有关虔化廖氏的记载附会为自己祖先。基于此考虑，本文重点讨论宋代以后廖氏家族的历史。

表1　　　　　　　　　璜溪中坝廖氏进士统计

进士类别	姓名	考中时间	进士类别	姓名	考中时间
正奏名进士	廖安节	绍兴五年（1135）	特奏名进士	廖纮	建炎元年（1127）
	廖颜	乾道八年（1172）		廖祖谦	嘉定十年（1217）
	廖光	淳熙五年（1178）		廖同志	咸淳四年（1268）
	廖季高	绍熙四年（1193）			
	廖寿翁	开禧元年（1205）			
	廖应刚	宝庆二年（1226）			
	廖友文	宝庆二年（1226）			
	廖应和	咸淳元年（1265）			

资料来源：《宁都直隶州志·选举志》，台北成文出版社1989年版。

关于廖氏族人在宋代科甲之繁盛，笔者对比了《璜溪中坝廖氏族谱》和《宁都直隶州志》，族谱中提到的廖氏家族在宋代中举人、进士者多达30人，而仅宋代就囊括了其中的24人，其中进士多达12人，② 而其中11人在地方志中均有对应记载。具体而言，在这11名正途进士中，包括正奏

---

① （宋）陆游：《陆氏南唐书》传卷8。
② 中坝廖氏科举人数参考自《璜溪中坝廖氏族谱》，乾隆四十六年（1781）本，宁都图书馆藏。

名进士和特奏名进士两类，其中正奏名进士 8 人，特奏名进士 4 人。笔者对地方之中有关这 11 人的记载进行统计，发现廖氏家族的进士其考中时间以南宋居多。这一点从中坝廖氏宋代考取的进士统计中就可以看出。

通过对比《宁都直隶州志》和廖氏族谱中的记载，笔者基本可以确认以上列出的进士都出自璜溪廖氏。① 由此可见，整个廖氏家族在宋代，尤其是南宋时期，应当确实是当地的科甲大族，而且其家族成员中进士的时间可以说横跨了整个南宋。按照州志中相关资料记载，若单纯看进士数量，从 1127 年到 1279 年，平均每 20 年就有一个族人中进士，频率之高，足以展现廖氏家族的科甲辉煌。

笔者认为，廖氏的这种辉煌与宋代重文轻武的政治格局以对科举制度的改革有密切关系。宋朝建立后，开始了一系列对科举制的改革，首先是禁止朝臣向知贡举官推荐自己熟识的举人；其次设立殿试常态化制度，由皇帝对录取人选把关；再次是创设试卷糊名制度，以保障公平。通过这些措施，最大限度地保证了考试的公平公正，也有力地遏制了新门阀趋向。② 廖氏家族也正是利用这种制度的变革，让自己的家族在改革后的科举制下占得先机。在宋代，除了科举录取名额的扩大让廖氏拥有了晋升之途外，考中科举后带来的经济利益在某种程度上来说对家族发展具有更为重要的意义。这里说的就是一旦考中科举，就能够迅速获得经济利益和社会地位，而维持科举的繁荣是需要一定的经济基础的，因此这种考中科举后获得经济利益，并继续利用自己的经济实力维持科举繁荣，就成为一条良性循环之路，这其中的关键点，就是考中科举，或者说是政治上的成功。从种种资料来看，笔者认为宋代的廖氏家族也确实获取了经济利益，并构建了自己家族在地方的文化影响力。从廖氏族谱和直隶州志等材料中可以发现，廖氏家族在宋代就已经有了麻田寺作为家族寺庙。

关于麻田寺的相关记载，在族谱中可以追溯到唐代，在《璜溪中坝廖氏族谱·清河廖氏谱源》中，麻田寺是宁都廖氏第三代先祖廖昌岐的安葬地："昌岐：行四承士，旧载封礼部尚书，生唐德宗贞元三年丁卯二月十七申时，殁葬清泰乡二都黄泥排麻田寺，风冈风吹罗带型乾巽兼亥巳

---

① 笔者将《州志》与族谱中记载的名字不同者或存疑者都已删除后得出这 11 人。
② 王炳照、徐勇：《中国科举制度研究》，河北人民出版社 2002 年版，第 311—312 页。

向。"① 黄泥排是宁都廖氏的祖祠，祭祀宁都廖氏始迁祖廖崇德②，而麻田寺，则是目前笔者所见的第一个廖氏家族的宗族寺观。当然，正如笔者所说，由于族谱中廖氏家族迁入时间并不可信，因此不能断定麻田寺就是在唐代修建而成，但有一点可以肯定的是，麻田寺作为廖氏家族的寺观，其修建时间不会太晚，或者说至迟至宋代，廖氏家族就拥有了修建寺观的能力。因此，笔者认为，通过其麻田寺的记载与前文提到的廖氏在宋初于宁都地区的巨大影响力和其科甲、文化实力可以作出推测，在宋代，廖氏家族在地方已经拥有了非同小可的文化、政治和经济影响力，只是限于史料，无法过多地确证而已。

二 贤良祠的故事：宋元孙氏的兴盛

与廖氏家族不同的是，据《城南伯房孙氏十二修族谱》记载，自孙俐迁入宁都后，孙氏家族世代居住于宁都县城南门外，距离县城很近。这一点在田野考察中也得到了一定程度的佐证，据当地人介绍，孙氏家族的宗祠就在宁都老城，虽然孙氏今天已经少有人居住在宁都，但在历史上，孙氏家族确实是盛极一时。

大中祥符八年乙卯（1015 年），孙氏家族的孙长儒在科举考试中考中进士，成为孙氏家族首个登科甲之人。③ 据邱巘所作《城南伯房孙氏七修族谱跋》，其记载如下："其祖五传而为长孺公，宋祥符间起家甲第，再传而为立节公，有子曰勰、曰勴，勰以殿撰历岳州太守，勴隐居不仕，祖孙并祀乡校时人荣之。"④ 从这段记载中可以看出，孙长儒及其子孙都在科举上获得了成功。

虽然说孙长儒开启了孙氏家族科甲之路，但在孙氏家族崛起中最为关键的人物是孙立节。根据族谱相关记载，孙立节是孙长儒之子，在神宗王安石变法期间任桂州节判，他声名鹊起也是由于在王安石变法的过程中坚持反对，最终被贬。这样的一种行为也被当时的文学家苏轼称颂，苏轼还

---

① 《璜溪中坝廖氏族谱》，乾隆四十七年（1781）本，宁都县图书馆藏。
② 关于黄泥排宗祠，廖氏族谱中有《黄泥排宗祠》一节，与宁都县社联主席廖海鸣主席的访谈中也提到，黄泥排是宁都廖氏始祖祭祀所在。
③ （清）黄永纶、刘丙：《宁都直隶州志·卷二十·选举志》，道光四年（1824）本，台北成文出版社1989年版，第1242页。
④ （清）邱巘：《城南伯房孙氏十二修族谱·七修谱跋》，收录《富春城南孙氏十二修族谱》，民国十二年（1923）本，宁都图书馆藏。

专为他写作《刚说》，以记其事。①借助着苏轼的影响力和孙立节本人的抗争事迹，《刚说》在赣南地区迅速流传开来，成为赣南地区重要的文化资源，被孙氏家族世代相传②，而孙氏家族也凭借着这一文化资源，开始了在地方社会叱咤风云之路。南宋著名理学家朱熹也为《刚说》作跋，称为《刚说后跋》。③

这篇《刚说》对孙氏家族来说是难得的家族财富，甚至直到元代，孙氏后人也将《刚说》及朱熹跋的石刻挂在家中以供瞻仰：

> 桂州有二子，长曰志康，次曰志举，即苏公称勰、勘者也。苏公通守杭州，时实从受学焉，其刚说及跋石刻在桂州九世孙、抚州经历兴礼家。苏公又有和志举二诗及三手简，则藏于其弟，同知东川路总管府事登龙所。④

表2　　　　　　　　孙氏家族元代荐辟出仕统计

年代	姓名	官职	人物关系	总计（人）	占比（%）
宋朝	孙勘	—	—	2	22
	孙虬	参军	—		
元朝	孙舜臣	两浙都转盐使	孙登龙子	7	78
	孙毅臣	滨州知州	孙登龙子		
	孙辅臣	南康府尹	孙登龙子		
	孙信臣	新会县尹	孙登龙子		
	孙伯颜	大司农译史	孙立节九世孙		
	孙允中	临川县丞	孙良臣子		
	孙梦臣	濠州知州	孙登龙子		

资料来源：《宁都直隶州志卷二十·选举志上》，台北成文出版社1989年版。
注：标"—"者在州志中缺少相关记载。

借助着这种文化资源，孙氏家族在元代，利用自己家族的政治和文化

---

① （宋）苏轼：《东坡全集》卷92，《刚说》，四库本。
② 黄志繁：《"贼""民"之间，12—18世纪赣南地域社会》，生活·读书·新知三联书店2006年版，第100页。
③ （宋）朱熹：《晦庵集》卷83，《跋东坡〈刚说〉》四库本。
④ （元）揭傒斯：《苏文忠公〈刚说〉跋》，同治《赣州府志》卷65，《艺文》。

影响力，多位族人通过荐辟方式出仕，在政治上达到了家族发展的鼎盛。《宁都直隶州志·选举志》中记录了宁都地区元代出仕的宁都籍人士名单，其中孙氏家族有多位成员在列，笔者对此进行了统计。

通过上述的资料统计，笔者认为我们可以从这些数据中看到这样一个事实：孙氏家族在宋代凭借着科举积累了家族的政治和文化资源，并充分利用这种资源在元代通过荐辟的方式入仕，达到了家族政治影响力的巅峰。时人将在孙氏家族发展过程中起到重要作用、最为显赫的5个人并祀乡贤祠，称孙氏五贤，他们分别是孙长儒、孙立节、孙勰、孙勴、孙登龙。这种被孙氏家族世代相传的文化资源，在某种程度上也确实让孙氏家族保持了家族的继续繁荣。宋元时期，孙氏家族凭借在地方的文化影响力，成为宁都地区首屈一指的望族，这一点从宁都官方修建且持续修缮的贤良祠中就可见一斑。元代大儒吴澄曾经写过《宁都孙氏五贤祠堂记》：

> 赣宁都孙介夫讳立节，当宋熙宁行新法之时，不肯为条例司官，又以桂州节度判官鞫宜州狱，抗经制使活十二人于不死。苏文忠公称其刚而仁，作刚说贻其子，遂有名于世。后百余年，宁都县令即所居延春谷立祠，并其二子祀焉。庐陵杨伯子作记推本始，并祀其祖浔州史官。附因一人之善耳上及其祖下及其子，昔人之用心可谓厚也。已立祠之后，又将百年宁都县升州，孙氏祠于州学之右庑。延春谷之支派有同知东川路总管府事寿甫讳登龙，少年为乡贡士，行懿文昌，学者推服，重义轻利，惠泽及物，天佑其家，诸子彬彬焉。仕进而多文雅，既殁，州之士佥谋请以附孙氏四贤之祠，州长可之。转闻大府新构于州学讲堂之西祠，孙五贤与乡之先贤赤复。以公檄征御文记其事于石。①

吴澄所作的《宁都孙氏五贤祠堂记》，点明了孙氏五贤祠建立的时间，所谓"后百余年"应当是指王安石变法后百余年，即1183年左右，在南宋时期。这说明从南宋开始，孙氏家族已经开始在当地产生了非常大的影响力。

---

① （元）吴澄：《宁都孙氏五贤祠堂记》，收录《宁都城南伯房孙氏十二修族谱》，民国十二年（1939），宁都县图书馆藏。

明清时期，孙氏家族在地方正史和各类官方文献中的记载就开始减少，从孙氏家族族谱内也能看出孙氏家族力量出现了衰落。但可以肯定的是，孙氏家族利用《刚说》这一资源，通过修建五贤祠的方式，在地方社会维持了长期的繁荣和巨大的影响力。孙氏五贤祠在宁都地方也经历了一个从家族祠堂到官方信仰的转变。"家贤"变"乡贤"，是孙氏家族这一文化资源受到官方认可的体现。

文化影响力的扩大，带来的就是孙氏家族在政治上的发达。在元代，很多孙氏族人都是通过利用家族名望出仕为官。这一点似乎难以理解，但实际上这与元代时期科举制度的不发达有关。元代科举制度是中国科举制度实行期间录取人数最少、地位最低的一个朝代，整个蒙元162年，实行科举制的只有45年，录取人数也仅有1200名左右，占全部官吏的1/22。相对而言，元代最为流行的出仕方式是推举和荫庇，其中尤以推举为主，而想要参加推举，又必须是当地的名门望族。[①] 这样一来，家族在地方的实力就和做官的途径联系起来，这也就可以理解为何孙氏家族如此重视《刚说》和五贤祠的构建，因为这些文化资源确确实实给他们带来了好处。

最能体现孙氏家族在地方社会的影响力的事实是，孙氏家族在平定蔡五九起义中的重要作用。元代对宁都政权最大威胁的就当属延祐二年（1315）宁都蔡五九起兵。此次叛乱位置非常靠近宁都州城，宁都州同知也被杀害[②]，朝廷甚至"命三省讨贼"，也正是这次战争，孙氏家族在平乱过程中发挥了重要作用：

> 延祐乙卯，赣宁都乱，微孙氏宁都惟不守。……初，江西经理田粮，民不堪命，赣为甚，宁都又甚。有蔡午玖者，因之胁从其乡以叛，而众之者三乡，同知赵某遇害。自七月朔攻围州城十有四日，城守坚，稍退复进，后八日，围城数众。……孙氏悉其牛羊仓廪府库以备供亿，又多设方略，以家僮民义先官军冲冒万死，力战溃围。又八日，而薄诸河。逾月而抵其巢，又逾月生擒午玖，而后乱甫定。当城中食尽时，危不能朝夕，城不陷，兵不溃，众谓孙氏力为多，而终不

[①] 徐黎丽：《略论元代科举考试制度的特点》，《西北师范大学学报》（社会科学版）1998年第3期。

[②] 黄志繁：《"贼""民"之间，12—18世纪赣南地域社会》，生活·读书·新知三联书店2006年版，第101页。

言功，则孙公有大德于其乡也。①

孙氏家族凭借其强大的实力，在平定蔡五九起义中发挥了重要的作用，所谓"微孙氏宁都惟不守"。在战争中他们散出自己的家仓以供军粮，还能够"以备供亿"，家仆则够先官军冲锋，这足以证明其不俗的经济和军事实力。另外，平定叛乱后，孙氏家族的孙良辰和其弟孙正臣也出仕为官，笔者不敢确信他们二人的出仕是否和前文平叛有功有关，但从孙氏家族的实力来看，根据元代制度推举族人出仕应当不是难事。上述记载可证诸《元史》，《元史》卷28《英宗纪二》载："六月，寇围宁都，州民孙正臣出粮饷军，旌其门。"②

综上所述，我们认为，孙氏家族充分利用了宋代科举制和《刚说》等文化资源，在地方上获得了较大政治影响力和经济利益，而元代也成为孙氏家族最为兴旺发达的时期。

通过对宋元时期廖氏和孙氏家族发展繁荣的过程的分析，笔者认为，他们家族兴盛的关键有两个因素，一是科举；一是文化。具体来说，廖氏家族可以说是典型的通过科举出仕来壮大家族力量的代表。廖氏家族的先祖廖銮在担任武昌刺史后，其后代就不断地利用科举制度在政坛上大放异彩。其中地方志中有明确记录的就包括廖匡图、廖融、廖凝等人③，在宋代，廖氏族人创造了平均20年一个进士的科考模式，频率之高正是廖氏家族科举繁荣的充分体现。在宋代，科举考试的发展让拥有能力的人有了参政机会，并且这种制度打破了世家大族垄断政坛的现象，使中进士成为当时普通家族提升家族地位的关键。再加之宋代官员升迁要有符合条件的高官推荐，因此拥有深厚的官场人脉也成为家族进一步提升地位的关键所在。④ 虽然在相关资料中笔者并没有见到廖氏族人结交上层社会，通过扩展人脉来扩大家族影响的记录，但如果考虑到廖氏家族在宁都和湖南巨大的影响力，可以推测，廖氏家族在构建其政治影响力的人脉圈中是非常有

---

① （元）刘岳申：《申斋文集》卷9，《孙君墓志铭》，北京图书馆藏清抄本。
② "六月"为至治三年（1323）六月，距平五九之乱八年，大概孙氏的功绩被朝廷认可是在至治三年。
③ 相关人物条目参考（清）黄永纶、刘丙《宁都直隶州志·卷二十二·人物志》，道光四年（1824）本，台北成文出版社1989年版，第1631、1709页。
④ 黄宽重：《宋代的家族与社会》，国家图书馆出版社2009年版，第234—238页。

孙氏家族的兴起也是在宋代,且也是通过科举入仕的方式进行的。自祥符年间,孙长儒中进士以后,孙氏家族就走上了家族繁荣之路,其中孙立节更是由于在王安石变法中抗拒不从,而受到了保守派苏轼的称赞,为其创作《刚说》,使孙氏家族名噪一时。《刚说》也成为孙氏家族世代传承的文化资源,更为重要的是,《刚说》让孙氏家族与宋代上层社会建立了联系,苏轼、朱熹等先后为之作文,在宋代这一官员升迁需要高官作保的时代,利用这两点,之后的孙氏家族在官场上可以说是顺风顺水,出现了孙氏一门五杰的奇迹,并建立了孙氏五贤祠,这不仅成为自己家族的信仰,甚至也成为宁都当地的信仰。直至明代,知县庄济翁还曾经亲赴五贤祠瞻仰修缮,可见孙氏五贤影响之大。[①] 到了元代,孙氏充分利用宋代以来积累的政治和文化资源,通过封赠、荐辟等方式出仕,孙辅臣、孙舜臣等族人也分别担任知县、知州等职,达到了家族的鼎盛。[②]

总结廖氏和孙氏家族繁荣发展的轨迹,可以说,在宋代,科举的成功是家族获得其政治,乃至经济影响力的关键。同时,充分利用家族文化影响力,也是家族获得巨大成功的非常重要的因素。

三 从政治到经济:廖氏家族的转型

明清时期,廖氏家族的科举录取人数较宋代有了明显下降。为了说明明清时期廖氏家族科甲情况,笔者特别以《璜溪中坝廖氏族谱·仕宦》为主要参考资料,结合《宁都直隶州志》中的相关记载,列成表3。

从表3中可看出,进入明清,中坝廖氏家族科举功名大幅下降,没有1个进士,和宋代的科举繁盛形成了鲜明的对比。

表3　　　　宁都州志中中坝廖氏考取功名分时段统计　　　　单位:人

功名	进士	举人	生员	总计	占比
宋代	11	11[③]	—	22	78%

[①] 事见(清)黄永纶、刘丙《宁都直隶州志·卷三十·寺观志》,道光四年(1823)本,台北成文出版社1989年版。

[②] (清)黄永纶、刘丙:《宁都直隶州志·卷二十二·人物志》,道光四年(1823)本,台北成文出版社1989年版。

[③] 《宁都直隶州志》中记载宋代无举人一级,显然谬误,在此笔者参考《璜溪中坝廖氏族谱·科名爵秩考》统计本项数据,其结果未必完全真实,但可作为参考。

续表

功名	进士	举人	生员	总计	占比
明代	0	0	3	3	11%
清代	0	1	2	3	11%

资料来源：《宁都直隶州志·卷二十·选举志上》，道光四年（1823）本，台北成文出版社1989年版。

说明：(1) 由于宋代没有贡生、生员等名目，所以，宋代只统计举人以上功名；(2) 如一人考取两次功名，则按照最高功名计；(3) 地方志和族谱关于中坝廖氏功名记载大同小异，但为了严谨起见，只统计了地方志和族谱中均有记载的功名获得者。

笔者认为，廖氏家族明清科举功名录取率大大低于宋代的根本原因在于宋代科举的录取比例远高于明清。关于明代科举的录取率，郭培贵在吴宣德等人研究基础上，认为明中叶后，各省直的科考规模在四五千人至数万人之间，平均录取率在10%上下。乡试录取率，明初一般在10%上下；成、弘间定为5.9%；嘉靖末年又降为3.3%；而实际录取率又低于此。会试录取率，自洪武至万历中平均为8.6%；其中，洪武至永乐二年平均为21.7%，永乐四年至万历中期平均为8.4%。① 综合起来，明代从生员到进士的录取率大概不到5‰，何况还有童生到生员的艰难过程，因此，在明代考上进士应该可以说是"万里挑一"了，其艰难性不言而喻。目前没有关于宋代科举录取率的专门研究，但宋代，特别是南宋，科举录取人数大规模增加是不争的事实，南宋进士科每科录取一般四五百人，② 明代只有8个年份会试录取人数400人以上，③ 大部分年份为二三百人，而由于南宋版图和人口整体上是远远低于明代的。最为关键的还是宋代许多大家族认识到了"举业"的重要，他们设立各种学校培养族人，并利用各种人际关系拓展其政治资源。④

廖氏家族尽管在明清时期丧失了科举荣光，但还是维系着地方大族的影响力，其中的关键因素就是控制了璜溪墟市，具备了雄厚的经济实力。

璜溪墟位于今天的宁都县黄陂镇，据《宁都直隶州志》记载："明万

---

① 郭培贵：《明代科举各级考试的规模及其录取率》，《史学月刊》2006年第12期。
② 关履权：《宋代科举考试制度扩大的社会基础及其对官僚政治的影响》，《宋史论集》，中州书画社1983年版，第168页。
③ 参考郭贵培《明代科举各级考试的规模及其录取率》，《史学月刊》2006年第12期。
④ 黄宽重：《宋代的家族与社会》，国家图书馆出版社2009年版，第233—237页。

历志墟止六处，曰萧田、罗源、麻源、东山坝、东潮、黄陂。"① 文中黄陂即璜溪，据此可推论，璜溪墟的建立最早可以追溯到万历之前。《璜溪中坝廖氏族谱》，对璜溪墟有这样的记载：

> （璜溪古市）倚村面，流南向，形如偃月，载粮四斗六升。物有行，行有税，输纳维艰，一旬四集，集以一四六九，哗若都会，一二物产北通山左右，南极闽广，虽弹丸地，而角逐奔走足迹半天下矣。②

这段材料表明，璜溪墟在当时有着"一旬四集"的境况，墟期在每月一、四、六、九，共四天，与同时期闽西地区一月两次的情况完全不同③，且"哗若都会"，说明集市人流量不少。从上面信息看起来，璜溪墟应当是当地重要集市，笔者推测璜溪墟带来的经济利益应当颇为可观。

关于璜溪墟的繁荣程度，从笔者搜集到的一份诉讼文书中也有所体现。这份诉讼文书是中坝廖氏与同姓但不同族的另一廖氏家族间发生的，主要原因是下坝廖氏认为中坝廖氏霸占墟市，欺行霸市横征暴敛，遂将其告官。笔者将部分内容摘录如下：

> 国朝顺治九年，毕军宪分发赣关缺额税银一千两，摊派各县。议依康熙二年分派，宁邑一百一十两，名曰"落地税银"，分散城乡各处，怀德璜溪市分认落地税银共十二两四钱。……当下族裔子敏牙名"廖士明"克牛猪行，每年完落地税银三两；廖林棉布行每年完落地税银三两；杂货丝绵行廖友山每年完落地税银五钱；丝绵行廖学楼每年完落地税银一两；药靛棉布行廖胜昭每年完落地税银五钱；苎麻行廖道南即牙名"廖永朋"每年完落地税银四两；七人每年共完落地税银一十二两四钱，具系县贴。后被仇族捏告私克，遵司府批饬，将前县帖缴转改领藩贴。……特抄出前康熙四十六年五月内各宪钧语：卑职查看得璜溪一墟，离城百里，僻处山间，舟楫不通，土产少出，市

---

① （清）黄永纶、刘丙：《宁都直隶州志》，道光四年（1823）本，台北成文出版社1989年版，第283页。
② 《宁都璜溪中坝廖氏重订族谱》，乾隆四十六年（1781）本，宁都县图书馆藏。
③ 刘永华：《城市、宗族与地方政治——以明代至民国的闽西四堡为中心》，《中国社会科学》2004年第6期。

中无囤货之局，上古惮跋山之劳，所有一二货物出自肩挑负贩。牙侩虽有垄断之心，无奈商贾寥寥，无从而可射利者也。但其廖良国之与廖俊人同姓异族，挟仇怨已非一日，旧承 宪台有查私牙之檄，即将将廖俊人等以违禁私克等事具控。宪辕计图报复奉批职查，敢不兢兢以仰副 宪台厘奸剔弊之至意也。遵即行拘各犯逐一研讯。据廖良国首列盐行，不特廖允传哓哓具辩。卑职揆之其情，据云每墟来盐一二百担，非船之不能搬运也。据查璜溪小河不通，舟楫岂可肩挑一二百担之盐而涉山越岭者乎？且曰：每担五十斤，穷璜溪十日四墟，即以十日而计，则盐之斤数将近数万，所买者不过远近居民，日食有限，其能消乏之若许耶？……又查靛行则据廖应生供称：小的常年帮彭兆隆五钱银子，完税只收用钱五厘一担。后查丝绵行，则有廖席珍供称，曾永义有贴，小的只分一股承克，常年完落地税银七钱。询其牙用，供称每两三分。至于旧衣行亦经穷诘，凭廖汝宁供称，璜溪原无当铺，迨至寒冬有一二贩卖者，悉属穷人所买，价值不过一二百文，安有牙用与？人倘若勒索用钱，何不另买布匹制作新衣，谁肯来售旧衣？等语。所告廖俊仁等强索铺户婚假礼银，私抽市税以及假神结会等款。研讯各犯，坚供没有，讯其指证杳无一人，俱难臆坐。而良国……本应法惩，无奈两造烟火相连，又恐结怨愈深，况兼时值农忙，姑从宽典，全其梓里之谊，以俟自新。……本年五月二十二日审详后，仇族复控，抚宪郎不准。批语："明系争夺行业，假公济私。既经司批宪审，何复又起衅端？"不准。①

下坝廖氏居于璜溪下坝，在宁都州当时的行政划分中，黄陂镇仅有中坝和下坝两村②，两家虽为同姓，但并非同族，而且似乎还有嫌隙。顺治九年（1652），赣南各县都要分摊赣关缺额税银，名为"落地税银"，宁都县共需分摊110两，分摊到璜溪共12.4两。下坝廖良国或许是出于经济利益的原因，或许是其他原因，向官府控告中坝廖氏家族在征收璜溪墟市落地税银时，"违禁私克"。负责调查的官员经过实地考察，认为"璜溪一

---

① 《汇载璜溪墟额征税贴要领事件》，收录《宁都璜溪中坝廖氏重订族谱》，乾隆四十六年（1781）本，宁都县图书馆藏。

② （清）黄永纶、刘丙：《宁都直隶州志·卷四·城池志》，道光四年（1823）本，台北成文出版社1989年版，第257页。

墟，离城百里，僻处山间，舟楫不通，土产少出，市中无囤货之局，上古惮跋山之劳，所有一二货物出自肩挑负贩"，并不存在私克税银的空间，廖良国对其指控没有事实根据。最后官方息事宁人，对廖良国的处理也变成了"本应法惩，无奈两造烟火相连，又恐结怨愈深，况兼时值农忙，姑从宽典，全其梓里之谊，以俟自新"。讲究调解结案是中国传统司法制度的重要特点，但是，如若璜溪墟真的毫无利润可言，那么中坝廖氏又为何为璜溪墟与仇族争讼？若廖良国真系诬告，那为何"本应法惩"又变成了"故从宽典"？这背后原因也确实耐人寻味。

实际上，清代赣南许多墟市都被家族控制，而且，家族之间为了争夺墟市的控制权，经常争斗，墟市背后的经济利益是不言而喻的。①

璜溪墟究竟是否真如调查官员所说"土产少出"呢？在《璜溪中坝廖氏族谱》中，有一部分关于璜溪墟税额的记载：

> 谨将合族现在公私所领藩贴承克各行及赣关分散落地税银一切完纳，则例详载于后。
> 　　计开资忠堂领藩贴三纸，存毅轩堂簿箱，经管付数，务必当众验过。
> 　一 廖永顺油行贴　　每年额税一两
> 　一 廖林棉布行贴　　每年额税一两
> 　一 廖恒与杂货行贴　每年额税一两
> 　一 忧布行落地税银二两四钱　一份廖誉　一小猪行落地税银一两
> 　以上属大祠完纳
> 　计开各私领税贴　内廖士明牛贴存临资家，转付宪逢领
> 　一 廖士明牛行　藩贴一纸，每年额税一两
> 　一 廖誉一猪行落地税银一两
> 　一 廖学樸丝绵行　藩贴一纸每年额税一两　文步私纳
> 　一 廖席珍领丝绵行落地税银一两　文步私纳
> 　一 廖胜牧领药材行落地税银五钱　文训私纳
> 　一 廖友山分丝绵行落地税银五钱　德辉私纳

---

① 黄志坚、黄志繁：《清代赣南的乡族势力与农村墟市》，《江西社会科学》2003年第2期；刘永华：《城市、宗族与地方政治——以明代至民国的闽西四堡为中心》，《中国社会科学》2004年第6期。

一　廖永朋领苎麻行落地税银一两　分出蔡江安福一两五钱，足备完纳

以上系各私领完纳

二共原额税一十二两四钱①

前引《汇载璜溪墟额征税贴要领事件》中提到，宁都县分摊到的税额是110两，而璜溪一地就独占12两4钱，超过了总额的1/10，说明璜溪的税收实际上对宁都县是非常重要的。且根据《宁都直隶州志》相关记载，即便在道光时期，黄陂镇所在的怀德乡袤80里，有墟8处，其中二十七都仅有墟1处，即璜溪墟。②或许正因为控制璜溪墟背景巨大的经济利益和政治影响力，才导致下坝廖氏企图通过控告中坝廖氏"违禁私克"税银，从而自己家族借机取代中坝廖氏，控制璜溪墟。

或正是借助璜溪墟的商业利益，廖氏家族花费大量金钱修建家族信仰建筑和宗祠、桥梁，且在积极协助政府赈灾，展现了不俗的经济实力。

在宗族设施建设过程中，廖氏家族常常是一掷百金，在修建家族关帝庙过程中，就耗费了800金：

（关帝庙）清康熙丁巳，韩逆入境，族广厦拆废一空，惟本庙后栋与螺山庙独存。康熙庚寅年捐资修造，益加恢廓，约费白金八百有奇。乾隆巳卯重新前栋，兼修中栋，并周围墙壁丹漆。派捐公私约费五百两。③

廖氏家族的关帝庙始建于明洪武二十七年（1394），崇祯年间重修，康熙年间的"韩逆"，应是指吴三桂的部将韩大任，其在康熙十六年（1677）间肆虐宁都，而关帝庙幸存，廖氏家族遂于康熙四十九年（1710）重修，本次重修花费白银800两。800两在当时是一笔相当巨额的财富。清政府规定白银一两合制钱1000文，但实际操作中，清初市场一般只能兑

---

① 《宁都璜溪中坝廖氏族谱》，乾隆四十六年（1781）本，宁都县图书馆藏。

② （清）黄永纶、刘丙：《宁都直隶州志卷四·城池志》，道光四年（1823）本，台北成文出版社1989年版，第284页。

③ 《璜溪中坝廖氏族谱·胜迹》，乾隆四十六年（1781）本，宁都县图书馆藏。

付700—800文①，到乾嘉时期，这一比价开始上升②，核算下来，800两白银能够兑付64万文制钱，这应是一笔不小的费用。此后乾隆时期重修，又花费了500两白银，且其资金明确指出是"捐公私"，说明资金来自本家族捐赠，这样一来，重修关帝庙的总花费达到了1300两。

从族谱上来看，廖氏家族大规模的工程设施建设都是从康熙年间开始的，笔者根据族谱记载，将廖氏家族修建家族设施的花费和时间进行了统计，发现在时间上确实具有很大的集中性：

表4　　　　　　　　廖氏家族家族设施兴建情况统计

建　筑	花　费	时　间
黄泥排宗祠	20两	康熙甲戌年（1694）
关帝庙	800两	康熙四十九年（1710）
关帝庙	500两	雍正十三年（1735）
清河中坝廖氏大宗祠	1900两	乾隆二十三年（1758）
长龙梵刹	800两	乾隆二十六年（1761）
关帝庙	1000两	乾隆四十三年（1778）

资料来源：《宁都璜溪中坝廖氏重订族谱·胜迹》，乾隆四十六年（1781），宁都县图书馆藏。

康熙初年，在"三藩之乱"的影响下，宁都也遭遇兵火，廖氏家族的许多重要建筑遭到破坏，战后恢复重建是很正常的。但是，通过表4发现，廖氏家族不仅在康熙年间有重要的建设，而且在相对和平的雍正和乾隆时期，也持续地进行大型建设，总计花费5000多两。这种高频度、大力度的投资建设，说明廖氏家族在当时已经具有了相当的经济实力。笔者推测，如果没有商业利益的反哺，仅凭农田租佃收入，是很难想象的。

廖氏家族还利用自己的经济实力，为宁都修建桥梁、约所、书院等公共设施，从经济、政治和文化几个方面全方位渗入地方经济社会生活，成为一支地方上不可忽视的力量。

在《宁都直隶州志·关津志》中，存在很多廖氏家族在宁都修建桥梁的记载，笔者对这些记录进行了统计，在全部记载中，记载了明确修建者的桥梁269座（即有明确记载某族建，不包括"众建"和"合邑公建"），

---

① 彭信威：《中国货币史》，上海人民出版社2007年版，第609页。
② 王宏斌：《晚清货币比价研究》，河南大学出版社1990年版，绪论第3页。

其中廖氏家族修建的数量达到 16 座，而其中明确由中坝廖氏修建的则有 4 座，占全部廖氏修桥总数的 25%，① 这还是在假定其他廖氏家族都不是中坝廖氏族人的情况下得出的数据。4 座桥梁具体记载如下：

> 罗陂木桥　中坝廖天衢建。廖资忠修。
> 重祠木桥　怀德乡中坝村，廖资忠众建。
> 高木桥　怀德乡中坝村北，廖族众建。
> 仙乡堂木桥　怀德乡仙乡村中坝。廖道衍建。②

廖氏族谱中也对廖氏家族修建的桥梁有所记载：

> 螺山庙前桥　旧无众资，每漂折，即资人募化，常月余不就。而赴市杂踏，肩摩踵接，此独甚焉。莲社庵僧梅亮于康熙五十二年冬，敦请本村欓越得二十。亦正三邝少严，予璘四人管理生息。自有桥有会，会有众，随圮随成，人不病涉。康熙六十年创置庄田六十二担粮亩，庄口土墺刻薄，散给二十人，各执为照，并请县尊陈公作叙，勒石七仙庙侧，其乐助人名悉载碑记。
> 罗陂桥　在安福乡，原建石桥。明嘉靖间，本族先衢东溪公独力鼎建。本朝雍正、乾隆年间，叠圮公子孙随圮随修。③

廖氏家族不仅修建了地方的桥梁，还成立了相应的桥会，方便桥梁的随时修缮。在族谱中，笔者也看到了类似的记载，不仅仅是桥会，廖氏还成立了路会、茶会等各种各样的会。有趣的是，路会的成立，似乎也与璜溪墟市有关，且很有可能就是为了通往墟市道路的通畅，廖氏才重新修建了道路，并成立了路会：

> 璜溪在怀德之最中，五季时廖氏基焉。二水合流，其南至集，其

---

① 资料来源自（清）黄永纶、刘丙：《宁都直隶州志·关津志》，道光四年（1824）本，台北成文出版社 1989 年版。

② （清）黄永纶、刘丙：《宁都直隶州志·卷十五·关津志》，道光四年（1824）本，台北成文出版社 1989 年版。

③ 《璜溪中坝清河廖氏重订族谱》，乾隆四十六年（1781）本，宁都县图书馆藏。

懋迁有无化居，则旬以一四六九出入之路，每因山水暴涨辄圮。又辄经年月捐资于公私，又力不能伐大石厚筑而堤之。雍正十二年暑月，文沛叔等聚族之人而议之，其言曰："南涧木桥三而捐资置产为桥，会众者二，一旬四集，苦暑气上炎，则捐资置产为□者二，利涉利渴乡之人咸有所恃。赖今更能为路会置产应不时之需，而宁独为廖氏世世出入计乎？"①

这段记载说明了路会的运作方式，即通过捐资置产，其收益用来为路会日常运营或者维护路桥之用。而后面记载的捐资置产的人，无一例外的全部都是廖氏族人，而且其购置的田产，也都是通过廖氏家族进行运营、收租。因此笔者认为，这样的路会、桥会组织实质上是带有家族性质的排他性的路权垄断组织。虽然路桥是可以供全村通行，但资金的决定权还是牢牢掌握在廖氏手中。笔者认为这事实上也是一种借用家族力量垄断路权的行为，并借此收租，获得家族在地方影响力的扩张。

除了建立路会、桥会外，廖氏家族也积极参与地方教育，兴办璜溪书院，还被称为所谓"璜溪八景"之一。璜溪书院由廖氏家族所辟，原本是家族合族修建，但此后成为璜溪地区孩童读书接受教育的场所。《璜溪中坝廖氏族谱》中记载：

（璜溪书院）倚阁之后，界本村堤□尽处。构堂三楹，翼以庑、□交汇其前。□空围墙如璜状，植桂一枝□双株。额曰："璜溪书院"，邑令历山李公旧题。清雍正乙卯合族建。②

璜溪书院在当地民众教化中起到的作用，是廖氏族人非常引以为傲的一件事，甚至将璜溪书院作为廖氏家族八景之一。他们在族谱中这样描述璜溪书院："辟讲堂于璜溪之浒，冠高阁，襟双流，都人士弦诵其中，晓昔吟哦，清韵悠扬，与波湍鲸铿答，乡过客游人于斯驻听。"③可见此地不仅风光优美，而且读书人多，吸引了很多地方访客和游人。关于璜溪书院

---

① 《宁都璜溪中坝廖氏族谱》，乾隆四十六年（1781）本，宁都县图书馆藏。
② 《宁都璜溪中坝廖氏族谱》，乾隆四十六年（1781）本，宁都县图书馆藏。
③ 《宁都璜溪中坝廖氏族谱》，乾隆四十六年（1781）本，宁都县图书馆藏。

的相关记载并非仅此一处,在其后同时收录了时任分巡吉安赣道董榕①所作赞诗二首:

薄暮征□此暂停,夕阳峦色书难形。
半空云现光明锦,四面峰围紫翠屏。
水碓塾书声共乱,渔灯夜绩影交荧。
淳风好景堪吟眺,听月楼前桂□声。

路转黄陂秋气清,璜溪精舍育群英。
揭来岭峤炎方地,忽观秦山楚泽明。
漫向符骚夸后藻,须从姬鲁□韶韺。
殷勤留语诸生记,涟水心通处处行。

据相关记载,董榕时任分巡吉安赣道,衙署设在赣州府,巡行至宁都时专程来到璜溪书院,诗中不仅描绘了璜溪书院的景色秀丽,更直言书院书声不辍。由此可见,廖氏家族的璜溪书院确实为地方教化起到了重要作用。璜溪书院的建设时间也远早于道光,董榕来到宁都已经是乾隆二十三年(1758),因此书院的修建一定早于此年,这一时期也与廖氏家族大规模兴建家族建筑的时间相符。

在地方政治生活中,廖氏家族则通过将本族族产出租作为约所,来进一步巩固其在地方的影响力:"地基原系銮公祭产,合乡赁建约所。每年照旧额交租一两四钱。每年照旧额交租一两四钱。康熙乙酉年营汛,移驻赖坪。"② 约所是赣南地区自王阳明莅任以来,为了宣扬其指定的南赣乡约而建立的基层治理机构,其初衷是为了整顿赣南混乱的社会秩序。虽然很多学者认为南赣乡约在地方上推行并不很成功,但康熙《南康县志》记载南康县的约所有24处,③ 这说明赣南部分地区还是较好地推行了南赣乡约。具体而言,在宗族聚居地,约所数量一般更多。以宁都为例,明末李腾蛟曾如此记录宁都宗族与约所的关系:"村之中则有大小宗祠,有书院,有乡约所……所居户千百十所,口千百十口。异姓附居者十户,口百十

---

① 董榕,字念青,理学家,乾隆二十一年(1756)始任分巡吉安赣道。
② 《宁都璜溪中坝廖氏族谱·胜迹》,道光四年(1824)本,宁都县图书馆藏。
③ 《南康县志》卷四,建置志一,康熙四十九年(1710)本。

口。……聚庐而居，皆公子孙。"① 这说明在当时约所的建立与宗族的聚居是存在一定的关联关系的，很显然，官方在地方大族设立乡约所，正是想利用地方大族的影响力来推行官方教化，反过来也说明了地方大族在地方上的控制力和影响力已举足轻重。

我们注意到，廖氏进行大规模建设都集中在康熙至乾隆时期。这一时期，正是赣南山区得到大规模开发的时期，也是赣南地区人口迅速增加，商品经济比较活跃的时期。② 正是在这个背景下，廖氏家族积极投身商品经济，控制了地方市场，从而拥有了比较强大的经济实力，一举由宋元时期的科举家族转化为经济强族，维系了其在地方上的影响力。

四 祖坟的争夺：孙氏家族的式微

与廖氏家族命运不同的是，元代极其强盛的孙氏家族在明清时期迅速衰落。宁都孙氏家族的衰落自明代以后表现得较为明显，主要表现在两大方面，一是家族人口的外迁；二是家族科举的衰微。

家族的迁徙对于宗族发展来说可以说是再正常不过，基本每个家族都经历过人口迁徙，但这一情况放在孙氏家族身上却显得与众不同。孙氏家族的家族迁徙不仅仅是单纯的移民，其大量的移民让留守宁都的孙氏人丁大幅度减少，甚至影响了家族后续的繁荣和发展。撰写于民国的《宁都城南伯房孙氏十二修族谱》曾对孙氏各房发展情况有过如下描述：

> 孙氏始祖讳訽。……以公、侯、伯、子、男编立五房。公房查老谱所载，人丁稀少，传至廿三世仁兴、仁旺即无续笔。侯房自英公以下散处各乡里，至十一世彬公字彦文迁居青塘而分居于都，财甚盛。伯房三世祖士元生四子，有恭、有敬、有惠、有信。有恭房在宁者今仅数丁，迁居兴国、赣州者人丁亦少。有敬房今居严坑、法沙等处，有惠居城南北门暨平阳乡孙屋底等处。两子孙为多。有信房查老谱惟载一宣教子孙迁浙江余姚县，余传十六世而子。③

---

① （明）李腾蛟：《里居志》，《宁都直隶州志》卷三十一，艺文志，道光四年（1824）本，台北成文出版社1989年版。
② 参考黄志繁等《清代赣南商品经济》，学苑出版社2005年版。
③ 《宁都城南伯房孙氏十二修族谱·孙氏大五房分支源流便览》，民国十二年（1923）本，宁都县图书馆藏。

也就是说，自孙氏迁入宁都不久，孙氏家族就开始了分为公、侯、伯、子、男5房。留于宁都，只有公房和伯房。到了二十三世，公房就绝嗣了。伯房分为有恭、有敬、有惠、有信四大房，其中有恭房"在宁者今仅数丁"，有信房也"迁浙江余姚县"，也就是说伯房下面的4大房中，仅有有敬和有惠房在宁都繁衍生息，包括前文所述的孙氏五贤，也都出自这两房。人口的外迁导致了孙氏人丁的减少，直到明末，孙氏在与他人争夺祖坟时在宁都后裔竟然不足百人，所谓"孙谕等族姓不满百人，各俱贫弱"。

人数或许不是关键，最为致命的是"各俱贫弱"，导致这种"贫弱"的根本原因是孙氏家族在明清时期科举优势的丧失。孙氏家族仕途落差相较廖氏家族更加明显，乃至清中期孙氏后人痛心疾首感叹："自孙忠烈公昌厥后于会稽，而宁都之孙氏遂微。栾郜之后降为皂隶，议者痛之。"①

曾经的仕宦大族沦落为皂隶这类"贱民"，足以说明清代的孙氏已经衰落到什么程度了。进入明清，孙氏家族的科举表现可以说是非常惨淡，笔者通过查阅《宁都城南伯房孙氏十二修族谱》，对族谱中提到的孙氏族人的科举情况进行了统计，将明确记载的在科考中考取功名的人数进行了统计，发现了和廖氏家族类似的功名分布规律，即宋代孙氏的进士和举人达到了22人，而明清时期却无一人中进士或举人。伴随着科举上的断崖式衰落，孙氏也鲜有高级别的官员出现。正是由于科举和仕宦的双重衰落这一事实，我们才能理解孙氏后人为什么要去从事皂隶这种被士大夫鄙视的"低贱的"工作。

在孙氏家族的族谱中，笔者不止一次看到了关于孙氏与其他家族争夺坟山和相关田产所有权的记载，频繁的祖坟争夺，消耗了孙氏大量的财力和精力，也映衬出孙氏家族势力的衰败。而这其中影响较大的两次祖坟争夺，分别发生在崇祯和同治年间。

崇祯十五年（1642），孙姓与曾姓爆发坟山争夺，事情经过如下：

> 崇祯十五年十二月，有曾芳明者将立土印于乌石营，与空棺，试葬其地。棺甫出城，而孙氏子姓拼死争阻，急请本县往勘，则环山皆

---

① 《宁都城南伯房孙氏十二修族谱·嘉庆十九年六月重修陈夫人墓志铭》，民国十二年（1923）本，宁都图书馆藏。

孙墓也，卧侧无容他人酣睡之理，况曾亦世家贤裔，岂肯酣睡他人之侧哉！①

这场官司的另一位主角曾氏家族，一直以来也是宁都地区的望族，在历史上曾经官宦显赫、人才辈出，连孙家都认为"况曾亦世家贤裔"。这次案件的审理过程虽然较为简单，结果也倾向于孙氏，宁都府衙认为孙氏先祖以道义闻名，因此对曾氏应当有一定的教育意义，所以判决曾氏退出孙氏坟山。

但这次坟山的争夺，对孙氏来说，其象征意义显然大于实际意义。其象征意义，主要是由于本次争夺的乌石营坟山，是孙氏家族的始迁祖孙䛐之墓所在地，这里面承载的不仅仅是孙氏家族的财产这么简单，更是孙氏家族的精神象征。据《宁都城南伯房孙氏十二修族谱》记载，孙氏始迁祖孙䛐"殁葬第三桥乌石营，今呼为马架坑坎癸山午向人形"②。由此也就不难理解，孙氏家族面对乌石营坟山被占时坚持打官司了。而更为现实的境况是，面对乌石营被占，孙氏家族已经没有能力保护自己的家族坟山，这才不得已借助官府力量，这一点在族谱中也有体现："明季曾芳明及父翰林院就义公声势谋占我始祖东平侯乌石营坟山，时蒙本县大尹叶公会向荣立案钧语，审得孙谕等族姓不满百人，各俱贫弱，遂为邑中宦族所欺凌。"③

通过这段记载能够看到此次坟山争夺背后暴露出的可怕事实：盛极一时的孙氏家族在明末甚至只剩下了不满百人，这种人口的数量对于一个曾经人才辈出的家族来说确实显得微不足道，人丁稀少和缺少强有力的家族"代言人"，导致孙氏必须借助官府的力量和祖先的荣耀来夺回自己的坟山。

另一次主要的坟山争夺发生在同治年间，这一次情况更为严峻，孙氏家族面对的是两大家族的侵占：

> 同治甲戌年被堪舆巫瑞儒串集，民人邓家泰、差役廖仁怀等各恃

---

① 《宁都城南伯房孙氏十二修族谱·重修陈夫人墓志铭》，民国十二年（1923）本，宁都县图书馆藏。
② 《宁都城南伯房孙氏十二修族谱·世传》，民国十二年（1923）本，宁都县图书馆藏。
③ 《宁都城南伯房孙氏十二修族谱》，民国十二年（1923）本，宁都县图书馆藏。

其强谋占我派祖三世仕元遗有坟山一大嶂，坐落万伏里仰湖底。时蒙州宪大人韩讳懿章立案钧论，审得孙族先世虽有名贤辈出，而是时时势两弱，兹巫邓廖籍依各姓有坟盗葬祖骸，禀控互争。①

此次坟山争夺，起因似乎也是"恃强凌弱"，这再次暴露了孙氏家族衰微的事实，甚至在官府审判过程中，都明确指出孙氏家族"时势两弱"。虽然这次坟山争夺依然以孙氏家族胜利告终。官府判定：

此山孙姓自宋元明清四朝以来叠葬坟墓百有余穴，各姓有坟数冢，不过先有不贤之辈勾谋盗买之弊，况今犹有赁山字据，显属孙宅之业无疑矣。岂容巫邓廖恃众凌弱？②

但本次诉讼值得注意之处在于，它在实际经济中带给孙氏家族很大的影响，诉讼结束后，由于诉讼金额花费甚巨，孙氏族人不得已将祖墓中金峪出售与本族族人，并以摊派的方式集资，以作诉讼花费之用。《孙氏族谱》中记载了这段伤心的往事：

遗下万伏里仰湖坟山一火嶂掌醮，四朝并无异议。不料于同治甲戌年被巫、邓、廖三姓生心谋占穷葬数冢。当日合族公议，家寿翁出身构讼。蒙官断释，选改空归。但此穷葬之处虽蒙断迁，而依族用费无所出办，只得酌议仍将迁改伊塚之处共做金峪十三个，内除家寿翁二个以补出身功劳，兹已出售于本族羡林公、传沂公各一个，其余十一个每个派钱若干以清用矣。③

这一段记载揭露了另外一个事实，即孙氏家族缺少经济来源，甚至可以说是经济穷困，已经到了无力支付诉讼经费的地步。这种经济上的孱弱，一方面是由于孙氏家族缺乏一个能持续带来稳定、可观收入的经济来源；另一方面也与当时家族受到战争重创导致财富流失有关。

咸丰年间的太平天国运动，给孙氏家族带来了一场浩劫。据孙氏族

---

① 《宁都城南伯房孙氏十二修族谱》，民国十二年（1923）本，宁都县图书馆藏。
② 《宁都城南伯房孙氏十二修族谱》，民国十二年（1923）本，宁都县图书馆藏。
③ 《宁都城南伯房孙氏十二修族谱》，民国十二年（1923）本，宁都县图书馆藏。

谱记载，咸丰丁巳年（1857），孙氏家庙在太平天国乱局中被焚毁殆尽，不仅仅是家庙，甚至财物也被洗劫一空。族谱中也描述了当时的悲惨境况：

> 如吾族宁之有宗祠也不可胜数，其始则有四：孙先生之祠，继则有孙氏五贤之祠，又有乡贤之祠，此皆世久年远废于兵毁于明嘉靖间。族长发先翁等倡首建南关外先贤祠，缘我国朝顺治庚辰克城焚毁，仅存基址。迨清康熙间复建，扁其门曰"孙氏家庙"。于清咸丰丁巳年土匪扰境为毁灰烬。嗟夫！孙氏之祠累受兵害可胜道哉。①

由此可见，从明到清咸丰间的数百年间，孙氏家族的祠庙屡建屡废，咸丰年间的这次战祸可以说是情况最惨的一次。事实上在此次事件前几年，太平天国就已经波及宁都，当时孙氏族人有人挺身而出，制止太平军抢劫，当然最后的结局是太平军杀害了孙氏两位族人。可能也正因如此，孙氏族谱中将本次祖庙被焚毁认为是太平军的报复，而在太平军攻占州城那段时间，孙氏家族族人纷纷外出躲避，但最终还是没能逃脱人财皆空的结果：

> 各处土匪其势赫，然拦抢行人者屈指难数，观其恶俗必至移哲拖累。是以咸丰五年间，余族国学生义学翁、义赐、传贤、家福翁等出身力阻，以致土匪挟嫌将族中传贤、家福翁命毙于斯土。呜呼，何命之乖蹇如此也！仇仇相报！于咸丰丁巳年将严坑寝堂住室概行灰烬，长发贼匪占进州城，日往月来，族中难以安生，只得于中寮围筑山寨各躲其身。突然山寨失火，焚烧毙命者数人，器物据概行一空。嗟夫，余族之惨其何以堪！②

从这段记载中大致可以看到当年那次战乱的惨状，太平军攻占宁都数月之久，将孙氏家族的严坑故居焚毁殆尽，而家族用以栖身的山寨，也被火灾焚毁，财物付之一炬不说，甚至还造成了人员的伤亡。按照时间推

---

① 《宁都城南伯房孙氏十二修族谱》，民国十二年（1923）本，宁都县图书馆藏。
② 《宁都城南伯房孙氏十二修族谱》，民国十二年（1923）本，宁都县图书馆藏。

算，此次战乱的时间是咸丰七年（1857），而上文提到的坟山争夺则是在同治十三年（1874），期间过了17年之久。17年的时间对一个家底雄厚、人口众多的家族来说，应当是可以恢复元气的，但从孙氏家族当时的情况来看，想要在20年不到的时间恢复，难度应当是比较大的。

当然，面对这种家族影响力全面衰退的景象，孙氏家族依然作出了多方面努力，来提升家族凝聚力并力图振兴家族。孙氏加强了内部宗族的建设，通过族谱中的族规规范族人行为，通过修建祠堂凝聚族人力量。

孙氏族规包含的内容十分广泛，从对祭祀的规定，到族人行为的规范，再到田产所有权的详细细则，各方面的规定都体现出构建一个团结稳定家族的愿望，针对家族坟山争夺频繁的事实，在十修族谱中，就针对族人盗卖坟山的行为，作出两条规定：

> 敢有假以风水不利因而将祖迁葬即以其地别卖者，此等不肖子孙深为可恶，合族公议斥出不许入祠，甚则经官惩治。
>
> 本族有绝房祖地者，许坟地相近子孙在彼挂醮，设若内有空穴可以继葬者听之，但不许将彼空弃，亦不许将彼坟山盗卖。如有此等事情，合族查出鸣官究治。①

根据十修族谱序中的记载："溯自九修道光乙酉年至今五十余年矣"，其中提到的道光乙酉年是公元1825年，由此可以看出十修族谱应当在1875年后，而前文万伏里坟山争夺案的时间是在1874年。这样一来，似乎可以推测十修族谱中出现的这条戒约，确实可能是之前的坟山争夺案中出现了孙氏族人内外串通的情况，而这条规矩的制定，就是为了杜绝此后出现这种里应外合的状况，而将倒卖坟山者逐出宗祠，则是用最严厉的手段给族人以警示，以此防微杜渐。

在保护家族祖产之外，孙氏族谱为了团结宗族，凝聚人心，也对家族祭祀规程作出了很多强制性规定，并对违反者制定了严格的处罚制度：

> 一春秋祭祀所以尽追本报远之礼，非徒为縻文也。苟文俱而意不恳挚则获戾于厥躬矣。凡我少长时值祭祀之日务宜毕诚毕敬，毋使懈

---

① 《宁都城南伯房廖氏十二修族谱·十修戒约》，民国十二年（1923）本，宁都县图书馆藏。

息。如有视为泛常,合族以不敬祖宗罪之,议罚不恕。

一祖宗坟墓共众者,每岁清明必须督率长幼亲诣坟前祭扫,不恕推怠,恐致迷失。其各私坟亦然。①

以上两条规定,分别明确了祖宗祭祀行为和时间上的具体规定,其中要求在祭祀中的行为要"毕诚毕敬,毋使懈怠",而在时间上则要求无论大祠还是各私分,每年清明必须亲自到坟前祭扫,不得例外。对于态度恶劣和不按时祭祀的,都会"送官究治"。规定如此严厉的惩罚措施,可以反过来认为,孙氏家族凝聚力已经到了需要用非常严厉的惩罚措施来维系。实际上,伴随着祖先荣光的消逝,孙氏家族在明代开始就已经衰落了。

五 结论

通过全面论述,我们可以对廖姓和孙姓两个家族的发展历程进行简要总结。宋代,由于科举取士人数的扩大和录取率的提高,给了廖氏和孙氏利用科举步入仕途并维持家族繁荣的机会。廖氏家族在宋代通过科举考试,族人中有 10 余人考中进士,在考取功名后,充分利用了其累世仕宦的文化资本,继续积累了政治和经济资源,成功地成为政治世家和文化大族,拥有着雄厚的实力。孙氏家族的孙立节在宋代通过科举入仕,由于与王安石政见相左而受到了当时保守派苏轼的支持,苏轼为孙立节写作《刚说》以褒扬其行为。孙氏家族则将《刚说》作为家族的文化及政治资源,世代传承,并在元代充分利用这种资源荐辟出仕,家族中甚至有一门 5 人都荐辟为官的情况出现,孙氏家族在元代达到了强盛的顶峰,在政治和经济上都有不俗的实力。两大家族能在宋元时期取得官场的辉煌,与科举制度有着密不可分的关系,廖氏家族是通过科举制度考取功名出仕,孙氏家族的家族文化资源也是在孙立节科考为官后获得。元代虽然科举考试不太正常,但家族文化影响力容易凸显出来,因此,地方文化大族容易凭借其政治资本和文化资本,在科举和仕途上获得成功。因此,这两大家族宋元时期的成就,其根本原因在于宋代科举制度的发达和录取人数的扩大使重视"举业"的家族抓住了机会。宋元时期发展较好的家族还有一个非常重

---

① 《宁都城南伯房孙氏十二修族谱·十修戒约》,民国十二年(1923)本,宁都县图书馆藏。

要的特征,就是重视通过仕宦交往积累人脉和对家族文化资源的充分利用。

明清之后,由于科举制产生了变革,"举业"变得更加艰难,录取率下降和录取人数的减少让两大家族失去了科甲的荣耀。明清时期的商品经济的发展又给家族以新的机会,即通过介入商业活动获取经济利益来扩大家族影响力,并通过商业利益来谋求政治资源和地方影响力。由于赣南山区主要是在清初得到了大规模的开发,地区商品经济在清代繁荣起来。廖氏家族作为当地的名门望族,对当地的土地有着不言而喻的优先控制权,他们可能控制了大量的土地,从而积累了一定的财富。但更为关键的是,他们通过自建和控制璜溪墟市,获得了对本地商品经济的征税权,从而又积累了不少财富。在拥有一定经济实力的基础上,廖氏家族在当地建设约所、学堂、桥梁等基础设施,甚至是参与到基层管理中,而且与官府建立了良好的互动关系。最终完成了从文化世家到地方士绅这样一个转变历程,最终形成了一个渗透进地方社会、拥有强大经济实力和政治影响力的大家族。

孙氏家族则走了一条不同的家族发展之路。孙氏在面对"举业"衰落的时候,或许由于他们家族位于县城,无法像廖氏家族那样获得对土地山林的控制权,从而也无法进入商品经济发展的洪流中,因而在明清时期遭受了多重的打击,科举的衰落、战乱的破坏和坟山的争夺,都让孙氏家族疲于应付,不仅丧失了宋元时期家族的荣耀,甚至还要通过出卖家产获得打官司的资金。虽然他们企图通过建立严格的家规制度等一系列措施加强宗族内部建设,但都没能够真正达到振兴家族的愿望,从八修族谱的"吾族之由宁而成籍外郡者固已过半,其科名绅缙虽皆显著于世,而已远不相及矣"到十一修族谱的"今虽中微远不相及矣,然盛衰乃天运循环之理,安知后之苗裔克绳祖武有不恢绍先绪者乎?"[①] 孙氏族人一直在强调家族振兴,但大势已去,事与愿违。

廖氏和孙氏这两大家族不同的发展结果,应该是宋明以来中国传统基层社会转型的一个缩影,他们的历史表明,宋元时期的一些在地方上有影响的文化大族,在明代科举制度变革和商品经济发展的背景下,不同程度

[①] 参见《八修宗谱续》;《十一修族谱新序》,均收录《宁都城南伯房孙氏十二修族谱》,民国十二年(1923)本,宁都县图书馆藏。

地经历了一些变革，而科举上或经济上的成功可能是他们成功维系地方影响力的两个关键因素。部分家族在宋代通过科举考试获得了世代相承的政治资源，并在宋代保持了家族科举的繁荣；另一部分家族则通过科举考试中获得的文化资源扩大家族在地方的影响力，并构建家族在政坛上的人际关系，最终凭借这种关系，使自己的家族达到了仕宦的顶峰。但在明清时期，这种靠科举得到的政治和文化资源已无法继续适应变革的社会环境并维持家族繁荣，因此能否介入明清时期发达的商业活动，就成为家族兴衰的关键因素。进一步地说，似乎可以认为，对"举业"的重视，并通过仕宦活动积累政治资本是宋元时期地方大族兴盛的根本，而能否成功介入地方商业则是明清地方宗族能否兴盛的关键。

名与责：徽州妇女守节的"经"与"权"

——以《新安女行录》《新安女史征》为例

王世华

（安徽师范大学）

摘要： 在明清时期的徽州，丧夫妇女有的为夫殉身，有的并未身殉，但都被誉为节妇。这是为什么？这就涉及封建道德的"守经"与"权变"。当丧夫妇女没有子嗣时，为了名声，一般都殉烈而死；如果有了子嗣，那么抚孤成立，延续宗祧，就是高于一切的责任，妇女的生命必须服从责任。丧夫妇女只能在名与责之间选择。徽州地方知识精英既高度赞扬妇女的"守经"殉烈行为，也充分肯定妇女守节上的"权变"。他们的思想，配合政府的旌表和理学的浸润，既推动了大批无嗣妇女走上绝路，也挽救了不少有嗣妇女的生命，避免了家庭的二次甚至连锁灾难，使得老有所依，孤有所养，更重要的是宗祧得以延续，这对社会的发展和稳定是有利的。但由于他们对妇女改嫁的不认可，说明其思想仍停留在封建思想的经权窠臼，比起后来的俞正燮的思想就落后得多。

关键词： 明清　徽州妇女　守节　守经　权变

新安号称"闺门邹鲁"[1]，这是封建社会非常高的美誉。由此可知，徽州节烈妇女最多。清代徽州人赵吉士说："新安节烈最多，一邑当他省之半。"[2]《新安女行录》的作者亦言："郡志载四百余人，录入名贤文集、

---

[1] （清）程云鹏：《新安女行录》卷十四《敕建节孝祠记》。见董家魁校注《〈新安女行录〉〈新安女史征〉》，安徽师范大学出版社2018年版，第101页（以下凡引自此书者，均注见董书第×页）。

[2] （清）赵吉士：《寄园寄所寄》卷二"镜中寄"，周晓光、刘道胜点校，黄山书社2008年版，第62页。

诗篇传述者指不胜屈，郡邑给额旌门，几于比屋可封。"① 细究起来，可能谁也说不出一个具体的数字。这种现象十分奇特，很值得研究。关于徽州节烈妇女问题，前人已有不少成果，②分别从不同的角度论述了徽州节妇出现的原因、类型及行为方式、守节依靠、宗教信仰、宗族控制、社会公益活动等，深化了我们对徽州节妇的认识。但这一问题仍有探讨的空间。我们看到，在徽州有的妇女以身殉夫，有的妇女却并未身殉，为什么她们都被称为节妇？换句话说，殉夫就是守"经"，守封建道德之"经"，不殉，就是用"权"，即"权变"。那么，丧夫之妇在什么情况下守"经"？在什么情况下用"权"？徽州地方知识精英又是如何看待妇女"守经"与"权变"的？他们的思想对妇女的命运影响如何？本文拟从这个角度并以《新安女行录》和《新安女史征》两书为例，对这一问题进行探讨。

《新安女行录》现藏于美国国会图书馆，二十卷，四册，似属孤本，为歙县程云鹏所编撰。程云鹏，字华仲，号兮斋、凤雏，别号香梦书生、章堂先生，歙县岩镇人，生活在清康熙、雍正年间。由于先辈在湖北经商，程云鹏寄籍江夏县，长大后攻举子业，但科场不顺，最后仅为湖广武

---

① （清）程云鹏：《新安女行录·凡例》。见董书第9页。
② 王传满于此发表了多篇文章，主要有：《对明清徽州妇女守节依靠的研究》，《晋中学院学报》2009年第6期；《徽州地理人文环境与明清徽州节烈现象》，《青岛大学师范学院学报》2008年第3期；《徽州女祠与节烈妇女》，《阿坝师范高等专科学校学报》2008年第3期；《妇女节烈旌表制度的建立与沿革及其影响》，《武汉科技大学学报》（社会科学版）2008年第5期；《明清时期战乱等暴力因素与徽州节烈妇女》，《宝鸡文理学院学报》（社会科学版）2008年第6期；王传满《明清社会贞节观念的强化及其实践———以明清徽州为中心的考察》，《唐山学院学报》2009年第1期；《明清徽州妇女节烈行为的主观因素》，《大连大学学报》2009年第2期；《明清徽州节烈妇女的家庭义务》，《中共合肥市委党校学报》2009年第3期；《明清徽州知识精英对节烈妇女事迹的张扬》，《湖南第一师范学院学报》2009年第6期；《民间大众口头称颂与明清徽州节烈风气》，《巢湖学院学报》2009年第5期；《明清徽州妇女明志及保节方式》，《淮北煤炭师范学院学报》（哲学社会科学版）2009年第5期；《明清时期徽州地区宗族势力对节烈妇女的控制》，《中华女子学院山东分院学报》2009年第6期；《明清徽州节烈妇女的孝道、母道和妇道述评》，《商丘师范学院学报》2009年第11期；《明清徽州节烈妇女的宗教信仰》，《中国石油大学学报》（社会科学版）2010年第1期；《明清徽州节烈妇女类型及贞节行为方式》，《温州职业技术学院学报》2010年第2期；《明清徽州妇女节烈现象与徽州社会》，《南都学坛》（人文社会科学学报）2010年第1期；《明清徽州节烈妇女的牌坊旌表》，《文山学院学报》2010年第2期；《明清徽州节烈妇女的社会公益与慈善活动》，《理论建设》2014年第6期。另见周致元《论明清徽州妇女节烈风气的综合动因》，《徽州社会科学》1995年第1—2期；《明清徽州妇女节烈风气探讨》，周绍泉、赵华富主编《95′国际徽学学术讨论会论文集》，安徽大学出版社1997年版；陈九如《明清徽州妇女节烈观的成因》，《淮南师院学报》2001年第4期；王晓崇《徽州贞节牌坊与节烈女》，《社会科学评论》2007年第3期。

昌府江夏县岁贡生候补训导，乃以授徒为业，兼以行医。一生著作很多，多已散佚。① 他曾在歙县老家为守先人庐墓期间，自忖"穷谷病叟，身享太平，思报国恩，独惟文章"，于是编纂了《新安女行录》。"是集尽载诸淑德，其文或传或赞，或志、铭、诔、状、墓、表、堂记、寿叙、祭章及杂作小纪，有一端可表见，皆为撰录。""是书备国史采用，故只列家讳，不叙亲族，以示大公。唯称孺人，以从乡俗。"② 为了确保所录人物事迹的真实性，"或有传闻，或由请托，必袖米徒步履其境地而核实以书，否则宁阙而不录"③。可知其著书态度是很严谨的。此书共收入文章127篇，记录了徽州一府六县350多位妇女的事迹。雍正八年（1730），程云鹏逝世，《新安女行录》已完稿，但未付梓，直到二十年后的乾隆十五年（1750），其外孙吴宽为之作跋并付梓传世。

《新安女史征》不分卷，一册，清代汪洪度撰。汪洪度，字于鼎，号息庐，又号黄萝，歙县千秋里（今松明山）人，明代文学家、兵部左侍郎汪道昆曾孙。出生于清顺治三年（1646），髫年即工制举业，尝偕弟文治公读书焦山，一试而见赏于学使者，名俱首列，时人有"二汪"之称。不幸屡踬场屋，试皆不售，故终身未入仕途。他专精古学，旁及诗词书画，时人誉其无一不臻其极。清康熙年间，歙县县令靳治荆修县志，曾延请汪洪度编撰山水志。他还著有《息庐集》六卷、《黄山领要录》二卷等。

汪洪度曾对其侄孙汪淳修说到编撰《女史征》一书的目的："吾乡妇德自古称奇，但苦寒者多，无力显扬，故我作《女史征》一书，以补旌表所不逮。"④ 此书清康熙四十五年（1706）刊刻出版。后来其家不戒于火，诗文刻板皆毁。乾隆三十七年（1772），其侄孙汪淳修号默人重刻。《新安女史征》共收入文章47篇，"凡其乡之苦节奇行，并据其实而登于篇"⑤。

《新安女行录》和《新安女史征》集中记载了徽州妇女的贤孝节烈、贞静婉嫕之德，是研究徽州节妇的极重要资料。

---

① 参见童岳敏《美国国会图书馆藏〈新安女行录〉述略》，《安庆师范学院学报》2016年第6期、赵敏《美国国会图书馆藏孤本〈新安女行录〉》，《图书馆杂志》网络出版时间：2017-05-03，网络出版地址：http://kns.cnki.net/kcms/detail/31.1108.G2.20170503.0644.006.html，《新安女行录》卷十九《懿孝程孺人行状》，见童书第132—134页。
② （清）程云鹏：《新安女行录·凡例》，见童书第9页。
③ （清）程云鹏：《新安女行录·叙》，见童书第5页。
④ （清）汪洪度：《新安女史征》序，见董书第152页。
⑤ （清）汪洪度：《新安女史征》序，见董书第150页。

一 名声大于生命：徽州妇女守节之"经"

作为"闺阁邹鲁"的徽州，在理学思想的长期浸润下，"新安奉程朱之遗教，人人自奋于春风化雨中"。① "女子从一而终""饿死事小，失节事大"这些观念深入人心，尤其是深入妇女之心。正如一首诗歌写道："女身虽甚柔，秉性刚似铁。读书虽不多，见理亦明决。女子未字人，此身洁如雪；女子既字人，名分不可亵。"② 名分既定，如果违背了，名声就要受到极大影响。丈夫去世，如果改嫁，就是违背了"从一而终"的古训，也就违背了名分，必处处受到歧视。这已经成为一种风俗。正如方志所载："彼再嫁者，必加之戮辱，出必不从正门，舆必毋令近宅。至穴墙乞路、跣足蒙头，儿群且鼓掌，掷瓦石随之。"③ 这虽是祁门县的情况，实际上徽州六县无不如此。俗能移人，贤者不免。一种现象一旦成为风俗，成为文化，人们就很难抗拒，不得不迁就服从这种风俗和文化。

在女人看来，丈夫就是自己的"天"，所谓"夫者，天也"。④ 丈夫去世，对妻子而言，无疑是天塌下来了。第一想法就是以身殉夫，以维护自己的名声，这是妇女的最高追求，也是妇女守节之"经"。所谓"经"，就是恒久不变、必须遵循的道理。因此，不少徽州妇女在得知自己丈夫去世的消息后，首先选择身殉，随夫而去。《新安女行录》和《新安女史征》中记载了不少这种事例。

徽州"罗田方以仁继妻黄氏，明经史，善属文，夫殁嘉禾"。显然，方以仁可能在嘉禾（今浙江嘉兴）经商而故，消息传来，黄氏亲自将丈夫灵柩扶归故乡，同时载一鹤随。通过卜兆确定葬地后撰文告夫，自己则"刺鹤顶血饮而死，鹤亦悲凄呜咽死其侧"⑤。休宁曹文清病重，其妻王氏精心侍奉，欲以身代，求替不得，丈夫刚死，就开始绝食，"营然七日不遽绝，投缳乃绝"⑥。

当时，妻子殉夫的方式多以绝食为主。如绩溪瀛川人、胡弘育妻章

---

① （清）程云鹏：《新安女行录》序，见董书第6页。
② 光铁夫：《安徽名媛诗词征略》，黄山书社1986年版，第184页。
③ （清）周溶修，汪韵珊纂：《祁门县志》卷五《风俗》，同治十二年（1873）刻本。
④ （汉）班昭：《女诫》，见张福清《中国传统训诲劝诫辑要》，中央民族大学出版社1996年版。
⑤ （清）程云鹏：《新安女行录》卷三《黄烈君传》，见董书第33页。
⑥ （清）程云鹏：《新安女行录》卷三《草市二曹妇传》，见董书第32页。

氏，当弘育病重时就许以身殉，弘育亡后，她恸绝复苏，强起经纪丧葬事，嘱家人筑虚圹，悉出房中物置舅姑侧，号咷百拜。拜毕，长跪叔与娣前，请解老人忧，诸姻娅姊娌来丧次者咸拜别，然后乃闭户，从此不见家人，"绝粒十二日死"①。汪祥麟妻洪氏奉翁命，随夫迁居泰州富安场经商，夫病，躬侍汤药无遗力。夫亡不即殉，而奉梓归乡里，告诸妯氏曰："嗣续承祧，冢子责也。其若何？"祥麟弟梦麟曰："长子无儿，次子不得有后。有吾在，嫂何忧？"承祧大事既然解决，于是敛衽上堂拜翁姑曰："妇不幸襄夫子大事，老人赖叔与诸姒贤，侍养当无缺。"又拜叔与诸姒曰："祸福不可以常计……吾非有所慕于烈之名，盖欲正而毙尔。"话虽这样说，实际上还是为了追求"烈"之名，遂饿十二日死。② 叶氏适溪南吴懋辉。懋辉酷嗜书，昼夜寒暑诵读，不自爱惜，遂成疾不治。叶氏痛心疾首，从此水浆不入。当家人强欲扶齿灌之米饮，她竟然咬舌迸血，大呼曰："天乎！天乎！妾不欲秽吾肠，故不敢自毒；不欲污吾颈，故不令自刃。若迫我甚矣，不能从容待尽矣！"第二天，出箧中零星物，托人分给诸姻族。令小婢进纸笔，述意丈夫朋友驰书报父母，自署名纸尾曰："十九岁不孝女某白。"然后长号拜堂上孀姑，更缟素殓服，嘱家人但提已盖棺，不许殓人复安袭衣裳，日入，目乃瞑。③

还有身为侧室也为丈夫殉命而死的。康熙年间，澄塘吴楚卒于家，侧室谢氏并未立即殉夫，因为其时经商吴楚的长子未归，谢氏说："予与主君约死尔，闇庐杯盘，谁侍主君者？且主母畴夕遗命聘予，而予得左右主君，幸无滋罪戾以报主母知。傥主君书册什器散亡，而漫贻家人累也，如典守何？"原来，她要亲手将丈夫留下的"书册什器"等贵重物品交给在楚地经商的长子。待长子自楚归来并完璧归赵后，"遂闭户密纫所服衰绖，麻履襟带，整环而逝"④。

甚至许婚未嫁者也为丈夫身殉。江宁诸生陈梦鹤，为子式玠议婚，闻歙之富川汪龄女贤，于是两家议定婚姻。尚未出嫁，式玠病，汪氏忧形于色，暗焚香吁天曰："彼清白吏，宜昌厥后，某虽未成妇，其身可代也。"后父母潜闻式玠讣告，戒家人勿言，遣妹妹与其同起居。家人举动引起汪

---

① （清）程云鹏：《新安女行录》卷八《绩邑胡烈妇章氏传》，见董书第59页。
② （清）程云鹏：《新安女行录》卷十二《汪烈妇传叙》，见董书第88页。
③ （清）程云鹏：《新安女行录》卷十八《叶烈妇墓表》，见董书第122页。
④ （清）程云鹏：《新安女行录》卷十五《吴明经侧室谢氏殉烈记》，见董书第107页。

氏怀疑,后终于私讯小婢子得实,抵暮母归,强颜迎侍如常。是夜,自经于室。①

还有未嫁夫殁,誓归夫家守志殉夫。黟县叶氏许字同邑卢氏子,未嫁而夫殁,请归卢守志。父母曰:"尔翁姑且亡,谁为尔荫?"叶氏曰:"人各有志,未可强也。"卢家众妇迎之,临夫柩而哭,反拜翁姑,检夫床席而安焉,并为未嫁丈夫服丧。三年丧毕,设饮馔哭诸墓,食祭饭一盂,乃绝粒。父母劝之,贞女曰:"昔者有言矣,人各有志,未可强也。"遂绝粒而死。②

更有甚者,蒋氏已许配歙县槐塘程继濂为未婚妻,议婚后继濂从其父贾长沙,蒋父母待之十余年,音耗无一至也。父母知道这门婚事靠不住,打算改议,暗中与妁媒相谋。蒋氏知道后,长跪请于父母,矢以死待,遂不能强。复待之十余年,终不至,女郁郁成疾以死。仅仅一纸议婚书,蒋氏就痴等了二十多年,可见她为了保住名分,守"经"意志是多么坚定。未死时,父延医来视,女坚拒之。及父欲诊其脉,亦纳手不出,问其故,曰:"儿未适人,此手岂可为人执邪?"③七十年后槐塘又出了一个与此类似的节女。槐塘程氏幼许字揭田蒋氏子,未婚而蒋氏子殁,女闻讣,临丧哭奠,归即自经,母救得解,屡劝之,对曰:"母欲儿姑缓死,必坐卧小楼,悬绳以通食饮,然后可。"母只好从之。从此以后,程氏独居楼中整整二十八年,足不履地,手织纴以赡饔飧。此间惟闻姑病,一往视汤药,姑病愈即返。死之日,戚属登其楼,见床铺、桌子、板凳都坏了也从不让人来修理。④

女子从一而终,意味着女子就是丈夫的附属品。既然生命属于丈夫,身体更是丈夫之外的任何人不得染指。上述蒋氏因已许嫁,自己生病了甚至也不让自己亲生父亲执手诊脉。这种强烈的排他性使得女子不仅在丈夫死后以身殉夫,即使在丈夫未死时当自己身体受到他人侵犯或者有可能受到侵犯时也会为夫而殉。这在政权更迭或社会动乱时较为普遍。如:1644年,甲申大变,清军以雷霆之势攻克京城,翰林院检讨休宁人汪伟与妻耿

---

① (清)程云鹏:《新安女行录》卷一《贞烈汪大姑传》,见童书第18页。
② (清)程云鹏:《新安女行录》卷十《叶贞女传》,见童书第75页。
③ (清)汪洪度:《新安女史征》不分卷《二贞女传》,见童书第168页。
④ (清)汪洪度:《新安女史征》不分卷《二贞女传》,见童书第168页。

氏同时从容自经。① 1645 年，清军攻克扬州，时程宇与妻吴氏正侨居扬州，清兵大肆屠杀，一片混乱，程宇死于兵，长子同遇难，次子程汲年仅十四，被清兵砍伤坠城下乱尸中得免。吴氏携幼女仓皇出，闻夫死，乃避舍与幼女同时自经死。② 另方志上还有大量的记载，此不赘。

从以上例子看来，丧夫之妇都没有子嗣（上述程宇妻吴氏是特例），在当时的文化氛围下，改嫁受到非议，存活又会被视为不贞不节，极大地败坏自己的名声，那么毫无选择，只有一条路可走，就是殉身。即使不能殉身，像上述程继濂妻蒋氏独居小楼二十八年，悬绳以通食饮，也是活着的"死"人。理学杀人，正在于此。

二 生命服从责任：妇女守节的权变

女子从一而终，夫死身殉，这固然是守节。但是，在《新安女行录》和《新安女史征》中，我们也看到大量这样的事例，就是丈夫死后，妻子并没有去身殉，并且活了很久，也同样受到各级政府的旌表或表彰，同样受到乡人的崇敬和爱戴。

歙县唐模许昌贞妻吴氏，自小以孝称于家庭，嫁给许昌贞后，"入门而姑病在寝，即解装入侍汤药，姑卒，又竭力奉继姑"，同时还要服侍年已八十的祖姑，无少懈。然而就在此时许昌贞去世，遗孤甫月余，在这天塌之变面前，吴氏哀怀戚戚，而在姑前又不敢显露，强颜欢笑，侍姑抚子，对子起昆严加管教，起昆也非常努力，入学后负文誉，吴氏谆谆教诲："尔读书须上不负国家培养，下不辱尔先人，吾死何恨？"吴氏励节二十三年，终将起昆培养成人。雍正元年（1723），皇帝敕下建坊祠祀，以示褒劝。③

歙县长寿项氏嫁给环溪朱安世甫数旬，安世即去毘陵经商，一年后就去世了，项氏闻讣，数恸绝。灵柩返乡，项氏已绝食六日，誓以身殉。舅姑及家人劝之不可，又迎来项母泣谕之无效，于是舅姑大嚎曰："老人丧子又丧妇，老人尚犹旦夕延不可矣。"恸绝倒地，气息不出。项氏抚摩姑，良久声出。项氏这才改口说道："吾罪也夫，吾过也夫。自今以始，舅姑

---

① （清）程云鹏：《新安女行录》卷三《耿夫人殉难传》，见董书第 31 页。
② （清）程云鹏：《新安女行录》卷三《诰赠贞烈吴恭人传》，见董书第 27 页。
③ （清）程云鹏：《新安女行录》卷一《旌节许母传》，见董书第 17 页。

事，吾事尔。"乃弃华襦，躬操作，称未亡人三十一年，并立怀瑾作为丈夫的后嗣。①

黄氏嫁给宋文烈后，文烈思欲光大其门，昼夜诵读，发奋科场。黄氏殷勤侍奉，委曲承顺。过了两年，生子广岑，文烈的文章也大进。就在全家充满希望之时，文烈却屡困科场，忧郁之下，一病不起。临终之际，对黄氏说："吾有母未能事，吾兄固未成人也。守事之间，尔知所择，吾目瞑矣。""守"就是守节殉夫，"事"就是侍奉老母。显然，文烈希望黄氏在二者之间作出正确选择。此时黄氏仅二十一岁，受丈夫之托，担起事姑重任，同时抚养孤子，直至他成家。就这样历十六年三十七岁而卒。康熙六年议准："民妇三十岁以前夫亡守节，至五十岁以后完全节操者，题请旌表。"康熙三十五年题准："节妇自三十岁以内守节，至五十岁者，即行旌表，过五十岁者，将迟延缘由报部。"雍正元年又谕："节妇年逾四十而身故，计其守节，已逾十五载以上者，亦应酌量旌奖。"② 黄氏虽然由于死得过早，不够政府旌奖条件，但人们仍然将其视为节妇。③

歙县潜口汪氏，嫁潭渡许懋华。许家故饶，寻中落。懋华挟策游淮扬，经理故业，不久病故于淮扬，此时汪氏年仅二十有五，闻讣即不欲生，考虑到姑已年迈，怀中儿甫三龄，乃不敢死。当是时，故乡寇盗充斥，居民多奔窜，社会动荡不安，汪氏茕茕一身，幸赖汪氏之兄同心教育，孤子赖以成人并成家。然而不久孤子又卒，在这沉重打击面前，黄氏硬是挺了下来，抚养两个孤孙，当户六十六年。④

以上数例，都是妻子在丈夫死后并没有立即身殉，尽管有的听到丈夫死讯后也想以命殉夫，但在别人的劝说下终于改变了主意。为什么？这就涉及"经"与"权"的问题。

"经"与"权"是千百年来中国传统文化特别是儒家思想中的重要概念。所谓"经"，就是永恒不变的原理原则，所谓"权"，就是贯彻原则时的适当变通，即权变。中国儒家思想在长期的实践中逐渐认识到，守经与权变，都是维护原则不可或缺的方面，也就是我们今天所说的原则性与灵

---

① （清）程云鹏：《新安女行录》卷十八《朱节母墓碣铭》，见董书第124页。
② 以上均见崑冈等修，刘启端等纂《钦定大清会典事例》卷四〇三（据清光绪石印本影印）见《续修四库全书》史部804册，上海古籍出版社1995年版。
③ （清）程云鹏：《新安女行录》卷八《宋节孝黄孺人家传》，见董书第61页。
④ （清）汪洪度：《新安女史征》不分卷《许节母传》，见董书第177—178页。

活性相结合。孟子就说过这样的话："男女授受不亲，礼也；嫂溺，援之以手者，权也。"① 这就是守经与权变的关系。妇女守节也是如此。妻子殉夫，在封建道德看来，这是"守经"，但当夫有子嗣之时，情况就不一样了，正如黄氏之舅所说："死与延宗祧孰重？死则而夫将不祀。"这样就有了比"死"更重要的事——抚孤续宗。这时妇女的生命就应服从责任，并毅然担负起这一责任。

为什么抚孤比殉夫更重要？孟子说过："不孝有三，无后为大。"② 尽管对这句话学界有不同的解释，但民间绝大多数还是理解为没有后代（主要指男性），宗祀烟火断绝，是对父母及先辈最大的不孝。所以当男子"娶妻本为继嗣"，如妻子不生或没生男孩，男子一般多为再娶，直到有男孩出世为止。有了男孩，就意味着宗祧有了延续。如果这名男子一生没有儿子，那就必须生前在宗亲下辈中寻找一位男性过继承祀，作为自己的后嗣。如果男子生前未能确定后嗣，那死后就由父母或宗族确定。这是家庭高于一切的大事。所以，当男子死亡，如果有了儿子，妻子殉夫，儿子必然无人抚养，一旦出现意外，就意味着宗祧烟火断绝。这可是大事。抚孤续宗，责任重大。这时妻子就不能殉夫，而应挑起抚孤重任，以延续宗祧。这就是守节的"权变"。

对于"守经"与"权变"的关系，当时人就有这方面的认识。

歙县程尚交娶了丛睦汪氏为妻，由于没有子嗣，乃立尚交公之兄予襄公之子文焕为子，文焕生而颖异，汪氏十分喜爱。谁知程尚交不幸早逝，汪氏首先想到以身殉夫。这时堂上翁程熙承对她说："妇人殉夫，义也，非经也。公甫文伯之母、孟子之母、陶侃之母，要以能成子令名斯已耳。文焕非尔出乎，实为尔后矣。"③ 这番话对她触动很大。"妇人殉夫，义也，非经也。"这就是说，殉夫只是"义"，而不是"经"，也就是说不是非死不可。还有超过"义"、比"义"更重要的东西，这就是责任，抚孤之责比殉夫更重要。于是汪氏偕文焕生母谢安人一心抚养教育文焕。文焕感泣，学益进。待长大后又鼓励文焕经商，而家事操理得井井有条。至诸孙济济，能读先人遗书，长孙玉图蜚声黉序，汪氏喜曰："吾始愿不及此，吾可以报尔父地下矣。"卒年五十有八。汪氏虽然没有殉夫，但她尽到了

---

① 《孟子·离娄上》。
② 《孟子·离娄上》。
③ （清）程云鹏：《新安女行录》卷三《汪节母程安人家传》，见童书第 30—31 页。

自己的责任,把嗣子抚养成人,使程尚交后代得以延续,同样是守节,受到人们的爱戴。可见,在丧夫妇女面前,生命必须服从责任。

类似情形还有不少:鲍氏瑶枝及笄嫁给程家蔚,家蔚读书,不善治生,"凡饔飧膏火,悉取办母十指所出"。过了数年,家蔚去世。鲍氏痛不欲生,要以身殉。但两个孤儿长秀、长康皆在襁褓,怎能撒手而去?乃断然拒绝族人改嫁的劝诱,极人世艰辛抚养两孤,终将两孤培养成人,先后成家立业,并繁衍了后代,延续了程家的烟火。鲍氏年过八十无疾而终。而此时,"子姓衣冠文物之盛,几甲一乡"。"先是,一室中仅母子三人耳,称觞日身所出者几百余人,郡邑大夫以迄荐绅三老,车马声填里巷。"鲍氏以一人之功,延续了程家宗祀,时人都认为其功甚伟,堪称节妇!① 这就说明了一个道理:妇人丧夫后,殉与不殉,取决于宗祧的需要,如果负有延续宗祧之责,那生命必须服从责任。

再看一例:歙西贞白里郑良槐、良栻兄弟皆娶于黄,良槐妇为伯姒,良栻妇为叔姒。新婚不久,良槐死于兵难,伯姒年二十有六,有身数月矣,恸夫死非命,将捐躯以殉。舅以大义谕之,谓:"死与延宗祧孰重?死则而夫将不祀,今若既有身,安知天不锡之男以延宗祧也?"伯姒虽勉强承命,但舅知其志甚烈,又未知将所生是男是女,只好编了一通谎话说,昨天卜者说所举当男,但初生数年不能见其母,必无自乳,然后可。及分娩,家人报之曰:"男也。"急令抱送乳媪家,弗令见。过了六年母亲才见到孩子,乃是女也。伯姒仰天而悔曰:"吾早知天不予吾夫以后也,何若速死之为愈乎?"擗踊痛哭,欲捐躯以殉。舅从容语之曰:"无庸也。若叔姒今又举一子矣。吾即令为若嗣,而夫不且无后而有后乎?"伯姒至此方知舅为己夫宗祧计,用心良苦,感激流涕,捐躯之念始不复萌,矢以抚孤为己任,而孤即叔姒所生第二子星焕。然而数年,良栻与舅姑相继逝,家益中落,良栻之孤星燧仅十二龄。从此两位妯娌同心协力抚养教育两个孤儿星焕和星燧,凭借双手以赡朝夕,培养两孤读书。"织作声与咿唔声无寒暑昼夜不少休,邻里闻之悽然。识者早卜其家必兴矣。"迨两孤长而授室,虽儒也仍令服贾,克勤克俭,家果复兴。伯姒八十一龄寿终,叔姒七十九龄辞世,两人和睦同居五十余年,号称郑氏双节。② 歙县仇门

---

① (清)汪洪度:《新安女史征》不分卷《柏颂》,见董书第179页。
② (清)汪洪度:《新安女史征》不分卷《贞白里郑氏双节传》,见董书第189页。

也有类似情形。汪氏年十八适仇国高，八年而国高殁，子成彦甫三龄，汪抚之长，为娶妇项氏，生子二人立礼、立祁，女一人。汪顾之色喜曰："仇氏宗祐，其可无忧矣乎。"迨成彦贾维扬，家渐起。想不到没多久成彦又病故。妻项氏经旬不食，誓以死殉。汪持其袂劝曰："而舅（国高）见背时，吾方抱而夫（成彦）自乳，门以内依毗鲜期功之戚也，使令乏三尺之童也，凭十指所入以饲而夫朝夕，吾采租代粟，心固甘之。忧危空乏，视若今日何如？若死，我非不能以抚而夫者抚而子，顾筋力竭矣。假一旦填沟壑，此藐然者，将谁恃耶？"在婆婆的劝说下，项乃不敢死，黾勉持家。把两个孤儿立礼、立祁培养成人。时人称其为两世贞节。①

当然，守节抚孤甚至还要侍上，是极其艰辛的。丈夫去世，意味着家庭的顶梁柱倒了，正常的经济来源突然断了。寡母要肩负仰事俯育的重任，其间的千难万苦常人难以想象。

如歙龚氏年十八归程瓒，瓒故巨族，而家独贫，又抱风疾，龚氏安然无怨怼。结婚四年程瓒死，龚氏绝粒几危，翁媪谓之曰："尔冢妇也，如志殉身得矣，吾两人衰老何依？吾儿一子一女何鞠？"固示孺人大义，遂不敢死。谁知不数月，孤又夭折。然龚氏上有翁姑，下有一女，仰事俯育责任重大，必须活下来。可想而知后面的日子是多么艰难："衣百结，并日一食，犹供甘旨博堂上欢。窃暗中悲啼，不忍伤翁媪心。"龚氏"乃执针察线奉两老人，不妄受人咄嗟之惠，闺阁之外不一履"。两老人先后殁，岁时奉祀哭奠不忘。就这样为两位老人送终，把孤女养大。②

明嘉靖年间，游氏嫁婺源大坂汪珽，谁知相夫四年，遗孤十日，称未亡人。既而翁媪死于疫，遗孤又死于寇，这时唯有孤侄汪珣。游氏忍痛将汪珣抚养成人，并授室生三子：汪升、汪阶、汪址。不久，侄汪珣再亡，其妻年少，游氏乃独自肩起全家重担，"一家之食指视焉，祀墓之禋祀视焉，三党之姻戚视焉，怠则倩，倨则怨，宽则藐，饥寒困迫而谨廪当门"，教育其三个侄孙。族人又议定以汪升为汪珽之后，汪珽宗祀又得以延续。正因为游氏为汪氏宗祀作出了重大贡献，所以她的事迹被写入郡志，学使者及郡邑皆旌其门，缙绅先生著有诗文载诸家乘。③

---

① （清）汪洪度：《新安女史征》不分卷《仇门两世贞节传》，见董书第194—195页。
② （清）程云鹏：《新安女行录》卷四《苦节程孺人传》，见董书第32页。
③ （清）程云鹏：《新安女行录》卷七《婺源汪节母游孺人传》，见董书第56页。

三 知识精英与妇女的命运

那么从《新安女行录》和《新安女史征》中，徽州程云鹏、汪洪度这样的知识精英是如何看待"守经"与"权变"的呢？

首先，他们热烈歌颂妇女的"守经"即殉夫者。前述罗田方以仁继妻黄氏，夫死后刺鹤顶血饮而死，鹤亦悲凄鸣咽死其侧。程云鹏深情地赞道："甚哉！禽莫灵于鹤，而人莫灵于黄氏也。鹤乎鹤乎！可以人而不如乎？"① 言下之意，鹤都能为主人而死，那女子为什么不能为丈夫殉身呢？澄塘吴复贞，许字程观凤。凤随父经商死，吴氏虽然是侧室女，闻讣后缝纫衣衸革带自经。程云鹏也赞道："志不阈于年也，人不绝于微也，天地有正气，自生而具也。"② 把这种殉身赞为"天地正气"。歙县方氏许配本县朱世遽，十三年未谋夫面，绝食五日而死。程云鹏感叹道："呜呼！从容就义，振古所难。贞女字朱氏，十三年未谋夫面，于归而死，圣人之所谓正命也。彼欲嫁者宁无愧于贞女欤？"③ 孟子说："尽其道而死者，正命也"。④ 程云鹏认为朱氏之死是"尽其道而死"，故被誉为"正命"。其他的知识精英也是如此。清代绩溪章氏嫁曹鼎立，婚甫一年，鼎立远贾。原定盛夏言归，谁知二竖为灾，遽尔作古。章氏闻讯，绝食六日而死。周濂专门为此写了一首长诗，其中写道："呜呼！此真巾帼之丈夫，闺阁之豪杰。故非称为节，特名之曰烈……三从四德世可风，孰不懔然心敬肃。书罢忽闻天籁鸣，悲风撼动女贞木。"⑤ 而且地方精英为她请旌于朝，徵诗于野，结果海内征诗盈轴。这都说明知识精英们对待妇女守经的态度。

同时，他们也充分肯定妇女守节上的"权变"。丈夫去世，妻子并未身殉，而是担负起仰事俯育的重任，撑起了一个家庭。这种做法也得到了知识精英的充分肯定和赞扬。他们不仅将她们的事迹写成传记，广为传播，而且为她们向各级政府请求旌表。程其猷先娶王氏，生子女皆夭折，程娶侧室吴氏，生一女二子。谁知其猷病故，两位女人同心鞠养三个孩子，教子裕父克家。两人益相亲厚，上慈下敬，里党以为难。后王氏殁，

---

① （清）程云鹏：《新安女行录》卷三《黄烈君传》，见董书第33页。
② （清）程云鹏：《新安女行录》卷三《贞烈吴女传》，见董书第33页。
③ （清）程云鹏：《新安女行录》卷十《方贞女传》，见董书第76—77页。
④ 《孟子·尽心上》。
⑤ 《绩溪城西周氏宗谱》卷十八《诗·曹烈妇诗》，光绪三十一年（1905）刻本。

两子娶妇有孙,但长子伟又卒。孤孙长者五龄,次方遗腹,次子倓事业未振,子尤幼怙,吴氏含辛茹苦,抚孤成人。死后虽未获旌典,但学使韩城张公却表之门曰"慈节可旌",充分肯定吴氏的行为。程云鹏对两氏事迹也大加赞赏,认为"妇人女子守其一节,固无异于孤忠纯孝,亦常自生于忧患,至老死而不辞",所以特地为她们写了《慈节二程母传》。①

不仅抚孤成立受到称赞,即使抚女成人也受到称赞。休宁陈昌言娶许氏,早卒无子,只有二女,许氏历尽千辛万苦,将二女培养成人。在汪洪度看来,这也是守节。他认为:"夫殁时,年二十有六,家无余积,止生二女,抚育之,长为择配,且治家严肃,动必循礼,巫祝尼媪罔敢过其门,可不谓节乎?念生不逮事舅姑,夫未终子职,岁时伏腊事死之仪,必诚必敬,至老不衰,轮支众祀。值岁大饥,粢盛牲醴享祀丰洁,悉取办于女红之所入,可不谓孝乎?"②认为许氏体现了"节"和"孝",表现出对守节"权变"的理解和肯定,这也是对延祧责任的高度重视。

这种延祧的责任,已经化为不少妇女的自觉意识。歙县闵氏嫁给同里方兆圣,兆圣在外经商,谁知"业日益落,抱伊郁疾而终。"留下二子一女,闵氏没有想到去殉夫,而是说:"吾责重矣,先人之遗惟此。"③于是吃尽千辛万苦,将子女抚养成人,使兆圣宗祧得以延续。王正宸妻程氏,二十岁时丈夫去世,其时她已有孕在身,她也没有选择去殉夫,而是说:"吾宁惶惑忘忘而冀生乎?娠在身,责攸重。"④显然认识到抚孤延祧的责任重大。歙县程瑱死时,其妻王氏年二十九,绝粒哭三日夜不休,而其舅姑亦悲且废食,三个孤儿哭而哀。后来"王氏忍泣拜堂下,愿负荷夫子责,不敢贻老人忧。"⑤ 这些妇女之所以都没有殉夫,因为她们都意识到抚孤延祧是自己义不容辞的责任。

知识精英曾经讨论,究竟是殉死难,还是守节难?程云鹏曾问枫楼学士曰:"妇人夫死,殉难乎?守难乎?"学士曰:"均难也。白日幽光,阴房鬼火,谁乐就之?苦雨凄风,漫漫长夜,谁愿耽之?然人不以难也,各

---

① (清)程云鹏:《新安女行录》卷二《慈节二程母传》,见董书第22—23页。
② (清)汪洪度:《新安女史征》不分卷《书节孝陈母传后》,见董书第198—199页。
③ (清)程云鹏:《新安女行录》卷六《方母闵孺人家传》,见董书第50页。
④ (清)程云鹏:《新安女行录》卷十五《王节母程氏建坊记》,见董书第106页。
⑤ (清)程云鹏:《新安女行录》卷十七《节母程母墓志铭》,见董书第117页。

行其是尔。"① 汪洪度却认为: "死易节难耳, 人岂无激于一时义愤, 不难舍生取义者。至于节则虽迫于义, 而实本乎情, 既为妇者所为也。若未成妇矣, 情与义两何所处哉? 故女而死者容有之, 女而节也盖寥寥已。"② 显然, 对殉身和守节, 无论认为"均难"也好, 抑或认为"死易节难"也罢, 都说明了知识精英并没有歧视守节的权变者。所谓苦雨凄风, 漫漫长夜, 确实反映了守节者的痛苦。正因为守节的妇女忍受了巨大的常人难以忍受的煎熬, 抚子或女, 孝养二老, 她们的贡献绝不亚于以身殉夫者, 甚至更大。这种守节者的权变自然应该得到充分肯定和赞扬。

在知识精英看来, 守节也有不同的境界。程云鹏就说过: "妇人一节非难, 而抚孤为难, 匪抚孤之难, 而时有不幸。孤且凶亡而与灭继绝, 不坠先人一线之绪, 以开百世之宗, 则非寻常妇人所得而施其用也。"③ 正因为如此, 前述婺源大坂汪琏孺人游氏, 相夫四年, 遗孤十日, 不久孤子又死于寇, 游氏独掌家秉, "一家之食指视焉, 祀墓之裡祀视焉, 三党之姻戚视焉, 急则偾, 倨则怨, 宽则藐, 饥寒困迫而谨廪, 当门教育其犹子"。犹子娶妇生子后, 犹子又亡, 游氏又同侄媳共同抚养侄孙, 终于"不坠先人一线之绪, 以开百世之宗", 其功莫大焉。所以程云鹏认为: "叔亡而更抚其子以昌厥宗, 虽谓孺人为汪氏之姜嫄也可。"④ 姜嫄, 帝喾之妻, 传说她于郊野践巨人足迹怀孕生后稷, 成为周朝的祖先。程云鹏将游氏比作姜嫄, 可见对她评价之高。

守节还有更高境界, 这就是不仅要抚子成人, 更要教子成善。正如程云鹏所说: "妇人一节非难, 而能不偾先人遗荫为难。教其子取富贵非难, 而令乡里称善人为难。"⑤ 徽州很多守节妇女都做到了这一点, 她们含辛茹苦, 抚子成长, 同时教育他们立品成人, 即使不能读书为官, 但只要能够自食其力、一心向善即可。例如, 程茂忠妻吴氏、程瑞云妻汪氏两人同宗, 又是邻居。各自丈夫去世时, 吴年二十七, 汪年二十八。皆有子三人, 也都家贫业落, 但两人并没自甘下流, 而是吃尽千难万苦, 将子培养成人, 虽"佃田佣作以养母", 既不富也不贵, 但获得世人称赞。程云鹏

---

① (清) 程云鹏:《新安女行录》卷三《草市二曹妇传》, 见董书第 32 页。
② (清) 汪洪度:《新安女史征》不分卷《二贞女传》, 见董书第 168 页。
③ (清) 程云鹏:《新安女行录》卷七《婺源汪节母游孺人传》, 见董书第 56 页。
④ (清) 程云鹏:《新安女行录》卷七《婺源汪节母游孺人传》, 见董书第 56 页。
⑤ (清) 程云鹏:《新安女行录》卷八《临河二程母传》, 见董书第 63 页。

也认为这样的守节确实值得赞叹。①

知识精英对妇女守经殉夫的颂扬，配合政府的旌表、理学思想的浸润，推动大批丧夫妇女走上了绝路。如康熙年间歙呈坎罗氏嫁岩镇潘氏，家贫糊口四方。舅殁，廷谏归，两年后病故。妇年二十六，恸绝复苏，将夫敛毕，闭户自经，解救不死。又乘间跳楼，臂折又不死，绝食九日乃死。死后，"吊者赙者不绝于道，阖镇诸绅士耆老出赀卜地，将其与夫合葬，郡邑大夫率众设祭三日，观者数万人，皆嗟叹以为荣"。可想而知，"郡邑大夫率众设祭三日，观者数万人"，其影响多么惊人，难怪以后"数月，邑中死烈者若而人"②。也难怪徽州的烈妇不计其数了。

知识精英对守节权变的充分肯定，为她们请旌，为她们立传，为她们宣扬，也对丧夫的妇女产生了积极的影响。使她们在人生最重要的关头选择了一条存活之路，不仅挽救了很多丧夫妇女的性命，也避免了家庭的二次甚至连锁灾难，使得老有所依，孤有所护，更重要的是宗祧得以延续。例如吴氏嫁给鲍炌后，炌肆力于学，不事生产，吴氏代综家秉。后生一子，然而没过几年，鲍炌病卒，吴氏年仅三十二，虽欲相从地下，念舅姑别无息子，遗孤廷望甫五龄，乃忍死奉养舅姑。其后舅又纳妾，连生两子。想不到逾年姑去世，又逾年，舅、庶姑相继即世，所遗三孤皆幼，吴氏涕泪交流，抚两叔及一子而维持调护之，终将三孤培养成人，子孙繁衍，此枝鲍氏得以兴旺。③可知妇女的抚孤续祀，对社会的发展和稳定是有利的。但是，我们也应看到守节妇女在尝尽人间苦楚的同时，也在精神上付出了难以想象的巨大的牺牲。

总之，丧夫之妇要么为名殉夫，要么为宗担责，否则就要受到歧视甚至吐弃。妇女对自己的命运一点自主权也没有，这正是封建社会妇女的极大悲哀。

明清时期像程云鹏、汪洪度这样的知识精英对守节权变的认可和赞扬，固然值得肯定，但并没有超越封建思想雷池一步。主要表现在他们对丧夫妇女改嫁的不认可。无论是《新安女行录》或是《新安女史征》，诸多的妇女传记，没有一篇传记是丧夫改嫁的，反而充满了对拒绝改嫁者的肯定。显然他们是不认可妇女改嫁的，这是他们的历史局限性。

---

① （清）程云鹏：《新安女行录》卷八《临河二程母传》，见董书第63页。
② （清）汪洪度：《新安女史征》不分卷《潘烈妇碣文》，见董书第182—183页。
③ （清）汪洪度：《新安女史征》不分卷《鲍母吴孺人传》，见董书第202页。

比程云鹏晚生几十年的徽州人俞正燮，就比他们进步得多。俞正燮极力反对未婚女子守贞：

> 后世女子，不肯再受聘者，谓之贞女，其义实有难安。未同衾而同穴谓之无害，则又何必亲迎？何必庙见？何必为酒食以召乡党僚友？世又何必有男女之分乎？此盖贤者未思之过。①

他认为非难妇女改嫁，是对妇女不公：

> 妇无二适之文，固也。男亦无再娶之仪。圣人所以不定此仪者，如礼不下庶人，刑不上大夫，非谓庶人不行礼，大夫不怀刑也。自礼意不明，苛求妇人遂为偏义。

他接着愤慨地说道：

> 而深文以罔妇人，是无耻之论也。②

所以他主张：

> 其再嫁者不当非之。不再嫁者敬礼之，斯可矣。③

如果说汪洪度、程云鹏等知识精英关于守节的思想还停留在封建思想的经权窠臼的话，那俞正燮的思想已经冲破了儒家之"经"，显露出近代思想解放的晨曦了。

---

① （清）俞正燮：《癸巳类稿》卷十三《贞女说》，清道光日益斋刻本。
② （清）俞正燮：《癸巳类稿》卷十三《节妇说》，清道光日益斋刻本。
③ （清）俞正燮：《癸巳类稿》卷十三《节妇说》，清道光日益斋刻本。

由书香门第到商人家族

——明代徽州府休宁邑前刘氏的商业活动

陈时龙

（中国社会科学院历史研究所）

摘要： 休宁邑前刘氏是宋代以来徽州府一个著名的家族。宋元时期，邑前刘氏读书应举，在科举仕宦上屡有突出表现，可谓一个书香门第；元末明初的战乱迫使邑前刘氏族人在读书应举之外有更多的生计选择，或从戎，或从商。因此，到明代，随着徽州人经营商业气氛的日趋浓厚，邑前刘氏大部分族人也投身到商业经营中，经营范围遍及全国，经营的行业也多种多样，而且行商与坐贾通过家庭分工的方式得以有机地组合起来。

关键词： 邑前刘氏　休宁　商业

关于徽商与宗族的相关研究不少，也往往很重视家谱内的徽州商人资料。不少学者更是利用家谱来对徽州商人家族进行研究。[1] 本文拟以明嘉靖三十七年（1558）刘显富修《休宁邑前刘氏族谱》（以下简称《族谱》）

---

[1] 就笔者所见，关于明代徽商家族的研究，有张海鹏先生对明清时代歙县芳坑江氏茶商的研究，王裕明对休宁林塘范氏、西门邵氏、歙县棠樾鲍氏和泽富王氏等家族的商业经营的研究，张育滋对歙县瀹潭方氏、寓杭的徽商家族如黟县宏村汪氏、歙县新州叶氏、新馆鲍氏的族人商业经营的研究，许骥对许村许氏从宋元到明代的商业经营，包括对其行业、范围及许氏富商的姓氏名号等的介绍。参见张海鹏、王廷元：《徽商研究》，人民出版社2010年版；王裕明：《明代前期的徽州商人》，《安徽史学》2007年第4期；张育滋：《明清杭州徽商研究》，北京师范大学出版集团、安徽大学出版社2016年版；许骥：《徽州传统村落社会：许村》，复旦大学出版社2013年版。

为主要资料,① 对休宁邑前刘氏在明代的经商传统及其商业活动作一探讨。邑前刘氏在休宁县城东门内。康熙《休宁县志》卷二《宗祠》载:"邑前刘氏宗祠,在东门内。"② 曹嗣轩《休宁名族志》载:"邑前(刘),在邑治之前,派出唐翰林学士承旨,出守江南,因乱遂家休宁,子孙世居县治之前左右正街。"③ 通常,《休宁名族志》记人物只记"忠孝、节义、勋业、文章",故于邑前刘氏的人物仅收录十八人,主要是生员、监生、举人、有官职的人,以及两位贞烈女子。④ 令人印象深刻的是,其中"例入太学"者两人,"例授太医院吏目者"一人,即有三人通过捐纳而获得监生资格或做官。这表明邑前刘氏家族之中富庶家庭不少。那么,这些刘氏族人的财富从哪里来的呢?在无商不富的明代徽州,那些没有官宦背景家庭难道还会有商业之外的积聚财富的途径吗?可以说,《休宁名族志》中一份意在记录官宦功名的名录,反而折射出家族的商业背景。通过阅读《族谱》,我们不仅对邑前刘氏在明代的商业活动有更清楚的认识,还会看到邑前刘氏由宋元到明代所发生的从一个书香门第向商人家族的转变。需要加以说明的是,邑前刘氏在元明间由邑前又析居于敉宁、峡东、凤湖、叶村、临溪数地,而族谱所载间亦包括分居各处的族人,本文所讨论的邑前刘氏的范围其实也相应包括这些族人在内。

---

① (明)刘显富编修:《休宁邑前刘氏族谱》,《中国珍稀家谱丛刊·明代家谱》影印嘉靖三十七年(1558)活字本,凤凰出版社2013年版,第2756页。按,中国国家图书馆藏《休宁邑前刘氏族谱》六卷,著录为"刘尧锡、刘齐礼纂修,明嘉靖三十六年刻本"。考《族谱》内所记《刘氏修谱纪录》,则倡首者为显富,综理诸务者为显富、福浩、齐祐等三人,编辑为尧锡一人,校正为齐礼一人。是可知倡修之功在刘显富,编纂校正之功在刘尧锡、刘齐礼。著录不同,只在所循的标准不同。又,陈有守《谱序》中说:"嘉靖丁巳,族彦显富……命尧锡编辑,齐礼考校,厘然为六卷。……乃衷集成帙以是岁仲秋八月,爰延六水陈子于别业,立法正义,至冬暮而功半。越明年,戊午八月复延六水陈子于草堂,裁文成书,至冬暮而功竣。"(第2600、2605页)可见《族谱》倡修于嘉靖三十六年(1557),而最终定稿乃在嘉靖三十七年冬,定为"嘉靖三十七年活字本"更准确。曹嗣轩《休宁名族志》(黄山书社2007年版)卷三记载:"刘尧锡,字元圭,由庠生领嘉靖甲子科(1564)乡荐,编葺《刘氏宗谱》。"(第604页)《刘氏宗谱》盖指此谱。

② 康熙《休宁县志》,《中国方志丛书》影印康熙三十二年(1693)刻本,成文出版事业公司1970年版,第296页。

③ (明)曹嗣轩:《休宁名族志》卷3,第604页。

④ 《休宁名族志》所载十八人分别是:刘尧锡(举人)、刘文和(由庠生例入太学)、刘文科(例授太医院吏目)、刘文衡(尧锡之子,武学生)、刘文循(尧锡之子、邑庠生)、刘守道(太学生)、刘朝阳(文科之子、邑庠生)、刘梦阳(邑庠加例儒官)、刘宗尧(邑庠生)、刘烓(邑庠生)、刘元懋(守道之子,扬州庠生)、刘元明(庠生,例入太学)、刘元宪(扬庠生,守道次子)、刘承芳(太学生,文和之孙)、刘登科(湖广庠生)、刘元修(本县阴阳学训术)、刘福山妻程氏(贞烈)、刘朝宗妻邵氏(贞烈)。

一　宋元时代的邑前刘氏

邑前刘氏始祖可以追溯到唐翰林学士承旨刘翀（872—944），至明嘉靖年间已历经二十余世。《族谱凡例》中说："刘氏肇于唐翰林学士承旨依仁公，出守江南，因卜居休宁邑前，自后子孙蕃衍，多历七百年所。"① 在五代、两宋时期，邑前刘氏也还是一个官宦之家、书香门第。刘翀之子刘澄（891—968）亦官国子监司业。刘澄长子刘戡（923—987）以贤良方正策对擢第，宋太平兴国年间曾历官九江太守，族中称太守公；次子刘顺（926—1017）以武力业戎，官至侍御龙虎将军都指挥使，族中称太尉公；三子刘铣"读书知义"，隐而不仕；四子刘振以荐辟累官黄州同知，族中称同知公。太守公刘戡的长子刘靖则"以明经授余杭县丞"，次子刘端"以才干累官四川转运茶马使"，三子刘竦"以贤良方正授贺州通判"。② 此后，刘氏数世相对陷入沉寂。

到南宋年间，第七世刘晏（1172—1244），字德明，"明经博学，以贤良被荐，授四川学正"，族中称学正公。③ 第九世的刘学（1155—1213），字景明，号春轩，"射策有隽才，应试中浙江省元，口口太学生"。南宋后期，邑前刘氏读书应举的风气开始浓厚起来，且以《春秋》经闻名。第八世的刘渊，字伯深，大概因为父亲刘俊民是一位商人，故而有资财业科举，"以茂材异等请乡举，中浙江省元，未及登第而卒"④。刘渊长子，第九世刘应葵（1176—1234），"字以忠，省元渊公次子，性质颖异，博综坟史，以《春秋》请乡举，中浙省解元，登第，授通州学正，横经笃业，风振东南，四方学者鼓箧辐辏其门"⑤，族中称解元公。刘渊第三子，刘应葵的弟弟刘应雷（1180—1219），也通经入学。刘应雷，字以震，"幼承家学，筑室开南窗，洞究《春秋》经旨，士人多从质义，因称南窗先生"⑥。同辈中又有刘应宝，字国善，"幼学《春秋》，以明经应试，未第而卒"；⑦ 刘应辰，字时可，"负志笃学，补郡庠诸生，以贡授苏州府学

---

① （明）刘显富编修：《休宁邑前刘氏族谱》卷3，第2627页。
② （明）刘显富编修：《休宁邑前刘氏族谱》卷3，第2743—2746页。
③ （明）刘显富编修：《休宁邑前刘氏族谱》卷3，第2750页。
④ （明）刘显富编修：《休宁邑前刘氏族谱》卷3，第2754页。
⑤ （明）刘显富编修：《休宁邑前刘氏族谱》卷3，第2756页。
⑥ （明）刘显富编修：《休宁邑前刘氏族谱》卷3，第2757页。
⑦ （明）刘显富编修：《休宁邑前刘氏族谱》卷3，第2756页。

教授"①。此后，刘应葵子刘埜（1198—1264）、刘钜（1204—1278）、刘荣（1228—1307），刘应雷子刘鹗昇（1230—1257），均以通《春秋》经入学：

> 庠士讳埜，字大沽，解元应葵公长子，世父《春秋》，士人服其造诣，屡试未第。
> 庠士讳钜，字大宽，解元应葵公三子，以《春秋》有声庠序，历科不第，出游江湖，遂迁居镇江。
> 庠士讳荣，字大显，解元应葵公四子，有志继述《春秋》，与诸兄自相师友，济美流芳，人称一门竞爽。
> 庠士讳鹗昇，字淑清，应雷公长子，天资英迈，通《尚书》《春秋》二经，文词雄浑。……数奇不第，赍志以卒。②

即便没有入学的刘应葵次子刘宇，也是"博涉书史，以词章擅名"③。在这里，我们看到的是商人刘俊民到儒士刘应葵兄弟、刘埜兄弟的转变。不过，令人遗憾的是，刘埜兄弟未能取科第。在与刘埜兄弟同辈的第十世族人之中，刘师圣亦习《春秋》，而且以贡生官训导，族中称训导公。《族谱》记载说："训导公号师圣，字道一，号古云，天赐公子，以《春秋》补邑庠生，贡入太学，授临安训导，于师生恩义弥笃，爱西湖山水，遂家于官，卜居杭之井亭桥。"④当然，刘师圣是学正公刘晏的曾孙。虽然父亲刘天锡、祖父刘说都没有在读书业举上有什么突出的成绩，但家风还是传承下来了。

入元以后，读书的风气还有保留。明人金潞《明故处士炉峰刘公墓志铭》记载："高祖讳福龙，曾祖讳文新，父子教谕路、邑，著籍儒户。"⑤刘福龙任徽州路教授，刘文新任休宁县教谕，⑥父子两代读书应举，在元代户籍划分中被列为"儒户"。刘福龙、刘文新父子后析居于敉坊，开敉

---

① （明）刘显富编修：《休宁邑前刘氏族谱》卷3，第2759页。
② （明）刘显富编修：《休宁邑前刘氏族谱》卷3，第2759—2760页。按，刘埜也迁镇江，刘钜则因长兄亦迁镇江，参见卷一《历世迁徙图次》，第2658页。
③ （明）刘显富编修：《休宁邑前刘氏族谱》卷3，第2759页。
④ （明）刘显富编修：《休宁邑前刘氏族谱》卷3，第2758页。
⑤ （明）刘显富编修：《休宁邑前刘氏族谱》卷4，第2963页。
⑥ （明）刘显富编修：《休宁邑前刘氏族谱》卷1，第2675页。

坊一派。《休宁名族志》记载："十一传曰福龙，徽州路教授，始居救居坊。子曰文新，国初本学教谕，习父儒教。次曰鲍八，迁临溪。"①《族谱》中也记载："教谕公讳文新，字公鼎，号枫林，教授公福龙长子，性颖敏，袭本邑儒学教谕，明道淑人，一时学者宗之。"②但是，刘文新有四子，分别是泰寿、观保、三保、四住，而正如接下来所要讲到的，刘文新之子刘三保虽然曾是"庠士"，③却最终在元末战乱中选择了从戎。刘应辰子孙也都读书业儒。刘应辰第三子刘鼎，"器识颖异，日诵千余言"，四子刘奎（1261—1276）"博涉经史，以荐辟授本县茶课提举司副使"。刘奎之子刘天德（1314—1375）亦习《春秋》，入县学。《族谱》载："庠士讳天德，字清叟，副使奎公子，蚤通《春秋》，补邑庠诸生，寻遭红巾之乱，迁居檊木坞。"④另外，又有第十二世刘庚（1305—1327），字良臣，号恒斋，"通五经六律之学，入大学数年，未第而卒"；十二世刘千一，"美质好学，博洽典坟，浙江乡试中省元，避乱未赴南宫，自是隐遁教授不出"⑤。因此，邑前刘氏的读书风气大概延续到元末明初，像刘天德之子刘玹保（1344—1390），"性质聪敏，笃志博学，游乡先生翰林朱学士之门"⑥，为朱升（1299—1370）门人。

不过，邑前刘氏的学风在元末明初有一新变化，即族人们所习经典由《春秋》逐渐转移到《周易》。十二世的刘铉（1320—1400）在其中的转换上起了重要的作用。刘铉在元代以《周易》领乡荐，官丹阳教谕，并且在明初以《周易》教育族人，族中称"教谕公"。《族谱》记载："教谕公讳铉，又名赵铉，字元鼎，添禄公子，以《周易》领乡荐，计偕春官，授丹阳教谕。无何兵乱，解职归，迁居一都长川，国初仍还祖宅。有司屡举之，辞疾不起，设塾于家，以教族姓及乡人后学。"⑦邑前刘氏在明代习

---

① （明）曹嗣轩：《休宁名族志》卷3，第605页。
② （明）刘显富编修：《休宁邑前刘氏族谱》卷1，第2761、2764页。
③ （明）刘显富编修：《休宁邑前刘氏族谱》卷1，第2675页。
④ （明）刘显富编修：《休宁邑前刘氏族谱》卷3，第2765页。
⑤ （明）刘显富编修：《休宁邑前刘氏族谱》卷3，第2765、2766页。
⑥ （明）刘显富编修：《休宁邑前刘氏族谱》卷3，第2769页。
⑦ （明）刘显富编修：《休宁邑前刘氏族谱》卷3，第2766页。

《易》的风气,应该说是刘铉在族中的教授开创下的。①

二 明初邑前刘氏的生计抉择

元末明初的动荡对邑前刘氏冲击较大。战争与动乱使休宁邑前刘氏族人失去了之前读书务农的淡然。为适应环境的新变化,邑前刘氏为自己的生计做了更多的选择:一部分族人在战争中选择从戎或者被迫从戎,入明后成为军户;一部分族人因为生计而开始从事商业,而其子孙亦多投身于商业。

元徽州路(即明徽州府)是朱元璋政权建设时期较早控制的区域,因此也成为朱元璋重要的税源地与兵源地。相应地,邑前刘氏也有部分族人佥为兵丁,入明后成为军户,迁徙外地。例如,刘恭及兄刘泰一系即自此成为军户,刘泰次子亦从其叔父戍普安卫。《族谱》载:

> 处士讳恭,又名子安,辛公子,元至正戊戌以丁粮点充民兵,守新安卫。洪武辛酉征南,留戍普定卫。丙寅卒于戍所。距生元政和戊辰年五十有九。比公分产业,因家遭火灾,裘书文券无存,荐被散亡殆尽。其军役,盖兄泰公子孙承传补伍,于今不缺。
>
> 处士讳泰,又名原安,庚公子。国初大廓基业,启佑后人,且念从弟远戍,尝遣子姓赍送,佥称其义。
>
> 处士讳奇口,原安次子,从叔父子安戍普定卫,征丽川山都等处有功。②

投身军伍的邑前刘氏族人还有刘三保、刘寿、刘善父子。刘三保系前述元徽州路学教谕刘福龙之孙、刘文新之侄、刘鲍八之子。《休宁名族志》载:"(福龙孙)三保有勇略,克伐有功。洪武八年(1375)授凤阳卫百户,永乐二年(1404)进太原左卫,世袭指挥使,总戎都阃。"③ 其子刘

---

① 邑前刘氏在明代读书应举风气不盛,但习《易》的传统却隐然传至清初。例如,明代邑前刘氏商人刘宪章、刘汝成,或"就傅明《易》",或曾习《易》于他人。清初,刘元懋(字公建)于顺治年间"由恩贡选太原府兴县令,剔弊兴利,清惠著声,以疾致仕,寓维扬授徒讲《易》",亦是族人习《易》之一证。参见道光《休宁县志》卷13《人物·宦业》,江苏古籍出版社1998年版,第302页。
② (明)刘显富编修:《休宁邑前刘氏族谱》卷3,第2768—2769页。
③ (明)曹嗣轩:《休宁名族志》卷3,第605页。

善、刘寿以武功身居高官。《族谱》记载：

> 百户公讳三保，又名真，鲍八公次子，蚤举俊才，试南都，遂家于上元。比因兵乱，从军陈氏吴平章下元帅，后归附，从征抚州、湖广，升授山西振武卫百户。
>
> 指挥公讳善，百户三保公长子。袭父职，取赴京操，调中都留守左卫左所。以平花功升广平卫右所副千户。调遵化卫右所。以北征功升口指挥佥事，调开平卫备御，寻免。北平都司叙年劳，疏准以弟寿口职，仍济州卫。
>
> 指挥公讳寿，百户三保公次子。少随内官赛因帖木儿守御平则门。比以本卫申议伯兄善公官爵世袭，北平都司转奏，准以弟寿口口州卫指挥佥事。从征，克白沟、济南、保定、顺德、彰德，升本卫指挥同；南征，克东平、泗州、扬州，渡江，兵部累功升宁夏左屯卫指挥使，未口口山西太平左卫。①

刘善以北征之功升至卫指挥佥事。弟刘寿承袭其兄之职，后来又因从燕王"靖难"官至卫指挥使。析居粄宁的刘福龙一支，因刘三保父子之军功变得非常显赫。其后这一支的族人刘玠、刘环分别在成化二十年（1484）、正德十六年（1520）奉敕镇守雁门、大同，"威震千里"，乃"赐诰敕建家庙，以儒林相绍，文武并芳，如斯联美"，而在文化方面则有肄业国子监的刘应金、肄业府学的刘熙、刘聘、刘天福等，肄业县学的刘瀛等人。②

大概因为邑前刘氏有从戎军户，军士勾补对邑前刘氏一族而言是一种随时将应对的压力与任务，以至于后来有富裕的族人专门拿出田地来为军役做准备。据《族谱》载，族人刘万秀（1465—1544）"尝置茔田道以给祭祀、军役"③。

也正是在明初，邑前刘氏经商传统开始慢慢形成。之前，邑前刘氏已经有经商之人。南宋时期第七世的族人刘俊民（1091—1171），字秀夫，

---

① （明）刘显富编修：《休宁邑前刘氏族谱》卷3，第2768、2772—2773页。
② （明）曹嗣轩：《休宁名族志》卷3，第605页。
③ （明）刘显富编修：《休宁邑前刘氏族谱》卷3，第2832页。

"幼承父志，干蛊用誉，克大其家"。① 但是，宋元时期经商风气在邑前刘氏并不普遍。明初邑前刘氏较早投身商业者，是教授公刘福龙之孙刘四住。《族谱》载："处士讳四住，鲍八公三子，商于石埭，遂迁于南陵。"② 刘四住迁往南陵，对邑前刘氏商业经营的带动并不大。对邑前刘氏经商传统影响最大的应该是教谕公刘铉之子刘观二（1360—1413）。《族谱》记载："处士讳观二，字士瞻，教谕铉公子，奋志干蛊，兴业有方。"③ 作为一个出身于书香门第的商人，刘观二对他的儿子们作了似乎妥善而周全的安排：长子刘宗兴、第五子刘宗盛读书业儒；次子刘宗与经营商业。其长子刘宗兴（1383—1463）、五子刘宗盛均业儒，"通《周易》"④，但可惜均未获得任何功名。次子刘宗与（1394—1443）继承了父亲的事业，"负志卓异，以信义商游湖海有声"⑤。刘观二的孙子刘永实，系刘宗旺之子，也是一名商人。休宁人张旭《明处士朴菴刘公墓志铭》云："公讳永实，字文信，号朴菴……性淳厚简默，持身俭约，善亿度，居货泉，获倍徙之利，遂为良贾。"⑥ 既然读书不能有成，刘观二的子孙受家庭与家族的影响，不少改而从商。从《族谱》的记载来看，刘宗兴之子刘永寿的生计虽不可知，但刘永寿之子刘天才（1461—1521）却是一名商人。《族谱》载："处士讳天才，字德与，永寿公子，笃厚简易，善承顺父母，商游池阳。"⑦ 刘永寿是刘观二的孙子。往下一辈，刘观二的曾孙辈也有为商人者，刘五保（1471—1537）即是一例。《族谱》载："处士讳五保，永强公子，商游蕲黄，折券已责，以信义闻。"⑧ 可见从刘铉到刘观二，再到刘宗兴（宗旺、宗与、宗盛）兄弟，再到刘永实兄弟，以及刘天才、刘五保兄弟，经过数代之后，读书应举未获突破，经商传统倒是传承下来了，实际上完成了一个书香门第向商人家庭的转变。刘铉、刘观二到刘天才等数代间的转变，其实是整个邑前刘氏的缩影。

商业活动进而会冲击族人对于读书应举的坚持。族人中有不少早年习

---

① （明）刘显富编修：《休宁邑前刘氏族谱》卷3，第2752页。
② （明）刘显富编修：《休宁邑前刘氏族谱》卷3，第2768页。
③ （明）刘显富编修：《休宁邑前刘氏族谱》卷3，第2770页。
④ （明）刘显富编修：《休宁邑前刘氏族谱》卷3，第2775—2777页。
⑤ （明）刘显富编修：《休宁邑前刘氏族谱》卷3，第2776页。
⑥ （明）刘显富编修：《休宁邑前刘氏族谱》卷4，第2937页。
⑦ （明）刘显富编修：《休宁邑前刘氏族谱》卷3，第2798页。
⑧ （明）刘显富编修：《休宁邑前刘氏族谱》卷3，第2798页。

经但最终走上从商之路的例子。刘遇宝（1477—1518）早年授经，弱冠从商。《族谱》载："遇宝，字国信，号荆山，宗庆长子，少有美质，授经。弱冠商淮浙，克志悦亲。"① 族人刘宪章（1461—1534）幼年"就傅明《易》，善楷书，少长，商游起富，倡族建宗祠"②。族人刘富（1501—1546）早年"学于乡校，雅都不凡。询所习业，诵贯了了"，婚后"夺以家政……时或商出"。③ 刘富的行状中也谈到他"冠服役于公，县大夫嘉其质，欲令业儒，以终鲜兄弟，不果，乃奋兴干蛊，勤劳俭约，贸迁四方"④。读书不能中举，经商恰可起富，于是读书应举的氛围就越来越低落，而从商的风气越来越强。在这种风气的影响下，一个幼童即使受到地方官的赏识并且令其读书，而父母的态度也不会踊跃。婺源人汪奎《明寿官刘公希远墓志铭》中谈到，刘氏族人刘玄舒（1422—1508）幼警敏，地方官"欲令习举子业，而公以亲老为辞，于是遂业商贾"⑤。

如此一来，在明代邑前刘氏族内，一个家庭前后几代读书应举的例子绝少，相反一个家庭前后数代经商的例子却在邑前刘氏族相当普遍。例如，第十七、十八世的刘富齐（1420—1504）、刘儒邦（1443—1488）父子相继从事商业。《族谱》载："富齐，又名贵铭，字希正，闵武子，蚤志干蛊，励节树业，好贤秉礼有声，耽田野，别号乐耕"；"儒邦，字济民，号梅隐，富齐长子，性好书史，商于荆州"。⑥ 族人刘存谅，字惟信，别号野月，商人刘尚齐次子，"弱冠从父贾于吴浙，贸易大振"⑦；其四弟刘存实（1512—1555），字惟善，号方溪，"年十四时，见父叔勤劳经营，慨然有志，乃挺身商口吴越，利倍其获。嗣益奋励初心，不辞艰瘁，二十年间，起家至数千金"⑧。这种父子相承的做法，辅之以兄弟之间的相携，使经商的风气在刘氏族内绵延并且扩散。

---

① （明）刘显富编修：《休宁邑前刘氏族谱》卷3，第2814页。
② （明）刘显富编修：《休宁邑前刘氏族谱》卷3，第2815—2816页。
③ （明）程应征：《刘母王孺人》，《休宁邑前刘氏族谱》卷4，第3004页。
④ （明）吴令尹：《明处士刘君约斋行状》，《休宁邑前刘氏族谱》卷4，第3002页。
⑤ （明）刘显富编修：《休宁邑前刘氏族谱》卷4，第2949页。
⑥ （明）刘显富编修：《休宁邑前刘氏族谱》卷3，第2802、2823页。
⑦ （明）吴学谕：《野月处士传》，《休宁邑前刘氏族谱》卷4，第2995页。
⑧ （明）吴文光：《明处士方溪刘君行状》，《休宁邑前刘氏族谱》卷4，第2996页。

三 邑前刘氏族人的商业活动

在邑前刘氏族人的自我陈述或者族谱的追叙中，族人们从商的动机绝大多数是出于经济的原因，通过商业经营使父母过上丰足的生活这样养亲的理由总是被摆到台面上来。前述商人刘玄舒就曾经以"亲老"为由，拒绝了地方官员希望他读书应举的建议。更多的因为家庭失去经济支持而不得不投身商业，往往是商人们陈述自己经营商业最重要的理由。前述的商人刘富（1475—1522），年十三时父亲去世，于是跟他的兄长说："吾父不幸蚤世，家业未成，弟妹俱幼，苟不贸易生殖，何以宽母忧？"① 不久，兄弟两人都投身于商业中。族人刘玉，字万英，别号石庵，九岁丧父，其母"胡孺人以哺以教，公遂承志，与伯兄贵干蛊弗懈，家赀日以昌裕"②。但是，为生计从商行之既久，对商业的理解、重视与尊重也会慢慢地形成。有的邑前刘氏族人中的从商者就表示经商并不比读书低贱，甚至慷慨陈言为商不负于为儒。族人刘宪（1502—1558）在从事商业前就感叹说："士无世禄，则资农贾。吾于先业，敢忘贫负荷耶？"③ 在刘宪看来，读书人如果不能获得功名利禄，其生活就只能依靠为农、为贾之人，寄生于人，因此继承"先业"从商没有什么不好。佚名撰《草牕叙》说："刘子汝成尝学《易》于我，卓有悟……（上缺）贾，汝成曰：'儒以明道，贾以兴利。物利义和，儒商同归。鱼盐亦举于胶子，逆旅用宾乎马周。商之未始忝于儒也，予敢亲命之违乎？'乃带经贸迁，吟诵不废，出纳惟均，利近三倍，湖海以儒商称之。"④ 较之以养亲为名，刘汝成直接倡言商人与儒生的平等性。

邑前刘氏从事商业的地域范围西至荆湖，东至吴淞，北至燕赵，南至广东，范围遍布全国。前述十五世的刘天才、刘五保、刘循宝等人，或商游池阳，或商游蕲黄、巴河，都还只是在邻近地区经商。但是，刘氏族人也有往远处经商的。例如，前述族人刘遇宝即"商淮、浙"，往两淮和浙江地区从事商业。当然，徽商中休宁盐商颇多，邑前刘氏商于两淮的人当亦不在少数。道光《休宁县志》载，邑前刘氏族人刘守道，字仁宇，"太

---

① （明）程霖：《明故处士双岩刘公行状》，《休宁邑前刘氏族谱》卷4，第2967页。
② （明）曹鼎：《明处士石菴刘公行状》，《休宁邑前刘氏族谱》卷4，第2976页。
③ （明）彭文学：《明处士虚斋刘君行状》，《休宁邑前刘氏族谱》卷4，第2978页。
④ （明）刘显富编修：《休宁邑前刘氏族谱》卷4，第3026页。

学生，少治禹荚，迎二亲养于维扬"①，曾在扬州从事盐业贸易。浙江、三吴之地，市镇发达，因此刘氏族人前往吴、越贸易的人也不少。刘富"侍兄贾于吴淞之间，履险尝艰，不避劳勋"②。第十四世刘海（1478—1551）"偕诸群从游吴适越，竭志勤力，以商贾起家，市贾均平，人怀其德，不数年，家益充裕，蓄赀钜万，拓壤千畴"③。第十八世刘几山"少失父，事母兄以孝弟闻，弱冠即挟赀服贾东游浙，遂寓于越……一时义声动于两浙"④。刘一卿（1497—1542），号东冈子，"尝贾吴越江淮间"⑤。也有前往长江中游乃至更远的地方经商的，如前述刘儒邦"商于荆州"，而同在15世纪下半叶的刘士威（1442—1486）也曾前往湖湘等地从事商业。《族谱》记载："处士讳士威，幼名口童，岩祐公次子，有智略，贸迁湖湘，辄获。"⑥ 前往楚地的族中商人还有十七世的刘炉峰。刘炉烽是教授公刘福龙的五世孙，"壮年挟重赀，商游吴楚，行不苟为，利不苟取"⑦。族人刘琼（1478—1539）商游的地域更是广泛，"少承亲志，商游四方，历江淮吴楚，既乃从事鱼盐，终岁贸迁东浙上越"⑧。更有往北方燕、赵等地从事商业经营的。族人刘宪"挟赀居废，往来吴越，转入输赵，咸以忠信直诚意气高朗为大都人士所亲附，而廉贾之利，赀亦益起"⑨。往南，邑前刘氏族人有往广东经商的。康熙《休宁县志》载："刘燕，字公信，邑前人，少随父贾粤地。"⑩

邑前刘氏的商业模式，以行商为主，兼有行商、坐贾合作者，而且辅以家庭内部的分工合作。例如，休宁诸生汪某所撰的《明处士石岩刘公墓志铭》之中，即记载了邑前刘氏族人刘齐尚（1471—1556）与两位弟弟共同经营、分工协作的情形：

---

① 道光《休宁县志》卷15《人物·乡善》，第378页。
② （明）程霖：《明故处士双岩刘公行状》，《休宁邑前刘氏族谱》卷4，第2967页。
③ （明）殷太口：《明处士百川刘翁行状》，《休宁邑前刘氏族谱》卷4，第2990页。
④ （明）徐江山：《叙刘几山》，《休宁邑前刘氏族谱》卷4，第3022—3023页。
⑤ （明）曹煜：《明处士东冈刘公偕配王孺人合葬墓志铭》，《休宁邑前刘氏族谱》卷4，第2986—2987页。
⑥ （明）刘显富编修：《休宁邑前刘氏族谱》卷3，第2791页。
⑦ （明）金潞：《明故处士炉峰刘公墓志铭》，《休宁邑前刘氏族谱》卷4，第2963页。
⑧ （明）潘旦：《明处士几山刘君墓志铭》，《休宁邑前刘氏族谱》卷4，第2962页。
⑨ （明）彭文学：《明处士虚斋刘君行状》，《休宁邑前刘氏族谱》卷4，第2978页。
⑩ 康熙《休宁县志》卷6《笃行》，第943页。

处士蚤失所怙，二弟俱幼，正隆替之界会，处士乃坚其志，厉其行，求使母弟不失其所，于是茹苦攻心……及有积累，乃诫二弟与戮力焉：居者守市肆，行者走吴越，一出一入，纤毫不以私，亦纤毫不以妄费，故居畜卒至钜万。①

稍后的刘氏族人刘岩通（1488—1548），自其父祖至其自身，三代为坐贾于池州府之建德。建德人李一元在为刘岩通所写墓志铭及为其弟刘岩富所写的行状中说：

君讳岩通，字守思，号友泉。……祖讳福缘，考讳黻，尚德好义……自祖、父居货于吾池之建德，轻利重义，干直不二，人皆信服，四海兄弟，劝其买田筑室而寄庄焉，土俗物情，通洽日厚，士林重口。……公来继其事，一遵旧范，恒虑不能拓先业光后基。……及游吴楚浔淮，兢兢业业，不敢少旷……家日裕，视乃祖乃父益之倍倍。②

龙泉刘君讳岩富……弱冠达知时务，省躬自修，弗克上进，叹曰："大丈夫不得志于世，当贸易以周游四方。"于是居积于建德邑中，聚四方之货，虽妇人童子适市，莫之或欺，公平简易，邑人咸相敬。③

可见，刘岩通父祖至兄弟，多为坐贾于建德。后来，刘岩通或者为了获取更多利润，或为拓展商业，有时商游吴楚两淮，形成行商与坐贾相结合的商业经营方式。

---

① （明）刘显富编修：《休宁邑前刘氏族谱》卷4，第2976页。
② （明）李一元：《明处士守思刘公墓志铭》，《休宁邑前刘氏族谱》卷4，第2999页。
③ （明）李一元：《明处士刘君约斋行状》，《休宁邑前刘氏族谱》卷4，第3001页。

地方社会与基层治理

宋元以来江苏常熟真武崇拜考

巫能昌

（复旦大学历史系）

摘要：历代常熟方志如宋宝祐《琴川志》、乡镇志如清吴卓信纂《桂村小志》、文人文集如明孙楼《刻孙百川先生文集》、寺观志如清释空见纂《藏海寺志》、地方文献汇编如邵松年辑《海虞文征》等文献中对宋元以来常熟民间颇为流行的真武崇拜多有记载，其中包括数量可观的碑铭录文，涉及庙宇修建、仪式专家、普通信众等方面的内容。真武崇拜至今仍是常熟民间的重要神明崇拜之一。供奉真武的庙宇数量不少，其中包括历史较为悠久的虞山祖师庙、周泾佑圣道院、龙旋真武庙等。以这些庙宇为中心的真武诞日庆典，以及道教科仪、民间宣卷等仪式活动仍然构成常熟民间文化和民俗活动的重要内容。文章将在梳理传统历史文献记载的基础上，结合田野调查资料，力图较为系统地考察宋元以来常熟的真武崇拜，并主要对参与其中的社会人群，以及相关仪式传统进行分析。

关键词：常熟　真武崇拜　道教科仪　民间宗教　宣卷

真武崇拜可以说是宋元以来最为重要和流行的神明崇拜之一。学界对此亦已发表诸多成果。梅莉在2005年曾从"真武崇拜的起源及演变""宋元明皇室对真武的崇信""对真武经典、科仪及小说的研究""真武信仰与道教科技文化的关系"，以及"地域特色的真武信仰研究"等方面对相关成果进行了系统的梳理。在"地域特色的真武信仰研究"方面，研究地域主要集中在闽台和岭南，学界多注重从社会风俗和民间信仰的角度来考察真武崇拜在地方的发展历史，其对不同人群的意义，及其在国家和地方的互动之中所扮演的角色。[①] 2005年以来，学界的相关研究获得了较大的进

[①] 详参梅莉《真武信仰研究综述》，《宗教学研究》2005年第3期。

展，如梅莉关于明清时期武当山进香，① 德宝龙（Pierre – Henry de Bruyn）和赵昕毅（Shin – yi Chao）关于宋元或宋明时期真武崇拜和武当山之兴起，② 黄菲关于清初云南东川府信仰空间中真武崇拜，③ 王岗（Richard G. Wang）关于明代徽州齐云山的研究④等，多注重真武崇拜所见区域和跨区域社会网络，或国家和地方之间的互动。相较而言，罗一星和肖海明以佛山祖庙为中心，探讨佛山真武崇拜的历史，更注重真武崇拜与佛山地方社会和文化的关系。⑤ 还值得注意的是，王见川考察了真武信仰与梓潼信仰、扶鸾之间的关系，以及经卷流传对元代以来真武信仰传布的影响。⑥ 总的来说，近年学界在真武崇拜的兴起和传布、真武崇拜在国家和地方之间关系中扮演的角色、真武崇拜与地方社会的互动，以及真武崇拜与不同宗教传统的关系等方面的研究均有所推进。不过，在真武崇拜与地方社会的关系方面仍有一定的讨论空间，尤其是在不同地区真武崇拜的具体形态，以及真武崇拜与具体地区不同人群、宗教和仪式传统的关系等方面。有鉴于此，本文拟系统梳理宋元以来江苏常熟的真武崇拜历史，并主要就参与其中的社会人群，以及相关仪式传统展开讨论。

一 宋元时期常熟真武崇拜的兴起

从现存文献的记载来看，常熟最早的真武崇拜出现于十二世纪后期的南宋。乾道六年（1170），朝廷在常熟县治东北的许浦设立水军巡检寨，

---

① 梅莉关于真武崇拜及其圣山武当的研究很多，主要侧重进香习俗，择要列举如下：梅莉《明清时期的真武信仰与武当山朝山进香》，湖北人民出版社2006年版；梅莉《明代云南的真武信仰——以武当山金殿铜栏杆铭文为考察中心》，《世界宗教研究》2007年第1期，第41—49页；梅莉《元明清时期长江中下游民众的武当山进香之旅》，《宗教学研究》2008年第4期，第112—118页；梅莉《明清政府对武当山进香的管理》，《中国社会经济史研究》2009年第2期，第47—56页；梅莉、晏昌贵《明清时期武当山香会研究》，《历史研究》2008年第3期，第4—22页。

② Pierre – Henry de Bruyn, *Le Wudang Shan: Histoire des récits fondateurs*, Paris: Les Indes savants, 2010; Shin – yi Chao, *Daoist Ritual, State Religion, and Popular Practices: Zhenwu Worship from Song to Ming (960 – 1644)*, New York: Routledge, 2011.

③ 黄菲：《祀真武或祭龙潭——清初云南东川府的信仰空间交迭与景观再造》，《新史学》第23卷第4期，2012年，第119—161页。

④ Richard G. Wang, "Qiyunshan as a Replica of Wudangshan and the Religious Landscape of the Ming Empire," *Journal of Chinese Religions*, Vol. 42, No. 1, 2014, pp. 28 – 66.

⑤ 罗一星、肖海明：《佛山北帝文化与社会》，广东人民出版社2017年版。

⑥ 王见川：《真武信仰在近世中国的传播》，《民俗研究》2010年第3期，第90—117页。

首任都统为冯湛。① 冯湛在到任许浦之后"即肇建真武道院镇北",② 或为常熟境内真武香火之始。绍熙三年（1192），都统刘震建了另一座拜真武的庙，即崇真道院。嘉定十年（1217），都统吴英对这两座道院进行了重建。其中，崇真道院还在嘉定十七年（1224）升为洞晨观。③ 从三任都统均积极修建真武庙的情况来看，真武崇拜在当时的军队中应该是较为重要的神明崇拜。④ 军队活动由此成为真武崇拜进入常熟的重要途径。真武崇拜在常熟的兴起与道士的活动亦有一定的关系。淳熙（1174—1189）初元，天台道士翟守真于乾道七年在昆山募建的真武道院迁至常熟。⑤ 此外，嘉定十六年（1223）平江府检察宗室赵伯创建、并延道士住持的延真道院所主祀者亦当为真武之神。⑥ 均墩真武庙据说亦创建于乾道年间（1165—1173）。⑦

与南宋的常熟相比，元代以后常熟真武崇拜中似乎没有再看到军队的身影。这应该是与常熟实际驻军的大幅减少分不开的。南宋常熟驻军的主力为许浦水军。按，乾道六年设立的许浦巡检寨分屯自明州的定海水军，为御前巡检寨，原额一万四千人，乾道七年以七千人为额，后又有所增加。不过，至宝庆元年（1225），由于朝廷不断调遣该处水军至各地应援等原因而出现"兵额虽曰万人……在寨人数无几"的情况。⑧ 元代常熟驻

---

① 宝祐《重修琴川志》，孙应时原纂、鲍廉增补、卢镇续修，庆元二年（1196）修，宝祐二年（1254）增补，至正二十三年（1363）续修，载《续修四库全书》第698册，卷1，第13页。
② 光绪《重修常昭合志稿》，郑钟祥、张瀛修，庞鸿文等纂，光绪三十年（1904）刻本，卷45，第5页，端平元年（1234）王㼝撰《重建佑圣道院碑记》提要。
③ 宝祐《重修琴川志》，卷10，第12页。关于这座升为洞晨观的崇真道院，万历《常熟县私志》（姚宗仪纂，万历四十五年（1617）修，哈佛大学汉和图书馆藏稿本）卷6第118页载，"后为江潮啮，今迁支河浪夹浜，嘉靖十年里人吴信重建"。康熙《常熟县志》等多种清代方志延续了这一说法。同治《苏州府志》亦然，还将其记载为"存"（李铭皖、谭钧培修，冯桂芬纂，光绪九年（1883）刊本，卷44，第24页）。不过，洞晨观的具体位置和存废情况，尚有待进一步考证。
④ 关于南宋时期军人对真武的崇拜，可参见王见川《真武信仰在近世中国的传播》，第95—96页。
⑤ 淳祐《玉峰志》，项公泽修，凌万顷、边实纂，李勇先校点，据淳祐十一年（1251）刊本标点排印，载《宋元珍稀地方志丛刊》乙编第3册，卷中，第130—131页。
⑥ 宝祐《重修琴川志》，卷10，第13页；弘治《常熟县志》，杨子器修、桑瑜纂，弘治十六年（1503）刻本，卷2，第115—116页。按，弘治《常熟县志》中，赵伯作"赵伯王"或"赵伯正"；延真道院的创建时间有淳熙年间（1174—1189）一说。今从宝祐《重修琴川志》的说法。
⑦ 嘉靖《常熟县志》，冯汝弼修、邓韨等纂，嘉靖十八年（1539）刻本，载《北京图书馆古籍珍本丛刊》第27册，卷9，第32页。
⑧ 宝祐《重修琴川志》，卷7，第1—3页。关于定海和许浦水军，亦可参见王青松《南宋海防初探》，《中国边疆史地研究》第14卷第3期，2004年，第102页；熊燕军《南宋沿海制置司考》，《浙江大学学报》（人文社会科学版）第37卷第1期，2007年，第47—55页。

军的情况不详。明代常熟设有镇抚司、五处巡检司等军事机构,但较为分散且各处人员不多,① 其规模与南宋相比已经相去甚远。在此背景之下,军人的角色从当地真武崇拜中淡出便不难理解了。形成鲜明对比的是,普通民众的力量在元代常熟真武崇拜的发展中得以凸显。首先值得注意的是一处家祀香火。李塘人徐立的父母因:

> 夙昔异感,家祀元帝惟敬,凡有谋为必告以行。若臣之于君、子弟之于父兄,未尝敢专也。且兢兢修慎,罔敢悖谬,以承神庥,故休祥济至,灾祸不生,克昌〔享〕寿考,以底令终。神人相与之道亦昭昭矣。②

徐氏父母奉祀真武属于个体行为,其崇拜形式亦较为个体化。他们对真武的崇拜还促成了其兢兢修慎的日常行事方式,且被认为是其能够祥和安度人生的原因。徐氏兄弟在父母过世之后欲继其志以孝其亲,但考虑到"神御(服)者,巍巍穆穆,与我人处,实亵匪恭",故而打算"严厥构以安神栖神",认为"安则吾先人之灵必安矣"。后来,徐氏兄弟从高道席应珍的建议,于至顺二年(1331)迁建时为江涛所啮的许江佑圣道院以栖神,并"置田若干亩,择道士有德者馆之"。迁建之后的首任住持即为席应珍。③ 按,弘治以后的《常熟县志》多以此佑圣道院原为宋乾道间都统冯湛所建者,而据光绪《重修常昭合志稿》载端平元年(1234)知县王??所撰碑记,冯氏所建者由都统制吴英重建于道院泾,并非徐氏所迁者。④ 不管怎样,徐氏家祀的真武香火改栖于一座迁自许江的佑圣道院,由道士代为照看。换言之,其祭祀空间由私人家庭变成了公共庙宇,其崇拜形式亦由私人家庭祭祀变成了公共庙宇祭祀。考虑到佑圣道院的主神即为真武,徐氏迁庙栖神之举亦可视为神明崇拜中公共庙宇祭祀对私人家庭祭祀的整合。还值得一提的是撰文记事者的态度。撰者为常熟州知州班惟志,

---

① 弘治《常熟县志》,卷3,第86—88页。
② 班惟志:《佑圣道院碑记》,至元四年(1338),文见黄廷鉴辑《琴川三志补记续编》,道光十五年(1835)刊本,载《中国方志丛书》华中地方第159号,卷2,第26页。
③ 同前注。关于席应珍,详参郑永华《姑苏道士席应珍考略》,中国社会科学院世界宗教研究所编《中国社会科学院世界宗教研究所建所50周年纪念文集:1964—2014》,社会科学文献出版社2014年版,第1057—1071页。
④ 光绪《重修常昭合志稿》,卷16,第42页;卷45,第5页。

其文字虽然较为完整地记载了事情的来龙去脉，不过最终强调的并非祀神方面的具体内容，而是徐氏兄弟善继亲志，"其孝行有可书者，不系于事不书"。① 这在一定程度上表明，作为地方行政长官，班惟志对民间私祀神明的态度还是比较暧昧的。

龙旋泾真武堂和灵宝经堂真武香火的出现亦与真武的灵异直接相关。龙旋泾真武堂在县二十五都，具体肇建时间不详，据说源于当地民众为镇龙泾光怪而设立的"北极教主神位"。后来光怪果灭，且神明再显灵异，民众由是"相与施财捐食，鸠工庀材，作堂数楹，塑神"以奉，额曰"龙泾帝堂"，当时并有道士祯云及其徒钱祖阳的参与。至正六年（1346），里人对这座真武堂进行了重修。记其事者为游学常熟的永嘉士人郑东。郑氏认为民间普遍流行的道教神明崇拜源于道教祸福报应之说的兴起，对这种"民俗之信"并不认可。他应道士之邀为龙泾帝堂撰文作记的原因则在于，认为该处所祀之神能使地方"疾沴不作"，合乎《礼》所谓"捍大灾御大患则以祀"的标准，不可以淫祠视之，乃"诚起于义之当为而莫可废者"。② 显然，此处真武香火的出现和发展均源于民众对真武神力，尤其是镇邪神力的信仰。作为士人的郑东则更强调祀神在抗灾御患方面的"客观"效果，从儒教的礼学方面为当地民众崇祀真武之举寻找合法性依据。

灵宝经堂在县治西南，由陈彦昭创建于至正二十六年（1366），为其尊灵宝经之所。据张著所撰之记，该灵宝经"托于龟台金母，次得于会稽山中，及葛真人所受，前后四传而成帙焉"，则其当即为《灵宝无量度人上品妙经》。"初，里人月诵是经，往往即其所居第。君不堪隘亵，尝欲特为其所。既而得巨龟筒于是地，会岁甲辰（1364）春三月三日，属玄武降神，遂刻木为像。"经堂中崇像设，而函灵宝经，置于几格，因以为名。经堂建成之后，陈氏便日集同志相与诵念灵宝经，"且兢兢修谨，尊事玄武，累获灵感"。张记还提到，道为天下之至宝，"惟宝得其所宝，则道为吾心之灵宝"，而"休祥则庶几得其所宝，而神亦加佑之矣"。③ 由此，真

---

① 班惟志：《佑圣道院碑记》，文见黄廷鉴辑《琴川三志补记续编》，卷2，第26页。
② 郑东：《龙旋泾真武堂记》，至正六年（1346），文见邵松年辑《海虞文征》，光绪三十一年（1905）鸿文书局石印本，卷14，第36—37页。
③ 张著：《〈灵宝经堂〉记》，文见康熙《常熟县志》，高士鸃、杨振藻修，钱陆灿等纂，康熙二十六年（1687）刻本，卷13，第71页；邵松年辑《海虞文征》，卷4，第37—38页。按，张著（1315—1374），浙江永嘉人，元末之时曾游学、寓居常熟。

武崇拜和集体性的灵宝经诵念活动有机地结合在了一起。

值得注意的是，常熟邑山——虞山之上亦出现了真武香火。泰定元年（1324），道士喻抱元重修虞山乾元宫之三清殿，三清的左边依次祀中天大神和太乙慈尊，右边依次祀玄天上帝和祠山大帝。① 玄天上帝在此是作为陪祀三清之神来供奉的。

二 明清时期的进香中心虞山

入明以后，常熟真武崇拜发展的一个突出现象是虞山成为进香中心。除了前述乾元宫三清殿，虞山之上至少还有五处真武香火。洪武三十年（1397），道会林复真在虞山致道观建了一座四圣殿。② 按，道会为明清时期官方的县级道教事务管理机构道会司所设道官。据万历《常熟县私志》的记载，四圣殿所祀之神除了佑圣即真武在内的北极四圣外，还有梁天监二年（503）辟招真治（即后来的致道观）的第十二代天师张道裕，以及文昌司禄梓潼帝君。③ 致道观中另一处更为重要的真武香火，即雷部殿，或称雷真祠。该殿未详始建年代，不过其殿庑诸像相传为元代雕塑大师刘銮所造。④ 雷部殿主祀"北极镇天真武佑圣真君元天仁威上帝"，后殿供奉圣父净乐天君明真大帝和圣母善胜天后琼真上仙，前殿供奉律令大神邓元帅、银牙耀目辛天君、飞捷报应张使者、左伐魔使苟元帅、右伐魔使毕元帅、火犀雷府朱天君、纠伐灵官王天〔元〕帅、黑虎大神刘元帅、魁星灵官马元帅、朗灵上将关元帅、雷公江使者、电母秀使者等十二尊雷神。⑤ 这些神像"威灵煊赫，望之凛然有生气"。民众"凡遇旱祈雨禳，应感影

---

① 弘治《常熟县志》，卷2，第113页。
② 弘治《常熟县志》，卷2，第104页。
③ 万历《常熟县私志》，卷6，第105，108—109页。关于张道裕辟虞山招真治，载于梁昭明太子《虞山招真治碑记》，文见宝祐《重修琴川志》，卷13，第1—2页。对于这篇碑记的作者，历来有昭明太子、简文帝等说法，详参王晓东《〈虞山招真治碑〉考论》，《郑州大学学报》（哲学社会科学版）第31卷第5期，1998年，第90—93页；钱文辉《〈招真治碑记〉标注者按》，《常熟文史》第39辑，2008年，第297—298页。
④ 嘉靖《常熟县志》，卷10，第30页；万历《常熟县私志》，卷6，第109页。关于刘銮，嘉靖《太仓州志》（周士佐修、张寅纂，嘉靖二十七年（1548）刻本、崇祯二年（1629）重刻本，《天一阁藏明代方志选刊续编》第20册）卷9第29页提到太仓兴福寺"旧有观音像，元总管刘銮塑。銮善粆〔妆〕塑"。按，刘銮，亦作刘銮，即刘元（约1240—1324），官至昭文馆大学士、正奉大夫等，曾师从元世祖时的匠人总管阿尼哥学艺。
⑤ 万历《常熟县私志》，卷6，第109—110页。

响"。正统八年至九年间（1443—1444），道会王友云和住持何静轩因"神宇卑隘，蔑以揭虔妥灵"而对雷部殿进行了扩建，其间得到了乡人过士良的善助。① 天启三年（1623）胡□言撰《玄天上帝社田碑记》记载了以雷部殿真武香火为中心的民间信仰活动：

> 雷部殿，□为武珰〔当〕行宫，□铜铸玄帝之像。都人士女，金银首饰俱投于炉。余少时所亲□者。以故神灵显赫，水旱疾疫，祷即辄应，万民无不虔奉。上巳为□生诞辰，重阳则道□完成。邑人恭遇两日则设醮以祀之。行□已□，社信感其后之或弛，聚艮〔银〕二十一两有零，置买三都地方一斗九升粮田二十余亩，岁输租□赋外，存积余米为上巳、重阳□醮之需，俾世子孙有其举之，莫敢废也。豪强于是乎□□并之谋，社信常存敬礼之念，庶秋俎豆永永庆贺矣。②

雷部殿被目为武当行宫，所祀之神因灵应而备受民众崇信。民众对真武的信仰活动不仅有投金银首饰于炉的通俗祈福，还有两次年度性庆典活动，即真武三月初三上巳圣诞日和九月初九重阳成道日的设醮祀神。其中的设醮祭神由信众结成的祭祀团体社来进行组织。可以想见，主持醮事者当为致道观的道士。为保证每年两次醮事的顺利举办，社信还筹款购置了田产，将田产收入专供于醮事之用。此亦表明，醮事的组织在初时并无固定的经费来源。"俾世子孙有其举之"则可能反映了玄天上帝社的成员之身份可以或应该在家族内传承的情况。最后，从碑记末尾的"至今过客有断碑□□之嗟哉！余老耄无文，聊志不忘云"句③来看，民众对雷部殿真武香火的崇奉在胡氏撰文之时似已盛况不再。这应该和虞山之上别处真武香火的兴起有关。

与致道观四圣殿和雷部殿这两处的真武香火不同，虞山另有两处并非由道士，而由地方士人创设者。明末清初士人孙朝让（1593—1682）曾提

---

① 高德：《新建雷真祠正殿记》，正统九年（1444），文见邵松年辑《海虞文征》，卷13，第8—9页。

② 胡□言：《玄天上帝社田碑记》，天启三年（1623），文见邵松年辑《海虞文征》，卷14，第47—48页。

③ 同上书，第48页。

到，其"高曾祠堂"位于虞山之上，而该祠堂之西的真武行宫即其"高曾之手泽也"。这座真武庙的香火曾盛极一时，"邑中香火悉集于兹"。① 不过，后来随着同处虞山之拂水岩真武庙的兴起，其香火迅速衰落，至孙朝让这一代已是"晦蒙湫隘，典守嚣庶"。值得注意的是，孙氏祖祠在当时亦是"荒秽毁败，不庇风雨"。② 孙氏祖祠所主祀者为其高祖和曾祖，其旁真武庙则为其高祖和曾祖所创。祖祠之设与其祖先创建真武庙之间应该存在着某种联系。后来祖祠的难以为继似乎亦与真武庙的香火式微有关。

随后兴起的拂水岩真武庙，③ 或称真武祠、玄武殿、祖师庙、报国院，亦被目为真武行宫。拂水岩上则俗称为祖师山。④ 拂水岩真武庙原由举人褚应韶创建于正德年间（1506—1521），其影响力之显现则在嘉靖四十三年（1564）的改建之后。时常熟士人严讷文靖公官拜礼部尚书，其父亲封公恪"因欲创造真武殿于拂水山巅，铸琉璃瓦为盖，仿京师式"，并嘱其题疏，特请敕建。严氏以"天子方信祝厘，复导之，非大臣体，婉辞封公，止寄恩赐神像供奉"，且"以御赐真武像不敢供于私家，建院拂水岩上，敕赐今名。时里人袁奎集缘塑像，增建殿宇。文靖又捐俸为之倡。院外及半山山麓造各庙凡六处。庙貌重新，灵异卓著，三吴士女瞻礼不绝。是院遂为万人朝拱之所"。所谓"敕赐今名"为"报国院"。⑤ 据时人孙楼撰《拂水岩建玄武殿疏》，嘉靖皇帝御赐严讷的神像实际上是"泥金彩绘斗圣、祖师合〔各〕一轴"。其中，斗圣为"酌元气而主年龄"的中天斗

---

① 孙朝让：《三修刘武穆庙碑》，文见邵松年辑《海虞文征》，卷7，第36页。按，孙朝让之高祖为孙艾（1452—1534），工诗画，曾师从明四家之一沈周；曾祖孙末（1497—1564）精于医理，尝任职太医院。

② 同上。

③ 关于拂水岩真武庙，王健进行过专门的考察，其研究主要分析了严氏家族对庙宇的控制，以及庙宇和地方家族之间的经济联系。详参王健《利害相关：明清以来苏松地区民间信仰研究》，上海人民出版社2010年版，第151—155页。相较而言，本文更关注以拂水岩真武庙为中心的信仰活动，严氏家族对该处真武香火发展的影响，及其在常熟真武崇拜历史上的位置。

④ 光绪《重修常昭合志稿》，卷16，第41页。

⑤ 释空见纂《藏海寺志》，载白化文、张智主编《中国佛寺志丛刊》第39册，卷上，第8页；《严文靖公年谱》，载《北京图书馆藏珍本年谱丛刊》第49册，第215—216页；万历《常熟县私志》，卷6，第115页。按，严讷（1511—1584），字敏卿，号养斋，谥文靖，嘉靖二十年（1541）进士，官至武英殿大学士。

圣即北斗，祖师即为"传教法而扶世运"的北极祖师真武。①

除了改建，拂水岩真武庙周围还新建了七座庙宇。据清释空见纂《藏海寺志》的记载，这七座庙分别为山门内灵官殿、拂水岩东驯洲殿、拂水岩上玉皇殿、真武殿后无量殿、半山三官殿和灵官殿、藏海寺东土地堂。②由此形成了一个以真武庙为中心的庙宇群。③从"三吴士女瞻礼不绝"来看，经此改建，拂水岩真武庙的影响已经远远超出常熟当地，成为区域性的进香中心。与严讷同时代的江阴士人李诩亦注意到了当时的盛况，"四方进香者以万计，殆所谓一国之人皆若狂者乎"。④生活年代稍晚的张应遴则指出，"自春迄初夏，大江南北诸郡士女毕集，焚香膜拜"。⑤其香火之旺盖过了致道观的雷部殿。万历《常熟县私志》就提到，"三月三日上巳真武诞日，拂水行宫最盛……远近祈福者塞衣跰足"。⑥旺盛的香火给庙里带来了可观的收入，每岁香缗以百千计，发展到后来竟还引起"豪姓争收为利薮，至构怨兴讼"。万历二十一年（1593）前后，严讷之子中书舍人严泽更因不堪其扰而有"毁祠迁神之议"，因真武示异而止，而愿以香税入官。最终，经常熟知县张集义（1593—1594年任）呈请院道获准，"遂委官收为籴谷备赈之需"，直到万历三十一年（1603）抚按移文止之。⑦真武庙的香火收益以香税形式入官的时间持续了十年左右。

尽管有其他家族甚至官府的介入，拂水岩真武庙的管理和维护在很长的一段时间里还是由严氏家族来主导的。严讷之孙栻、栻孙虞惇（1650—

---

① 孙楼撰《刻孙百川先生文集》，北京大学图书馆藏明万历四十八年（1620）华滋蕃刻本，载《四库全书存目丛书》集部第112册，卷5，第1页；李诩撰，魏连科点校《戒庵老人漫笔》，中华书局1982年版，第163页。按，光绪《重修常昭合志稿》卷16第41页载，明世宗赐严讷者为"斗姥"及真武像各一轴，非是。又按，孙楼（1516—1584），号百川，嘉靖二十五年（1546）举人，授湖州府推官。

② 释空见纂《藏海寺志》，卷上，第8页。

③ 据万历年间张应遴《虞山记》，拂水岩真武庙前还有大士、定光、碧霞、茅君诸殿分列左右。文见张应遴编《海虞文苑》，万历三十八年（1610）刻本，载《北京图书馆古籍珍本丛刊》第118册，卷14，第32页。

④ 李诩撰，魏连科点校《戒庵老人漫笔》，第163页。

⑤ 张应遴：《虞山记》，文见张应遴编《海虞文苑》，卷14，第32页。关于信众前往拂水岩进香的活动如何组织，光绪《重修常昭合志稿》卷6第15页有较为明确的记载："三月三日真武诞日，拂水祠进香。乡人结社拜香，每社有会首率之，且诵且拜鱼贯登山。"

⑥ 万历《常熟县私志》，卷3，第30页。

⑦ 万历《常熟县私志》，卷3，第30页；管一德纂《常熟文献志》，万历三十三年（1605）刻本，文献附余类，第9页。

1713)、虞惇孙有禧（1694—1766）分别于顺治、康熙和乾隆年间对其进行了重修。日常管理方面，庙中向无僧道住持，由严氏家族派遣家奴看管，其具体看管者据云为严家的陈姓世仆。① 不过，严氏家族对庙宇的控制到严虞惇这一代就出现了较大的危机。严虞惇在康熙三十六年（1697）中举后不久还专门就此撰写了一封与族人书：

> 谨启拂水山报国院乃吾家一姓香火，经二百年，世守勿替。自先枢部捐馆舍，通族倡请僧道之说，嗣后外侮内讧接踵而至。驯至汶阳之田去而不返，新亭之失徒然聚哭。谁生厉阶，至今为梗。虞惇为人子孙，矢志兴复。况今祖宗坟墓日益荒芜，各处词〔祠〕宇日益圮坏。只看湖山聚吉楼光景，行路伤心，有识悼叹。况于为子孙者乎？今吾族中贫乏者多，有余者少，兴工修理，虽有心而无其力，不得不借山头纸钱为修造之用。报国院是吾祖宗手创，非是公物。以吾家手创之业修吾家词〔祠〕墓，名正言顺，何嫌何疑？向来所以纷纷者，只为族中不和，争长竞短，各执意见，假公济私，非徒无益，为害滋大。夫以祖宗手创之业，子孙贫乏，借以自利，揆之情理，原无大害，只为世情恶薄，欲必争，争必乱。强者恃力争取，弱者挺〔铤〕而走险，外人乘间而入，几有他族逼处之势，故不得不暂禁止。盖因迩来功令森严，官府耳目最近，吾家又无势力弹压，只得兢兢自守，待时而动。②

其中首先提到，严氏家族主拂水岩报国院之香火且世守勿替。此应大体属实，不过从严氏改建报国院至严虞惇中举尚未有二百年之久。严栻过世之后，庙宇管理方面似乎出了些问题，以至出现"通族倡请僧道之说"，其改变原有管理方式之旨甚明。按，严栻为崇祯七年（1634）进士，有文武才略，官至兵部职方司员外郎，故有"枢部"之称。结合严氏家族出现"外侮内讧"且以内讧为主的情况来看，庙宇控制危机很可能与严栻过世之后族中没有强有力的聚族服众者有关。无论如何，这次延请僧道的倡议因故并未得到落实。关于家族内讧，严虞惇认为主要在于子孙借"祖宗手

---

① 《严虞惇与族人书》；《祖师庙归僧收管碑记》，乾隆三十一年（1766）；《昙云舍田记》，光绪二十三年（1897）。文见释空见纂《藏海寺志》，卷上，第12、10、30页。
② 《严虞惇与族人书》，文见释空见纂《藏海寺志》，卷上，第12—13页。

创之业"以自利而导致的"族中不和,争长竞短,各执意见,假公济私"。其中的"祖宗手创之业"无疑是指拂水岩报国院,而严氏族人借以自利者实为报国院的香火收入。针对族人"假公济私"的行为,严虞惇曾提出将报国院香火收入作为家族墓祠修缮费用的解决办法,即将祖先所创产业之收益作为祖先祭祀公业。① 不过,内讧仍旧,还为其他家族介入报国院庙宇提供了方便。严氏家族在他族逼处之时相当被动的另一个重要原因在于没有势力借助官府弹压。由是观之,严栻过世之后庙宇控制的危机在一定程度上亦与整个严氏家族势力的式微有关。在此情况之下,严氏家族只能"兢兢自守,待时而动"。严虞惇提出的解决办法亦暂时搁置。直到其在科举方面获得成功,严虞惇才认为突破困境的时机已经成熟,开始重新着手处理相互交织的家族内讧和庙宇控制问题。他向族人提出:

> 伏望齐心并力,开诚布公,延请老成僧众,拣择守法家人,早暮检点,急公办事,银钱出入,分毫不染,督促工匠,勿使旷惰。竭三年之力,便可使殿宇、祠墓焕然一新。不惟祖宗在天之灵安妥无遗憾,而龙天佛祖亦欢喜无量,子子孙孙世守其福。至于外侮之至,虞惇请以身当之,不敢累叔兄弟侄辈。②

其建议大体如前。于内主张延请僧人住持,将报国院的银钱收入用于殿宇和严氏祖先祠墓的修整,一方面对祖先所创产业进行维护;另一方面将其所出用于祖先祭祀公业。于外则利用自己科举成功后的地位来抵御他族对庙宇控制的介入。

从严虞惇曾主持重修报国院来看,其建议得到了一定的落实。不过,报国院最终仍未延入僧人进行住持。"向无僧道住持,止着家奴看管"③的情况一直持续到严有禧这一代。严氏家族对报国院的控制在当时亦因此而出现了更严重的危机。按,严有禧为雍正元年(1723)进士,累官至湖南按察使。据其晚年所见,这些家奴:

---

① 值得一提的是,严恪和严讷之祠均在虞山之上。其中,严恪祠在拂水岩上和锦峰西麓二处,严讷之祠则在慧日寺西、锦峰下等处。参见康熙《常熟县志》,卷4,第41页;释空见纂《藏海寺志》,卷上,第23页。
② 《严虞惇与族人书》,文见释空见纂《藏海寺志》,卷上,第14页。
③ 《祖师庙归僧收管碑记》,文见释空见纂《藏海寺志》,卷上,第10页。

久踞山头，呼朋引类，兼以山上山下庙宇颇多，借端滋事，时或有之。更有三月三日真武神诞，俗例有宿山结缘之说，男女混杂，夜以继昼，百弊丛生。禧祖父以来，历经请禁，地方有司未尝不三令五申，而俗习相沿，阳奉阴违，未能尽绝。本属造福之地，反为造孽之场。龙天恫心，祖宗疾首。禧年七十，时恐稽察不周。族众贤愚不一，亦难保其一律奉公。①

显然，看管报国院及附近相关庙宇的家奴时或联合外面的势力生事，已经不太受严氏家族节制。严氏还提到真武神诞宿山结缘有伤风俗且历禁不止、己身年事已高无力稽察的情况，以及对族众在庙宇管理方面或不能一律奉公的忧虑。为了一劳永逸地解决这些问题，严有禧采取了让家族从庙宇管理中彻底抽身的办法。他呈请抚部院批饬由庙东僧人住持的地藏禅院，即藏海禅院就近收管报国院，"从此神庙归之公所，与严姓永无干涉"。最终，官府准了严氏之请，饬地藏禅院僧人将报国院及其他相关庙宇悉数"取结收管，并将旧有住庙之人悉行驱逐，毋许再行占据滋事"，并谕禁宿山结缘之俗习，时在乾隆三十一年（1766）。② 由此，严氏借助官府的力量，将脱离家族掌控的报国院从实际控制此庙的家奴手里解放了出来，并转由佛教寺院和僧人收管。报国院与严氏家族之间持续二百余年、密切而特殊的因缘亦就此终告结束。其由藏海寺僧人控制的情况持续至今。

还值得一提的是，神明示异在虞山真武崇拜中亦占有一席之地。关于真武示异的传说，有两则流传甚广者。其一为孙楼所记，据云为亲历者直接向其复述者，主角是一个在虞山之麓行乞多年的哑乞。这个哑乞常将乞得之钱悉数用于助人行善，后竟梦真武给予药丸一粒并命其吞下，梦醒之后便能言矣。孙氏将此事视为哑乞行善之报。③ 在后世流传的一个版本中，故事中哑乞的行乞地点变成了拂水岩真武庙之旁，甚至提到真武在示现之时对哑乞说过"汝有善果，当令汝破哑而言"。④ 这个版本不仅将拂水岩真

---

① 《祖师庙归僧收管碑记》，文见释空见纂《藏海寺志》，卷上，第10页。
② 《祖师庙归僧收管碑记》，文见释空见纂《藏海寺志》，卷上，第10—12页。
③ 孙楼撰：《刻孙百川先生文集》，卷3，第16—17页。
④ 明佚名撰：《虞山杂志》，见丁祖荫辑《虞阳说苑》乙编，载于浩编《明清史料丛书续编》第17册，第475页；康熙《常熟县志》，卷26，第28页。

武庙与哑乞故事中的真武显灵联系在了一起，还更为直接地呈现了果报观念。其二为真武梦示严泽。时严氏因豪姓争利于拂水岩真武庙而有毁祠迁神之议，便梦神告曰"若移我香火，当重汝谴"。神还火其旁庐以警示之。[1] 王健认为，此次所谓神灵示警不过是严氏在争端平息后改变迁神之议的一个借口。[2] 然而，即便如此，这类故事在当时的信众群体中仍有着较为广泛的影响。崇祯《常熟县志》就提到，远近士女对拂水岩祀奉的真武瞻礼唯谨的一个重要原因正在于"神往往示灵异"。[3] 释空见纂《藏海寺志》亦收录了真武示现哑乞和严泽的传说，并将严泽故事的标题拟为"祖师庙灵感志略"。[4] 真武示异的第三个例子发生在严有禧的夫人许氏身上。乾隆二十七年（1762）虞山中峰寺所立石碑《玄武真君显灵记》记载了许氏因梦寻觅真武像，装严送寺事。[5] 那么，中峰寺亦供奉有真武无疑，则明清时期虞山之上的真武香火至少有六处。无论是从真武香火的数量，还是从其影响力来看，虞山都是当时常熟，乃至三吴地区真武崇拜重要的进香中心。

三　旧有真武庙在明清时期的发展

宋元时期出现的真武庙在明清时期亦得到了进一步的发展。其中较为重要者有李塘佑圣道院、沙头延真道院、赤沙塘真武祠、龙旋泾真武堂和思政乡真武祠等处。

（一）李塘佑圣道院原由里人徐立和道士席应珍迁建而成，后废，至永乐年间（1403—1424）方由道会林复真进行了重建。[6] 入明以后，李塘佑圣道院的一个重要变化是真武崇拜与三官崇拜的结合。万历《常熟县私

---

[1] 万历《常熟县私志》，卷3，第30页；管一德纂《常熟文献志》，文献附余类，第9页。
[2] 王健：《利害相关：明清以来苏松地区民间信仰研究》，第152—153页。
[3] 崇祯《常熟县志》，龚立本纂，崇祯十二年（1639）叙，国家图书馆藏民国五年（1916）丁秉衡据恪古堂写本传抄本，卷3，第73页。
[4] 释空见纂《藏海寺志》，卷上，第14页，卷下，第36—37页。
[5] 民国《重修常昭合志》，张镜寰修、丁祖荫等纂、潘一尘等续修、庞树森续纂，据民国三十八年（1949）铅印本标点排印，常熟市地方志编纂委员会办公室标校，上海社会科学院出版社2002年版，卷19，第946页。
[6] 弘治《常熟县志》，卷2，第115页。嘉靖《常熟县志》，卷10，第31页则称，"国朝永乐初焚修缺人，道士张仁静为众所推领院事，其徒陆洞宸尝主之。嘉靖中法嗣陈明珍、吕绍荣重建。"本文从弘治《常熟县志》的说法。

志》提到，佑圣道院俗呼三官堂，前奉真武，后奉三官。① 从"俗呼三官堂"来看，佑圣道院中的三官香火应该有着相当的信众基础。时人王稚登则称佑圣道院为三官古庙，指出其中"祠天地水府之神，供旱潦疾疫之祷"为诸生徐尚德之祖父，即南京工部尚书徐栻（1519—1581）之父所创。万历二十二年（1594）春，三官庙火，独法座及帷帐不焦。里人神之，认为"火焚其庙，匪神不胜火，欲除旧而布新；神保其躬，乃火不胜神，将因灾以示异。不兴广宇，曷报灵威？"最终由徐尚德倡捐，其两个兄弟董事，当年就对三官殿进行了重建。王稚登认为徐氏此举"非直敬恭明神，抑亦绳自〔其〕祖武"，赞其善继祖业。② 另据清人所撰《募修佑圣道院引》，佑圣道院在明末倾圮无存，由徐凤竹捐资重建，后复垂圮，经住持道院者于神前立誓鼎新庙宇，进行了募捐重修。③ 按，徐凤竹即徐栻。徐栻卒于1581年，不可能参与明末的庙宇重建。其实际情况，或是文献所载的重建时间有误，或是徐栻的后代在明末仍以其名义来参与公共事务。至清末，该道院为屋三进，共九间，由道士奚鹤芝住持，仍主祀三官和真武祖师。④

关于信仰活动方面的情况，道院中的三处明代金石铭文提供了一些线索。其一为佑圣道院石柱题名，其文曰"直隶苏州府常熟县思政乡昭德里张十七郎大王土地界住奉道喜舍信人徐武仪舍石柱一幅吉祥如意者，嘉靖丙寅年（1566）十月吉日立"。其二为佑圣道院铁鼎题款，其文曰"常熟县思政乡昭德里张十七郎土地界佑圣院西房道士陶存植，曹王土地界信士朱玮、室人徐氏发心独力佑圣真君大殿一所，祈求男朱洪勋功名显达、夫妻偕老、福寿同臻、子嗣蕃昌，保母亲（吴氏）暮景安康、吉祥如意。崇祯三年（1630）三月孟春吉旦铸立"。其三为铁花瓶铭文，曰"里人王汝孝发心铸造花瓶一副，奉供三□三品三官大帝□□□□吉祥如意。大明天启五年（1625）□冬毂旦"。⑤ 石柱、铁鼎和大殿的捐施者均为里人。佑圣

---

① 万历《常熟县私志》，卷6，第118页。

② 王穉登：《常熟县李墓重建三官庙记》，万历二十二年（1594），文见顾崇善纂《里睦小志》，点校本载沈秋农、曹培根主编《常熟乡镇旧志集成》，广陵书社2007年版，第643—644页。

③ 《募修佑圣道院引》，文见顾崇善纂《里睦小志》，第661页。

④ 黄冈纂《新续梅李小志》，点校本载沈秋农、曹培根主编《常熟乡镇旧志集成》，第157页。

⑤ 程心凫辑《里睦小志艺文志补》，点校本载沈秋农、曹培根主编《常熟乡镇旧志集成》，第678—679页；民国《重修常昭合志》，卷19，第929—930页。

道院的道士和里民徐武仪一样同属张十七郎土地界。这些反映了佑圣道院在当地具有一定的影响力，不过仍隶属于当地以土地庙为中心的庙界。①另需注意的是，佑圣道院的捐施者亦参加其他庙宇和神明信仰的活动。如万历四年（1576），徐武仪同男徐咬金舍里中刘太尉庙大殿石柱四根，祈求百事康宁。②再如，朱玮父子曾捐数千金，独建虞山三峰清凉禅寺之大悲殿。③

（二）沙头延真道院旧在涂松，至元二年（1336）毁于火，由道士王士伦迁建于涂松西五里之沙头，再经王氏之徒葛善信、高善性相继鼎新扩建，主祀玄天上帝，东祠天中大神即北斗，西奉青宫仁者即太乙救苦天尊，"遂成一方士民祷祈之所"。④道院在洪武年间因归并道流而废，至永乐三年至十五年间（1405—1417），方由嗣派者高宗道倡捐募化进行重建，包括正殿、斗真祠宇等，装严天尊、星斗之未加饰者，并重塑玄天上帝、三官圣像。记其事者道会林复真指出，此次重建的契机为明成祖"嗣位，首布纶音，古额道场复其旧"。林氏还强调，"吾教以善俗化民、阴翊皇度，故历代因之而不废。为其徒者舍至亲以入清静无为之教，不以祖师香火为念是弃其教也"。⑤至成化七年（1471），道院由高宗道之徒何守玄再次重修。随着时间的推移，以道院为中心所祀之神更为多元化。据乾隆《沙头里志》的记载，道院东偏有城隍行宫，右方前殿为东岳行宫，右方中殿则为崇祯年间（1628—1644）创建的关帝庙。此外，道院亦曾为当地文人较为经常的活动场所。清初之时，士人即多读书于道院的茂清、玄隐二堂。⑥

（三）赤沙塘真武祠，位于沙溪镇北，万历以后多称崇真元观或崇真观，即后来的何市崇真观。该真武祠据云肇建于宋元时期，"为下民祈谷祈年之所，世传乃男女兜土所筑"，后废。永乐二十年（1422），乡民周恭等倡议重建此祠，同时延沙溪延真道院道士何碧潭焚修于此，且董其事。

---

① 关于明清时期江南地区的庙界，参见王健《利害相关：明清以来苏松地区民间信仰研究》，93—126 页。
② 程心夔辑：《里睦小志艺文志补》，第 676、678 页。
③ 王伊辑：《三峰清凉禅寺志》，光绪十八年（1892）序刊本，载白化文、张智主编《中国佛寺志丛刊》第 40 册，卷 5，第 3 页。
④ 俞焯：《延真道院记》，文见弘治《太仓州志》，李端修、桑悦纂，弘治十三年（1500）序刊本，载殷梦霞选编《日本藏中国罕见地方志丛刊续编》第 3 册，卷 10 下，第 27—29 页；弘治《常熟县志》，卷 2，第 115—116 页。
⑤ 弘治《常熟县志》，卷 2，第 116 页。
⑥ 曹炜撰，陆松龄增订《沙头里志》，乾隆五年（1740）增订本手抄本，卷 3，第 6—8 页。

经何氏及其后四代徒众的努力，并得近二十位乡长者的支持，终于完满。值得注意者为当时乡民重建真武祠的基本动机，即"人民以安，神之福也；比庐以殷，神之予也；风雨以时，神之力也；邻保相助，神之化也；五谷丰熟，神之赐也。且真武之威神周遍于幅员，而我朝皇上尚尔崇重其教，况吾民岂可安神之福赐而不思所以报本乎？与其纵淫祠以邀福，曷若即旧基而鼎建？"① 这里先指出时人得以安居乐业，四时顺遂皆拜神赐，再点出真武崇拜的流行和当朝皇帝对真武的崇祀，以此说明报答真武神恩之必要，并以淫祠为对立面，强调了恢复真武香火的合法性。万历二十九年（1601）士人何钫撰重修碑记同样更关注真武崇拜的正祀性质，指出"当明兴草昧，我二祖逐鹿中原，惟神累示显异列灵，厘饬祀典，琳宫琳宇，棋布五服。白茆虽越在海陬乎，所为元元，御灾攘害，非神畴仰。"②

士人顾云程因居士之言所撰碑记则侧重庙宇重建中道士的殚精竭虑，乡中富室的财力支持，以及缙绅名士的积极参与。其中提到，缙绅名士"春秋拜祷，使观者不知为玉清金阙之宫，而等之祈谷祈年之所"。③ 这无疑反映了民间关注崇真观的功能更甚于其道教渊源。至清乾隆年间，崇真观的陈鹤俦、卢谔庭师徒两代住持与龙虎山之间有着较为密切的联系，均自称"天师府赞教厅住持道士"某。当时崇真观较为重要的一个变化是突出了其中所祀玉皇的地位。陈卢师徒将庙宇规而新之。后者复念玉皇"上帝高居而卑处平壤，非所以妥神也，构后楼七楹，奉帝居于中"，是为玉皇阁。士人顾镇认为玉皇地位得以提升的根本原因在于"岁功之成，上帝主之"，并将其与官方礼制中举行祈报的坛壝相类比。④

（四）龙旋泾真武堂，或称真武祠、龙旋宫。弘治九年至十三年间（1496—1500），杨子器任常熟知县，境内淫祠多毁，"惟谓是堂镇龙孽以消水患，命道士慎守之"。嘉靖十四年（1535）前后，住持道士杨守洁有振兴之志，得到邑人张端岩的积极响应。按，张端岩，弘治十八年

---

① 顾以山：《重建真武行祠记》，成化十七年（1481），文见吴卓信纂《桂村小志》，点校本载沈秋农、曹培根主编《常熟乡镇旧志集成》，第427—428页。

② 何钫：《鼎修崇真元观碑记》，万历二十九年（1601），文见吴卓信纂《桂村小志》，第428页。

③ 顾云程：《重修崇真元观行祠碑记》，万历三十年（1602），文见吴卓信纂《桂村小志》，第429页。

④ 龚方池：《重修崇真观记》，乾隆十年（1745）；顾镇：《崇真观玉皇阁记》，乾隆二十九年（1764）。以上文见吴卓信纂《桂村小志》，第432—434页。

(1505)进士,曾任建宁知府。在张氏的倡捐下,乡人竞输财货,祠遂完整,分前后堂二区,前为土谷神祠,后堂祀真武。张氏之助力据云乃因其考虑到"惟真武于我朝灵异特着,我太宗文皇帝专祀于武当,崇奉备至,则其寄迹之所,夫人安得而忽慢之。"士人陈寰则更强调龙旋泾真武堂的社会经济背景,即常邑向来赋额沉重和泽国水害频繁,使得为政者莫不讲求水利,为民者亦惟水患是惧。① 由此,为镇住屡兴水害之毒龙而设立的龙旋泾真武香火,因灵应如响而得到官方支持和民众信仰就不难理解了。例如,知县杨子器维护龙旋泾真武堂之旨即为"奠民保赋"。

值得注意的是,龙旋泾真武堂的创建时间在陈寰的记文中变成了宋孝宗淳熙二年(1175)。而据至正六年(1346)郑东记文,真武堂创建于此文撰写前不久。考虑到郑东记文在嘉靖年间仍有流传,而嘉靖《常熟县志》亦采信郑记之说,② 以及陈记对郑记之说只字不提的反常情况,则可知陈记中庙宇始建年代为宋孝宗时之说显然是有意建构出来的。③ 陈记建构的庙宇肇始时间在明末邱之隽撰《重建龙旋宫记》中得到了继承和强化。邱文所记为崇祯十七年至弘光元年(1644—1645)蒋泾陶大遂兄弟重建龙旋宫事。记文中保留了庙宇创建于宋孝宗时期的说法,还将创庙者由陈记中的乡民变成了郡莅兹土者。创庙缘由亦不再是真武镇邪之灵应,而是与宋高宗南渡联系在了一起:

> 相传宋高宗南渡,一时与难诸臣多隐居其中,相与泯治。乱捐,得丧穷幽,极玄宗清静之教,乃累土筑室为讲道处。一日,玄云四集,群龙绕庭,有有□者,有无翼者,有扬鬣者,有掀角者,变现非一,须臾蜿蜒而去。呜呼,是诚悉应之所感矣!④

---

① 陈寰:《龙旋泾修建真武祠记》,嘉靖十五年(1536),文见陈寰撰《祭酒琴溪陈先生文集八卷附一卷》,万历四十五年(1617)刻本,载《明别集丛刊》第1辑第90册,卷2,第26—28页;邵松年辑《海虞文征》,卷14,第44—46页。按,陈寰(1477—1539),正德六年(1511)进士,官至国子监祭酒。

② 嘉靖《常熟县志》,卷10,第31页。

③ 这种建构似乎与嘉靖年间真武堂的重要倡修者张端岩有一定的联系。按,弘治皇帝于张氏中举的次年宾天,其庙号即为孝宗——与宋孝宗赵昚相同的庙号,而张氏亦于次年即受命与修《孝宗实录》。详参张文麟撰《明张端岩公(文麟)年谱》,载王云五编《新编中国名人年谱集成》,第11—14页。

④ 邱之隽:《重建龙旋宫记》,弘光元年(1645),文见邵松年辑《海虞文征》,卷14,第48—49页。

与陈记相比，邱记在宋孝宗说之上叠加了宋高宗南渡及其讲道所获感应，且略去了真武镇邪说——无疑有利于强调新叠加的宋高宗说。建构宋高宗说的意义何在？真武堂重建的主事者陶大逵所撰记文提供了重要线索。其文首曰："龙旋宫为虞山古刹，繇宋孝宗，历我明之思宗，几六百载，中华倾弊，四海土崩，是堂巍然独存，诚神灵保祐之征矣。"①按，明思宗即崇祯皇帝。结合此次真武堂重建完成于弘光元年四月，正值清军大举南下，鏖战江北、逼近江南之时，则可知记文影射时局之意甚明。"诚神灵保祐之征"句无疑是指保明王朝之国祚。当时承国祚者为崇祯十七年五月拥立于南京的弘光帝朱由崧，国号依旧为"明"。其处境实与北宋灭亡后赵构在南京应天府称帝以重建宋朝之形势相类。由是观之，邱之隽记文中的宋高宗南渡概亦影射时局之意，而宋高宗讲道应感之说则亦可视为"神灵保祐之征"矣。不难理解的是，这些带有政治意涵的话语不复见于归起先为清初道士陶绍元重修龙旋宫所撰记文。②

（五）思政乡真武祠，即归家市真武祠，与李塘佑圣道院同属思政乡昭德里。该祠在元末毁于兵燹，明初复建，弘治八年（1495）圮于水。嘉靖十四年（1535），乡耆归椿（1465—1536）"谓神有福于兹土"而有鼎新祠宇之志，还曾上其事于官，惜未竟而卒。三年后，归椿之子雷克承先志，对真武祠进行了重建。昆山士人顾鼎臣在其记文中先援引明初著名理学家宋濂的观点，强调了"玄武"一词的"御武"之意，并指出常邑"于备卫诚不可弛"。③换言之，顾氏结合常邑的实际，从理学先贤那里找到了常熟民间真武崇拜的正当性。顾记进而从教化民众的理念及其实践的层面对归氏父子重建真武祠之举予以了充分的肯定，其文曰：

> 玄武神为民心之所信向，则因象以著教，从民以建祠，亦旧典之所不废也。况乡俗故好巫鬼，自兹祠不存，家为淫昏之祀。而吾于有者举之，则民知畴依，神亦萃止。凡诸淫昏之鬼一切罢去，所以为民

---

① 陶大逵：《重建龙旋宫善士捐助题名记》，弘光元年（1645），文见邵松年辑《海虞文征》，卷14，第49页。
② 康熙《常熟县志》，卷13，第72—73页；邵松年辑《海虞文征》，卷14，第51—52页。
③ 顾鼎臣：《常熟县思政乡重建真武祠记》，嘉靖十八年（1539），文见程心甃辑《里睦小志艺文志补》，第668—669页。关于宋濂对"玄武"的解释，参见宋濂《玄武石记》，洪武元年（1368），文见宋濂撰，孙锵校刊《宋文宪公全集》，四明孙氏刊本，卷8，第12—13页。

御灾捍患之诚因而寓焉，其有功于兹土岂不大哉！①

由此可见，顾氏对民间信仰采取的是既注意辨明"淫昏之鬼"与"御灾捍患"之神，又基于它们之间此消彼长之关系而因势利导的态度。顾文还指出，"归氏为吴著姓，素以礼义化导其乡，至君之父子能益昌大其家，而子姓彬彬多文学之士，神之所以福之者亦未有涯也！"② 这其实在一定程度上反映了真武祠在归氏家族兴起的过程中所扮演的角色。按，归氏父子实为归家市的缔造者。真武祠位于西市梢，③ 是为归家市的核心地带。不难想见，归氏父子投身真武祠的重建除了报答或祈求神佑之外，很可能还有控制真武祠的考虑。毕竟，对关键庙宇的控制不仅能够助力地方家族的发展，亦是地方家族兴起的重要象征。

（六）其他真武香火。常熟县治东南太平巷的寿昌靖——据传为汉十二代天师张道裕游行寰宇时所建三十六靖之一，④ 以及元代至元年间道士陈得玉创于县治西南报本道院⑤在明代均供奉了真武。成化二十年（1484），信士张廷器等重建寿昌靖，还立了一块《寿昌靖真武灵签记》碑，末署"程恩立石，檀越信人张廷器、祝以馨、嗣法李嗣源建，里人吕山镌"。⑥《常熟碑刻集》所收录文各句子之间极不连贯，大概是由于录文时文句原有顺序被打乱的缘故。因其文句和正统道藏本《四圣真君灵签》、成书于万历三十五年（1607）的《玄天上帝百字圣号》所收签文，⑦ 尤其是和前者所收相应签文基本相同，故仍可恢复其顺序。恢复之后可知，寿昌靖真武灵签有四十九签，每签四句。报本道院则有弘治十五年（1502）

---

① 顾鼎臣：《常熟县思政乡重建真武祠记》，文见程心凫辑《里睦小志艺文志补》，第668—669页。
② 同上书，第668—669页。
③ 详参马幼良纂《四镇略迹》，点校本载沈秋农、曹培根主编《常熟乡镇旧志集成》，第741页；程心凫辑《里睦小志艺文志补》，第669页。关于归家市的形成，可参见谢湜《高乡与低乡：11—16世纪江南区域历史地理研究》，生活·读书·新知三联书店2015年版，第218页。
④ 康熙《常熟县志》，卷13，第72页。
⑤ 弘治《常熟县志》，卷2，第115页。
⑥ 民国《重修常昭合志》，卷19，第914页；《重修寿昌靖灵应记》《寿昌靖真武灵签记》，成化二十年（1484），以上文见常熟市碑刻博物馆编《常熟碑刻集》，上海辞书出版社2007年版，第15—17页。此碑现藏常熟市碑刻博物馆，笔者曾前往探访，惜未克获见。
⑦ 《四圣真君灵签》（DZ1298），载《道藏》，文物出版社、上海书店、天津古籍出版社1988年版，第32册，第752—768页；《玄天上帝百字圣号》（DZ1482），张国祥校梓，载《道藏》第36册，第337—355页。

《玄天上帝灵签碑》，① 以及正德六年（1511）《玄天上帝灵筶》碑。② 其中，前者所录签凡五十，落款为"信女杨氏、男张广、孙张承恩立石，甥杨景明书"。

此外，嘉靖年间，里士薛民大延道士邹玄澍守均墩真武庙，并斥田二十亩以供祠费。③ 万历三年（1575），乡人武链就原为南宋时僧人所建吴塘接待院废址建真武堂。④ 县治寺南街冲天庙亦奉真武像，始建年代无考，光绪年间曾由道士钱洞真重修，后则僧人居之。⑤ 光绪七年（1881），道士顾益甫重建伏魔道院，并在其东建祖师殿。浒浦问村有元帝庙。⑥ 支溪断港庙亦祀有真武。⑦ 需要指出的是，亦有真武香火中断的情况，如元代所建灵宝经堂在正德、嘉靖间曾有邑人会文其中，因奉文昌、魁星等神，后改为尼庵，称南经堂，至光绪年间又改为儒寡局。⑧

最后，关于明清时期常熟真武崇拜还值得一提的是，文献中对真武神的起源之理解。据前所述，元代郑东已经提到真武的修炼飞升之地为武当。明代士人顾鼎臣对真武神的解释主要参考了明初理学家宋濂的说法。宋濂在其《玄武石记》中提到，真武"以为神，按剑而足蹑龟蛇，殆起于道家传会之说乎。其传会固也。"⑨ 顾氏则曰，"以为神，殆起于道家传会之说，托言于《混洞赤文》《元洞玉历记》所载。"⑩ 相较而言，后者更清楚地指出了真武神源于道教之所本。按，元秦子晋辑《新编连相搜神广记》、明道藏本《搜神记》、明佚名辑《绘图三教源流搜神大全》等文献

---

① 光绪《重修常昭合志稿》，卷45，第18页；民国《重修常昭合志》，卷19，第916页。
② 民国《重修常昭合志》，卷19，第917页。
③ 康熙《常熟县志》，卷13，第73页。另据民国《重修常昭合志》，卷19，第921页，练塘静慧寺旧基原有嘉靖四十三年（1564）铜祖师像，其左腰下有题字曰"嘉靖甲子己巳月丁丑日住山比丘佛本劝缘郭贞静，无锡县良冶梅应鹏造"。不过，尚无资料进一步确认此祖师是否为真武祖师。
④ 万历《常熟县私志》，卷6，第90页。
⑤ 光绪《重修常昭合志稿》，卷16，第41页。
⑥ 同上书，第44页。
⑦ 顾镇编辑，周昂增订《支溪小志》，点校本载沈秋农、曹培根主编《常熟乡镇旧志集成》，第248页。
⑧ 光绪《重修常昭合志稿》，卷16，第41页。
⑨ 宋濂：《玄武石记》，文见宋濂撰，孙铿校刊《宋文宪公全集》，卷8，第13页。
⑩ 顾鼎臣：《常熟县思政乡重建真武祠记》，文见程心銮辑《里睦小志艺文志补》，第668页。

所见真武神传①的内容大体一致，且均点明所据者为《混洞赤文》和《元洞玉历记》。与顾氏所言相类者有万历《常熟县私志》。该志"报国院"条关于真武神来历的记载与《新编连相搜神广记》等文献相通，不过简略很多。② 正统九年（1444）高德撰《新建雷真祠正殿记》的相关文字虽然在内容上并未超脱《新编连相搜神广记》等文献，但有更为直接而明确的来源。其文曰："道家言，龙汉之年，虚危之精降而为人，修道武当山中，道成乘龙天飞，是为玄武之神。"③ 这一说法显然源于延祐元年（1314）程巨夫所撰《大元敕赐武当山大天一真庆万寿宫碑》记。④ 这种武当山碑铭记文对常熟士人关于真武崇拜起源书写的影响，应该与元代以来包括苏州地区在内的长江下游民众前往武当山进香的活动⑤有着较为直接的关联。和前述文献不同，光绪《重修常昭合志稿》"佑圣道院"条将"真武即元武"追溯到《曲礼》，并引用《大唐开元礼》《明史·礼志》等文献，主要从儒教和官方祀典的角度来理解真武的成神与祀奉情况。⑥

四 民国以来常熟的真武崇拜

民国以来常熟的真武崇拜主要还体现在庙宇变迁，虞山祖师庙拜香习俗，以及相关的建醮和宣卷或称讲经等法事活动方面。

（一）真武庙的变迁

首先值得注意的是虞山拂水岩报国院祖师庙。上文已经提到报国院祖师庙在清代乾隆年间归并于藏海寺。民国二十三年（1934），藏海寺和祖师庙毁于火，仅存报国院之正门，为明代建筑。1992—1997年间，重建藏

---

① 《绘图三教源流搜神大全（外二种）》，上海古籍出版社1990年影印本，第32—36页，第374—376页，第469—473页。
② 万历《常熟县私志》，卷6，第115页。
③ 高德：《新建雷真祠正殿记》，文见邵松年辑《海虞文征》，卷13，第8页。
④ 程巨夫撰《楚国文宪公雪楼程先生文集》，洪武二十八年（1395）与耕书堂刊本，卷5，第13—14页；任自垣纂修《大岳太和山志》，成书于宣德六年（1431），载胡道静、陈耀庭等主编《藏外道书》第32册，卷12，第9页。其中相应文字为"道家言，龙汉之年，虚危之精降而为人，修道此山，道成乘龙天飞，是为玄武之神。"
⑤ 详参顾文璧《明代武当山的兴盛和苏州人的大规模武当山进香旅行》，《江汉考古》1989年第1期，第73—75页；梅莉《元明清时期长江中下游民众的武当山进香之旅》，第112—118页。
⑥ 光绪《重修常昭合志稿》，卷16，第42页。

海寺和祖师庙,报国院正门被作为藏海寺之山门,[①] 祖师庙则再往西迁建于今址。根据笔者在2018年1月3日的实地考察,祖师庙的主体建筑为祖师殿。祖师殿正中朝外的神龛供奉着真武祖师,其背后朝内的神龛供奉着玉皇和四府。殿之左墙神龛供奉马华光和温琼,右壁神龛则供奉赵公明和岳飞。殿内东北角供奉王灵官,西北角供奉另一尊真武祖师神像。祖师殿由藏海寺僧人统筹派人管理,为信众提供谢祖师、寄名还愿等有偿服务,同时亦向请讲经先生到殿内宣卷的信众收取一定的费用。笔者探访祖师庙之时正好遇到一场宣卷活动。宣卷在祖师殿西北角的祖师神像前面举行,从早上六点左右持续到下午三点多,所讲经卷中有一本2008年重抄的《玄天祖师宝卷》。主家是一对六十多岁的夫妇,请讲经先生来做宣卷是因为祖师治好了妇人的病而来还愿。主持这次宣卷的讲经先生姓陆,同样来自尚湖,其祖父和父亲都是"做宣卷吃饭的"。他自己教过一段时间的书,最终做了讲经先生。值得注意的是,他认为宣卷是"做佛的"。

和虞山祖师庙类似地,很多乡村地区的真武庙最终亦被归并于佛教寺院,只是时间和原因不太一样。众所周知,1949年以后国家主导的一些文化政策和运动,尤其是"破四旧"和"文化大革命"给很多地方的宗教发展带来了巨大的冲击,至1978年以后相关政策逐步放宽,又使地方宗教得以恢复和重振,亦在一定程度上促成了地方宗教图景的重构。从1996年开始,江苏省曾多次开展针对民间小庙——官方称为"非法小庙"——的专项治理工作。[②] 常熟政府相关部门为了消除民间"乱建庙宇",亦在兼顾民众宗教信仰需求的情况下,制定了新建佛教寺院作为宗教活动场所登记于常熟市佛教协会,同时拆除民间小庙,且将其归并或归附于这些佛教寺院,或将民众希望复建、新建的地方神明庙宇纳入这些佛教寺院系统的政策。[③] 该政策极大地影响了真武庙,尤其是旧有真武庙的重建和发展。这里以李塘佑圣道院、道院泾佑圣道院和龙旋泾真武堂为例,对此稍作说明。

李塘佑圣道院,原址位于今徐市中心小学,1953—1959年间曾作为徐

[①] 江洪等编:《苏州词典》,苏州大学出版社1999年版,第1133—1134页;苏州市地方志编纂委员会编:《苏州市志(1986—2005)》,江苏凤凰科学技术出版社2014年版,第302页。

[②] 详参鲍蜀生、顾清《关于非法小庙问题的调查与思考——以江苏为例》,《江苏省社会主义学院学报》2014年第2期,第66—71页。

[③] 窦恒先生提供了常熟一带地方政府治理民间庙宇的重要讯息,谨此致谢。

市中心小学课堂,1983 年彻底改建为徐市中心小学。① 2010 年,原有地方神明的庙宇——俗称"神庙"——一起被集中恢复于智林寺东墙外的一个两进的院落。该院落被称为"神庙"或"神苑"。按,智林寺肇始于唐乾元元年,1957 年改办为徐市初级中学,1999 年政府批准重建为徐市佛教活动点,2000 年开始重建,2007 年由政府批准为"常熟智林寺"并派僧人进行管理。② 神庙第二进左侧归并自陆家市的雷尊殿,以及智林寺右前侧的神庙中均供奉有真武神像。但尚不太清楚其中是否有源出佑圣道院的真武神像。不过,元至顺二年班惟志撰关于这座佑圣道院迁建的碑记目前即存放于智林寺右前侧的神庙旁。

道院泾佑圣道院,位于周泾口碧溪市之间的道院泾(今碧溪镇道院村),即光绪《重修常昭合志稿》所称宋端平元年都统吴英重建者,③ 前几年由信众重建于原址,但极为简陋,其主体和附属建筑均为铁皮房,似为临时性的处所。笔者于 2018 年 1 月初进行探访之时,主体建筑因上锁而情况不详,主体建筑右前侧的小铁皮房中则供奉着三清和观音的画像。另据道院附近的一位居民告知,新建道院中的真武祖师神像已经被迁至附属碧溪草庵,按草庵为佛教寺院,更确切地说,道院的祖师神像乃迁至附属草庵的神庙之天师堂。天师堂内供奉了佛祖、观音、太上老君等诸多神像,而占据主祀神位置的即为来自道院的真武。

龙旋宫,位于今古里镇帝藏村。据说,龙旋宫在 1958 年之前建筑规模不大,"文革"时被毁,2010—2012 年间被重建为龙旋寺。④ 龙旋寺主要由供奉"大佛"的建筑群和位于西北角的"神庙"组成,从位置和面积占比来看前者是主体部分,后者为附属部分。神庙中有祖师殿、总管殿、文昌殿和观音殿等神殿。其中,祖师殿内主祀真武。真武神像所在的神台之上还供奉着"皇帝万岁万岁万万岁龙位"神主。真武和皇帝神主的左边供奉着王母娘娘、玉皇大帝、龙王、女娲娘娘、温部师、城隍、吕祖纯阳等神,右边则有太上老君、东岳帝君、王灵官、太姆娘娘和五仙老爷等神。祖师殿在农历三月初三、初四有祖师圣诞庆典,叫作"庙会",道士和讲

---

① 戈炳根主编:《常熟国家历史文化名城词典》,上海辞书出版社 2003 年版,第 348 页。
② 《常熟智林寺简介》,公告,张贴于常熟智林寺内墙壁上,访问时间:2018 年 1 月 5 日。
③ 详参光绪《重修常昭合志稿》,卷 16,第 42 页。
④ 笔者访谈,访谈对象:朱遂元(1956—),龙旋寺管理人员,时间:2018 年 1 月 4 日上午,地点:古里镇龙旋寺。

经先生均有参加,其中道士五到八位,讲经先生两到四位。祖师殿在平时大概每个月十天左右的时间里会有讲经活动。信众或出于家中风水不好,家人生病,小孩有什么晦气等原因而请讲经先生到祖师菩萨前面进行讲经。①

(二) 拜香习俗

所谓拜香习俗,这里特指民众于每年三月初三真武圣诞之时前往虞山拂水岩祖师庙进香的活动。吴双热《海虞风俗记》记载了清末民初的拜香盛况,并明确提到了"拜香"一词。据云:

> 三月三日祖师诞。虞山之西岭有祖师殿,因名其岭曰祖师山。是日,愚夫愚妇有拜香之举,无远无近,无晴无雨,咸举焉。五六人,十余人结队而行。队各携小磬一、笛一、香数束、小拜垫,称其人数,一路高唱"至〔志〕心皈命",遇一庙、过一桥,则立而诵,扶垫据地而拜。其甚者则裸其上体于于背于臂,洞肤而加以钩,悬香累累。钩处肤离肉寸许,颤危危,行观者为之色变,是名肉身灯,又名烧臂香。问其何自苦,乃尔则曰:"是报娘恩也。"夫古之孝子,身体发肤受之父母,不敢毁伤。彼报娘恩者何背道而驰欤?拜香者至祖师殿而止。殿在山巅,不易上,然不敢不上,恐开罪于祖师也。山麓有河流,名烧香浜。三月三日,香虫蚁集,或徒步而往,或操舟而行,竟日乃散。是日,观者且十倍于拜者。绿女红男,藉开无遮大会。②

这些文字较为细节地描述了民众拜香的队伍组织、拜香形式等方面的具体内容,还特别提到了旨在"报娘恩"的肉身灯或称烧臂香。王钟俊(1867—?)亦注意到了当时虞山上已拜香活动中的肉身灯,认为其"最为恶习"。③ 按,后周显德二年(955)已有僧俗燃肉身灯之习。苏州地区的情况,清初之时,开元寺等寺院盛行点肉身灯以报亲恩,因大量女性参与

---

① 笔者访谈,访谈对象:朱逵元(1956—),龙旋寺管理人员,时间:2018年1月4日上午,地点:古里镇龙旋寺。
② 吴双热:《海虞风俗记》,小说丛报社1916年版,卷1,第5—6页。
③ 王钟俊:《琴川竹枝词》,转引自潘超等编《中华竹枝词全编·江苏卷》,北京出版社2007年版,第782页。

其中还曾引起江苏巡抚汤斌（1684—1686年任）的注意而被严令禁止。①至于这一实践何时开始出现在三月三虞山的拜香活动之中，尚有待考证。

1992年出版的《常熟掌故》同样较为详细地记载了民国时期拜香的情况，指出拜香亦称"报娘恩"，除了臂香和肉身灯还有臂锣，其"扮演者大都男性，彼等甘受此磨难，据说是为了表示'酬恩还愿'"。在拜香队伍方面，《常熟掌故》提到了队伍成员的穿戴以及他们使用经卷的情况，即：

> 各穿白布沿边的湖青色短衫，胸前衣襟敞开，腰间束带，手持小木凳，上置经卷，导以香亭旗伞，一路鸣笳唱赞，每组必有一人敲击铜铃，清脆悦耳，每诵经两三句，必加"子〔志〕心朝礼"四字，随行随拜，由崎岖山道霸王鞭攀缘〔援〕而上，直至庙内。

此外，与明清时期"三吴士女瞻礼不绝"的情况类似地，常熟邻近的江阴、无锡、昆山、太仓等县，亦有专程前往虞山祖师庙进香者。②

前往虞山祖师庙拜香的活动在1949年以后曾中断了一段时间，至20世纪80年代开始逐渐恢复。根据笔者于2018年三月初前往常熟所做的实地考察，今天所见之拜香香社多来自虞山附近的村落，其拜香活动主要集中在三月初一、初二这两天，而非香会香客的进香则主要集中在三月初三祖师圣诞当日。这些香社在拜香时的队伍人数、成员穿戴、导以香亭旗伞、随行随拜诵念经卷上山的方式与前述民国时期的情况大致相同。笔者在此以虞山南麓尚湖边上大湖甸村的李王庙香会为例，仅就《海虞风俗记》和《常熟掌故》中没有提及的几个方面对拜香活动进行补充说明。③

其一，顾名思义，李王庙香会的组织是与李王庙直接联系在一起的。这个李王庙相当于村中的社庙，管辖着与相应村落社区的人家。这些人家需要在拜香活动时缴纳香会份子钱，并在香会活动之时到庙里帮衬，或是派出成员直接参加拜香。其二，拜香期间需要吃斋。参与拜香的香会成员

---

① 详参王稼句编著《晚清民风百俗》，江苏人民出版社2006年版，第119页；汤斌撰，范志亭、范哲辑校《汤斌集》，中州古籍出版社2003年版，第558页。
② 江苏省政协文史资料委员会、常熟市政协文史资料委员会编：《常熟掌故》，江苏文史资料编辑部1992年版，第224—225页。
③ 详参海巫山《三月三常熟虞山拜香习俗散记》，澎湃网2018年4月20日私家历史版。https://www.thepaper.cn/newsDetail_forward_2085046（访问日期2018年7月5日）。

以中老年居多，尤以中老年女性为最，不过其中最年轻者是一个年仅二十多岁的男性宣卷先生。这位宣卷先生提到："即便再忙，这几天也要来参加拜香活动。"香会的具体组织者，或称香头，是一位已退休的女士，2018年是她组织香会的第八年。据说，这位女士是被李王选中的，有时会代李王说话，俗称上身。其三，拜香之时有两位成员抬着皇亭，即供有真武祖师和王灵官画像，以及拜香疏文的纸扎小轿，先于拜香队伍上山至祖师庙。皇亭停放在祖师庙的真武殿外面，疏文则呈至殿内正中供奉的真武神像之前进行报疏，概向祖师陈述报恩进香、保安延生祈福之意。随后，香会成员将疏文放回皇亭，抬着皇亭在殿前台阶上往前冲三次，就像很多地方抬神回殿时那样，接着便将皇亭抬至真武殿右前方的青砖化库之中焚化。其四，香会的主要队伍抵达之后，便在真武殿前列好队，开始唱诵祖师赞，并依次至藏海寺的观音殿和大雄宝殿之前唱诵相应的神明赞文。不少香会成员在此期间还曾至真武殿或藏海寺佛殿之内缴纳一定的费用，为自己或家人上灯名，以求神佑。香会在各殿之前唱诵完毕后，大部分女性成员稍事休息即变换装束，在真武殿前——后改至大雄宝殿前——表演了十余个文艺节目。其五，除了登虞山往祖师庙而行之拜香，拜香活动还包括登虞山之前和下虞山之后在香会所在之庙，及其周围村庙或社区庙宇，甚至是村中私人所设神坛和私人住宅而行之拜香。无论是虞山还是村中庙宇神坛之拜香，其对象不仅限于现存香火，还包括庙坛旧址。据云，旧时习惯是先拜完所有的村庙再上虞山拜祖师，后因拜村庙耗时亦久而改成先虞山祖师庙再至村庙拜香。其六，拜香结束之后，李王庙所辖各户的代表会从庙里带回一张符，以及由这张符捆着的蜡烛和香若干。符上有"朝山进香 北极玄天上帝 家宅平安"字样，并加盖"李王庙香会"印。符以镇宅，将贴于房屋大门之上或门口。

（三）建醮和宣卷法事

2018年三月初一，笔者前往尚湖镇泰和寺观察了一场在该寺祖师殿举行的太平公醮，其主神即为真武祖师。按泰和寺祖师殿由当地信众创建于2014年至2015年间，原为"文化大革命"中被毁的尚湖镇西村西大河祖师殿。西大河祖师殿据传为明嘉靖年间京师为官的当地士人秦久经所创，其香火曾极为旺盛。[①] 此次醮事由二十余户人家延请常熟当地的正一火居

---

① 详参《祖师殿简介》，石碑，2015年立于尚湖泰和寺祖师殿门外左侧墙上。

道士，具体地说是由冯建昌道长带领的九人道士团队主持。根据张贴在祖师殿外黄纸黑字的榜文，当天醮事之旨和主要内容为：

> 天京澍〔主〕照，久沐安康。言念生居仁里，乐业乡村，出入相友，经营乃殊，各有逐名逐利，孰能寡悔寡尤。是以会集同人，共修宝醮，爰延法众，恭建瑶台，檄召恩师而洒扫坛场，发缄立幡而传递公文，词呈南洋教主，朝奏碧落帝君，禳星解厄，顺度年庚。俾得人人雀跃之欢，户户乐升平之庆。庙堂香火之茂盛，万民之黎庶安康。涓今月之初一日启建大罗醮事一正日。功德坛内龙香缥缈，凤烛辉煌。于中持诵《昊天玉皇经》、《消灾》《禳灾》二经、《老子清静仙经》、《诸真宏名宝诰》、《玉枢》《延生》二经、《八阳九垒土经》、《元皇赐福灶经》，叩宣《星土〔主〕雷忏》，恭发诸天文状，呈进七宝词文，拜奏玉皇朱表，具修大罗宝醮。

由此来看，醮事内容主要是念诵经文、发诸天文状和呈词发表。其中的经文念诵部分未见专门的真武经。① 不过，主持醮事的冯道长向笔者展示了接贤斋刻本《课诵》中的玄天百字诰，以及光绪庚寅（1890）抄刻梓行版《道宝诸经》所收《元始天尊说北方真武妙经》。后者与《道藏》本《元始天尊说北方真武妙经》基本相同。

冯道长还展示了一种《祖师宝卷》，乃其妻子讲经时所用者——其妻是一个宣卷先生，当天即在泰和寺的观音殿进行以观音为主神的讲经，所讲之经中有此《祖师宝卷》。实际上，以祖师为主神的讲经活动中亦有详述观音传说的《香山宝卷》。那么，以观音还是祖师为主神，讲经内容似乎差别不大。根据古里的讲经先生谭红春所述：

> 祖师菩萨那边的讲经多在早上七点左右开始，下午结束。讲经先生起码两个，男性女性都有。讲经先生旁边一般还有四至六位"贺佛"的老太太。其流程，先《玉皇宝卷》（持续时间约为1小时），次《香山宝卷》（观世音菩萨宝卷）（4个小时，中午休息1小时），次

---

① 另据窦恒先生向笔者展示的丙申年（2016）三月初常熟赵市朱村某个村庙中所行以真武为主神的公醮榜文照片，其中列有《玄天真武帝经》。窦恒还指出，此类醮事在三月初前后的常熟乡下非常流行，一般来说须连续举行三年，亦有庙宇每年都请道士建醮的情况。

《玄天祖师宝卷》（1 小时），复次一般为《财神宝卷》（半小时），末次为《八仙上寿宝卷》（半小时）。

不过，谭先生自己的做法与此相比略有区别。他会在《玉皇宝卷》前加《悉达古卷》（持续时间约为 2.5 小时），《玄天祖师宝卷》和《财神宝卷》之间加入《韦陀宝卷》（45 分钟）、《关公宝卷》（45 分钟）。按，《悉达古卷》即释迦牟尼佛宝卷。谭先生加此宝卷主要因其家中所设佛堂以释迦牟尼佛为主神。①

关于宣卷或讲经活动中所使用的祖师宝卷，笔者田野所见有前述冯道长所展示者，以及大湖甸村宣卷先生黄之恒收藏使用的 2014 年重印本。这两部祖师宝卷的结构和内容均与民国八年（1919）顾景定抄习本大体相通，只不过简略很多而已。本文参考的顾景定抄本为 2015 年常熟市文化广电新闻出版局编《中国常熟宝卷》所收之点校本。其卷首署"北极真武玄天神威上帝祖师宝卷"，卷末署"佛说真武上将玄天神威上帝金阙化身宝卷"。② 该宝卷讲述了净乐国太子修道成神，即成为真武祖师的故事。其情节大略如下：净乐国太子受世间和魂游地狱所见善恶果报触动而决心修道，并在玉皇和诸神的护持下，与执意要其承继帝位之净乐国皇相周旋，不畏艰险，在武当山中修道，竟感动净乐国皇使其转而敕封武当山，助太子修真办道，甚至差官解送金银作改造殿宇、装塑圣像之用，与皇后转而发心施孤济贫、普修大道，虔诚诵经念佛，终得白日升天。太子后得怡山老姥化度，修成真道之法，被众道友皈依为师，又降伏诸多妖怪，终以收服龟蛇二妖而被玉帝敕为"三教祖师"和"北极真武玄天上帝佑圣真君度人无量天尊"。

小结与相关讨论

综上所述，江苏常熟真武崇拜的兴起至迟可以追溯到 12 世纪后期的南宋，一开始主要是作为军人的崇拜而出现的，同时与道士的活动亦有一定的渊源。入元以后，真武崇拜的发展更多地与真武的显灵和神异，以及普

---

① 笔者访谈，访谈对象：谭红春（1973— ），讲经先生，时间：2018 年 1 月 5 日上午，地点：古里谭宅。
② 详参常熟市文化广电新闻出版局编《中国常熟宝卷》，古吴轩出版社 2015 年版，第 24—37 页。

通民众的信仰联系在了一起。其中既有神明灵异直接催生的坛庙祭祀，亦有家祀香火向公共庙宇供奉转变的情况，以及真武崇拜与道教经典《灵宝无量度人上品妙经》诵念实践互动的例子。值得注意的是，道士和士人均参与了民众真武信仰的建构。前者的参与主要体现在真武庙的创建和住持方面。后者的参与则在于从儒教的角度赋予民众真武信仰以合法性。

　　虞山在明代中叶成为常熟，甚至三吴地区重要的真武崇拜之进香中心。虞山之上不仅有道士所设真武香火，更有地方士人家族创设并主导者。道士崇祀之真武或像区域性神明祠山大帝一样作为三清的配祀神供奉于乾元宫三清殿，或作为北极四圣之一供奉于致道观之四圣殿，或作为雷部主法之神供奉于致道观雷部殿。其中，雷部殿所祀真武当为民众较为信仰者，于三月初三上巳圣诞和九月初九重阳成道日均有设醮祀神之举，以此为中心还形成了被称为"社"的祭祀组织，以及为保障祭祀费用而置办的社田。士人家族所创真武香火有两处，其中后来居上并长盛不衰者为嘉靖年间著名的青词宰相严讷之家族所改建的拂水岩祖师庙，供奉着嘉靖皇帝御赐真武神像画轴，称为报国院。改建后的祖师庙迅速成为区域性进香中心，其影响甚至盖过了致道观雷部殿的真武香火。祖师庙最初并未延请僧道住持，其管理和维护是由严氏家族来主导的。可观的香火收入很快就引发了严氏家族的内讧，以及当地其他家族对庙宇控制权的争夺。为了应对这些危机，严氏族人曾提出毁神迁祠、延请僧道住持、香税入官，以及香火收入仅用于殿宇和祖先祠墓修整即家族公共开支等解决办法。聚族服众者和科举仕途成功的家族成员均有助于严氏家族对庙宇的控制，尤其后者有助于争取官府对他族进行弹压。尽管进行了各种努力，严氏家族对庙宇的控制仍然总是危机不断，无奈之下，最终在乾隆年间呈请官府将祖师庙归并藏海寺获准，结束了严氏家族与报国院祖师庙之间特殊的因缘。

　　旧有真武庙在明清时期的发展大多是道士、地方士人和普通民众共同作用的结果，但亦各具特色。李塘佑圣道院主要体现在真武崇拜和三官崇拜的结合，以及信众的捐施和祈愿活动。沙头延真道院体现在祀神的多元化、道士的主导，以及道士所强调的道院"善俗化民、阴翊皇度"之用。赤沙塘真武祠的案例中，道士考虑到玉皇理应高居，建阁奉祀之，凸显了玉皇在真武祠中的崇祀地位，其出发点与士人的理解之间存在着较大的差异。后者更注重国家和儒教层面的真武香火合法性，以及国家礼制的影响。龙旋泾真武堂和思政乡真武祠的发展特点均凸显于明代。关于龙旋泾真武堂，士人群体较注重国朝的崇祀或地方的社会经济背景。需要特别指出的是，此庙在崇祯十七年至弘光元年（1644—1645）重建之时正值清军大举南下，地方士人创造了宋高宗南渡曾和与难诸臣隐居龙旋泾的传说，其中具有强烈的政治意涵。至于思政乡真武祠，地方士人在重建庙宇之时注重从理学先贤那里寻找民间真武崇拜的正当性。该真武祠在当地归氏家族的兴起过程中亦扮演了一定的角色。

民国以来常熟的真武崇拜有三个较为重要的方面。其一，道士主持的真武醮、讲经先生的宣卷、民间拜香活动均非常流行，其旨均在于祈福还愿，但方式不太一样。道士主持醮事的核心诵经、呈文和拜表；宣卷主要通过宣讲真武修道的故事；三月三民间拜香活动的方式则为香会成员念诵经卷"报娘恩"。其二，三月三虞山祖师庙拜香之香会大都是以某个社区庙宇为中心来组织的，具体组织者多为该庙主神的灵媒。登虞山拜香之前或之后，香会需要前往所在社区的各个坛庙进行拜香。香会庙宇在拜香活动结束后还要给该庙辖下各家各户分发驱邪镇宅的真武符。由是，拜香活动将不同的香会、香会庙宇、香会庙宇所在社区的其他坛庙，以及香会庙宇所辖各家各户都与虞山祖师庙之间建立起了直接或间接的关联，织成一张巨大的社会网络，其中心即为虞山祖师庙。其三，20世纪90年代以来政府关于寺庙管理的政策极大地影响了包括真武庙在内的民间庙宇之发展。许多真武庙被归并于佛教寺院的"神庙"。这在一定程度上影响了真武庙所属社区之相关宗教和仪式活动，尤其是社区性宗教和仪式活动的开展，并形塑了当今常熟真武崇拜所见道教、佛教和民间宗教之间的相互关系。

需要专门分析者还有不同社会人群对真武崇拜的态度，以及他们在宋元以来常熟真武崇拜建构过程中所扮演的角色。其中最重要的三个人群当为道士、普通民众和士人。首先，无论创建者的身份是否为道士，道士都经常成为真武庙的住持或真武香火的照看者。道士多将真武纳入一定的道教神明体系，或和中天大神即北斗、太乙慈尊、祠山大帝一起作为三清的陪祀神，其位置相当者为北斗；或为北极四圣之一；或为雷部统帅领有十二雷神，其父母亦拥有道教的封号；或由北斗和救苦天尊进行陪祀。与此相关的主要还有真武经、真武签和以醮为主的科仪法事。

其次，作为民间信仰的真武崇拜主要体现在个体、家族、社区和进香等互有迭合的四个层面。个体对真武的崇拜常发展成家族性，甚至转化为社区性的崇拜，如元代李塘徐氏家族的例子。社区性的真武香火常与民众的土谷神信仰和祈年祈谷活动联系在一起，且有隶属以土地庙为中心和基础的庙界之情况，亦为社区成员祈愿求福的重要对象。无论是个体、家族还是社区，均有请道士设醮或宣卷先生宣卷以祈真武护佑之举。进香亦称拜香，其主要对象为虞山上供奉的真武香火，尤其是原为一姓香火、由地方家族主导的两座真武庙。最重要的进香活动在三月三日真武神诞之时，曾有宿山结缘之俗。其参与单位不仅有个人和家庭，更有许多与社区及其庙宇相联系的香会。从清末以来的情况来看，香会亦拥有相关经卷，其成员多能进行念诵。

其三，官方和士大夫群体对真武崇拜的态度主要体现在信仰和实践这两个方面，表达的是官方意识形态和士大夫文化。信仰方面，能否合乎儒教的礼和是否已经列入官方祀典都是判定一个神明信仰属于正祀还是淫祀的重要标准。元代知州班惟志强调迁建佑圣道院的徐氏兄弟善继亲志，士人郑东则突出龙旋泾真武的抗灾御患之功，分别在家庭和地方的层面与儒教之礼相契合。明代士人还会通过追溯明太祖、明成祖以来皇帝对真武的崇祀来确认常熟地方真武崇拜的合法性，并认为真武崇拜能够抑制民间的淫祀实践。实践方面，官方和士人对民间"男女混杂，夜以继昼"的宿山结缘之习尤其痛心疾首，向来力求严禁。此外，清末民初的文化人对拜香中"毁伤"身体发肤的肉身灯亦极不认同。

需要注意的是，道士、普通民众和士人这三个群体在常熟真武崇拜建构过程中的角色往往不是相互孤立的。最直接的证据是，常熟各地真武庙历代修建的碑记多是由官员或士人，尤其是地方士人撰写的。无论这些庙是由道士或普通民众主导，还是由道士和普通民众共同修建、维护者。撰写者往往应真武庙的住持道士或庙宇所属社区的信众之请，但在其记文多会从官方意识形态或士大夫文化的角度解释该处真武香火的合法性。道教宫观的真武香火多有普通信众和士人的积极参与。官方和士人所创真武庙后来多转变化成民间主导，为地方信众祷祈之所，如南宋宗室赵伯所建延真道院。作为多数真武香火直接照看者的道士，不仅将真武置于道教的信仰和仪式体系之中，亦服务于信众，还在一定程度上与官方意识形态保持一致。明初常熟道会林复真说道教"善俗化民，阴翊皇度"，所言可谓不虚。

与珠江三角洲地区相比，常熟的真武崇拜既有相似之处又有其特点。

刘志伟曾通过考察珠江三角洲地区的北帝即真武崇拜来讨论民间传统与士大夫文化之间的关系。他指出，珠江三角洲地区的"士大夫关于民间北帝祭祀活动的合理化解释，着眼点是道德教化，治国安民的政治目的……而平民百姓供奉北帝，游神赛会，只是出于消灾弭患的需要，通过仪式中同神明的交流，确认自己与神明的联系，以求得到神明更多的顾盼与荫佑。"① 从前文的分析来看，常熟官方/士大夫和民间对真武崇拜的态度与此基本相通。

不过，和珠江三角洲地区北帝崇拜中民间传统与士大夫文化二元关系为主的情况不同，常熟真武崇拜中扮演重要角色的还有道士群体。这和宋元时期两地真武崇拜的发展情况有着直接的关联。珠江三角洲地区较早的北帝崇拜，如宋元时期佛山北帝崇拜的民间信仰色彩较浓，似乎不见道士的身影。② 同时期常熟的真武崇拜则由御前巡检寨的军人和道士主导。这些军人对真武的崇拜不仅是单纯的武神信仰，亦具有一定的官方性质。值得特别指出的是，南宋军人所建两座拜真武的庙均被称为"道院"，其中一座还升为洞晨观，则其均由道士住持无疑。元代兴起的各处真武香火——李塘佑圣道院、龙旋泾真武堂、灵宝经堂和虞山乾元宫三清殿——亦皆与道士或道教有着密不可分的联系。概言之，宋元时期常熟的真武香火，无论是军人（具有官方性质）还是普通民众所创设，道士均活跃其中，而道教宫观的情况自不待言。道士的活跃当源于当时包括常熟在内的江南地区道教蓬勃发展的大背景。③ 无论如何，这些奠定了宋元以后常熟真武崇拜发展的基本格局。此外，珠江三角洲地区的北帝崇拜在相当程度上是明王朝统治的象征。景泰四年（1453）佛山北帝祭祀被纳入官方祀典之后，民间和官方的不同祭祀仪式，及其背后民间传统和士大夫文化之间的互动关系更是成为形塑珠江三角洲地区北帝崇拜的核心因素。④ 相对而

---

① 刘志伟：《神明的正统性与地方化——关于珠江三角洲地区北帝崇拜的一个解释》，《中山大学史学集刊》第2辑，1994年，第122—123页。
② 参见罗一星《明清佛山经济发展与社会变迁》，广东人民出版社1994年版，第142—144页；罗一星、肖海明《佛山北帝文化与社会》，第34—38页。
③ 关于南宋至元代江南地区道教的发展情况，详参松本浩一撰，高致华译《张天师与南宋的道教》，载高致华编《探寻民间诸神与信仰文化》，黄山书社2006年版，第69—86页；赵亮、张凤林、贠信常《苏州道教史略》，华文出版社1994年版，第58—76页。
④ 详参刘志伟《神明的正统性与地方化——关于珠江三角洲地区北帝崇拜的一个解释》，第107—125页；罗一星《明清佛山经济发展与社会变迁》，第141—149页，第423—487页；罗一星、肖海明《佛山北帝文化与社会》。

言，常熟真武崇拜中明王朝统治的象征意义并没有那么明显，其中所见民间传统和士大夫文化之间亦没有那么截然的对立和激烈的互动。这大概是和常熟所属的江南社会更早被纳入到王朝正统的架构之中，以及道教在当地民间传统和士大夫文化之间扮演着积极的文化中介功能分不开的。[①]

（此文原刊于《民俗曲艺》2019年第204期，第51—98页）

---

① 关于明清时期士大夫文化与地方文化、官方宗教与民间宗教关系中文化中介问题的讨论，参见刘永华《民间礼仪、王朝祀典与道教科仪：近世闽西四保祭文本的社会文化史阐释》，载刘永华主编《仪式文献研究》，社会科学文献出版社2016年版，第220—224页。

清代徽州图甲户籍运作机制的分异与趋同

——以《祁门修改城垣簿》为中心

黄忠鑫

(暨南大学历史地理研究中心)

摘要： 清代乾隆年间的《祁门修改城垣簿》不仅是修城的账本记录，也是全县图甲信息的汇总，具有户籍名册的性质。重修城垣的捐输数额体现出一次临时性赋税摊派的实际状态，可见窥见图甲组织的运作机制。由士绅、宗族控制的图甲组织，已经形成了稳定的包揽运作机制，往往存在一定的税收欠额，子户的具体情形也呈现得颇为模糊。官府为了直接掌握赋税土地额度，尝试对图甲格局进行了调整，暂时起到了较好的效果，但始终无法避免中间包揽的趋势。

关键词： 清代　徽州　图甲　赋税　户籍

清代乡村的赋税征派组织存在较大地域差异。在图甲占据主导地位的区域，官府和民间都十分重视户名的记录，出现了诸多汇集图甲户名的文献。既有具有官方色彩的地方志中的"里甲表""图甲表"，主要记录了一县总户名和赋税额度；还有相当数量的民间文献存世，包括了族谱的局部记录，以及涵盖全县的图甲册、花户册等民间抄本。既有成果讨论了此类文献产生的历史背景和功用。如广东南海、顺德等县方志"图甲表"是赋税改革的重要环节，用于确定图甲税粮额、去除不正当负担。[①] 而江西万

---

① 本文是2017年度国家社科基金重大项目"中国古代户籍制度研究及数据库建设" (17ZDA174) 阶段性成果。［日］片山刚：《清末広東省珠江デルタの図甲表とそれをめぐる諸問題：税糧・戸籍・同族》，《史學雜誌》第91编第4号，1982年；［日］片山刚：《清末珠江三角洲地区图甲表与宗族组织的改组》，叶显恩主编：《清代区域社会经济研究》上册，中华书局1992年版，第498—509页。

载、萍乡等地发现的一批图甲户名册籍则是当地激烈土客矛盾的产物。①更多学者将方志与族谱进行对照,论述各个区域户籍赋税登记情况以及地方社会变动等问题。②

较为完整的图甲名录,还具备了数值统计的条件,呈现出地方赋税格局的丰富形态。本文讨论的徽州文书《祁门修改城垣簿》(以下简称《城垣簿》)是一部关于城墙修筑的账本,但主要是以整个祁门县图甲为登记单位,能够弥补方志对户名、捐输数额等内容的缺载。结合该县各类民间文书,有助于我们深入理解清代图甲赋税结构与运行机制。

一 官绅合作与博弈:《城垣簿》的产生背景

祁门县在宋代筑有土城,"周五里二百四十七步"。明初城墙倾圮,仅存四个城门。嘉靖乙丑年(1565),刚上任的知县桂天祥因为"浙矿贼扰婺源",形势将危及邻县祁门,虽"不欲役民",但必须筑城防御。次年六月开工,仅耗时五个月竣工。新筑城墙"循石山岭,跨龙冈,绕朴墅,并溪而上,至荷嘉坞与石山会,逶迤千六十丈(一说千八十丈)",并将城门增至九个。尽管工期短,百姓负担较轻,但直至清初,仍有人认为将城墙筑在山上并不妥当,导致了"侯峰被压,龙脉有伤"。乾隆初年,知县张振义一度建议迁改,但未获上宪批准。

到了乾隆二十七年(1762),皇帝巡视江南,见各属县城垣倾颓,谕令修治。"安徽共计三十四城,祈[祁]在檄修之内。"时任祁门知县吴嘉善趁机将县城从侯峰山改至较为平坦的称钟山冈,并买胡家塘田拓展城基。《城垣簿》便是此时修城过程与费用开支的记录。③ 该书主要包括以下几个部分:卷首为吴嘉善所作之序,以及"捐修县城碑记"与"修改城垣始末",交代乾隆壬午至丁亥年间(1763—1767)祁门县重修城墙的大致经过;此后依次为"董事姓名""开工告神文""酬谢城隍弄账散福祭文

---

① 郑锐达:《移民、户籍与宗族:清代至民国期间江西袁州府地区研究》,生活·读书·新知三联书店2009年版,第85—102页;谢宏维:《和而不同:清代及民国时期江西万载县的移民、土著与国家》,经济日报出版社2009年版,第102—104页。
② 杨国安:《明清两湖地区基层组织与乡村社会研究》,武汉大学出版社2004年版,第87—97页。谢湜:《"以屯易民":明清南岭卫所军屯的演变与社会建构》,《文史》2014年第4辑。徐斌:《明清鄂东宗族与地方社会》,武汉大学出版社2010年版,第80—101页。
③《祁门修改城垣簿》,乾隆三十六年(1771)刻本一册,上海图书馆藏,书号:线普485679。

并焚开工原立誓章"，呈文、批文等相关文件；最后是"图甲乐输银数""杂项乐输银""支账"，是为全部收支账目汇总。

迁改县治是一件大事，不仅需费庞大，且工程浩繁，牵扯省道府各上级衙门、本邑乡绅及普通民众。本着"自捐自修，不能济人，亦不能望人济"的原则，祁门县于乾隆二十八年（1763）七月初一日"开局征输"，八月二十九日开工修筑。吴嘉善亲自"签点城乡首人一百二十名，于中特举总理四人，则洪承庆、陈秉忠、汪宗泗、吴升香是也。全具盟词致祭城隍，分班董事"。

正当筑城工作正如火如荼地进行时，吴嘉善却在同年冬天被罢官了。原来，就在圣旨谕令修城时，徽州知府王尚湄"禀称徽郡愿捐金十八万，扒济他邑城工，科派祈[祁门]捐二万"，为了响应皇帝的御旨意，竟然自告奋勇给其他地区捐款修城，并向府内六县摊派。吴嘉善齐集士民商议，认为"祈[祁]地瘠民贫，实难捐解，只可照旧捐修本邑城垣"，不能协助他县。于是直接向省里禀报，推掉了知府的捐派。此举无疑是得罪了直属上司，在本年冬的"计典"考核中，王知府以"才力不及"对其弹劾，"士民愤欲上诉，嘉善力阻之，遂去"①。

继任知县周万宁接替修城重任并立即清查修城经费。据他声称："检查卑县城工卷案，计原估银二万五百两有零，而捐输簿内只有一万二千数百余金。卑职采访舆情，虽民捐民修，具见好义急公，无如地瘠山多，其中饶裕之户比徽郡他邑较少。卑职随督同董事人等逐加履勘核算，现在修筑工费约计一万三千余金可以告竣"，并将实情禀告省、府衙门。乾隆二十九年（1764）二月二十九日，安徽布政使司命徽州知府李嵩、安徽城工总局史鲁璠、黟县知县孙维龙一同亲临祁门县勘估会详；三月，李、史、孙等人"勘过祁门县城工减定需银一万三千一百四十二两零，并无浮捏缘由"。修城的经费由此确定。

乾隆二十九年（1764）四月，周万宁去职，刘宸赞接任，继续督工修城。上级要求在本年内完工，刘宸赞督促工匠加紧修筑，于十一月二十七日竣工。"一应应修城垣、城垛、城身、堨级以及门楼等项，俱经如式一律修整完固"，主体工作已经如期完成。但是，"现在批捐者尚欠一千五百

---

① 同治《祁门县志》卷二一《职官志·名宦》，《中国地方志集成·安徽府县志辑》第55册，江苏古籍出版社1998年版，第217页。

余两,致海石曼未完",再加上"各匠加工趱修,欠缺工食,曾赊各店货物数百两……至前所领常平仓谷五百四十六石垫发工匠,亦需收输买偿",因此还有不少拖欠经费需要解决。此外尚有各种报销册籍、实用保固甘结和各级部门的验收册结都需要继续赶办,"一切修筑杂务"拖延至次年才停工。

按照常例,各班工匠在工程结束之后都需出具保固五年的甘结。修理祁门县城的十二班工匠于二十九年十二月即出具保固甘结,"限内倘有坍塌,各匠承筑之处,愿自修补,不敢违误"。修城之事本应就此结束。可是在次年三月县衙要求督工的董事也出具甘结。董事们十分不满并上书表达了意见:"生等董事收输,有串票可稽,支给工匠及各杂费有细账可查,经理实用,颇与报销册结照……无庸出具,惟将串票帐簿呈案申送。"即可,且"保固之责实在各匠,生等曾据伊原承约给清工价,设限内倘有坍塌,惟执切结拘伊重修,于生等何尤?保固之结亦无庸具"。县衙执意要求董事们出具甘结,认为"该生等董事三载,一切收支动用,既俱有帐据可稽,又何难具此一纸结耶?且本县取结之故,盖因定例应然,并非有所揣疑而故为勒取也……如偏执过虑,徒烦驳饬,终于公事无益"。于是,董事们只得遵令出具甘结。由乾隆三十年(1765)七月的《徽州李正堂为遵旨议奏事》一文得知,"今安庆府、庐州府捐输,董事各绅士业经本部院行令,置备戏筵,延集公所,令府县坐于主席,使人人欢饮,以酬其好善乐输之意"。但是徽州府各绅士虽"将来汇册报部,自有应得奖励之典"。但是按照惯例举行的"肆延设席"却以"独以隔远"为由,不了了之,当与之前的甘结风波有关,官绅之间的隔阂已经产生。

乾隆三十年(1765)七月二十八日,"奉抚宪委分巡李道台验收,李转委署分府董世明二太尊确勘出结,详覆题销",官府的验收通过;乾隆三十二年(1767)十月二十六日,祁门知县李奉纶"齐集董事,酬告城隍,并焚誓章,清算收支各账",宣告完工。至此,修城工作才算正式告终。但士绅与官府之间的裂痕并未愈合。在刊印《城垣簿》时,士绅们邀请前任知县吴嘉善作序,而仅仅象征性地抄录了现任知县的碑序而已。

此次修城,历时达四年,经历六任县官,共费一万三千一百四十二两三钱五分八厘。绝大多数经费来自图甲组织的捐输。《城垣簿》的"图甲乐输银数"部分就是全县图甲户名的汇总以及各户的捐输金额。同书"修改城垣始末"称,捐输人群包括"阖邑里户、绅士、商贾人等"。该簿的编修体例也指出,"各士民已输附本甲内",即士绅以及其他民众的个人捐输,按照所属图甲附注在"图甲乐输银数"项下,同样可以视为图甲捐输的组成部分。而"杂项乐输银"所载,大多为城内商铺名称。据此,包含了各甲士民在内的祁门各都图甲捐输额为一万一千余两,占总数的85%。可见,修城经费最重要来源是覆盖全县二十二个都的图甲组织。

由吴嘉善挑选的120名董事的姓氏、名号和来源,按照在城、东、南、西、北五乡划分(图1)①,全部记载在《城垣簿》的"董事姓名"条目之下,为首的四位"总理"分别来自在城(洪承庆、陈秉忠)和西乡(汪宗泗、吴升香)。但是在董事的密度分布层面上,西乡的地位与在城却不是等量齐观的。其中,董事在城有27人、东乡24人、西乡27人、南乡17人、北乡25人。"在城"的城都和一都达到每都13名董事之密度,是官府最为倚重的士绅力量。至于北乡只有4个都,平均每都6个董事;东乡只有3个都,平均每都8个董事,同样值得注意。相较之下,西乡和南乡平均每都仅有3人,逊色不少。

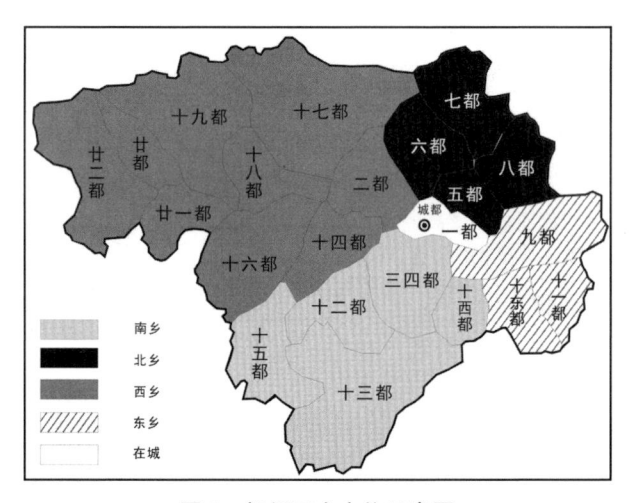

图1 祁门五乡方位示意图

① 李家骧《祁门县乡土地理志》第一章第五节"区划"称:"本境区划仍明旧制,为六乡二十二都。……然此名已不常用,今所同称者惟城、东、南、西、北五乡之名而已,现在创办警察分全境为六区,城东北三乡各为一区,南乡分为二区,西乡分为三区。"结合《城垣簿》的记载,说明祁门地方社会至少自清代开始就已流行以方位划分"五乡"之说法,但一直没有明确的划分标准和依据。现根据1942年成书的胡樵碧的《祁门县志·艺文考》所载《祁门诗人姓氏爵里》记载,如"王舜举,南乡平里人""光文谟,北乡三都人"基本覆盖全县的信息,结合村落、都图,可以发现"五乡"基本依据"都"为单位划分,只有五都较为特殊,桦墅等部分村落属于东乡,大部分属于北乡。本文图1权且以"都"界示意五乡的大致范围。

士绅们的职责，除了督修城墙之外，主要是向五乡各都图甲的民众征收钱款。虽名为"乐输"，但整个运行过程，可谓一次临时的赋税摊派。执行费用征收的是各乡都的董事，而非衙门胥吏。名列四大"总理"、西乡十九都南源村汪宗泗（字天叙）传记称："吾邑举大事必群呼经首。乾隆二十八年，邑侯吴奉檄修城，天叙应召总局董理，凡经营度支，以身任之，无丝毫苟且，众大推服。"① 而在更早的乾隆十三年（1748）间，"举行图总，胥吏因缘为奸，害将无穷，府君（即汪宗泗）慨然念斯害之被及一邑也，爰率二三同志，力为告脱，其事遂寝"②。可见，这批董事便是地域社会中的能人精英，具有很强的组织能力，能够有效地完成经费收支，并以集体力量有力抵制了胥吏对地方税务的干预。另外，士绅对于赋役的插手，只以保障地方利益为目的，并没有站在国家的对立面。在嘉庆二年（1797），"邑有加增应试儒童之议"，南源汪氏随之相应，设立八甲文会。③ 从称谓来看，便是以自身所在的十九都一图八甲名义，兴立文会应对科考。

尽管续任的知县虽继续使用这批士绅，不信任感却油然而生，以例行公事之姿态强制士绅签订甘结，确保账目清白。如此做法，实际上体现出清代前期官府打击士绅包揽钱粮的一贯态度，自然引起了官绅间的不谐。汪宗泗亦与地方官府发生直接冲突："岁己卯（即乾隆二十四年），乡有滞讼，狱在于郡，波及府君。维时郡守不仁，欲以府君为根而株连不已，府君默识其意，直理状气，激昂动天，竟令毒无所施，事遂得已。此一役也，保全无辜，不知凡几。"④ 面对府级官员的打压，以汪宗泗为首的地方士绅能够有效反制，自我保全。《城垣簿》作为士绅正式编纂、刊印的总结性文献，同样毫不避讳地表达出对当前官府的不满。此重要的背景因素，是我们对该文献所载图甲捐输之格式和内容的解读必须注意的。

---

① （清）王启兰：《太学宗泗公传略》，《南源汪氏支谱》卷九，民国癸酉年（1933）木活字本，上海图书馆藏，书号：935485-90，第30页。南源又名南溪，今名伦坑。同治《祁门县志》卷三十《人物志·义行》亦载："乾隆壬午，诏安徽各属修城，知县吴嘉善举为总理，殚心竭虑，年余告竣。"第344页。

② （清）谢文涛：《太学宗泗公传略》，《南源汪氏支谱》卷九，第32页。

③ 《南源汪氏支谱》卷九《八甲文会》，第3页。

④ （清）谢文涛：《太学宗泗公传略》，《南源汪氏支谱》卷九，第32页。

二 《城垣簿》对图甲户籍的记载

清代祁门图甲组织源于明代里甲制度下的人户编排。明初，遵循"务不出本都"的原则，对祁门县乡都进行调整，并在此基础上编立里甲。具体调整措施是："乡因之，都削其名"，将宋元时代的和光都、日新都等更名为一都、二都等。又将三、四两都合并为一，名曰"三四都"；十都析分为二，为"十东都"和"十西都"。通县共计二十二个都，编为五十一里。① 此后，里的数量一度减少为四十六个。万历元年（1573），"知县廖希元以城及一都、七都户口众多，各增一里，为四十九里，里即图"②。至此，"里"与"图"的互称正式得到了地方官府的确认，里甲蜕变为图甲，即总户—子户结构之确立。

作为以图甲为基本单位捐输建城的登记账本，《城垣簿》详细登载了各都的图甲户名及其捐输金额，其记录形式可以三四都一图为例：

三四都一图
一甲饶联登户 四两（收三两三钱三分五厘）
凌添进 二两五钱（收讫）汪道佑 一两（收讫）
二甲方元茂户 二十两（收十九两二钱二分五厘）
胡太枝 一两二钱（收讫）汪立川 八钱（未收）
胡尚义 七钱（收三钱五分）
三甲汪文聘 三两（收讫）方应 二两四钱（收讫）
余世有 一两五钱（收讫）余大成 一两二钱（收讫）
汪大起 一两六钱（收讫）汪富兴 五钱（收讫）
汪以功 二钱（收讫）
四甲汪复初户 十五两（收七两）谢振祖 一两（收讫）
谢应让 四钱（未收）
五甲康永新户 十三两（收讫）方应明 三两（收讫）
詹添 三两八钱（收三两六钱三分五厘）

---

① 永乐《祁阊志》卷一《乡都》，祁门县地方志编纂委员会办公室整理本2009年版，第21—22页。

② 万历《祁门县志》卷四《人事志·乡市》，合肥古籍书店1961年复制本。

　　　　　六甲余安序户 十三两（收讫）余任翔 三两（收讫）
　　　　　　　　　　余克恒 一两（收讫）
　　　　　七甲王文明户 十两（收讫）余大兴 三两（收讫）
　　　　　　余昭德 七钱（收讫）谢瑞三钱（收讫）
　　　　　八甲余嘉训户 十两（收讫）余万一 一两（收讫）
　　　　　　　方祖 三两（收讫）潘时 四钱（收讫）
　　九甲汪俊泰二十三两、汪俊彰二十三两（收讫）汪世昆 五十两（收讫）
　　　汪泰 二十两（收讫）汪明杰、汪之瑶、汪之斑 三十两（收讫）
　　　汪焖 十两（收讫）汪起康 十两（收讫）汪炳 五两（收讫）
　　汪起玟 五两（收讫）汪起璟、汪起凤 八两（收讫）汪辉 三两（收讫）
　　　　谢登俊 二十两（收讫）谢良田、谢登俊 五两（收讫）
　　　　　谢正发 二两（收讫）詹大兴 二两二钱（收讫）
　　　　　　　　　江永茂 八钱（收讫）
　　　　　十甲王大用户 十四两（收十两一钱一分二厘）
　　　　　　程德胜 三两（收讫）黄发隆 二两五钱（收讫）
　　　　　　　王立 一两（收讫）汪正儒 八钱（收讫）

　　《城垣簿》按照二十二个都的顺序，列出各图各甲的户名。每甲通常有一个户头，以"户"字标示，如一甲的"饶联登户"，即为图甲体制下的总户名，属于拟制户名，并非实在人名。按照《城垣簿》的体例叙说，每个总户之后似乎应是"输附本甲内"的士民姓名。

　　其他民间文书与《城垣簿》的同类信息相似，可以相互印证和辅助解读。三四都汪家坦黄氏文书中的"保甲记事手册"（以下简称"手册"）就记录了"计开三四都一二图里长名目"[①]。仅将与前文《城垣簿》相关的三四都一图信息抄录如下：

　　　　　　　　　　一图一甲 饶联登
　　　　　　　　　　　二甲 方良茂 王罗星

[①] 刘伯山编：《徽州文书》第四辑第一册《祁门三四都汪家坦黄氏文书》，广西师范大学出版社2011年版，第381页。整理者将其命名为"保长记事手册"，但整册文书涵盖了图甲户名、税额、编审计账、田亩钱粮税则等内容，绝大多数都属于图甲体系的管理内容，其记录时段是乾隆中叶，与《城垣簿》大体同时。

三甲 汪文聘 郭家坦户名余大成、余世有、汪大起、汪富兴、汪以功
四甲 汪复初
五甲 康永新
六甲 余安序
七甲 王文明
八甲 余嘉训
九甲 汪俊彰（新：泰）谢百秀父子户名正发、占大兴、江永茂
十甲 王大用
寄户：汪正儒、程得胜、占有伦、王应期、王顺户、王立户、胡世当、黄发龙

对比官方簿册与民间"手册"，可以发现双方记载的差异。

一方面，两份文献所载总户名可以相互印证，也略有出入。如九甲里长户为两户共同承当，《城垣簿》同时记录汪俊泰和汪俊彰两个户名，而"手册"则指出新户为汪俊泰，旧户为汪俊彰。至于三甲，《城垣簿》记录总户为"汪文聘"，但没有带上"户"字。而"手册"除了记录"汪文聘"外，还指出郭家坦另有五个户名。这五个户名恰好皆为《城垣簿》所载的个人捐输的名字。可见，三甲应该是由汪文聘户和郭家坦诸户共同承当总户。因此民间文书的解说，可以印证《城垣簿》的记录是准确的。稍有差别的是二甲，《城垣簿》为"方元茂"，而"手册"载为"方良茂"，这或许是读音相近导致记录略微差别，两者应为同一户。

另一方面，"手册"明确标注十甲王大用户下存在八个寄户，其中四个寄户姓名又出现在《城垣簿》之中。这说明《城垣簿》中载于各总户之后的士民姓名，绝大部分其实是子户（寄户），亦属拟制户名，而不完全是士绅、民众的实在名字。因而"修改城垣始末"所谓的"士民"姓名，未免有以偏概全之嫌。

《城垣簿》中对图甲总户的记录，有一个明显标准，即是否有"户"的标注。如有，则说明该甲属于总户—子户结构。如无，则有以下两种情况：

其一，存在并列的朋户，即势力相当的若干群体共同朋充一个总户。如九都二图一甲的户名是方益祀、汪永达、汪余庆并列，或说明该甲并无占据完全主导地位的族姓。又如城都一图二甲是方日洪、方文焕朋充，十东都一图六甲是李时善、李允恭朋充，表明该甲虽有主导的族姓，但内部

力量整合尚未完成，仍用朋充的形式。

其二，便是康熙三十年（1691）的三个新图。它们是集中增立的图甲，将先前的附户、子户直接提出而设立的，在短期内尚且无法整合为总户—子户式的依附结构，各户之间相对平等，仍具有显著的朋充色彩。以十一都三图为例：

一甲方江源 十五两（收讫）江迪富 五钱（收讫）
江珊友 五钱（收讫）江义和 五钱（收讫）
二甲吴项 六两七钱（收讫）
三甲叶林汪 二十四两（收讫）
四甲□崇怀 十八两（收讫）
五甲李秋 十一两四钱（收讫）
六甲朱德泽 二十两（收讫）朱文 二两五钱（收讫）
七甲黄胡儒 八两五钱（收讫）
八甲胡本兴 七两六钱（收讫）胡本清 四两（收讫）
胡振孙 四两（收讫）胡兴 二两（收讫）
九甲王大程 四两五钱（收讫）方时用 二两（收讫）
十甲胡徐邵 十三两（收讫）

相比于老图甲首户名后往往有"户"字样作为标识，新增的三个图则完全没有这样的形式。尽管从三甲"叶林汪"、十甲"胡徐邵"等户名来看，已经具有一般图甲的拟制户名之特征，但是在《城垣簿》的编集者看来，新图甲不过都是重新组合的朋户，无法与老图甲总户相提并论。同时，较之权势大族，新图各甲户的丁亩较少，力量弱小，也需要以两人或多人共同承当一个户籍单位。

无论如何，《城垣簿》则详细而系统地记载了这五十二图各甲总户、子户的基本情况，弥补了地方志没有详细记录、民间文书亦不完整系统的缺陷，可谓一份清代中叶祁门县图甲户籍名录（参见附录），有助于我们全面分析图甲内部的结构及其差异。

三　捐输额度与图甲格局

各个图甲的钱款是根据经济实力，以摊派或认捐的形式进行征收。直到祁门县城修筑完毕，仍有一定数目的钱款拖欠。《城垣簿》以"收讫""未收"以及收取部分钱款分别标注出来。根据原定与实际收取的数额，将祁门县各都的图甲捐输情况如表1所示：

表1　　　　　　　　　祁门各都捐输情况一览表

都别	图数（甲数）	原定捐输额度（两）总额	甲均	实际捐输额度（两）总额	甲均	总欠额比率（％）
城	4（40）	863.43	21.5858	744.588	18.6147	13.764
一	3（30）	534.9	17.83	486.494	16.2165	9.050
二	2（20）	403.29	20.1645	382.73	19.1365	5.098
三四	2（20）	532.95	26.6475	509.98	25.499	4.310
五	1（10）	717.78	71.778	641.576	64.1576	10.617
六	2（20）	533	26.65	471.98	23.599	11.448
七	2（20）	444.8	22.24	390.733	19.5367	12.155
八	3（30）	886.04	29.5347	884.884	29.4948	0.013
九	2（20）	650.321	32.5161	606.594	30.3297	6.724
十东	2（20）	1102.153	55.1077	1068.199	53.4099	3.081
十西	1（10）	222.2	22.22	196.805	19.6805	11.429
十一	3（30）	910.28	30.3427	839.745	27.9915	7.749
十二	3（30）	745.916	24.8639	686.483	22.8828	7.968
十三	2（20）	251.25	12.5625	227.66	11.383	9.389
十四	2（20）	332	16.6	319.594	15.9797	3.737
十五	3（30）	567.6	18.92	539.38	17.9793	4.971
十六	2（20）	299.5	14.975	299.5	14.975	0
十七	2（20）	320.02	16.001	309.834	15.4917	3.183
十八	2（20）	300	15.0	269.505	13.4753	10.165
十九	3（29）	473	16.3103	440.895	15.2033	6.788
二十	2（20）	300	15.0	232.351	11.6176	22.550
二十一	2（20）	300	15.0	212.036	10.6018	29.321
二十二	2（20）	300.31	15.0155	293.365	14.6683	2.312
总计	52（508）	11990.74	23.6038	11054.911	21.7616	7.805

从表1中可以清楚看到，各都实际捐输的总数额并不均衡，最少的是十西都，未及二百两，最多的是十东都，达到一千余两，相差五倍。各都

所辖图甲数量不一，最多的城都有四个图四十个甲，五都和十西都则仅有一图十甲，相差四倍。所辖图甲数量多的都，捐输总额相对较多一些。但是，捐输差距主要表现在甲一级的层面。五都平均每甲捐输达到六十两以上，二十一都每甲仅十两，相差超过六倍之多。因此，五都的图甲规模虽小，但是全都和甲均捐输总额均为全县之首。由此，各都图甲捐输的空间格局分析，在甲的平均额度层面上最为准确，也更能表现出各都参与修城的密切程度。

图 2（左）中，以县城（城都）为中心的闾江沿线，是捐输数额最集中的部分，分布在祁门县的东、北乡。其中五都和十东都超过五十两，遥遥领先于其他都，与之相邻的八都、九都、十一都三个都次之，接近或达到三十两。南乡稍少，以距离县城最近的三四都为首，达到二十五两以上而距离最远的十三都最少，仅十一两余。西乡的情况与南乡类似，而且表现得更为突出。除了邻近的二都以外，其余八个都均在每甲十六两以下，呈现出几乎截然相反场景。根据甲均层面的空间分析，东、北两乡主要通过流域水路交通的联络，与县城的紧密度高。南、西二乡捐输相对较多的都，也大都靠近县城。因此，与县城的空间距离是造成各都捐输差异的重要因素。

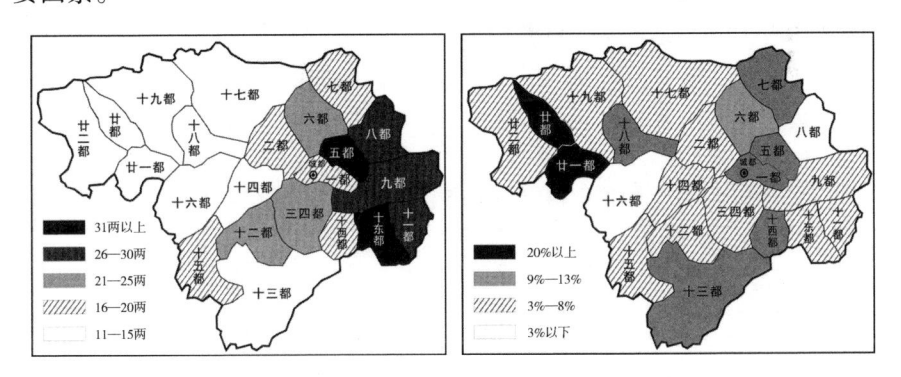

图 2　祁门各都的甲均实际捐输总额分布（左）与差额比率分布（右）

各都预定与实际捐输的差额也值得注意，这能反映出不同图甲实际执行状态。总体上看，整体差额并不太大，有九百多两，占总额的 7.805%。如图 2（右）所示，与总额分布相比，各都捐输的差额比率分布并没有存在明显的东西差别。共有十三个都低于差额比率的平均数，达到全县范围的一半以上，这一意味着大部分都图能够较好地完成捐输。其中，仅十六都全部按额完成任务，八都的差额也十分微小。二十都和二十一都则有超过二成的捐输没有达到，尤其是二十一都有约三分之一的欠额。但十六都和二十一都地域相邻，都位于西乡，距离县城较远，却表现出相反的捐输状态。还有许多超过差额平均水平的都，分布在北乡和南乡。五都的捐输总额虽多，但欠额比例也不小，达到10%以上。

由此观之，首先东乡在捐输总额和差额比例上最为均衡，支持修筑城垣积极性最高；其次是北乡、南乡。与前述知县依赖西乡和在城士绅群体相比，两地在图甲捐输层面的表现不尽如人意。在城的捐输总额和差额均在全县平均水平之下。西乡捐输总额最少，执行状态两极分化，整体表现极不均衡。

更为重要的是，子户数量的记载极大影响到了各图甲的整体捐输情况。表2显示，在不计三个新增图的前提下，无论是捐输总额、还是户均额度方面，祁门全县的总户都远超子户。具体到各都，情况则有所不同。一都、三四都、五都、七都四个都的总户捐输都少于子户，一都子户捐输总数是总户的两倍，五都甚至达到将近三倍。在户均额度层面，仅有一都和十七都两个都的子户略多于总户，而十七都仅有一个子户捐输20两的情况下多于总户，属于特殊个例。因此，就全县范围而言，总户在整体财力上胜于子户当无疑义。但是，子户的缺载却是造成总户和子户差距的一个重要因素。

表2　　　　　总户与子户实际捐输额度的比较（不含新增图）　　　（单位：两）

都别	总户			子户			总户与子户的差额	
	总额	户数	户均	总额	户数	户均	总额	户均
城	388.564	40	9.714	356.042	75	4.747	32.522	4.967
一	149.858	30	4.995	336.636	66	5.101	-186.778	-0.106
二	204.05	20	10.203	178.68	67	2.667	25.37	7.526
三四	210.382	20	10.519	299.598	91	3.292	-89.216	7.227
五	163.796	10	16.380	477.78	37	12.913	-313.984	3.467
六	197.6	20	9.88	274.38	87	3.153	-76.78	6.727
七	145.266	20	7.263	245.467	50	4.909	-100.201	2.354
八	353.345	20	17.667	306.899	48	6.394	46.446	11.273

续表

都别	总户 总额	总户 户数	总户 户均	子户 总额	子户 户数	子户 户均	总户与子户的差额 总额	总户与子户的差额 户均
九	382.853	20	19.143	223.741	63	3.551	159.112	15.592
十东	578.049	20	28.902	490.15	46	10.655	87.899	18.247
十西	155.405	10	15.541	41.4	4	10.35	114.005	5.191
十一	360.445	20	18.022	331.2	30	11.04	29.245	6.982
十二	461.59	30	15.386	224.893	66	3.407	236.697	11.979
十三	136.31	10	13.631	33.2	17	1.953	103.11	11.678
十四	318.294	20	15.914	1.3	1	1.3	316.994	14.614
十五	472.88	30	15.763	66.5	24	2.771	406.38	12.992
十六	299.5	20	14.975	0	0	0	299.5	14.975
十七	289.834	20	14.492	20	1	20	268.834	-5.508
十八	269.505	20	13.475	0	0	0	269.505	13.475
十九	440.895	29	15.203	3	1	3	437.895	12.203
二十	232.351	20	11.618	0	0	0	232.351	11.618
二十一	212.036	20	10.602	0	0	0	212.036	10.602
二十二	293.365	20	14.668	0	0	0	293.365	14.668
总计	6716.892	479	14.023	4447.866	774	5.747	2269.026	8.276

与各类文献相比，《城垣簿》中的子户捐输部分存在一定的缺载。如康熙《鲍氏家谱》所载"记保公"的传略称："元朝末时（原文为'明朝初时'，有改动）迁十五都，土名蓝溪，招陈祐之女为妻，系身承当本都一图五甲。充当后，至代余，人微财寡，不能充当五甲，系将五甲排年送入本都查弯汪姓充当。"[①] 鲍氏始迁祖经过元末明初的移民定居后，正式编入里甲户籍，经过一代（一般为30年）后又将户头转让他姓的故事。其具体时间、过程未必准确可信，但可以明确的是，至清初时，居住于十五都的鲍姓是没有总户的，一图五甲总户应为汪姓。查《城垣簿》十五都一图五甲户名，确为汪姓的"汪万钧户"。从族谱记载来看，鲍姓一直在当地生活，但《城垣簿》的十四都、十五都却完全没有记录。不仅如此，黄

---

① 刘伯山编：《徽州文书》第四辑第六册《祁门十四都十保鲍氏文书》，广西师范大学出版社2011年版，第4页。

图于康熙五十四年（1715）任祁门知县，五十八年（1719）离任，由于"贫不能归，子孙遂家祁门，入籍城都三图九甲"①。而该甲在《城垣簿》中载为叶姓，没有任何黄姓子户的记录。这种缺载的情形，较大的可能是因为该子户没有参与捐输。

再从空间上观察，东、北乡记录的子户数量较多，最多的是六都，有87个；南乡三四都是子户数量为全县最多，达到91个（表2）。西乡子户的记载几乎一片空白，如十六都、十八都、二十都等，皆无子户记录；十四都、十九都也仅有1个。这给人造成祁门西乡没有子户的假想。但实际上西乡的图甲子户数量众多。例如，在实征册的登记中，二十二都二图四甲王鼎盛户下的子户最少时为137个（雍正十年、十一年），最多达到188个（咸丰元年）。②因此我们可以肯定的是，《城垣簿》对图甲户名的登录，最为准确的当属总户，其下的子户定有相当数量的缺失。

上述分析可以发现互相矛盾的表象：一方面，主持修城的董事能够将参与捐输的"士民"清楚地归入相应的图甲；另一方面，《城垣簿》中的子户缺载绝非一两例个案，而是大面积的普遍现象。再以十九都一图八甲为例，也就是通过族谱才确认的总理汪宗泗所在之图甲。总户汪仕周户捐输17两，虽已全部收讫，但总数只是略高于本都15.2033两的平均水平，低于全县平均的23.1035两的额度，也未见个人的大额捐输和任何子户的记录。又以北乡董事、七都大坦村的汪有修为例，县志对其称赞有加："乾隆二十七年修城，乐输多金，全力经营，阖邑德之。"③七都一图六甲汪良进总户捐输40两，其下有汪宗舆捐200两，远高于平均水平，确实可以印证县志所载。但是该甲之后的其余五个汪姓子户均标为"未收"，总数为14两。也就是说，总户和首事以大额捐输掩盖了其余子户歉收的事实，还赢得了众人的赞誉。上述这些现象显然代表了为首士绅董事的态度和做法，也折射出祁门县图甲运行机制的若干问题。

四　图甲运行机制的差异

捐输重修城垣费用，从面向全县图甲征派的意义上讲，更像是一次临

---

① 道光《祁门县志》卷二十《职官表》。
② 马勇虎、李琳琦：《清代祁门县王鼎盛户实征册研究》，《中国经济史研究》2017年第2期。
③ 同治《祁门县志》卷三十《人物志·义行》，第344页。

时性的赋税征收,有助于我们了解图甲组织运行的某些重要层面。表3能更为全面地反映出图甲总户—子户的表现。

表3　　　　总户、子户的捐输情况差异(不含康熙新增图)

都别	总户 总数(个)	未迄(个)	占比(%)	总额(两)	欠额(两)	占比(%)	子户 总数(个)	未迄(个)	占比(%)	总额(两)	欠额(两)	占比(%)
城	40	21	52.5	446.86	58.296	13.05	75	19	25.3	416.57	60.528	14.53
一	30	17	56.7	186	36.142	19.43	66	13	19.7	348.9	12.264	3.52
二	20	4	20.0	212.12	8.07	3.80	67	14	20.9	191.17	12.49	6.53
三四	20	9	22.5	228.5	18.118	7.93	91	15	16.5	304.45	4.852	1.59
五	10	6	60.0	184	20.204	10.98	37	8	21.6	533.78	56	10.49
六	20	7	35.0	242	44.4	18.35	87	10	11.5	280	5.62	2.01
七	20	12	60.0	177.6	32.334	18.21	50	16	32.0	267.2	21.733	8.13
八	20	1	5.0	354	0.655	0.02	48	2	4.2	307.44	0.541	0.18
九	20	8	40.0	421	38.147	9.06	63	8	12.7	229.321	5.58	2.43
十东	20	8	40.0	607.953	29.904	4.92	46	4	8.7	494.2	4.05	0.82
十西	10	8	80.0	180	24.595	13.66	4	1	25.0	42.2	0.8	1.90
十一	20	10	50.0	406.6	46.155	11.35	30	9	30.0	355.58	24.38	6.86
十二	30	5	16.67	480.4	18.81	3.92	66	20	30.3	265.516	40.623	15.30
十三	10	5	50.0	159.8	23.49	14.70	17	0	0	33.2	0	0
十四	20	4	20.0	330.7	12.406	3.75	1	0	0	1.3	0	0
十五	20	9	45.0	491	18.12	3.69	24	10	41.7	76.6	10.1	13.19
十六	20	0	0	299.5	0	0	0	0	0	0	0	0
十七	20	5	25.0	300.02	9.646	3.22	1	0	0	20	0	0
十八	20	9	45.0	300	30.496	10.17	0	0	0	0	0	0
十九	29	9	31.0	470	29.105	6.19	1	1	100	3	3	100
二十	20	7	35.0	300	67.649	22.55	0	0	0	0	0	0
二十一	20	7	35.0	300	87.964	29.32	0	0	0	0	0	0
二十二	20	5	25.0	300.31	6.945	2.31	0	0	0	0	0	0
总计	479	176	36.7	7378.543	661.651	8.97	774	150	19.38	4170.427	262.561	6.30

首先,捐款拖欠现象普遍存在图甲之中。在未能完成捐纳的户数方面,总户所占比例极高,达到36.7%,如十西都仅有2个总户完成全额,其他8个均有拖欠。子户数量多于总户,却只有不到20%的数量拖欠。其

次，总户的捐输总额规模庞大，达到 7000 多两，子户则只有 4000 余两，两者相差将近 2 倍。但总户拖欠额度的比例较高，将近 9%，子户略少，为 6.3%。最后，西乡有好几个都摊派每个总户捐输额度是 15 两，整甲捐输总额为 150 两左右。如十七都二图、十八都一图、十九都二图、二十一都二图等虽然各甲数量不同，但是加总以后均为每图 150 两；而十八都二图、二十都一图与二图、二十一都二图等，各甲原定额度都是清一色的 15 两。在排除子户和个人捐输因素之外，可以看到每个都图甲皆有一定的摊派限额。但是，它们大部分都没有完成，最少的仅收 2 两。可见，在子户记载或参与极少的西乡，总户的完成度是很低的。如此一来，作为一次临时性的税收，祁门各乡都图的表现折射出日常赋税征派运行功能的特点。

从明代中叶以来，官府曾长期努力塑造以总户为主导的征派税收体制，主要是按照家族进行归并的尝试。祁门东乡十一都赤桥方氏在嘉靖三十一年（1522）订立合同称："今奉上司明文，凡遇民户各居兄弟人丁数多者，许令于本甲下补充正管甲首。今同弟侄嫡议，具告本县，蒙准，着令户丁方让编作本排下正管甲首，将今次黄册新收税粮推入方让户内。"[①]由此可见，至迟在嘉靖末期，里甲运作方式已经开始向家族组织靠拢。甲首户的递补不再纯粹按照丁粮多寡的标准，也需要考虑家族成员在图甲之内的完整性。允许在本甲之下补充族人作为正管甲首户，可以由家族内部自行约束本族成员的税粮缴纳和徭役摊派，降低地方官府的行政运作成本，也能扩大正管甲首户的来源，避免绝户，维持里甲赋役编排的完整。

众所周知，康熙三十年（1691）前后的"粮户归宗"措施，是福建、广东一带施行的一项重要赋役改革。[②] 不过，闽粤以外地区同时期也有类似的改革措施。祁门的"并户"也属于"粮户归宗"的范畴。康熙三十一年（1692）十一月，一都一图的合户合同声称，"今遵新例，奉宪明示，便民并户当差。……于康熙三十年编审，有谢沾癸、谢世茂二户，今归入五甲租［祖］户谢圣耕户，合名'圣茂'户头。又有吴世高、吴上奇、吴

---

① 《方氏分家合同》，明代抄本一册，上海图书馆藏，书号：线普 563421。
② 刘志伟：《在国家与社会之间——明清广东地区里甲赋役制度与乡村社会》，第 208—209 页。郑振满：《明清福建家族组织与社会变迁》，中国人民大学出版社 2009 年版，第 144—151、192—193 页。刘永华、郑榕：《清初中国东南地区的粮户归宗改革——来自闽南的例证》，《中国经济史研究》2008 年第 4 期。

应试三户归入六甲祖户吴光裕户。蒙县主祝老爷批，准册报户部在案，照例轮流充当花户，今入本图公会"①。清代五年一度的人丁编审是合户的重要契机。这一时间点，与福建的粮户归宗措施完全一致。② 作为地方官府的"新例""新政"，合户的基本程序是民间自行合议，确定合户，编造赋役册籍之后，上报知县批准。谢圣茂户便是先前的圣耕户和世茂等户合并而成。而《城垣簿》中该图十个总户的姓氏是没有变化的，谢圣茂和吴永裕两户户名也是完全吻合的。不过，一甲为谢日昇户、三甲为汪昭贤、九甲为谢大壮，均与合同所列总户名有一字之差，而十甲则从康熙年间的谢永丰户演变为谢宪祀户。

总户姓氏的变更也由此显得尤为重要，其意义超出了"户名不变"的现象。③ 这是因为，姓氏不变而总户名变动，只能反映某一家族组织内部的变化；总户姓氏的更换，则能较为明确地显示出当地社会力量的更替。如清道光年间，祁门五都一图十甲谢至正户绝之后，许多异姓承顶该户却中途退出，便因户名姓氏无法更改，他人不愿"做谢姓之裔"。后来黄姓承顶更名为黄成德户，便较为稳定存在于地方社会了。④ 可见，图甲格局确立以后，徽州地方宗族颇为注重更改总户姓氏，显示对该户头的所有权。

捐输较多的图甲就有强宗大族势力的影响。如五都三甲总户和子户均为洪姓，捐输达到468两；十东都二图五甲李姓总户捐款124.05两，是全县之首，加上其13个子户捐款，共达到316.55两。仅这两个甲的数额就比许多都的捐输总额要多。至于一都一图十甲的总子户均为谢姓，总捐款为138两；三四都一图九甲汪姓总户及14个同姓子户捐款总数为171两；九都一图七甲许姓总户及其17个同姓子户捐款总数为167.7两；十东都一图九甲谢姓总户捐款总额是210两；十一都二图六甲吴姓总子户捐款总额是185.39两等，也是大族主导图甲的表现。

强宗大族与图甲结合，有助于赋税征派的完成。如康熙二年（1663）

---

① 《康熙三十一年谢日源等立入会合同文》，祁门县博物馆藏，书号：Q-S3403。
② 刘永华、郑榕：《清初中国东南地区的粮户归宗改革——来自闽南的例证》，《中国经济史研究》2008年第4期。
③ ［日］片山刚：《清末珠江三角洲地区图甲表与宗族组织的改组》，叶显恩主编：《清代区域社会经济研究》（上册），中华书局1992年版。
④ 参看黄忠鑫《明清徽州图甲绝户承继与宗族发展》，《安徽史学》2014年第6期。

十一月祁门洪氏家族制定的津贴五都三甲里长合同，就规定了六大房共同承役的津贴、轮充、征收等实际运作详细内容：

> 立合同寿公六大房贞兆、大有、贞齐、贞沦、应基、应廷等，愿承祖五都三甲里长，今于康熙三年轮该充役，与相公均当。所有里役在官费用，悉照众祠文书照粮均出。仍有九年排年，悉照旧例，寿公匣每年贴银四两八钱，以为排年出身幸力。其银逐年排年照粮征收。有粮之家，务要照比应期兑粮，付排年上官，不得恃顽执拗。如有恃顽不兑者，听排役出身之人赍文理论，出身之人亦不得生端外取。其排役照前例，六大房拈阄轮当，两房充当一年。所有□柜、补征、加派，仍系某年经手排年，即征某年分加派完纳，不得推辞下手之人。①

尽管官府努力将家族与图甲归并整合，尤其是将各甲之下的子户归宗，但从乾隆年间的断面来看，图甲总户之下的构成依然复杂多样，并不是所有图甲都彻底实行了同姓归户。综观《总簿录》，总户名之下仍有大量的异姓子户名存在。祁门全县52个图中，除十九都一图三甲可能绝户缺载外，共计519个甲，有258甲记载有子户，接近半数，其中有119个甲存在与总户不同姓氏的子户，约占总数的23%。可见，约有四分之一的总户之下存在异姓子户。如果考虑到西乡的多数图甲的子户没有记录在内，这一比例还会更高。

个别子户捐输额度颇大。如一都一图十甲之下的谢衍一人就捐出120两，颇为引人注目的。但此例可能是个人在同姓总户之下的捐输行为。总户之下的异姓子户在捐输中的表现更值得注意。虽然异姓子户尚未有捐款超过50两的特例，但基本排除了个人捐输的可能。至少有8例的异姓子户捐输是超过总户和同姓子户的总数（表4）。

表4说明，异姓子户并非都是图甲中的弱势群体，在特定的地域范围内，其经济实力可能是超过总户的。而异姓子户的持续存在，具有民间社会的逻辑考虑。康熙二年（1663）十二月，祁门十一都吴、程两氏订立合同称："立议合同人程永昌、吴彦五。今吴有田二十七亩六厘一毛四系三

---

① 南京大学历史系资料室藏，书号：000057。又见于［韩］洪性鸠：《明末清初の徽州における宗族と徭役分擔公議：祁門縣五都桃源洪氏を中心に》，《東洋史研究》第61卷第4號，2003年。

忽，有地八亩七分四厘四毛四系二忽，塘九厘八毛一系三忽，因彦五支下人繁，恐生情弊，兹两相情愿，归入二图七甲程永昌户，递年代纳供解所有税粮，议定递年按照比应付完官，不致迟误。其十年正役，每石米贴银二两五钱算，自议之后，两无悔说，今恐无凭，立此合文二纸，各执为照。如彦五日后倘有新收，听入无词，再批。"①查《城垣簿》中十一都二图七甲，确有程盛总户以及吴登裕子户一个。吴姓甘心成为子户的理由就是田地有35亩之多，人口繁多，成为子户似乎有利于隐蔽其丁粮众多的事实，规避"情弊"风险。因此，子户反映了基层社会极为复杂的一面，数量变动不居，官府几乎无法准确掌握。

表4　　　　　　　　　部分异姓子户的捐输情况　　　　　　（单位：两）

都图甲	总户 姓氏	总户 捐款	同姓子户 数量	同姓子户 捐款	异姓子户 姓氏（数量）	异姓子户 捐款	倍数
城都三图二甲	王	2.5	0	0	谢（4）程（1）	36	14.4
一都二图八甲	汪	1.7	0	0	桂（2）陈（1）	12.5	7.35
一都三图二甲	李	0	0	0	徐（1）吴（1）	10.4	10.4
一都三图五甲	谢	1	0	0	胡（1）吴（1）僧（1）	10	10
二都二图二甲	廖	1	0	0	郑（1）李（1）胡（1）陈（1）	18	18
三四都一图三甲	汪	3	3	2.3	方（1）余（2）	23.1	4.36
六都二图十甲	程	0	0	0	汪（2）胡（1）方（3）何（1）周（1）	25.12	25.12
八都二图六甲	余	12	0	0	刘（2）	27.737	2.31

五　新增图甲与基层控制模式变化

几乎在推行"并户"的同时，祁门县也在进行"增图"。其目的与"粮户归宗"类似，旨在遵循自封投柜原则，革除里长户的中间包揽税粮征收环节，建立官府与粮户的直接联系。权仁溶对祁门的"增图"问题较早展开研究。他利用安徽省图书馆藏康熙年间的"增图"词卷梳理了祁门县"增图"的过程以及限制条件，旨在证明当时里甲制度尚有实用性。②康熙"增图"案卷与《总簿录》结合，仍有不少细节值得深入挖掘。

---

① 《五祠租簿及十王寺租合同》，清代抄本一册，上海图书馆藏，书号：线普563757。
② ［韩］权仁溶：《清初徽州的里编制和增图》，《上海师范大学学报》2007年第3期。

康熙三十年（1691），祁门县增设八都三图、十一都三图和十三都二图三个图。十三都江自东等人禀状称："身等各家内，有族丁、祀田，粮附入别户，不能归一；亦有丁少粮寡，独力难支。既奉增图，理应归并一户，使民依近就便，尽一造册，不致遗患。"① 可见，当时归并粮户的潮流中，除了"粮户归宗"的名义之外，还有相当一部分是因为丁少粮寡进行合户，进而要求增立图甲，独立缴纳税粮，摆脱老图甲的束缚。

据康熙二十九年（1690）十一月初五日的十一都胡（维）祯、李天龙等人连名状称，"身等甲户，向辖里下，屡遭苛诈，贫弱含冤"，可以得知这些新图成员皆为寄户、子户。此后，胡、李等人订立了合约：

> 立合墨。奉上出甲增立十一都三图头首胡维祯、李天龙、方喜春、朱之英、吴福九、林胜宣、黄得顺、徐子茂、江时俊、王大俊等，身等原系甲户，今奉上宪檄、府县老爷檄，催出甲增图，身等遵奉，相邀同志，共五十余户，禀控县主，金批出户，造具花名税亩细册，增立十一都三图，转详各宪施行，诚恐户众人繁，心志不一，兼有造册事务，纸张、经承、差提等项公私费用，若不举择忠诚练达能干公直之人任事经管，必致虚劳功鲜者也。为此，众议身等十人头首，身等十人，议立合同，所有银两收支，必要眼同一二人记账明白，毋得徇私肥橐。所有公务差遣及出官往上，必要公众听其一二人约束差使，毋得推委退缩。或有棍豪借端生波，骗害违宪，阻扰，必要齐心控告府县各上宪究理，毋得袖手傍观、畏惧不前。其余人等亦不得姽忌生心、听唆造谤、起人争端，不如有此等情弊，鸣攻共罚，天神交谴。今又有凭议，立合墨一样十张，每人各执一张存炤[照]。
>
> 此处写有合同十张，数字分开。
>
> 康熙二十九年十一月十八日立合议人胡维祯、李天龙、方春喜、朱之英、吴福九、王大俊、林胜宣、黄得顺、徐子茂、江时俊，见议亲胡君华、胡浤和

增立图甲（增图、生图、开图等）而缔结的合约在徽州时有发现。一份康熙二十九年（1690）徽州某县增立四图的合约记载，该图十户分别来

---

① 《清康熙时状词和批示汇抄》，清代抄本一册，安徽省图书馆藏，书号：2：43654。

自"本都八户，同十都二户，共成十甲"①。可见，新图甲的成员往往居地分散，尤其需要合约来约束、引导集体行动。十一都三图共五十余户，"粮附十一都、十东都、九都三处都图供解"，同样是散居形态。他们选出十位"头首"，便是按照一图十甲的形式进行呈报官府并组织。

该合同还表明，新图甲面临的主要问题有三个方面：编造人丁税粮册籍及其钱粮管理、应对官府各色差役以及抵御"棍豪"的阻扰。这些理由都在同姓并户中提出过。老图甲组织往往是一两个家族组织在甲内发挥主导作用。因此，所谓的"欺凌"或"归宗""合户"，本质上是民众寻求降低税粮缴纳成本的努力，由此派生出里长户贪得无厌，肆意欺凌小户（甲户）的形象。

然而官府的态度是酌量增加图甲，对新图甲提出若干特定条件。十一都订立增图合约的次日，知县畅兆泰即出批文：除了"速将前项丁粮细册，依限送核，以便申详"之外，"另立都图顷亩细册，转详各宪"。这些自行编造的土地钱粮册籍，将作为是否批准"增图"的依据。随后，畅兆泰又进一步明确了相关标准：

> 原以禁包揽诡寄，有田纳粮，有丁当差，勿得辖轹凌害也。今一田或百余亩，或数十亩，果一人之业乎？抑数人共业乎？数人共业，当分注某户自己业几多。仍总一户，不犹诡影包纳乎？成丁或十数口，或数口，当分注某丁某名，一丁另注一页，或有田几多，或无田。如仍有总数无的名，不几大里户又分为小里户乎？立法之后，利害不清，何以永久仰户房、图差押催？蒋文才等速行清编，有田各分为户，有丁各分为户，勿得总捏蒙混，庶便造报批允，方可造实征册，另图纳钱粮。三十年钱粮开卯，即当征比，稍迟即无及矣。

由此可以体味出官府目的：利用的增图契机，试图尽可能详细掌握图甲粮户丁亩数额。在调整图甲之前，各个总户（所谓"大里户"）之下的立户凭据已经难以逐一弄清，故需要甲户自行呈报，尤其是数人共业的田亩需要标清己业数量，以及人丁与田亩的对应关系（有丁有田或有丁无田

---

① 俞江、陈云朝：《论清代合同的类型——基于徽州合同文书的实证分析》，《法学》2014年第6期。

等情况)。这是引发赋税征收困难的主要关节点。如果放任自流,则会出现总户之下又有总户("小里户"),每个层次的税粮模糊不清,不得不依赖包揽人的情况。通过设立新图甲,以减轻甲户税粮负担的名义,将各户详细丁亩数据载入实征册,成为官府掌握的可靠记录。如此一来,便可禁革"包揽诡寄",重建"有田纳粮,有丁当差"的秩序。因此,十一都三图奉命将相应数据呈报,"计开十一都三图总实在成丁一百零四丁,共折实田五百一十亩二分九厘九毫九系三忽。其各户丁田另具细册"。这仅仅是诉讼案卷中收录的总数额,至于"细册"内容并没有收录。

对于掌握总户、册书等职役的社会群体(如宗族)而言,在定额缴纳税粮的同时,便可以避开官府,"私相过割",在内部税粮征派、土地买卖等活动中获取利益。因此,图甲内部矛盾在清初颇为尖锐。一些子户以宗族名义得以归并,减轻了依附的成本;还有一部分附户、子户则在官府倡导下,独立设立图甲。他们需要向官府提交详细的粮户丁亩数额清册,证明自身具备增图的条件。官府由此掌握了一部分子户的可靠信息,在少数图甲实现了较为彻底的自封投柜。因此,当这些新增图甲依旧向老图甲的柜书缴纳税粮时,遭到拒绝和阻扰[①],很大程度上是因为他们的税粮信息已经被官府掌握,无法从中渔利。

最终的协调结果却是为三个新图专门独立设置一柜,即词卷中的新增第八柜,从而便于新图甲独立缴纳税粮。前述"保长手册·计开本县都图分"便展示了祁门县"自封投柜"下的区划:

  一柜:城都一二三四图、一都一二三图
  二柜:二都一二图、三四都一二图、五都一图、六都一二图
  三柜:七都一二图、八都一二图、九都一二图、东都一图
  四柜:东都二图、西都一图、十一都一二图、十二都一二三图
  五柜:十三都一图、十四都一二图、十五都一二三图、十六都一图
  六柜:十六都二图、十七都一二图、十八都一二图、十九都一二图

[①] 黄忠鑫:《明清时期徽州"图"的区划与组织》,《历史地理》第28辑,上海人民出版社2013年版。

七柜：十九都三图、二十都一二图、廿一都一二图、廿二都一二图

　　八柜：八都三图、十一都三图、十三都二图

　　第一柜至第七柜，皆包含七个图，这些都图都是康熙朝之前即已存在的，说明当时"自封投柜"是按照"图"的数量平均划分"柜"的收纳范围。只有第八柜仅有三个图，显然是单独设置，说明新增图甲虽然是在官府主导下成立，却始终受到老图甲成员、胥吏的排挤，从而在纳税程序上单列出来。

　　制度上差别还造成新增图甲与老图甲的心理隔阂。他们原先作为附户，向老图甲缴纳一定的寄附费用同时，还往往被歧视为下户、小姓。[①]与乾隆年间修改城垣同时，八都就因为新增图众的身份认同，发生了灵泉寺匾额纠纷，亦留下案卷汇编一册。[②] 灵泉寺据说是八都一、二图众的祖先于唐代捐建，是"都人香火祈福禳寿之区"。于是，该寺就被新增的三图图众认为是"系通都共建，并非一二图私业"，他们自然"有份"。乾隆二十八年（1763）六月，灵泉寺进行修葺募捐。十二月完工，三图张光大等人向知县吴嘉善申请"灵泉古刹"四字匾额一幅。他们考虑到"一、二图已立有扁，所以不去知会"，自行将匾额悬挂。而一、二图发现新匾落款为"三图十排年众立"字样，极为不满。一、二图众认为，"祖立公扁，原为开山始事建立，今仅修造"，三图却擅自悬匾，填入知县为三图十排年众立字样，有取而代之的趋向，极为不妥。因此，他们将三图字样铲去，引发了双方的争论。作为八都民众精神寄托的灵泉寺，仅仅因为匾额出现"图"的差别，就成为争端焦点。由于先前的佃户、寄户人群结合为新"图"，使当地一大社会矛盾演变为以"图"为单位的不同社会群体之利益争端。

　　再从《城垣簿》的捐输记录来看，新增三个图的捐输数量并不大。八都三图为224.6两，十一都三图为148.1两，十三都二图应捐仅58.25两，

[①] 《清康熙时状词和批示汇抄》，清代抄本一册，安徽省图书馆藏。
[②] 此案卷收藏在安徽师范大学图书馆。原无题名，笔者将其命名为"乾隆朝祁门八都灵泉寺诉讼案卷"。据案卷称，"此时吴主已于廿二日卸事，周主署事"。此时恰为祁门修改城垣，道光《祁门县志》卷二十《职官表》载，"吴主"即吴嘉善，乾隆二十二（1757）年至二十八（1763）年十二月二十二日任祁门知县。继任者为周万宁，"试用知县，二十八年署，二十九去"。

实际捐纳58.15两，共计430.85，平均每甲14.36两。三图甲共计79户，户均5.45两。总体而言，三个新图甲的捐输额度是位于全县平均水平（根据表1统计，每甲21两）之下，也在一定程度上反映了新图甲的经济实力确实难以与老图甲抗衡，与前述表2统计的子户平均捐输额度（5.7两）大体相当。也就是说，从名义的地位上看，各户相对平等，几乎皆可视为总户，但实际经济实力只是子户的规模。

但我们还应看到，新图甲的捐输钱两只有0.1两的差额，几乎可以忽视，完成度达到99.9%以上。老图甲却有不少"未讫"的记录，在表3中，子户的平均完成度也只有93%。如果结合图甲户名的不同运作方式，我们可以想见，新图甲实际上是官府通过实征册进行准确控制钱粮征收的一部分，而老图甲仍旧按照总户—子户（附户）的运作方式，官府对其了解与控制有限，只能通过花户册了解些许信息，从而导致了两者在县城城垣捐输过程中展现出不同的面貌。

可见，从康熙三十年（1691）以后，祁门县的图甲格局出现了分异，并在《城垣簿》中反映出来：新增图甲直接向官府汇报钱粮，响应自封投柜、积极缴纳税收的号召；而大部分图甲仍在总户—子户结构下，通过依附、揽纳等方式缴纳税粮。但是，自封投柜存在制度上不可避免的困境，从行政成本和小农生活实际考虑，都是无法实现理想的直接交纳方式，并导致了默许地方势力包揽钱粮的结局。新图甲尽管暂时有利于官府掌握税粮信息，但付出的代价不小，亦在创设之初就投靠了包揽。[①] 实际上，图甲形制的调整，并不能完全转变税粮包揽的痼弊，最终仅局限在有限的规模之内，而老图甲应当更具稳定性和可操作性，新图甲存在趋同之趋势。

六　结论

随着长期的演变，祁门县图甲格局基本确定，成为乾隆朝摊派修城经费的运作依据。《城垣簿》也因此具备了图甲户籍册的特征，成为我们把握全县图甲状况的基本依据。《总簿录》中总户详尽而子户较为疏略的情

[①] 在前引《清康熙时状词和批示汇抄》这份"增图"案卷中，就有黟县人舒时行包揽新图甲税粮事务的合同，其内容称："立议约祁邑十一都新图胡国祥、李德孚等，今欠到舒名解册上台督、抚二院及藩司并本府本县各项衙门差费使用、归户清册、洪簿印票、勒碑审图一切等事，尽托舒时行承去经理，三面议定九色银一百二十两正。其官中事务一切等事，尽行尽舒时行包管，不累胡国祥之事。"

形,恰恰反映了官府对图甲运作的掌控——以图甲总户为中心的社会控制方式。这一方式是明代中叶以来赋役户籍体制的不断变化过程中逐渐形成的。

官府对图甲的控制主要限于总户部分,借助民间社会"合族均赔"于自行运作,实现较为有效地征收税粮。图甲总户在很长的时期内都较为稳定地保持着嘉靖、万历以来的格局亦源于此。《城垣簿》所记录的图甲格局也是主要形成于这一阶段。

然而,官府对子户、附户的认识则十分模糊,往往依赖于一些中间阶层。民间"手册"中有十甲历年税额、编审用费账、田亩钱粮营米则等内容,便是表明了该簿册为民间征收税粮的主要凭据,是总户控制子户的基本依据。在修改城垣这一具体情景中,由士绅、宗族控制的图甲总户并没有完整地向官府呈报子户,将个人乐捐与子户帮贴混为一谈,又将西乡为代表的数量众多之子户隐去。由此推知日常的赋税征解,亦当有此类情形。无怪乎续任的知县对于这批董事持有戒心。

有学者的判断,除非总户无法缴纳税粮而成为绝户,"官府(国家)未必打算掌握实际的土地所有者"。至迟在雍正年间,官府试图越过总户,直接掌握土地所有者,但未奏其效。[①] 而本文表明,早在康熙三十年(1691),祁门县新增立的图甲就直接向官府提供准确的税粮信息,摆脱了图甲总户的依附关系,暂时实现了钱粮的有效缴纳,是取得了一定成效的。由此,图甲格局的新旧之分,反映出了官府对于钱粮征收的程度差别。但新图甲从康熙中期初创时的寻求包揽,再到乾隆中期的拟制户名出现,都说明其发展逐渐趋同于老图甲。因此,从长期演变情况来看,官府对于图甲赋税组织的干预调整,及其所倡导的自封投柜,都无法改变地方势力包揽的总体趋势。

---

① [日]片山刚:《清代广东珠江三角洲的图甲制——税粮、户籍、同族》,刘俊文主编:《日本中青年学者论中国史》(宋元明清卷),上海古籍出版社1995年版,第548页。

附录 乾隆年间祁门县图甲总户一览表

都	图	一	二	三	四	五	六	七	八	九	十
城	一	孙仁寿	方日洪 方文焕	汪昌祺	黄永昌	方绍仁	谢世德	叶际泰	汪致祥	胡公铭	马怡忠
城	二	周光祀	胡必富	周恒裕	马瑞光	汪添忠	马得禄	饶世亨	叶茂顺	汪茂盛	张德源
城	三	王孟善	王复泰	周国华	谢文昌祀	汪泰来	王光启	陈致善	方成太	叶恒成	胡大本
城	四	汪起圣	饶大顺	张永顺	马符瑞	廖鼎新	陈世祥	方大成	方兆义	方鼎春	叶德兴
一	一	谢日昇	汪世有	汪昭贤	谢永裕	谢圣良	吴光裕	汪崇礼	汪政伦	谢大壮	谢宪祀
一	二	李德泰	于顺泰	谢景和	谢恒兴	谢鼎盛	谢振有	汪永祀	汪明芳	谢茂盛	胡添辅
一	三	叶肇森	李永茂	谢光锡	廖敦义	谢世昌	汪永思	方东旭	汪世义	胡文玑	黄日生
二	一	陈汪荣	廖得禄	陈怡丰	陈杨明	汪胜祖	汪本良	汪正清	陈大兴	廖永盛	张永盛
二	二	陈永亨	廖永振	陈永宁	廖永盛	程茂兴	廖太盛	陈嘉太	陈大盛	廖永泰	张永隆
三四	一	饶联登	方元茂	汪文聘	汪复初	康永新	余安序	王文明	余嘉训	汪俊泰 汪俊彰	王大用
三四	二	汪有功 汪应寿	汪树德	汪裕魁	汪德彰	汪元琼	汪时有	邵永昌	谢廷光	方士美	谢汝善
五	一	徐添祥	仰复义	洪仁友	汪尚忠	仰文亨	陈德祥	仰文德	光日章	汪文明	谢至正
六	一	程起鹏	程景辉	程永华	程廷芳	方成茂	汪世禄	方永茂	程承祖	方伯宗	余安国
六	二	许光达	胡兆高	程茂柏	林方盛	陈上进	方良盛	程复进	程德新	陈永进	程永兴
七	一	仰中和	林瑞秀	黄恒茂	黄永拱	郑大义	汪良进	郑日华	黄有万	仰光启	汪顺全
七	二	郑复兴	张日新	蒋万兴	胡重全	谢奇胜	胡登俊	林尚礼	张义茂	许宗盛	仰至善
八	一	蒋大旺	蒋大振	许文嘉	汪友仁	许大成	程启盛	程永盛	程显旺	蒋永昌	程安邦
八	二	蒋大兴	蒋大起	胡士昌 胡瑞光	程有光	蒋日新	余尚义	程上达	程虹光	黄大茂	程日高
八	三	蒋文才	陈富麒	胡斌 胡胜元	江胜旺 江天良	邱启明 邱义盛	程尚义 程永旺	郑胡宁	余志旺 黄永昌	黄志 黄贵	叶张汪
九	一	许廷光	黄永兴	许正兴	黄本道	许张盛	黄正和	许绍光	许廷用	黄天锡	吴宗仁
九	二	方益祀 汪永达 汪余庆	黄世昌	黄全泰	许茂盛	黄善茂	谢云锦	吴先春	朱永兴	吴义兴	许世兴

地方社会与基层治理　　267

续表

都	图	甲一	二	三	四	五	六	七	八	九	十
十东	一	江永昌	张天喜	李时茂	胡宁甫	张永达	李时善 李允恭	张敦义	洪继太	许起源	洪积立 洪阳生
	二	李时乘	洪添祥	江敦义	胡明德	张世茂	李时昌	胡希圣	李时旸	张愈盛	张添荣
十西	一	谢胜茂 谢有贵	谢同仁	谢震新	谢茂盛	谢永达	谢复初	李邦宁	谢禄永	李德茂	谢富有
十一	一	胡期发	方元盛	吴自祥	方陞	李？禄	汪浩隆	吴自应	吴元登	李昌义	李春元
	二	黄禄	程世芳	张园仁	吴弘茂	李光禄	吴胜祖	程盛	方良益	孙瞻云	吴世显
	三	方江源	吴项	叶林汪	江崇怀	李秋	朱德泽	黄胡儒	胡本兴	王大程	胡徐邵
十二	一	胡大振	胡德昌	胡崇本	胡万亨	章鼎新	汪永兴	胡文远	章新祥	胡有光	章世发
	二	胡至顺	胡至明	胡至祥	胡永大	胡至善	胡至宁	胡永宁	胡大有	胡正明	胡德荣
	三	王重宾	章文盛	陈明进	方永当	李乐善	胡义和	胡祯祥	胡信禄	章旭升	章树志
十三	一	凌云志	陈世荣	胡振先	胡有互	汪积善	康世泰	陈允达	戴永春	陈嘉泰	康明盛
	二	江天长	方大溱	汪尚	方应	汪时荣	汪永昌	余积善	—	邱时丰	胡大兴
十四	一	胡福寿	汪荣祖	李开运	李振英	胡起祥	王万泰	胡隆盛	胡继盛	王安泰	王永良
	二	吴尚兴	汪大茂	王光太	李开泰	倪时通	倪新祈	王正茂	郑光裕	谢致和	汪元正
十五	一	郑德光	郑世昌	郑永芳	汪世禄	汪万钧	胡尔顺	郑世荣	郑宗兴	康光绪	汪万钟
	二	康正兴	郑明隆	郑士俊	康其正	郑日昇	其仁	康大祥	康正礼	康永兴	郑良裕
	三	胡世昌	康益美	郑宗发	汪世荣	周正昇	汪世明	汪正茂	胡明盛	胡明伦	汪永盛
十六	一	郑起福	汪世昌	倪永旺	倪愈丰	倪复旺	倪永盛	倪必显	倪世兴	谈倪振	汪世盛
	二	倪永兴	胡日昇	倪进禄	汪世兴	郑德远	倪祚庆	吴奕丰	曹大成	汪世隆	倪德懋
十七	一	王正巳	汪世传	王同兆	王家盛	程祖荣	王继良	王永盛	王大有	吴光裕	汪仕隆
	二	王升昌	汪道礼	汪添进	程永义	王嘉泰	程銈盛	汪香莘	汪永良	汪添孙	汪茂泰
十八	一	冯永义	叶时顺	黄时泰	黄永泰	冯成震	曹正有	叶鼎泰	曹嘉良	叶永丰	叶发秀
	二	黄仕秀	叶兴祥	叶时旺	吴恒兴	许大旺	吴恒有	江云龙	冯龙旺	冯光发	叶生龙
十九	一	王可用	汪胜兴	—	叶荣福	陈元泰	汪元泰	王起泰	汪仕周	王新民	陈永兴
	二	汪起泰	汪道生	叶元昌	胡大成	王天禄	王承德	王祯祥	汪应昌	邬永兴	王本昌
	三	汪圣兴	叶永义	叶永盛	曹永昌	汪永茂	江复兴	王国重	汪永兴	王正义	汪道立
二十	一	陈敬兴	陈永兴	陈永福	郑永康	陈永奎	王太来	陈文太	陈茂顺	陈德兴	陈世锡
	二	陈维新	陈茂璋	陈文超	陈良茂	陈振立	陈伟业	陈光裕	郭时忠	陈启新	陈德和

续表

都	图	甲									
		一	二	三	四	五	六	七	八	九	十
二十一	一	陈永茂	陈绍德	陈圣义	陈恒茂	陈绍荣	陈可太	陈继盛	陈正兴	陈时太	陈启太
	二	陈元魁	陈大经	陈生新	陈廷光	陈有	陈启芳	陈大茂	陈兆茂	陈绍中	陈尚义
二十二	一	王永盛	王际盛	赵永兴	汪惟大	汪德茂	金复盛	王光士	陈宗虞	王都	金大进
	二	王发祥	王鼎新	王道新	王鼎盛	洪显邦	金德辉	金万钟	王道成	王思学	王大成

庙宇与村庄：关帝庙在明清乡村社会的性质与作用

——基于高平地区关帝庙现存碑文的探讨

郝 平

（山西大学历史文化学院）

摘要： 庙宇是民间信仰文化的核心要素之一。庙宇的兴废与神灵形象赖以存在的社会经济背景有直接关联。关公文化是民间信仰中内容最丰富、范围最普及的典型代表，而山西高平又是关公信仰最发达的地区之一。通过将高平各地关帝庙置于村庄发展的时空中考察并解析现存碑文内容、分析其中所反映的村庄关系可知，以关帝庙为代表的庙宇事象在明清乡村社会，性质是村社组织的具体活动空间，作用不仅是村社内部治理的核心，还是加强外部联系的枢纽。

关键词： 高平 关帝庙 村庄 社会职能

泽、潞、平、并是山西民间信仰分布的四个中心，其中晋东南泽潞地区的民间信仰最为丰富发达。[1] 在诸多神灵信仰当中，关公崇拜普遍存在，尤其在高平地区，几乎"村村有关帝庙"。与"县县有文庙"这一国家政治推动的原因不同，关帝庙的出现与普及基本上由民间村庄自发修建，这意味着关帝庙在基层乡村社会里具有广泛而深厚的民众基础。有村庄就有关帝庙，这也使得关帝庙成为探究传统中国乡村社会中庙宇与村庄内在联系的典型代表。本文以高平地区的关帝庙为例，通过对笔者多年田野调查收集到现存碑文的整理与解析，来探讨以关帝庙为代表的民间寺庙在明清

---

[1] 参见张俊峰、董春燕《明清时期山西民间信仰的地域分布与差异性分析》，《中国地方志》2006年第7期。

以来的传统乡村社会中的性质与作用。

一 关帝庙在村庄中的空间位置

庙宇与村庄的内在联系受到庙宇在村庄中位置的重要影响，要理解庙宇在乡村社会中的性质与作用首先要对关帝庙在村庄中的地理位置作出类型化的区分。高平地区现存两百多个关帝庙，根据实地调查的情况得到的统计结果来看，关帝庙在村中的位置可以分为四种类型。这种类型化的区分是理解关帝庙在村庄中社会功能的基本前提。

（一）位于村庄地理中心的关帝庙

高平现存两百多个关帝庙中有五十多个位于村中心的位置，占总数四分之一左右，其中绝大多数具有村庄主庙或者大庙的地位。这种位于村庄中心的关帝庙可以明显分为两类：一类是创立较早的关帝庙，包括郭庄关王庙、迪阳关王庙、西李门关王庙、大山石堂会关帝庙、北岭关帝佛庙[1]等。这些关帝庙大多始建于晚明以前，庙宇规模较大，所在村庄基本上都是较大的村庄。另一类位于村庄中心的关帝庙所在村庄是较小的山区村庄，庙宇本身规模较小，始建时间也较晚，基本都是村中唯一成规模的庙宇。此类关帝庙包括庄上关帝庙、西南庄关帝庙、朵则关帝庙、下崖底关帝庙、沟头关帝庙、泮沟关帝庙[2]等。

（二）位于村庄四周的关帝庙

此类关帝庙共计一百余个，方位上没有特殊的选择性，相对来说南面略少，仅有十几个，其他东西北三个方向都是三十个左右。这是因为奶奶庙在南面有明显的优势，大部分村中南面的庙都是奶奶庙，因此关帝庙就相对偏少。大部分关帝庙不是位于村庄中心，这是因为高平地区民间信仰历史悠久，宋元时期诸如二仙庙、三嵕庙、汤王庙、炎帝庙和玉皇庙等庙宇已经占据了村庄中心位置，村中大庙大多数是此类庙宇。明代中期以后

---

[1] 郭庄关王庙位于今高平市建宁乡郭庄村、迪阳关王庙位于今高平市陈区镇迪阳村、西李门关王庙位于今高平市河西镇西李门村、大山石堂会关帝庙位于今高平市陈区镇大山行政村石堂会自然村、北岭关帝佛庙位于今高平市河西镇北岭村。称关王庙者均始建于万历关公封帝之前，最早碑刻均称关王庙。

[2] 庄上关帝庙位于今高平市北诗镇庄上村、西南庄关帝庙位于今高平市南城街办西南庄村、朵则关帝庙位于今高平市河西镇朵则村、下崖底关帝庙位于今高平市河西镇下崖底村、沟头关帝庙位于今高平市马村镇沟头村、泮沟关帝庙位于今高平市寺庄镇泮沟村。

才大量兴建的关帝庙很难占据中心位置。

（三）位于村庄边缘阁门上的关帝庙

高平地区的阁门一般位于村庄边缘，是进出村庄的标志符号。位于阁门上的关帝庙是村庄边界的象征，目前统计关帝阁共计有三十多个。[①] 东南西北四个方向没有特别的区别，东西两个方向略多，共计二十个左右。关帝有守护神的功能，因此具有村庄门户性质的阁门就有很多是关帝阁。

（四）位于村外的关帝庙

位于村外山岗或山沟中的关帝庙极为罕见，目前仅见两例。窑则头东掌关帝庙位于村北山岗上，村民俗称后庙，规模很小，仅为单殿庙宇，始建于嘉庆时期。寨上关帝庙位于村东山沟之中的小河边，此庙有明确的求雨功能，其地理位置与其求雨功能有关。[②]

对于传统中国社会来说，庙宇的方位具有极其重要的意义，常庄关帝魁星阁的碑文作者这样讲道："若夫庙宇妥神各有其位，如炎帝位南方，大王镇河务。关圣帝君，福神也。凡有血气者莫不尊亲，位宜街市丰隆处。"[③] 碑文作者概括是很有道理的。关帝庙和泽潞地区兴起较早的宋元时期庙宇不同，绝大部分关帝庙都位于村中。从这个角度来说，关帝庙从其兴盛时期开始就和村庄社会、经济和文化等各项活动有密切关系。关帝庙与晚明乡村社会人口增长、自生秩序的发展、经济和商业的繁荣等社会历史变迁有密切关系。

二 关帝庙在村社治理中的作用

在这些散布村中、保存完好的关帝庙中，除形象各异的神灵塑像外，更保留了数量可观的碑刻。高平各地关帝庙中的碑刻大致可分为两类：一类是和村社治理有关的碑刻，包括禁约碑和诉讼碑；另一类则是庙宇兴建工程的碑刻。将这些碑刻的内容和其所在关帝庙在村庄中的位置联系在一起来考察，对揭示关帝庙在乡村社会中的性质与职能有着重要意义。

[①] 这个统计数字应该比实际数量偏少很多，因为目前有很多阁其实处在荒废状态，村民已经无法知道究竟是奉祀什么神灵的阁了，因此，漏统计的比较多，实际数量应该不少于五十个。

[②] 窑则头东掌关帝庙位于今高平市窑则头行政村东掌自然村，现存嘉庆创建脊枋题记。寨上关帝庙位于今高平市北诗镇寨上村。

[③] 光绪二年（1876），《建修春秋阁碑记》现存于原村乡常庄关帝魁星阁，壁碑，尺寸152厘米×50厘米。

(一) 关帝庙的禁碑

高平关帝庙中禁碑的情况参见表1中的整理。

表1　　　　　　　高平地区关帝庙中所见禁碑情况一览表

序号	刊立时间	所在关帝庙	庙的位置	所禁事项
1	康熙四十二年	大山石堂会关帝庙	村中心	采石
2	乾隆三十年	河东关帝庙	村西	赌博
3	乾隆五十一年	郭庄关王庙	村中心	胥吏陋规
4	乾隆五十八年	郭庄关王庙	村中心	娼、赌、丐、邪教、酗酒、滋讼等
5	嘉庆二十二年	琚庄关帝阁	村东	碑文漫漶
6	嘉庆二十四年	西德义关帝庙	村中心	赌博
7	道光二年	邢村关帝庙	村西	偷窃田禾，牧羊咽桑
8	道光十二年	西南庄关帝庙	村中心	娼、赌、酗酒、打降、牛羊践踏坟墓
9	道光十四年	义庄村关帝庙	村中心	禁桑羊
10	道光十九年	北凹村关帝庙	村南	紫金山采石
11	道光二十一年	龙王沟关帝庙	村中心	窝娼聚赌，纵羊咬桑、丐匪恶讨
12	民国二十一年	东沟村春秋阁	村北	开窑
13	无纪年	徐庄关帝庙	村中心	赌博、夏秋桑羊、六畜、乞丐

说明：1. 本表依据对高平地区关帝庙历史文化遗存的实地调查编制；2. 本表收录范围为高平地区关帝庙中现存的禁碑；3. 有关本表庙宇及其碑刻的具体内容可参见《高平历史文化遗存调查资料汇编》。

从时间上看，大部分关帝庙禁碑是从乾隆到道光时期刊立的。从刊立主体来看，大部分是县一级政府，但也有省一级的提刑按察使司（郭庄关王庙）或者村里大社刊立的。这些关帝庙绝大部分位于村庄中心，存在禁碑的关帝庙位于村中心的比例（62%）远远高于前述位于村中心的关帝庙整体的比例（25%）。下面首先来看一下几个现存禁碑而不在村中心的关帝庙的情况。

河东村的庙宇布局比较特别，村庄呈带状结构，村东是进入村中的村口，东西向沿道路分别有观音堂和圣观堂两个极小规模的庙宇，村中没有大型庙宇。村西有一个一阁两庙组成的大型庙宇集群，中间为西阁白衣阁，西阁南侧是财神庙，北侧就是关帝庙。可以说河东村的庙宇结构造成了村庄的日常活动中心不位于全村地理中心，而是位于村西这个庙宇集群处。河东关帝庙在缺乏村中心大庙的情况下事实上就发挥着大庙的功能。东沟的情况与河东村类似，东沟村是南北向带状结构的村庄，村中心没有大庙，只有村北村南各有一个阁，村北是春秋阁，村南是三教阁。村北的春秋阁事实上充当了东沟村的村庄中心。

琚庄关帝阁是另一种情况，琚庄的这块禁碑实际上并不在关帝阁上，而是在关帝阁西侧的戏台旁边。琚庄关帝阁位于村东，正是进村的入口处，一过关帝阁就是一个戏台，这通禁碑就在戏台旁边。显然地，这个位置其实就是一条村民出入村庄的必经之路，这里能够起到最好的告示作用。从这种意义上来看，关帝阁、旁边戏台和禁碑的选址都利用了这个优越的地理位置。

石末北凹村的情况比较特殊，这个庙共有两块碑刻：一块是重修紫金山上的庙宇的碑刻；另一块就是紫金山禁止采石的碑刻，两块碑刻都和紫金山有关系。而紫金山上的庙宇并不是北凹村独有的，碑文中明确说"今兹南、北凹、翁家庄三社，重修紫金山神宇"[1]。紫金山位于北凹村西南方向，紫金山上的庙宇是南凹、北凹和翁家庄三个村共有的庙宇，从这些碑刻放在北凹关帝庙里来看，与紫金山有关的三社公共的议事活动应该就在北凹关帝庙里进行。紫金山的禁止采石显然和保护紫金山风水龙脉、植被树木有关，因此这块禁碑位于北凹关帝庙也就顺理成章了。这个个案说明关帝庙不仅可以作为一个村庄的中心，同时也可以作为几个村庄共同协商办公的地点。

邢村关帝庙的情况最为特殊，邢村有历史悠久的炎帝庙和二郎庙，两庙始建年代至少可以追溯到元朝。炎帝庙是村中大庙，其地位非常清晰。但禁桑羊和禁偷窃的禁碑还是出现在了关帝庙之中，而碑文最后出现的甘霖社追本溯源，应是一个求雨机构，这个机构很可能和炎帝庙有关系，即甘霖社是负责落实这个禁碑内容的机构。邢村的这种情况或许意味着邢村社庙功能已经开始出现一定分化，炎帝庙主要功能是祈雨（甘霖社）、治病（现存治病后的还愿碑）和行会（现存与鲁班有关碑）等方面，而关帝庙的主要功能则是村庄中社事等公共事务的议事、公示和调解等。

从以上的分析可以看出，现存禁碑而没有位于村中心的关帝庙实际上

---

[1] 参见《紫金山三社重修记》，道光二十五年（1845），现存石末乡北凹村关帝庙。

有两种情况：一种情况是该村庄没有位于村中心的大庙，这种村庄一般都规模不大，人口不多，村社事务也没有那么复杂多样，位于村庄四周的关帝庙就在事实上作为村社主庙履行功能。另一种情况是关帝庙具有一定的特殊功能，不过无论是北凹的三村会商社事之地，还是邢村的社庙功能分化。正因如此，此类关帝庙中的禁碑内容也都比较单一。

和以上这些关帝庙有所不同的是，位于村中心的关帝庙内的禁碑内容往往更为繁杂，特别是一些大规模的村庄，禁碑内容非常复杂多样。大山石堂会关帝庙的禁碑内容和东沟类似，比较简单，仅仅是禁止采石，而这个村也只是一个小自然村，隶属于大山村。西德义和河东类似，都是单一的禁赌碑，而这个村规模也不大，仅有关帝庙这一个庙宇。郭庄关王庙的情况最为复杂，禁止内容非常多，还出现了上一级的提刑按察使司发布的禁约，这是非常罕见的。西南庄、义庄、龙王沟和徐庄这几个村的禁碑是最常见的禁碑类型，在很多村庄中都有见到，其内容基本类似，多为针对当时村庄中普遍存在的社会问题而设。

总之，从关帝庙中现存禁碑来看，关帝庙在村社管理中的作用主要取决于关帝庙在村庄中的位置和地位，而和关公信仰本身基本没有太大关系。禁碑中所反映的往往是一个地区在特定时段内普遍存在的问题。禁碑具有规约、教化和公示的多重意义。禁碑所在关帝庙一般也就是商议、决定、调解和处罚与禁碑有关事项的地方。

（二）关帝庙中的规约碑

禁碑在某种意义上也具有规约碑的性质。区别主要在于大多数禁碑只是表明禁止相关事项的要求，而缺少规约碑里那些相对比较详细的、具体可操作的规条。从规约碑中比较详细的规条中可以进一步看出关帝庙在村社治理中的作用。西栗庄关帝庙中民国二十二年（1933）的规约碑是最典型的例子，其规定的主要内容如下：

> 一条：本社向来维首共分八班，仍照旧例，上交下接输流周转，论何□不得改变。
>
> 二条：本社办公人员每逢公事，鸣金到社，勿得迟延，如有推抗不到，悮公事者，公议处罚。
>
> 三条：本社起收款项限期五日，一律交齐，勿得延缓，如有届期不交纳者，公议处罚。

四条：本社办公火食烟茶一律免除，只准五月十三日及秋报时各食顿钣，如敢故违，公议处罚。

五条：本社看秋巡夫社首兼办，只准由社津贴大钱三十仟文，以作杂费，无论何班，不得改变。

六条：本社办公人员如有心意不合，假公报私，致涉讼端等情由，起诉人自行出费，不得由社起款。

七条：本社办公人员如有专拢舞弊等情，无论事实轻重、钱数多寡，皆按加倍处罚。

八条：本村各户人民如有争执情事，先得由社处理，如不服处者，准其自行起诉。

九条：本村各户如有愿养零羊之家，每户只准五只，每羊每只给社纳费三百文，补助社费。

十条：本社办公人员，除遵守新立规章以外，再有特别情形，由社召集村民开会公议解决。①

以上规条中有很多都隐含地提到关帝庙在规约具体执行过程中所起的作用。例如，第二条"本社办公人员每逢公事，鸣金到社，勿得迟延，如有推抗不到，误公事者，公议处罚"。碑刻立于关帝庙之中，显然，这里所说的"到社"其实就是到关帝庙，关帝庙成为村社实际的办公场所。传统村庄中一般都在关帝庙这类的大庙中设有铜钟，看庙的住持敲钟就表示有公事，相关人员便需要到庙中议事。② 其他规条中也有类似情况，例如第三条和第九条中涉及的缴纳社费，第八条涉及的调解纠纷，第十条涉及的召开村民会议等，都在关帝庙中进行。因此，关帝庙绝不仅仅是烧香、磕头和祭祀的地方，而是事实上的村社办公场所。其他规约碑中所述情况与西栗庄关帝庙类似，例如义庄关帝庙中有关于禁桑羊的、操作性很强的细节规定，其中有一条明确指出："一议栽桑以后，男妇幼童各自守分，不许乱采，并禁窃取秋夏田禾等物。违者，无论巡夫旁人，皆许扭庙鸣钟，待维社首分其情形轻重议罚，概不允另人讲情，违者议罚。"③ 这里所

---

① 《整理社事节俭社费碑记》，民国二十六年（1937），现存三甲镇西栗庄关帝庙。
② 详见赵树理的小说《李家庄的变迁》，书中对此过程描述详细，赵树理：《李家庄的变迁》，人民文学出版社1978年版，第2页。
③ 参见《大社永禁桑羊碑记》，道光十四年（1834），现村河西镇义庄关帝庙山门西侧墙壁。

说的"扭庙鸣钟"当然是指关帝庙。其他规条里也都有提到关帝庙的: "境内四季不许在地内埝边打柴以及窃伐树株,违者,无论经谁查出,扭庙议罚""巡夫因循懈怠,维社首亲见,并不戒饬,明系徇情故纵,经旁人鸣钟指出,入庙议罚"……由此可见,在规约具体的执行层面上,落实这些规约的具体地点就在关帝庙。这就是关帝庙所履行的社会管理职能。

(三) 关帝庙中的诉讼碑

关帝庙中现存诉讼碑与关帝庙的关系有两种情况:一种情况是该诉讼案件直接和这个关帝庙有关。例如拥万关帝文昌阁的诉讼案例,关帝文昌阁因为与周围民房地基太近引起争讼,这个案例的标的物实际上就是关帝文昌阁和紧挨着它所修建的民房。这是诉讼直接与关帝庙有关系的情况。另一种情况就不是如此,诉讼碑出现在其中是和这个关帝庙在村庄中的功能有密切关系的。寨上村与丹水村因为争井的归属权而发生的诉讼,最后以立碑的方式来解决①,碑刻之所以立在关帝庙中绝不仅仅因为关帝庙距离争议标的物(古井)更近一些,更是因为这个关帝庙事实上起到了寨上村村庄社会治理中心的作用。寨上村是一个小的山区村庄,只有关帝庙和文昌阁两个庙宇。虽然关帝庙不在村中,而是在村外山沟里,但是诉讼碑只有立在关帝庙中才最为恰当。

诉讼碑有一个重要的特点,按理说对于诉讼结果,争议双方都应予以保留。事实上一般只有获得比较满意结果的那方才会保留诉讼碑刻。东李门村的诉讼案件发生在村中东西两个小社之间,诉讼内容为:

> 今吾村东煞口有荒地一处,本为东社领土,内有松树,吾等意□伐卖济公。不料西社争端,讼及官厅。当经县长李先生派人调查□明树株系在东社□内,与西社无涉,断令东东煞口荒地一处仍属东社领土,内中松树□□东社伐卖以济公□今以后此地无论生出何物,即土木金石止许东社经营,与西社无干涉。吾等谨遵县长明断,犹恐日久无凭。故将此事勒石以为永记耳。②

---

① 参见《道光二十七年井碑记》,道光二十七年(1847),现存北诗镇寨上村关帝庙山门廊下。
② 《关帝庙东大社遵官谕断碑记》,民国四年(1915),现存河西镇东李门关帝庙。

东李门这个村庄呈东西向带状结构，目前有东西向沿主路的三个庙宇。关帝庙位于最东边，是东社这个小社的社庙。这个诉讼案发生在东西两社之间，东社对结果显然更加满意，因此诉讼碑出现在了东社。从这个案例可以看出诉讼碑和禁约碑的不同，禁约碑的对象是全村的所有人，要向所有人进行公示、教化和警示，但是诉讼碑往往只是和特定的一个群体有关系，即发生争议的群体。因此，拥万诉讼碑立在作为诉讼标的物之一的关帝文昌阁中，东李门诉讼碑立在获得好处的东社的社庙关帝庙之中。

（四）其他社会功能

上述反映在禁约碑和诉讼碑里的那些村庄治理的内容主要涉及村庄中存在的一些问题、争议、矛盾和纠纷等方面。村庄治理还有另一重要方面，那就是村庄建设。这些公共建设方面的内容主要指一些公益性的活动，关帝庙在其中也起到突出作用。

种树是重要的公益活动，这一类碑刻不少，如成家山关帝庙碑文有：

> 古者立坛建庙，皆有所树，故夏后氏以松、殷人以柏，周人以栗，孔明庙前有古柏。我朝国学有古槐，皆所以补风气壮观瞻，使游览者得以休息于其下。余村关帝庙北形势不齐，亦宜种树补其所缺。幸有成姓印①湖程印霖元者，村中之善士也。愿将其地施及社中，于是，树之以木，茂盛扶疏，虽非徂来之松，新甫之柏，亦足以悦目而赏心，是为志。②

对村社来说，种树首要意义在于木材是村社的重要财产，这些木材砍伐以后卖钱能够解决村社的资金问题，其次则是上述成家山碑文中所说的风水方面的原因，最后才是接近于美化景观意义上的"壮观瞻"之类的意义。

修墙铺路也属于村庄中重要的公益活动："兹村帝君庙历有年所而明禋之礼兼欲求备，奈赀财不裕，终贻临渴掘井之议，信士皇甫加宝等倡义

---

① 此印字比正文字号略小，下一个印字相同。当为刻姓即字的印之处，但并未刻印，只写印字。
② 参见《关帝庙种树施地碑记》，咸丰十一年（1861），现存米山镇成家山村关帝庙山门西侧。

捐资储为祭享之费目，乾隆元年捐银陆拾贰两五钱，积至乾隆叁拾陆年，约计千有余金，除补修建墙，买地铺路，盘罩桌椅之外，尚有贰百金焉，以是金而修明禋祀庙貌且永垂不朽矣。"① 南庄村的这个关帝会在成立时事实上是为了解决关帝庙的日常祭祀经费的问题，但它也进行修墙、铺路等活动，这就是关帝庙或者关帝会所承担的村庄公益活动的职能。

三　关帝庙与村际关系

关帝庙碑文所反映出来的村庄之间关系包括两个方面：第一个方面是村庄之间互帮互助的良性的关系，主要体现在村庄修建关帝庙时的发起、组织和捐款的情况。第二个方面是村庄之间的矛盾和纠纷等不良的关系，主要体现在关帝庙中、发生在村庄之间的诉讼碑刻上。

（一）村庄之间的良性关系

关帝庙的发起者和组织者绝大部分都是本村人，但也有不少情况是外村人，这反映出村庄之间的关系。万历时创修的上沙壁关王庙的发起人、组织者和主要捐资者都是"双桂坊维那头"②。双桂坊是县城中的坊，距离上沙壁村比较远。捐款名单里有不少双桂坊和米山镇的人，可见这次创修关帝庙的过程中，外村人其实也发挥了重要作用。重修也有这种情况："适有在城招贤坊王府典膳邢永濯，念神功之大，悯庙貌之倾，乃谋诸本里善人史公卒、司聪、司鸿章辈，及本村社众。"③ 从这些内容看，大部分情况下，都是由高平县城里的人发起修建的。这一类的例子还有不少，圪塔关王庙的增修、徘南关王阁的创修都是外村人发起的。

县城里的人为什么会到距离那么远的村中去创建或者重修关帝庙？张家二郎关王庙的个案提供了一种可能性："建宁中里张家庄旧有二郎关王庙二楹，岁久墙壁颓圮，仪像剥坏，非所以妥神灵也。王君允诚因治庄于此，一见恻然，遂鸠工敛材，卜日营造，再月余丹垩辉煌，焕然一新，直是以享祀神明，昭布诚信也。则神之御灾捍患，保佑一乡之民者，宁有既乎？"④ 这里的王允诚不是张家村人，而是城东厢人。"纠首在城东厢王允

---

① 参见《关帝会敬神乐输碑记》，乾隆三十六年（1771），现存河西镇南庄关帝庙。
② 参见《新修关王庙记》，万历三十六年（1608），现存北诗镇寨上沙壁村关王庙内。
③ 参见《重修关王庙记》，嘉靖五年（1526），现存河西镇西里门关王庙殿内东墙之上。
④ 参见《重修二郎关王庙记》，万历十二年（1584），现存建宁乡张家村二郎关王庙。

诚,男王时春、王时夏、王时冬、王时贞",这次重修的发起者、组织者和主要出资者全部来自城里的王允诚及其家庭。而王允诚之所以会到张家来重修二郎关王庙是因为他在这里治庄。

外村在本村关帝庙修建中占据主导地位的情况主要发生在晚明时期,有鲜明的时代特点。上述案例全部都是这一时期,说明晚明关帝庙建设高潮的出现,与关公信仰的广泛传播密不可分。关帝庙最早创建的时候确实是从一些有关帝庙的地方被带入其他村庄之中的,这种情况在清代很少见。研究社会史的学者常常讨论村庄和庙宇的封闭性问题,这里也有类似的问题存在。关帝庙作为村庄中的庙宇,它和其他村的关帝庙也存在某种超越了村庄范围的密切联系。不少关帝庙在修建过程中,有其他村庄的关帝会进行捐款的例子。如:"鲁村镇关帝会"给朵则村的关帝庙捐款[1],鲁村位于今泽州县,距离朵则村不算很远,但是也有一定距离。再如民国十一年(1922)郭庄重修关王庙时"建宁关圣会"也有捐款。[2] 问题是这种捐款并不只发生在关帝会之间,其他各种神灵的会也给关帝庙捐款,这实际上体现的是村庄之间的交流,而不是关帝庙之间的交流。大社之间相互捐款资助对方修建关帝庙的情况就更多了,王寺村西王寺自然村关帝庙创修时有大量周围村庄大社的捐款,大山村石堂会自然村民国时期重修时也有不少其他村庄大社的捐款。这些都表明关帝庙碑文所体现出来的是村庄与村庄之间的关系,很难看到有因为关公信仰本身而发生的村庄之间的关系。

(二)村庄之间的矛盾与纠纷

村庄之间除了有相互帮助的良性互动关系之外,也会发生矛盾和纠纷,最终酿成诉讼案。诉讼碑集中反映了此类情况,前面提到的寨上村与丹水村就是一个典型个案,案例起因是争夺古井的所有权。类似的例子也发生在下崖底村,争夺的并非古井所有权,而是井水的使用权:

> 凤台之南沟村[3]有井四眼,高平之东庄村无井,有三坑,因吃水争讼,在南沟村不得为直。孟子云:"昏暮叩人之门户求水火,无弗

---

[1] 参见《补修关帝庙兼创歌舞楼碑记》,同治十一年(1872),现存河西镇朵则村关帝庙。
[2] 参见《补修各庙碑记》,民国十一年(1922),现存建宁乡郭庄关王庙。
[3] 今庙南沟村,属泽州县大阳镇。

与者,至足矣。"积蓄之水尚且与人,何况在井者乎?如必阻其吃水则天下行路之人汲水以济渴者俱可以阻之矣。何古今天下不闻有是事也?应仝两村庄彼此通融,井水坑水任凭汲取,不得再行争竞,各具遵结可也。①

碑文中所说的东庄村是下崖底村的一个自然村,下崖底位于高平南界与泽州县交界的地方,发生争议的双方是高平的下崖底东庄村和凤台(今泽州县)的南沟村。下崖底东庄村仅有坑水,遇到天旱就会吃水困难,于是去南沟村取水,因此发生争议。最后的判决是有利于下崖底东庄的结果。以上两个案例虽然一个争夺物权;另一个争夺使用权,其实都和争水有关系。同样的争水诉讼也发生在民国十五年(1926)野川的沟村:

> 高平县知事陈,为公布毕案。据毕、许两沟村因水池纠葛,屡次兴讼。本知事为息讼起见,委令该里村长高登瀛前后两□会同妥议办法,呈县核夺去后。□据该村长呈称:奉令前往毕、许两村,会同村副、闾长暨□两村教员□同妥议办法数条,请核前来。查所拟办法各条,虽属平允,尚欠周妥。本知事业将各□□□□改,合亟开列于后公布,两村人民一体遵照勿违。切切此布。

计开办法四条:

> (一)池属共有。公掏公汲,岸上修筑、植树均归许家沟村管理。
> (二)毕家沟村□水走路仍照旧规,许家沟村不得拦阻。
> (三)向来挖池按两村人口拨工,永远遵守。
> (四)拨河工价一项,许家沟村担负十分之七,毕家沟村担负十分之三,不得变更。②

碑文中提到的许家沟和毕家沟两个村现在虽然全部都是沟村的自然村,距离很近,本身却相对独立。最后的判决实际上充分照顾到了两个村

---

① 无题名,嘉庆六年(1801),现存河西镇下崖底村关帝庙。
② 无题名,民国十五年(1926),现存野川镇沟村关帝庙。

的各自利益，但是其中各种复杂的情形则进行了细致的规定。

类似的村庄之间的矛盾不一定要通过诉讼的形式来解决，也可以通过协商来解决。三甲响水坡村关帝庙有一块合同碑，实际上是两村协商敬神费用的碑刻："响水坡遵□□□□□路家山以田分摊费知□□□各村自备，事完即清。响水坡不预报路家山钱文，路家山不预报响水坡钱文。恐口无凭，复有□□巧合。故立此约存照，后批。日后敬神以毕，一切神□□家居，响水坡以六分均分，路家山以四分均分。"① 和沟村的情况一样，两村共同分担了敬神的费用。处理的事情不同，一个是修理水池花费，另一个是敬神花费。处理的方式不同，一个是诉讼，另一个是协商。但处理的办法是一致的，都是分摊费用，这是妥善解决纠纷的最好办法。

四　余论

在传统的民间信仰研究中，对神灵给予了重点关注。从现象来说，神灵毫无疑问是庙宇中最为核心的要素，庙宇的一切活动都围绕其展开。民间信仰不像佛、道教那样有大量经典和复杂思想可供研究，只有少数比较重要的神灵有一些经典存在，其内容也非常简单平实，大多是善书、宝卷之类。民间信仰也同样缺乏详细记载，没有类似佛教传灯录那样的资料可供研究其发展历史，像《破邪详辩》②这样的少数官方留存史料也只能反映其历史片段而已。因此，可供研究的基本上就是碑文等民间史料中留下来的一些关于神灵形象和历史的零星记载。传统的民间信仰研究大多关注神灵研究，而神灵所赖以存在的社会经济背景和所处空间同样是民间信仰研究的重要内容，应当引起我们的关注。同理，关公文化的研究在关注关公神灵形象研究的同时，更应该关注关帝庙本身，以及村庄的社会、经济、文化和其他庙宇等方面的内容，了解他们之间的相互关系，这样，才能真正揭示关帝庙现象在村庄内部运行、组织管理、村庄建设、村际关系所发挥的功能和作用。

同时，村庄与关帝庙之间的关系又是关帝庙研究中的核心内容。首先应当将关帝庙放入村庄的时空中来考察，一方面要看关帝庙在村中的位置，考察其位置的差异如何影响着关帝庙在村庄信仰中的地位，并对其进

---

① 无题名，咸丰八年（1858），现存三甲镇响水坡村关帝庙。
② （清）黄育楩著，[日]泽田瑞穗校注：《校注破邪详辩》，道教刊行会。

行类型化；另一方面要将关帝庙放入村庄整个的发展历程中来考察，分析在村庄起步阶段和成熟阶段建立的关帝庙对村庄的作用有何不同。[①] 通过对关帝庙中村社治理和兴建工程这两类碑文的初步考察可知：以关帝庙为代表的庙宇事象，在明清中国传统乡村社会中，除了信仰之外，还是村社组织的具体活动空间，其作用不仅是村社内部治理的核心，还是加强外部联系的枢纽。也正是民间庙宇在处理传统社会内外各种复杂关系的性质与作用，使其成为明清地方社会系统中历久弥新、长盛不衰的要素。

[①] 关于关帝庙在村庄发展历程中的地位和作用由于篇幅所限，本文未能提及，具体内容详见拙著《超越信仰：明清高平关帝庙现象与晋东南乡村社会》，商务印书馆2019年版。

明清徽州赋役户籍和基层职役的"朋名"

刘道胜

(安徽师范大学历史与社会学院)

摘要: 明清时期,里(图)甲的总户和子户户籍的"朋名"现象在徽州十分常见,图正、乡约、保长、保正、族正等基层职役亦存在朋名佥报。"编造户籍""佥报职役"本是明清国家自上而下的强制规范和要求,然而,由明至清,这种强制规范经历了由国家"实征"趋向民间"虚应"的发展历程,从而在基层社会,普遍存在的朋名立户和朋充应役现象,某种程度上说,这是国家与社会博弈的实际结果,也是明清基层治理从制度到契约的集中体现。

关键词: 明清徽州 赋役户籍 基层职役 "朋名"

"朋名"即共同朋合使用一个名称。本文考察的"朋名"是指在赋役户籍登记以及基层职役呈报中,存在因循故祖姓名而由各房派朋充支应、合伙串名共同应役、设立众存产业的账户等多种情况。这些名称循名责实,乃村族社区利益攸关者的共有名号,并非当时实际人户,皆可谓"朋名"。

关于朋名,不少学者在相关研究中已颇有关注。日本学者片山冈较早提出清代广东图甲制中的"总户""子户"模式。① 实际上,"总户""子户"在明清不少区域所在多见,这种户籍结构已脱离了实际姓名、人户。此后,刘志伟先生对清代广东图甲户籍作了进一步探究,认为,清代图甲制作为一种用于登记户籍和征纳赋役的制度,是由明代的里甲制衍变过来

---

① [日]片山冈:《清末广东珠江三角洲的图甲表及其相关诸问题——税粮·户籍·同族》,《史学杂志》第91编第4号,1982年4月;同氏《关于清末广东珠江三角洲的图甲制——税粮·户籍·同族》,《东洋学报》第63卷第3、4号,1982年。

的。图甲户籍往往是该族最早开设的户口，故又称"祖户""老户"，并很常见用该族始祖或开户祖的名、字、号以至官爵为户名，一般属于全族共同使用。①栾成显先生通过对明代黄册的深入研究，揭示了由明至清黄册越来越脱离实际成为具册，并具体考察了诸如朱学源户的继承性以及总户与子户实态。②陈支平先生以遗存的徽州"置产簿"为中心，考察了赋役立户中官府册籍与民间实际的脱离，注意到赋役立户存在因循明代户名、家族公产虚名登记、跨境买卖产业的户籍寄挂等现象。③近年来，阿风：依据诉讼文书，对徽州宗族拟制赋役户籍作了实证考察。④黄忠鑫在其图甲制与基层行政研究中，颇为实证地探究了图甲"朋名"户籍之实态。⑤另外，关于明清徽州基层职役的朋名现象，夏维中、王裕明、汪庆元等在相关研究中亦有关注。⑥本文在既有研究基础上，利用民间文献对徽州区域的"朋名"实态作一梳理，敬请批评指正。

一

徽州地区的朋名现象早在宋元时期即已存在。根据阿风考察，宋元时期徽州普遍存在拟制户名（所谓"诡名"）以登记墓产的情况。⑦又，明代万历间休宁程一枝所纂《程典·田赋志》亦载：

> 入元，郡为徽州路，领一州五县，税则不同科，法亦异，大都以田之上中下税之钱贯、租钞、丝绵、苗米之征。亦概视前世程之金业，可考见者……或二人而合一名，或一人而析二名，或三数人而假

---

① 参见刘志伟《清代广东地区图甲制中的"总户"与"子户"》，《中国社会经济史研究》1991年第2期。
② 参见栾成显《明代黄册研究》，中国社会科学出版社2007年版。
③ 参见陈支平《民间文书与明清赋役史研究》，黄山书社2004年版，第59—82页，第117—145页。
④ 阿风：《明代徽州宗族墓地与祠庙之诉讼探析》，《明代研究》2011年第17期。
⑤ 黄忠鑫：《清代前期徽州图甲制的调整——以都图文书〈黟县花户晰户总簿录〉为中心的考察》，《清史研究》2013年第5期。
⑥ 参见夏维中、王裕明《也论明末清初徽州地区土地丈量与里甲制的关系》，《南京大学学报》2002年第4期；汪庆元《清代顺治朝土地清丈在徽州的推行》，《中国史研究》2007年第3期。
⑦ 阿风：《明代宗族墓产拟制户名考》，载中国社会科学院历史研究所等编《第三届中日学者中国古代史论坛文集》，中国社会科学出版社2012年版。

一名，或其人我里而业他里，或邻邑其籍存其人亡，不可胜举。①

以上记载可以看出，在元代，徽州休宁县泰塘程氏的赋役登记，即存在"或二人而合一名，或一人而析二名，或三数人而假一名"的朋名现象。

明朝建立后，明代之前因登记墓产等而存在的拟制户名，在明初曾一度沿用。如在上述《程典·田赋志》中有风下记载：

（元）仁宗延祐二年，我里籍七保念子号清册，我族程荫祖业。
（明）洪武四年户部给我府民户帖，我祖领程荫祖户帖；歙罗田宗人领世忠庙户帖。
（明）洪武十五年六月，我县经界田土，我里隶二十一都，籍七保念字号清册，我祖程荫祖世业。

休宁泰塘程氏在明初的产业和户帖登记中，对于祖产立户继续沿用元代以来的虚拟之名"程荫祖"等。然而，明初旋即开展了全国性土地清丈，以核实田土，大造黄册，全面厘清宋元以来的土地产权关系。洪武十四年（1381）大造黄册时，朝廷即正式禁止使用这种拟制户名，所有土地事产，包括墓产必须登记到某个实体户名（"分装"户）之下，拟制户名被取消。② 这在《程典·田赋志》中也可以看出这种变化。

（明）洪武二十年春二月，我县民户鱼鳞图成，我祖更立程华先户载祖业产税。
（明）洪武二十四年春，我县定民籍减编户八十七里，我都籍里八，我祖立三图程芝户载莲塘产税，立歙二十五都程彦瑜庄户载葛坑祖墓产税。

显然，随着洪武二十年（1387）休宁县清丈完成，泰塘程氏长期因循的祖产户籍"程荫祖"，随着"民户鱼鳞图成"而"更立'程华先'户载

---

① 程一枝：万历《程典·田赋志》，万历刊本，安徽省图书馆藏。以下所引《程典·田赋志》记载，不再注出。
② 阿风：《明代徽州宗族墓地与祠庙之诉讼探析》，《明史研究》2011年第17期。

祖业产税",且嗣后又为公共祖产设有"程芝""程彦瑜"等户籍。毋庸置疑,明初洪武间在实施土地清丈和大造黄册的过程中,禁止拟制户名,民间事产以实际人户予以佥业登记当得到普遍贯彻。不过,涉及"公产""祖产"以朋名佥报的情形,在明初仍然存在。再看《程典·田赋志》有关休宁泰塘程氏立户情况的记载:

(明)永乐十年秋七月,我县籍户口,我祖立三图程琏户载莲堂产业。
(明)永乐十二年我县籍户口,我都并里四,我族立二图程福缘户,歙县二十五都程七清庄户载祖墓产税,三图程匿户载莲塘产税。
(明)成化八年我县籍户口,我族割莲塘产税入二图程福缘庄户。
(明)万历十年夏五月我县籍户口。我族仍一图程泰塘户,九图程荫祖、程厚本户,歙二十五都程太营庄户载祖坟宗祠神庙产税。我支仍一图程原本户,立九图程存礼、程以球户载祖坟产税。

永乐十年所立"程琏"户似非实际人户之名,从上引"洪武二十四年春……我祖立三图程芝户载莲塘产税"的记载来看,"程琏"户当由"程芝户载莲塘产税"串合而成的虚拟名称。至于此后"程泰塘(村名)""程厚本(堂号)",以及"程福缘""程原本"等户名,循名责实,亦均非实际人户。明初在田土户籍登记中,不以实名登记的现象绝非少数情形。据休宁《璜源吴氏新谱》载:

谱以正名为先。昔竹埜公因其故祖达公以其字"义夫"请给军由,故编谱乃以"义夫"冒作两房共祖之字入谱,为并籍也。今籍并已定,百世不易,殊不须此为轻重,但父子名义在所当正。君仪公殁于元丙戌,至辛卯年分析田产,又越至洪武经理田土,定簿籍,凡达公所业者,曰"义夫",我祖所业者曰"梅轩"。若以"义夫"为两房共祖,则其所业之产皆当两房共之,"梅轩"房毫无所得也。今若仍冒作冕公之字,不免启后人之异议者。若直为达公之字,又恐不欲者之生疑,莫若两缺不书,庶得事休之宜。①

---

① 休宁:《璜源吴氏新谱》附录《记略·容斋公修谱(康熙六十年)附录》,上海图书馆藏(1882年木活字本),转引自黄忠鑫《明代前期里甲赋役制度下的徽州社会》,《中山大学学报》2018年第1期。

仔细解读这段材料,大致于元代后期,璜源吴氏曾以故祖达公之字"义夫"登记户籍,作为"两房共祖"的"并籍"之名。这里所谓"并籍"即属共有、共享性质的"朋名"。不过,到了"洪武经理田土,定簿籍",对于原两房共祖所立的"义夫"户名,是依据房派归属析分为"义夫""梅轩"之名而予以重新登记。可见,在洪武田土清丈和大造黄册的推动下,璜源吴氏对名为"义夫"的祖产户籍作了及时调整,析分为二。然而,新析分登记"义夫""梅轩"两个名称中,"义夫"之名即一仍其旧,"梅轩"之名亦属故祖之名,而非实际人户。

相同的事例还存在于祁门县十西都。根据黄忠鑫对明初祁门十西都里甲立户《总图》文书并结合家谱作考察,指出洪武二十四年(1391)里甲立户《总图》中,祁门十西都存在诸如"谢显祖""谢祖""盛祖""黄胜祖""吴振祖"等"祖"字户,这些户名与宋元时代很多祖茔户、膳茔户在明初继续沿用有密切关系。且在明代前期祁门十西都里甲立户《总图》中,实际人名诸如"谢景华,字子夏",于里甲《总图》中,即由姓名和字号串合为"谢景夏"之名。①

综上可见,从明初徽州事例看,将宋元以来的"公产""祖产"户籍"分装"到实际人户当属不争事实。② 不过,在明初国家重新厘清产权和户籍实践中,类似于以上休宁璜源吴氏和祁门十西都的做法,即对于"公产""祖产"户籍的名称既作适时调整,又采取虚拟或因循"故祖之名"的处理方式,当一定程度上存在。即使采取"分装"到实际人户,然循名责实仍旧存在朋名现象。

二

由明至清,随着里(图)甲制的实施,里(图)甲户籍编制在基层实践大体经历了由实到虚的演化过程。明代建立后,在基层社会推行黄册里甲制度,里甲编户"以一百一十户为一里,推丁粮多者十户为长,余百户为十甲,甲凡十人",由此形成轮充里役的"里长—甲首"模式。黄册制度在设计上,按照户等高下,确保里甲之间人丁与事产相对均衡,从而通过均分里甲,登记户籍,借助十排轮差以征发赋役。其中,一里之中,十

---

① 黄忠鑫:《明代前期里甲赋役制度下的徽州社会》,《中山大学学报》2018年第1期。
② 阿风:《明代徽州宗族墓地与祠庙之诉讼探析》,《明史研究》2011年第17期。

户里长户在"催办钱粮,勾摄公事"方面颇为关键,原则上要求推举丁粮殷实的大户充任。并规定"里长户若消乏,许于甲首户内丁粮近上者补充;甲首有故绝,可从畸零户中补辏,或于邻图人户内拨补"①。明代前期,黄册因时大造,里甲户籍当很大程度上与社会实际颇相适应。②

然而,明代中期以后,随着里甲制度逐渐衰落,里甲因赋役而编户的职能大大减弱,里甲之役因循固化,"里长永为里长,消乏无以苏其穷;甲首永为甲首,富豪得以避其重"的现象日渐常见。③ 致使110户的"里长—甲首"结构随着黄册户籍陈陈相因,逐步演化为图甲制下虚拟名称的"总户—子户"形式。以既有的一里十甲为基础,逐渐形成一图十甲格局④,"总户—子户"结构日趋稳定。一方面,图甲制下的总户和子户与既有的里甲户籍具有继承性;另一方面,这种图甲户籍结构的稳定性,为基层村族通过垄断"总户—子户"设置而组织化奠定了基础。"总户""子户"朋名现象十分常见。

(一)图甲总户的朋名。图甲制下总户设置的大体情形为:一都之下分若干图,每图分设十甲,每甲立一总户。关于每甲立一总户,从清代道光年间祁门县令发布的告谕中可见一斑。道光二十年(1840),祁门县令方殿谟"谕城乡凡五百二十甲,期以五稔,每甲必出一人应童子试"⑤。可见,道光间祁门县共设有520甲。而清代祁门县共有图52个⑥,对比可以看出,每图所辖的甲数应为10个。在乾隆《祁门修改城垣簿》中,可以详细了解清代祁门县各甲设置的总户名称。⑦ 由明至清,在图甲制下,基层赋役采取朋名立户,"粮里朋充"是普遍的做法,所谓"排甲中有粮多

---

① 栾成显:《明代黄册研究》(增订本),中国社会科学出版社2007年版,第348页。
② 黄忠鑫运用明代前期祁门县十四都里甲"百户总图"与相关家谱资料作对比分析,认为明初以来"成年男丁都已立户,纳入朝廷户籍管理体系"(参见黄忠鑫《明代前期里甲赋役制度下的徽州社会》,《中山大学学报》2018年第1期);中岛乐章提出"在某种程度上,拥有土地的佃仆具有自己的户籍,有时还担任里甲制下的甲首职务"[[日]中岛乐章《明代乡村纠纷与秩序——以徽州文书为中心》(中译本),江苏人民出版社2010年版,第251页]。
③ 嘉靖《思南县志》卷一,《地理志·里图》。
④ 参见刘道胜《清代图甲户籍与村落社会》,《学术月刊》2017年第5期。
⑤ 《鼎元文会同录》,道光二十三年刻本,上海图书馆藏。
⑥ 同治《祁门县志》卷3《舆地志·疆域·都图》,《中国地方志集成》安徽府县志辑第55册,江苏古籍出版社1998年影印本。
⑦ 乾隆《祁门修改城垣簿》,刊本1册,国家图书馆藏。

一人难催，或当官报认，或私帮朋充"①。朋充带来一甲总户名称多属共同所有，大多固定不变，长期因循，朋名形式主要体现为：

一是继承故祖姓名。首先，存在以先祖姓名所立户籍，嗣经世代继承而来。如休宁县 27 都 5 图 3 甲里长户朱学源，"万历二十年（1592）以前，该户户长是朱清，自万历二十年开始，朱学源承继户长。朱学源，嘉靖四十一年（1562）生，万历二十年承继户长时，31 岁（虚岁）。从万历二十年至康熙四十年（1701），朱学源一直为该户户长"②。又如，休宁县 21 都 9 图 9 甲里长户程梦鲤，从万历《程典》中可知，程梦鲤乃明代后期休宁泰塘村人，系明代嘉万间修纂《程典》的程一枝之长子。程梦鲤作为里长户名称至少从明代后期一直延续到清代嘉庆年间。在徽州赋役文书中，有关"承祖立户""承祖里役"的记载屡屡可征，可以看出由明至清里长户役长期因循的事实。揆诸徽州各县都图文献，所载的各都图一甲总户，多系继承性户籍，并成为特定家族或房派的共有总户。如《清顺治十一年休宁县九都一图陈氏立里役合同》中载有"本家承祖南汝公遗下四甲里长户名陈世芳"③。《清顺治十一年休宁县二十七都五图王氏立里役合同》中亦有"承祖四甲里长"等。④

二是设立众存共有的账户，即将虚拟姓名作为村族共有户籍。宋元至明清，在传统贡赋制度下，官方因赋役征缴而登记的民间户籍很难做与实际人户相一致，存在虚拟赋役户籍的现象。程一枝所纂的《程典·田赋志》亦有以下记载：

嘉靖四十二年，我支立程原本户，隶我里二图。隆庆六年，更士清为程太堂。至于万历十年清丈，变置字号，稍易绍兴、延祐、洪武之旧，而吾宗之业著负版者，我里一图一甲则有程荫祖；九图一甲则有程泰塘；歙二十五都二图三甲则有程福缘。为葛坑者十甲则有程太堂，为墓祠者我里九图十甲则有程厚本。为我支者一图二甲则有程厚本，其他子户以大小计者，多至三百，其名不可胜举。⑤

---

① 黄六鸿：《福惠全书》卷之七《钱谷部二·比较》。
② 栾成显：《明代黄册研究》（增订本），中国社会科学出版社 2007 年版，第 378 页。
③ 《陈氏置产簿》，抄本 1 册，南京大学历史系资料室藏。
④ 南京大学历史系资料室藏。
⑤ 程一枝：万历《程典·田赋志》，万历刊本，安徽省图书馆藏。

从上引资料中，嘉靖、隆庆、万历间，程氏登记的"程太（泰）堂""程荫祖""程福缘""程厚本"等，或以祠堂名而见称，或属虚设之名，属于村族的共有户籍，并非实际人户。类似的虚设户籍现象，在迄今遗存的徽州民间历史文献中屡屡可征，如《休宁县都图甲全录》中有"朱尚义（一都一图十甲）、曹尚义（一都四图六甲）、韩永祀（一都四图十甲）、吴兴祀（三都十图四甲）、陈公祀（五都四图二甲）"等，究其名实，均属共有户籍。①

（二）图甲子户朋名。图甲总户之下的子户设置，不以数量为拘，颇为灵活。从万历间编纂的《程典·田赋志》记载看，明代中后期，休宁县泰塘村程氏所属二十一都1图2甲立有总户程厚本等，"其他子户以大小计者，多至三百，其名不可胜举"。这一记载，一方面，反映明代中后期徽州图甲"总户—子户"结构已经出现；另一方面，休宁泰塘程氏总户之下隶属的子户数量即"多至三百"②。

再依据遗存的《清代祁门县二十二都二图四甲王鼎盛户实征册》所载③，自清代雍正至咸丰间，总户王鼎盛户之下所属子户类型和数量变化如表1所示：

表1　　　　　　　　总户王鼎盛户下子户数量统计

户籍类型	《雍正册》	《乾隆册》	《嘉庆册》	《道光册》	《咸丰一册》	《咸丰二册》
公祀公会户	44	45	45	43	49	54
一般家户	96	122	144	141	139	141
总　计	140	167	189	184	188	195

由表1可见，清代总户王鼎盛户所属的子户数量少则140户，多达195户，且总体呈增长趋势。从中可以看出，在图甲制下，一甲之内由"一名总户+若干子户"构成赋役户籍形态，总户之下的子户设置并不以

---

① 《休宁县都图甲全录》，抄本1册，安徽师范大学图书馆藏。
② 程一枝：万历《程典·田赋志》，万历刊本，安徽省图书馆藏。
③ 笔者按：该户实征册共计6册，均系墨迹写本或抄本，记载内容涵盖雍正、乾隆、嘉庆、道光、咸丰五代，每册均逐年登载总户王鼎盛户属下各子户田土及其推收情况，内容翔实，地点集中，事主具体，前后关联。安徽师范大学图书馆藏，具体参见李琳琦主编：《安徽师范大学馆藏千年徽州契约文书集萃》，第3—4册，安徽师范大学出版社2014年版。

数量为拘。总户王鼎户户下子户有"公祀公会户"和"一般家户"两种主要类型。

关于王鼎盛户下的一般家户情况。《实征册》记载始于雍正六年（1728），且对比家谱记载可见，雍正年间《实征册》记载始于雍正六年，登记的人名与家谱记载基本吻合，当系实际家庭人户，这与清初以来大力推行田土清丈佥业，不断编审赋役以及雍正年间实施摊丁入亩有关。其时，为了适应新的赋役制度变化，民间依据实际田土而分担税粮提上日程，真实呈报产业并登记立户具有客观必要性。然而，《实征册》中的一般家户户籍，随着不断继承，不少户籍名称出现沿袭前代父祖之名现象。如《雍正册》中的"道统户"，在《咸丰册》中仍相沿未易。不仅如此，嗣后新立户籍亦存在朋名，如《咸丰册》中的"铣钜"，显然由"士铣""士钜"兄弟之名朋合而成。《实征册》中的户籍之名，在有清一代亦逐渐经历了由实到虚的变化过程，至清代咸丰间，同于明代中后期衰落的黄册一样，成为民间为分担定额化的实际税粮，而编造的重产业归户，轻业户名实的户籍具册。

再看王鼎盛户下公祀公会户情况。自雍正至咸丰间，总体维持在40—50户，占总子户的1/4到1/3之间。这些户籍多以特定的房派为主体，其层属有别。其名称主要表现为：一是祠堂号或远祖之姓名设置的"祀户"。如正伦堂、万一公田（十四世祖，名万一）、存二公（十九世祖，名积庆，行存二）、邦成公会（二十世祖，名邦成）、寻常公（二十一世祖，名友卿，号寻常）、模公祀（二十一世祖，名模）、兆六公（二十世祖，名德龙，行兆六）、三语公（二十五世祖，名三语，字墨之）、策公祀（二十五世祖，名三策，字献甫，号明醇）。二是于雍正之后，以近祖姓名、字号因时而立的"公祀公会"户。如乾隆以后，由实际"廷清"户及其三个儿子道霖、道露、道霄等，衍生出用祀（祖"宗先"字"用"）、瑞祀（廷清名"瑞"）、澄波松衫会（廷清，号澄波）、琢云轩、紫云庵、采风文会（道霖，名采风）、露祀（道露）、霄祀（道霄）、德风文会（道霄，名德风）、静斋祀（道霄号静斋）。

再以总户王鼎盛户下子户"鼎元文会"户为例，可以进一步看出子户设置的实际做法。鼎元文会设置于道光二十二年（1843），今存有《鼎元文会同志录》。① 该文会设置情况是，道光庚子（1840），祁门县令方殿谟示谕县内城乡②，要求"每甲必出一人应童子试"，以振兴科考。为此，祁门县二十二都所辖的高塘（鸿村）、查源、许村等13个村落，积极响应县令谕示，在合都绅耆主导下，随即创建鼎元文会，以"培养本都人材"。并刊刻会簿以"汇集规则、田亩、契据"，以供乐输"同志之人执照"，《鼎元文会同志录》因此成编。由于文会涉及的新安约、高塘约、龙溪约，三个村落共同体呈鼎足之势，故名"鼎元文会"，该会涉及祁门县二十二都13个村落的8个姓氏，系多姓村族联合而立的文会，"鼎元文会"成为村族共同设户的"朋名"。凡各村族乐输田产的"同志之人"即可入会，并于《同志录》中登载捐输事宜"以为执照"。举凡乐输入会者，须签订捐产入会的输田契，且载入《同志录》，所捐产业均为鼎元文会田产。所捐输田产以折田租的形式计算，共计田产78宗，凡租1054秤3斤11两，计田亩近百亩。关于该文会产业立户登记情况，据会簿中的《公议规则》载：

> 钱粮分寄三约，俱立鼎元文会的名。一在新安约二图五甲洪显邦户；一在龙溪约一图八甲陈宗虞户；一在高塘约二图四甲王鼎盛户。

也就是说，文会百亩田产，以"鼎元文会"之名，分寄在二图五甲洪显邦户、一图八甲陈宗虞户、二图四甲王鼎盛户三个甲的总户之下。每一个总户下均设有以"鼎元文会"为名的子户。

其中，二图四甲总户王鼎盛户下的子户——"鼎元文会"，即出现在咸丰年间的《王鼎盛户实征册》中，所载鼎元文会情况与《鼎元文会同志录》内容吻合。二图四甲属于祁门县"高塘鸿村"，捐输田产凡25宗，是13个村落中捐产最多者。具体如表2所示。

如表2所示的25宗捐输田产的业户，据笔者根据几种实征册记载作一一考证，几乎均系"公祀公会"户籍。仔细对比王鼎户与鼎元文会户之间的关系，总户王鼎盛户的户籍形态体现为"总户（王鼎户）—子户（鼎元

---

① 上海图书馆藏，刊本1册。参见刘道胜《明清徽州乡村文会与地方社会——以〈鼎元文会同志录〉为中心》，《中国史研究》2017年第4期。

② 按："方殿谟，浙江人，进士，道光二十年署，二十一年去。"参见同治《祁门县志》卷20《职官表》，《中国地方志集成》安徽府县志辑第55册，江苏古籍出版社1998年版，第202页。

文会)—公祀公会户",呈现出"总户—子户(总户)—子户"相对统属的层级结构和更为复杂的户籍关系。这些户籍大多系"公产"性质的共有户籍,以朋名形式体现出来,并非实际人户。

表2　　　　　　　　　　捐输田产名氏、所捐租数

捐产名氏	所捐租数	捐产名氏	所捐租数
王淡园文会	肆拾贰秤壹斤拾叁两	王兆文会	叁拾叁秤
王师禧祀	叁拾秤	王义建会	贰拾壹秤伍斤
王济祀	贰拾壹秤	王瑞祀	拾捌秤叁斤
王师圭	拾叁秤	王三召祀	拾贰秤
王师町	拾壹秤肆斤	王邦成祀	拾壹秤
王邦本祀	拾秤伍斤	王古槐祀	拾秤
王屏山祀	拾肆秤伍斤	王三阳祀	拾秤
王宪之祀	拾秤	王德风祀	拾秤肆斤拾肆两
王仕铣	拾秤	王西祀	玖秤伍斤
王朝俊	柒秤伍斤	王宗元祀	陆秤叁斤肆两
王耕山祀	陆秤	王文义会	伍秤
王也趣祀	伍秤	王义昌祀	伍斤
王学轼祀师芸	陆秤		
总　计	叁百叁拾柒秤陆斤拾伍两		

通过以上梳理,可以判断,在图甲体系下,通过设甲立户,在"总户—子户"的结构下,基层赋役不断在村族社区得以分配和再分配,赋役承值很大程度上在基层社会范畴内予以动员和分解。图甲总户乃至子户实际意义均兼具田土产业归属,税粮征纳单位,乡族统合实体为一体。图甲户籍的合法性,客观上促进了基层社会,特别是宗族、村族通过垄断图甲户籍的组织化,此乃图甲总户和子户朋名存在的主要原因。朋名形式往往体现为:继承故祖姓名而因循不变;设立众存"公祀公会"户籍;朋合立名等。这些事例实乃民间应对国家贡赋而产生的重朋充朋应,轻业户名实的户籍登记方式。

三

不唯图甲总户与子户,在明清徽州,诸如图正、乡约、保长、保正、

族正等基层职役亦普遍存在朋充，举凡官府票唤相关职役，均存在相应的朋名佥报现象。

第一，关于图正的朋名。如顺治四年（1647），值清初鼎革之际，基于土地清丈而要求地方"佥报图正等役"，歙县槐溪张氏即采取"朋名"承役。具体记载如下：

> （立）议墨合同人张义朋、张时旸、张之遵、张之问、张同溶，今奉上司明文，遵奉新朝创制，更行丈量。蒙县主明示，佥报图正等役，以备监临丈量田土。今图现里议报本甲图正名目，本都图地里间隔广阔，各业更改存没，分析不一，系干重务，实难独力管承。本甲各户今虽另籍，原系一脉流传，今凭众议，张之遵、张时旸、张之问、张同溶四人协力，立墨串名"义朋"，具认承役在官……①

图正又称公正，系总管一图事务的职役。按照明代里甲制的做法，一里事务由殷实富户担当，十个排年里长轮流承充。随着里甲制的衰落，代之而起的图甲采取"图正制"。图正在基层监管清丈，征缴赋役，田土过割等事务中职役繁重，至关重要。正因为"系干重务，实难独力管承"，上引资料中，张之遵、张时旸、张之问、张同溶"立墨串名'义朋'"，即以"张义朋"之名佥报官府，合同署名也直截了当地以"张义朋"见称，具有"朋充"之义，在"议报本图图正名目"中，属于典型的朋名登记。又如：

> 三十一都三图府学生员张起鹗，禀为恳恩准照超死难，免烦役，以恤孤老事。本图图正向佥吴宪充当，扳生长子张大，户名张麟，聚朋役串名吴麟宪，认状在官。因春二月，大蒙召面台，领帖联络西乡之际，金、洪二贼兵起三十三都浮梁界，过三十一都地面，次迫城下，大统乡兵截拒，遵命不违，兵无接应。生仅二子，从死难。清丈举行，犹恐误公。生年八旬，老病莫能举移，孙孤五岁，家无次丁，乞念生老孙幼，遇死难事，经仁台耳目叩批，原佥吴宪承当图正，豁免张麟聚朋役，赐印准照，庶上不误公，下恤老幼，感恩无任，激切

---

① 《顺治四年张义朋等立签报图正合同》，载《槐溪张氏茂荆堂田契册》，上海图书馆藏。

具禀！

县批：张大既死，故准免图正，着吴宪充当，不许扳扯（钤休宁县印）

顺治五年七月十三日具（休宁县印）　　　抱禀人汪表①

上引材料的朋名形式由实际充任者姓名朋合而成，即明确记载图正由吴宪和张麟聚朋充，并朋名为"吴麟宪"。类似的"朋名"现象在徽州文书中屡屡可征。如在《天启五年休宁县九都一图四甲陈继武等立里役合同》中，里役合同佥名"陈继武"，而合同署押名有"陈继靖、陈武卿"，显然"陈继武"系"陈继靖、陈武卿"之串名。从这份合同看，四甲承祖总户名称为"陈世芳"，到了天启由"广、员"二房均当，"陈继靖、陈武卿"分别代表两个房派，而"陈继武"实属二房之串名。② 在《顺治十一年休宁县九都一图四甲陈序斗等立里役合同》中，里役合同佥名"陈序斗"，而合同署押有"陈序庶、陈榴斗"，显然，"陈序斗"系"陈序庶、陈榴斗"之串名。③ 再看下例：

> 九都一图公议图正、量、画、书、算合同，里役郑积盛、程世和、程上达、陈世芳、程思祖、陈泰茂、汪辰祖、陈琛、陈樑、陈世明等。奉朝廷清丈田土，本图十排公立事务各分条例，拈阄应管。本图图正、量、画、书、算议立三村均管，佥名图正陈程芳、量手汪世绍、画手郑以昇、书手程时钥、算手陈明伟，现里陈泰茂公报，各以应定名目，其衙门等项事务，托在赵光祖。其在官丈量造册名目，俱系十排朋名管充。今排内出身尽管之人，另列的名于后……④

上引材料中，"佥名图正陈程芳"，应是六甲陈泰茂、三甲程上达、四甲陈世芳三户的串名，以朋名"陈程芳"佥报户名以应对官府，而"另列

---

① 《徽州千年契约文书》清民国编，卷1，第20页。
② 《天启五年休宁县还珠里村陈继武等立里役合同》，载《陈氏置产簿》，抄本1册，南京大学历史系资料室藏。
③ 《顺治十一年还珠里村陈序斗等立里役合同》，载《陈氏置产簿》，抄本1册，南京大学历史系资料室藏。
④ 《顺治四年休宁县九都一图郑积盈等立里役合同》，载《陈氏置产簿》，抄本1册，南京大学历史系资料室藏。

的名于后"。

第二，关于乡约朋名，如下例：

> 盖自十都四图，升于大明万历十九年始。既升四图，即立四图乡约。因烟村涣散，分立两乡约，一清源，一晓起，各五排为一约，以人烟均，统属易也。一甲洪芳生、二甲洪胡、三甲洪遇春、六甲曹启先、九甲吴汪詹，五排联合为清源约……①

可见，二甲乡约"洪胡"、九甲乡约"吴汪詹"当属两姓或三姓之朋名。

第三，关于保正朋名。如下例：

> 立议合同汪兴、吴宗睦、戴宗远、金华宗、王宗章、朱淳义、叶涌等。缘因雍正五年奉旨各都图添设保正，续奉县主票唤本里举报。是以合里公议，分作四阄，对神拈定，轮流承充，不得推诿。所有工食银十二两，每年在于本里二十九甲户内公派，以为承充之人料理公务等用。其承充之人，一应公务尽在承值，不得误事。所有分阄条款另列于后。今恐无凭，立此合同一样四张，每阄各执一张存照。
> 一阄丁未年四月起金华宗、王宗章、朱淳义、叶涌
> 二阄戊申年四月起吴宗睦
> 三阄己酉年四月起戴宗远
> 四阄庚戌年四月起汪兴
> 一议承充之人在于各阄自行议举
> 一议唤认使费银叁两，四阄每阄派银七钱五分，在于四阄名目付出与承充之人应用。倘下年另唤报认，亦照此例公派。
> 一议倘有飞差，照都内概例四阄公议。
> 其十甲倪尚义，住居三十都地方，路途遥远，难以照管，不在议内，倘有累及，四阄理论。
> 公议在官名目系王仁德轮流顶名充当，倘遇换报，听从本阄名姓具报。

---

① 《入清源约出晓起约叙记》，清抄本1册，安徽师范大学图书馆藏。

雍正五年闰三月　日立议合同：汪兴、吴宗睦、戴宗远、金华宗、王宗章、朱淳义、叶涌［按：均押］①

可见，为应对县主"添设保正，票唤本里举报"，以王仁德顶名充当，作为诸姓"公议在官名目"，并且商议"倘遇换报，听从本阄名姓具报"。材料所涉"王仁德"之名并未见署押，当系朋充之名，嗣后"本阄名姓具报"亦当非实际人户姓名。这种"顶名"佥报系"朋名"的一种形式，顶名之下，具体职役则采取朋充朋管，共同负担。

第四，关于族正朋名，如下例：

立议合同胡明尚，今因奉旨圣谕，县主着令原差到图公议族正，现年各请排年公议，图内汪、章二姓听凭另议报明族正。胡姓议立族正照现年轮流挨管。再有五、六两甲现年系伊承认，胡姓一、二、三、四、七、八、九、十甲挨管，不得推挨。如有汪、章二姓现年该族正，现年胡边挨排年均管。如有图内人等不遵，听凭族正呈官究治。今因雍正五年系八甲管起，原差到图现年支应，使费照八甲均派无异。今恐无凭，立此合同十纸存照。

再批：拈阄各自族正胡应芳轮流，照保挨管。

雍正五年八月日立族正合同人胡明尚

一甲胡全富；二甲胡立明；三甲胡新礼；四甲胡寿明；五甲汪禄卿；六甲章万和；七甲胡德；八甲胡明尚；九甲胡应芳；十甲胡寄和；代书胡佩儒②

所引材料中可见，雍正间要求佥报族正，胡氏采取族正与里役合为一体，以里甲排年顶名上报。

四

上文梳理了明清徽州赋役户籍登记和民间职役佥报存在的朋名现象，朋名之下有关赋役和职役的实际运作主要体现为朋充。在徽州文书中屡屡

---

① 《雍正五年汪兴等立佥报保正合同》，安徽师范大学图书馆藏。
② 安徽师范大学图书馆藏。

可见"朋合""朋管""朋贴""朋应""朋充""朋比"之谓，朋充所涉主体之间往往通过签订契约，具体分配朋名之下的承值义务。如：

> 立议合同人吴士鋐、吴之义、吴仪汉、吴之鼎等。今奉旨复行清丈，本姓公正吴傑孙原系五门祖名，今因年远，人事物故不一，故乃通族酌议，复行经理五本册籍，议作四股任事。所有公费及临田造册应役，悉照股数暂时应用，候县大例再行征派……
>
> 康熙二年十二月 日立议合同人：吴士鋐、吴之义、吴仪汉、吴之鼎
>
> 　　　　中见：吴汝珩、吴士鎗
> 　　　　代笔：人张庆
>
> 计开勾（阄）定：一保册鋐、汉、鼎、自祥户同公副管；二保册士鋐同公副管；三保册仪汉同公副管；四保册之义同公副管；五保册之鼎同公副管①

清初康熙年间，在徽州基层社会，不仅图甲制度存在"清承明制"，而且公正之役往往亦一仍其旧。上引资料中，休宁吴氏承祖的公正职役，即沿用"五门祖名吴傑孙"，"吴傑孙"即吴氏家族长期共同使用的职役"朋名"。至清初，随着"人事物故不一"而采取"四股任事"，并约定：涉及一保的清丈和册籍等役事由四股朋管，其他四保则分别轮流管理。又如：

> 立议合同采公边张之问、之章、之闵、之翁等，乐公边张孔生、汝健等。原承祖本公里役，续后采公边认充粮长，乐公认充里长，历年无异。近因乐公边粮少力薄，不能充当，因是合众公议，粮里朋充。采公边分该八股之一，今轮充当里役四大股之一，下轮乐公边分该八股之一，该当四大股之一。②

以上记载中涉及的承祖粮长、里长之役，是以房派为主体予以承值，

---

① 《康熙二年休宁吴士鋐等立合同》，安徽师范大学图书馆藏。
② 《康熙九年张之问等立里役合同》，载《槐溪张氏茂荆堂田契册》，上海图书馆藏。承蒙黄忠鑫先生惠示，谨表谢忱。

并随着房派繁衍以及彼此势力消长，通过签订契约，采取按股分担形式予以调整和朋充。

由明至清，徽州基层社会普遍存在的朋名和朋充现象，究其原因，主要有以下几个方面：

一是户役因循所致。明代以来，基层户役和职役一般由殷实之家充任，富户当差本是一种沐浴恩荣的荣耀。即所谓"能雄长于乡里乎，因籍田多寡称甲首，出赋税佐乡里之长，以奉大农。讵非役邪，夫里长长于一里，乡长长于一乡，闾正里户故记有之……是役为世业也，穷家小户，有损千金，而乞役不得者。而吾都一、九图为吾程者十六，而客家小户卒不得与"①。然随着黄册制度的衰落，赋役户籍的代代因循，特定家族或宗族仍视"承祖之役"为"事关门户"之要务，而重视门户之役的承当，以及支撑门户世业的经营，并通过朋名设置户籍以及朋充门户之役借以维系其"大家规模""大家气象"。

二是与里户式微有关。先看下例：

> 立议合同吴元璋、天福、世伦等。缘因本家承祖充当本都四图二甲里役，原祖存遗议墨以殷实充当，后轮本房现役，因无殷实管办。是于康熙三十二年众议每丁派银壹两……②

上例可见，原本体面的富户之役，随着物故不一，人事衰微，逐渐变成一种门户实际负担，唯有共同朋充方可敷衍其事。上引材料中，吴氏家族承祖里役因循到了清代，因"无殷实管办"即由支下朋贴银两予以应付。

另外，有明以来，里（图）甲制之下，一里（图）十排是赋役实际运作的基本单位，十排之间相互督责，一户排年空虚拖欠，则十排赔贴。因此，一旦有里长户家道中落，其户役往往还涉及十排朋管其事。如清初康乾间，休宁县三都六图二甲吴氏承祖有里长户役，户名吴一坤。康熙年间，吴氏因人丁式微，"与余尚镇户两下朋充"③。到了乾隆间，吴一坤户

---

① 《程典·籍役志》。
② 《乾隆三十八年吴元璋等立里役合同》，安徽师范大学图书馆藏。
③ 《乾隆二十九年休宁县里长程文明等立代户卖厝地契》，载张传玺《中国历代契约汇编考释》，北京大学出版社1995年版，第1267—1268页。

"后只一丁,远年在外,更无信息"。一起朋充二甲里役的余尚镇户户丁余宪章又不幸去世,"仅存螟蛉一子,乳名孙仍","全然不知门户钱粮、花户、名姓、住址"①。随着吴、余二姓人丁式微,其朋充的二甲里役无从措办,势必造成其他各排"历年各里代完户内虚粮,赔贴排年此费"、"十数年来累身等各甲赔贴虚粮排费"的困扰。为此,六图其他九甲里长户曾控告至县,县主"追差催数次,无奈孙仍实贫无措,立有限状在案,即此赔贴无休"。在此情况下,休宁县三都六甲其他各排年先后于乾隆二十九年(1764)和四十七年(1782),先后共立合同,通过杜卖吴氏产业予以解决。并于乾隆四十七年杜卖吴氏产业后,将"契价银五十两整,公同酌议,代二甲立一急公会",由十排朋管,借以代办二甲里役公务。

三是里役和职役的繁苛,加上人口外徙,客观上亦促使基层组织化朋充的长期存在。由明至清,基层管理职役日趋繁苛。据《康熙陈氏置产簿》记载,对于"承祖里役"不但要负责"催征应比,照卯上纳",而且还涉及诸如"勾取旧军、管解军伍、挨查军伍、完纳值柜、都长义民、灯笼火把、写册纸张、飞差签解、承票勾摄、迎官接送、习仪拜牌、解纷息讼、批词投词"等差役,里役十分繁重。②从《康熙陈氏置产簿》记载可见,每年承值里役,要完成"本图钱粮浩大,共计五百余两"的催缴上纳,往往一年的"充赈贴费"亦达"纹银一百两整"。

不唯如此,明清时期徽州还面临人口大量的外徙,因此,某种程度上说,户役朋充是适应人口流动的权宜之策,也是一种应对实践。如下例:

> 复立议徽籍门户里役、祭扫合同文书人王绅、王懋衡、王之琼等。今有吾门始祖子珪公枝下億房裔孙王之圣,向因客外,创业吴地,年至五旬余,忽思故乡门户里役、祭扫等事难支,欲效范公义举毫末之意。于上年户众叔侄兄弟诸人当蒙族侄王英立有簿约,奖谕美名,输出公银十两。又已输十两付众领去置产生息,永远办粮、祭扫,并之圣名下轮役,承值里保、排年、丁粮等项……③

---

① 参见《清乾隆三年休宁县余宪章立典地契》、《清乾隆四十七年休宁县里长程文明等立代户卖空地契》。
② 《康熙陈氏置产簿》,南京大学历史系资料室藏。
③ 《之圣公捐资免役合同》,《休宁县藤溪王氏立文约誊契簿》,南京大学历史系资料室藏。

这是一份康熙年间所立的"徽籍门户里役合同",因"王之圣向因客外,创业吴地",通过输纳银两"承值里保、排年、丁粮等项"。因此,面临繁重的承祖门户之役,加上大量人口外出生理,其"所该股份门户"无法即时应贬,特定宗族或家族往往注重置产、立会并因时立约,从而采取轮流、津贴等予以朋充。由此形成的赋役文书十分多见,对此,笔者拟另撰文作具体探讨。

总之,在遗存的徽州文献和文书中,有关"串名""朋合""朋管""朋贴""朋应""朋充""朋比"等记载屡屡可征。赋役户籍和基层职役的朋名、朋充在明代徽州即日趋普遍,并作为基层社会清承明制之一重要方面长期延续。由明至清,"编造户籍""佥报职役"是明清国家自上而下的强制规范和要求,然而,这种强制规范经历了由国家"实征"趋向民间"朋应"的发展历程。从而在基层社会,普遍存在的朋名立户和朋充应役现象,某种程度上说,是国家与社会博弈的实际结果,也是明清基层治理从制度到契约的集中体现。

田野调查所见华北碧霞元君信仰的几个问题

李俊领

（中国社会科学院近代史研究所）

摘要：自近代以来，碧霞元君信仰在华北地区呈现出三个重要的特征：第一，20世纪90年代，河北宁晋天仙观出现明代李太后对主神碧霞元君的"夺祀"。第二，目前河北民间信仰中的碧霞元君与三霄娘娘混淆的现象更为突出。这些现象表明，依托国家政治体制进步，近现代华北民众的主体性渐趋增强，他们按照自己的日常生活逻辑，使碧霞元君信仰习俗呈现多元路径的演进态势。第三，民国时期北京的碧霞元君信众在立碑题名时摒除自娱与自贱观念，其中少数女性信众开始使用新式姓名。未来的华北碧霞元君信仰研究似可关注制度与日常生活的分析维度，以增强研究的立体感与解释力。

关键词：华北　碧霞元君　三霄娘娘　日常生活

相对于华南而言，明清时期华北社会的碧霞元君信仰逐渐成为区域特征明显的民间习俗。近代这一信仰习俗比过去更为兴盛，而且在京津冀地区衍生出王三奶奶信仰与四大门信仰，对华北民众的日常生活产生了较为显著的影响。

改革开放后，随着民间文化活力的恢复，华北的碧霞元君信仰又呈现新的形态。近两年，笔者先后对北京、天津、河北与山东等地的一些相关祠庙进行了初步调查，着重以碑刻、匾额、有字贴纸等为分析文本，发现了几个过去学界很少关注的新现象，其内容关联当前碧霞元君与明代李太

---

* 赵东钊先生和郝幸艳、吕文浩、张建、张忠诸位博士在调查时予以诸多帮助，谨致谢忱。

后、三霄娘娘的关系,以及民国时期北京碧霞元君信众的题名观念变迁。本文结合相关文献,对此做进一步的梳理与分析,以增进对近现代华北碧霞元君信仰习俗的认识与理解,进而从制度与日常生活的角度探讨拓宽研究视野的可能性路径。

一 宁晋天仙观的"夺祀"

河北省宁晋县耿庄桥镇孟家庄的天仙观,在1949年前主祀泰山女神碧霞元君。明清时期,孟家庄一带地势低洼,聚水成湖,风景优美,俗称"小南海"(宁晋泊)。位于此地的天仙观实际为明代供奉碧霞元君的道观,万历年间更名为九莲庙。清代,该道观又复用天仙观之名,并沿袭至今。据说,该道观的前身为唐宋时期朝廷官员前往泰山致祭的驿站,故有"东岳行宫"之称。意外的是,今天这座道观中并不见碧霞元君之像,看到的却是其主神由碧霞元君改为万历皇帝生母李太后的"夺祀"现象。这是何故?其缘由可从以下三方面讨论。

其一,明代中后期,朝野广泛崇奉天仙玉女碧霞元君。虽然在《明史》与现存明代官方史料中迄今未发现明廷敕封碧霞元君的记载,但当时道教极力推崇这位女神,并特地为其编写了两部经书,即《元始天尊说碧霞元君护国庇民普济保生妙经》与《太上老君说天仙玉女碧霞元君护世弘济妙经》。这两部经书均宣称碧霞元君在道教中的具体封号为"天仙玉女广灵慈惠恭顺溥济保生真人护国庇民弘德碧霞元君"[1]。由于道教的推崇与明皇室的支持,碧霞元君的名号逐渐深入人心,华北各地为其建筑行宫,宁晋县孟家庄的天仙观即随之兴建。

其二,碧霞元君与万历皇帝生母李太后的神灵信仰确有关联。虽然李太后以好佛闻名,但她对碧霞元君的崇信有过之而无不及。万历三十七年(1609),李太后命人绘制了"天妃圣母碧霞元君众"像(首都博物馆藏),此画绘有8位神像,其中两位贵夫人装束的女神是主神,一位是碧霞元君,另一位可能是李太后想象的自己升仙后的样态。万历四十二年(1614),李太后去世。两年后,万历帝尊其为"九莲菩萨",并塑九莲菩

---

[1] 范恩君:《〈碧霞元君护世弘济妙经〉考辨》,《宗教学研究》2006年第1期。

萨铜像，安放于泰山天书观，"祀享泰山天仙圣母"①。另外，万历帝还为其母制作《太上老君说自在天仙九莲至圣应化度世真经》与《佛说大慈至圣九莲菩萨化身度世尊经》。前者宣称，李太后"复证梵天，神游东岱，逍遥胜境，位并碧霞"②。这从侧面表明，李太后崇奉碧霞元君，甚至期望自己成为与之同等的女神。

其三，李太后的"九莲菩萨"尊号与宁晋天仙观的曾用名"九莲庙"有关。万历十四年（1586），万历帝曾因瑞莲化现，命人以吴道子所画的观音画像为底本，将观音像改画成李太后的容貌，称之为"九莲观音像"，并勒石颁赐天下各佛寺道观供奉瞻仰。因此，李太后在世时，宁晋耿庄桥天仙观供奉九莲观音像确有可能。另外，宁晋县当地传说称，李太后曾于万历四十二年（1614）至"小南海"游览，不幸溺水而亡，故皇家出资重修了该地的天仙观，并借其"九莲菩萨"之名，将天仙观改为九莲庙。这一传说的内容并不可信，因为李太后的亡故与游览"小南海"实无关系。不过，此传说却在民间信仰上将李太后与该地天仙观紧密联系起来，也使得以李太后为主要角色的京剧《龙凤阁》在当地深受欢迎。该剧包含《大保国》《探皇陵》《二进宫》三部分，讲述明神宗年间的宫廷争权故事，宣扬王朝正统意识与忠奸、善恶等道德观念。

应当说，明廷的倡导与谕令为碧霞元君与李太后在民间信仰中融合提供了重要的政治机缘和想象空间。借助对京剧《龙凤阁》的喜好与演绎，清代宁晋信众不自觉地将碧霞元君与李太后混为一体。

20世纪90年代，宁晋民众重修了天仙观正殿。该殿主祀李太后，其神像左侧为杨小姐塑像，右侧为徐小姐塑像。这组神像格局实际取材于京剧《龙凤阁》。杨小姐为剧中人物杨波之女，徐小姐为剧中人物徐彦昭之女。宁晋天仙观以京剧人物作为神灵奉祀，类似于清末义和团崇奉小说《西游记》中的孙悟空。可以说，该地民众延续了过去将文艺作品中的虚构人物与神灵信仰融为一体的娱乐传统。

天仙观正殿虽无碧霞元君身影，但有其下属神灵塑像。西侧神像由南而北分别为筋骨奶奶、眼光奶奶、送生婆（奶奶）。在这三尊神像的脚边

---

① 《勅修九莲圣母神像碑记》，天启四年（1624）立石，碑存山东省济南市长清区五峰山九莲圣母殿。

② 《太上老君说自在天仙九莲至圣应化度世真经》（明万历四十四年刊经折本），王见川、林万传：《明清民间宗教经卷文献》第12册，台北新文丰出版公司1999年版，第25页。

放着还愿者送来的各式各样的绣鞋。筋骨奶奶背后的墙壁上贴着一张黄表纸，上书"筋骨奶奶慈善心，专治四肢疼痛，筋骨不舒"，"求药心中留，信则灵"。究竟筋骨奶奶有怎样的施药手段与灵验案例，尚不得而知。正殿东侧神像由南而北分别为斑疹奶奶、疙瘩奶奶、郎君。在民间神灵谱系中，眼光奶奶与斑疹奶奶均为碧霞元君的得力助手。

近年来，天仙观的其他建筑渐次修复。2009 年，孟家庄人主持重修了三皇殿。2015 年，在正殿后新建了灵霄宝殿，奉祀玉皇大帝。当地民众热衷于修建该道观，自认为是在"弘扬道教文化，净化人心，发扬道教优良传统，贯彻党对宗教信仰自由的政策"[①]。正殿东侧立有十余通捐款的题名碑，其中一通碑阳正中刻有"内邱县大孟镇南宋村赵门张氏修建玉皇庙捐款四万六千一百二十元"字样，落款为"二〇一六年四月二十五立"。可见该道观对附近县的信众也有一定的吸引力。

数年前，宁晋天仙观恢复每年四月十五日举办庙会的传统。每逢庙会，河北、河南、山东、北京等地的香客络绎不绝。他们习惯于称天仙观为奶奶庙，尤其关心这位"奶奶"灵验与否，至于其主神是碧霞元君还是李太后，则无关紧要。所谓"灵验"，大多是信众凭借自己的经验与"地方性知识"进行建构，并不断通过"神迹"叠加而形成的一种带有巫术意味的信仰观念。事实上，它缺乏现代科学的学理依据和试验基础，甚至含有一定的迷信成分。但应肯定的是，其对于普通民众主要发挥积极的精神慰藉作用。从缓解日常生活的焦虑与恐惧而言，该信仰习俗有助于社会秩序的稳定与和谐。

明代至今，宁晋天仙观名号与主神的变迁历程表明，国家政令、地方传说、戏剧人物与民间日常生活娱乐需求等因素纠合于一体，共同促成了碧霞元君信仰的区域性演进。值得注意的是，现代宁晋的信众有一定的政治意识，明确表示要"贯彻党对宗教信仰自由的政策"，并以此作为天仙观信仰习俗之正当性的政治保障。在民间社会，这种政策保障力量比法律赋予的宗教信仰自由权利显得更为重要，而且在一定程度上被纳入民间的日常生活逻辑。

简言之，底层社会的日常生活逻辑是民众为获取更好的生活境遇和发展条件，在熟人社会中逐步形成的以家庭（或家族）为本位，注重人伦、

[①] 《重修三皇殿碑记》，2009 年立石，碑存河北省宁晋县耿庄桥镇孟家庄村天仙观。

情面与传统习俗的文化观念与行为机制。日常生活逻辑是一种生活智慧，也是一种介于国家制度与日常生活实态之间的中间机制。其与国家制度不完全一致，既有遵照后者自我规范的一面，也有利用后者实现自我诉求的一面。宁晋天仙观主神以李太后代替碧霞元君的"夺祀"现象明显体现了这一点。

二 河北民间碧霞元君与三霄娘娘的混淆

在华北民间信仰中，执掌生育的天仙圣母专指泰山女神碧霞元君。这位女神与明代小说《封神演义》虚构的三霄娘娘（云霄娘娘、琼霄娘娘、碧霄娘娘）没有直接关联。不过，自清代以降，华北民间将二者混淆的现象并不罕见。目前，这种现象在河北民间更为突出。

定州北齐村的韩祖宫是上述混淆现象的典型案例。该宫为弘阳教的祖庙，始建于明末，毁于"文化大革命"时期，1992年复建。其中皇姑殿右侧有1996年建成的天仙圣母殿，供奉云霄、琼霄、碧霄三位娘娘的金色塑像，像前的神牌分别题写"云霄大""琼霄二"与"碧霄三"。殿内靠近地面的墙皮因潮湿而脱落，供台上落满灰尘，散乱地摆放着数十双鞋子，既有工厂生产的网面休闲鞋，也有手工制作的虎头鞋、绣花鞋等。这是香客许愿或还愿的供品。殿内墙壁上悬挂的"天仙圣母简介"牌称："天仙圣母即三霄娘娘：云霄、琼霄、碧霄。正是'坑三姑之神'，每人都有不同的'混元金门'宝物。即是金门圣母、银门圣母、同（铜）门圣母，她们之金门乃是人间之净桶，凡人之生育俱从此'混元金门'化生，他（她）们就是人们常说的三位奶奶，她们执掌着生男育女的大权。"这一简介文字稍显粗陋，其内容显然与小说《封神演义》有关。值得注意的是，该地信众将天仙圣母视为三霄娘娘，又把三霄娘娘解释为"坑三姑之神"，而"坑三姑之神"即紫姑神（民间俗称的厕神）。或者说，他们将天仙圣母、三霄娘娘与紫姑神完全混为一谈，又为之涂上弘阳教神灵的色彩。今天弘阳教在河北民间虽仍有广泛的影响，但已出现不同路径的演变，仅在河北蠡县就有三种完全不同的派别，即传统派、灵修派和念佛派。[①] 教众对于韩祖宫供奉的天仙圣母究竟是不是碧霞元君的问题并不关心。另外，

[①] 杨德睿：《华北乡居民众的宗教偏好：对河北蠡县弘阳教三派的比较研究》，《世界宗教文化》2014年第1期。

天仙圣母殿外墙壁上贴一张长方形的黄裱纸，自上而下写着"三奶奶办事处"，这是民众对天仙圣母殿的新式称谓，有些比附现代行政机关的意味。

无独有偶，河北曲阳县大茂山（古北岳恒山）主峰的奶奶庙近年重修，其主殿匾额题写"三霄圣母殿"。此奶奶庙即天仙圣母庙，而三霄圣母即《封神演义》中的云霄、琼霄、碧霄三位娘娘。大茂山主峰周边地区还建有多座天仙圣母行宫，如阜平县的炭灰铺奶奶庙、东古道奶奶庙，唐县的大岭口行宫庙、蟒拦行宫庙，涞源县的桑树堰行宫庙等。改革开放之前，大茂山主峰天仙圣母庙供奉的主神一直为泰山女神碧霞元君。民国时期张熙晋在《重修大岭行宫碑记》中表示，最初他不理解天仙圣母为何被供奉于北岳恒山，后从"正北属坤，坤为圣母"的角度解释称"先天坤母亦可称天仙圣母"[1]。此说不确。今天大茂山民众以三霄圣母代替天仙圣母，不知何据。这不仅使碧霞元君与三霄娘娘的混淆现象更为突出，也在一定程度上弱化了碧霞元君信仰。该地民众以三霄娘娘取代碧霞元君的心路历程，有待于进一步考察。

不同于河北民众，天津民众对于碧霞元君与三霄娘娘有明确的区分。清代至民国时期，天津葛沽的娘娘庙大殿内供奉13位娘娘：正中供奉琼霄娘娘、云霄娘娘、碧霄娘娘，上首供奉眼光娘娘，下首供奉子孙娘娘；座下两厢右边为北顶娘娘、泰山圣母、天妃娘娘、火灵圣母，左边为龟灵圣母、武当圣母、豆疹娘娘、送子娘娘。正中大门两侧有一副对联，云："昔为碧霞元君主一尘不染，今掌人间生灵存文法皆空。"这副对联表明，碧霞元君曾为该庙主神。20世纪60年代，该庙被拆毁。1995年，新建的葛沽镇天后宫主殿奉祀天后妈祖，其东墙绘有碧霞元君神像。近年复兴的葛沽宝辇花会有八辇三亭，八辇中的北茶棚供奉碧霞元君，天后宝辇供奉云霄娘娘，营房茶棚供奉琼霄娘娘，东中街茶棚供奉碧霄娘娘。显然，当地信众能够清楚区分天仙圣母与三霄娘娘。至于他们为何将三霄娘娘作为宝辇花会的主神，已无从可考。要提及的是，南京国民政府时期，三霄娘娘曾被官方查禁。1928年10月，南京国民政府颁布的《神祠存废标准》称，送子娘娘是《封神演义》中的云霄、琼霄、碧霄等娘娘的翻版，"实淫祠之尤，亟应严禁"[2]。在随后开展的破除迷信运动中，奉祀三霄娘娘的

---

[1] 《重修大岭行宫碑记》，1923年立石，碑存河北省唐县石门乡大岭口村天仙圣母行宫。
[2] 《神祠存废标准》，中国第二历史档案馆：《中华民国史档资料汇编》第五辑，第一编"文化（一）"，江苏古籍出版社1994年版，第505页。

祠庙多遭破坏。

在近现代华北社会，碧霞元君与三霄娘娘混融的现象并不罕见，只是不同地方的信众依照自己的偏好，对碧霞元君信仰进行了不同向度的改造。这意味着碧霞元君信仰是一个开放的社会场域，其表现形态与演进方向应更多地从民众的日常生活逻辑去理解。他们不熟悉道教的相关知识，也不关心本地与外地碧霞元君信仰习俗的历史，只是依照当前其所在社区的文化观念去塑造自己心中的碧霞元君。在此意义上，当前华北的碧霞元君信仰呈现更为私人化的特点。

随着现代民主社会建设的进步与物质生活条件的改善，华北民众越来越多地追求丰富的精神世界，既为解决某些实际的生活困难，也为在日常生活中让生命有所敬畏。他们依托传统的佛教、道教与民间信仰祠庙，延续并改造旧有的信仰习俗。对其而言，准确区分信仰对象并不重要，关键是信仰对象能否解决现实困境，能否为未来的世俗幸福提供神力支持。一个不争的事实是，信众应对生活困境与风险的能力是有限界的，在限界之内，依靠其掌握的财力、物力与技术；在限界之外，则需要仰仗包括碧霞元君在内的诸多神灵。这是他们确立日常生活逻辑的一个重要基础。

三　民国北京碧霞元君信众的题名观念变迁

清代华北的碧霞元君行宫中多有题名碑，记载了数以千计的信众姓名。不过，北京旗民中一些男性信众在题名碑上未用传统的姓名，而是采用姓氏加排行、姓氏加数字、姓氏加外号等形式的名字。有学者提出，清代北京香会碑中的题名"是值得研究的文化现象"[1]。

这一文化现象典型体现于康熙朝北京西顶的《西顶洪慈宫进香碑记》。[2] 该碑阳面文字漫漶，右侧刻有"阜成门里四条胡同进香圣会合会众同立"，碑阴可识别的题名约有 280 个，相关人员分别为北京阜成门里四条胡同进香圣会的香首、都管与会众。这些香会成员既有旗人，也有汉人，其题名可分为 10 类：

---

[1] 刘小萌：《清代北京旗人社会》，中国社会科学出版社 2008 年版，第 370 页。
[2] 《西顶洪慈宫进香碑记》，康熙四十一年（1702）立石，碑存北京市海淀区蓝靛厂西顶广仁宫。另见东岳庙北京民俗博物馆编、赵世瑜主持辑录并审订：《北京东岳庙与北京泰山信仰碑刻辑录》，中国书店出版社 2004 年版，第 383 页。是书收录有该碑阳面文字，但未著录其碑侧与碑阴文字。

1. 姓氏加表达向往富贵之意的用字，如史朝富、林有贵、胡福财等。
2. 姓氏加表达成才立业愿望的用字，如朱有才、郭定邦等。
3. 姓氏加表达避免饥荒之意的用字，如程有粮、田有丰等。
4. 姓氏加不具有明确意蕴的用字，如高德、张云、宋白京等。
5. 姓氏加排行，如杨二、李三、林四、陈伍、王六、何六、张七、马九等。
6. 姓氏加（十五以上的）数字，如尹二九、杨四十一、翟四十九、秦五十、张七十三、杨八十等。此为旗人的满洲名前冠以汉姓。①
7. 姓氏加数字与"小"字，如朱二小、郑三小等。
8. 单纯用数字，如三三、八十六等，此为旗人的汉化式满名。②
9. 姓氏加辈分称谓，如王二哥、王老哥等。
10. 姓氏加外号用字，如薛花子、张花子、刘花子、张和尚、王歪脖子等。

其中第9类和第10类的名字数量不少于37个，约占总数的13%。

由上述前三类名字可见，北京社会底层的信众既有向往富贵之意，又有惧怕灾荒之心。值得注意的是，像薛花子、张和尚与王歪脖子这类名号在一定程度上体现普通旗民信众喜好调侃取乐的自娱特性。杨二、李三与林四这类姓名则显示当地一些信众并不在意名字规范与否的自贱意识。诚然，这些信众大多生活在北京阜成门里一带，其立碑题名带有明显的地缘性。他们互相熟悉，确知杨二、李三、林四、三三与八十六等泛化的名字在该胡同生活区中具体指谁。至于这些名字在外人眼中存在识别度较低的问题，并不在他们关心之列。以他们的日常生活逻辑而言，只需依托进香圣会等社会网络形成一个区域化的生活共同体，而不必向外人表明该香会中究竟谁是杨二、李三与林四。

清代北京碧霞元君的旗民信众不使用正规名字的现象较为普遍。比如，京西妙峰山的乾隆朝《保福寺引善圣会碑》③、道光朝《二顶走香引善

---

① 刘小萌：《清代北京旗人社会》，中国社会科学出版社2008年版，第370页。
② 刘小萌：《清代北京旗人社会》，中国社会科学出版社2008年版，第370页。
③ 《保福寺引善圣会碑》，张文大：《妙峰山碑石》上册，团结出版社2013年版，第153—154页。

老会碑》①、咸丰朝《二顶进香引善圣会碑》②与光绪朝《万善长青献鲜圣会碑记》③的题名都清楚地表明这一点。相对而言，这种现象在清代山东、河南、河北与山西等地碧霞元君行宫的题名碑上十分罕见。

不过，民国时期北京碧霞元君信众的题名方式开始出现变化，几乎全为前述第1—4类的题名方式，而后6类题名方式已属罕见，尤其是第10类以外号称呼人名的方式再无踪影。比如，1923年的北京东岳庙《万善重整白纸老会碑》碑阴所题的230余位男性信众题名，除几个"姓氏+法号"形式的居士题名外，均为汉族传统的正规姓名。④

在民国时期北京碧霞元君信众的题名碑上，女性信众名字的主流形式仍为某某氏或某门某氏，但也出现了独立而具体的姓名。1923年，北京东岳庙《万善重整白纸老会碑》碑阴题名中出现了若干女性信众的新式姓名，如王淑芳、段淑敏、段边雅琴、段张佩□等。⑤ 其中，段边雅琴与段张佩□显然冠以夫姓。1931年，该庙另外一通题名碑中出现了艾祯芳、刘玉珍等女性信众姓名。1936年，妙峰山傻哥殿《诚则必灵》壁石上的女性信众姓名有两种新的形式：一是以姓氏加太太二字的形式，如葛太太；二是直接题写女性的具体姓名，如潘静娟。⑥ 这表明20世纪二三十年代的少数普通女性在泰山信仰活动中开始摆脱宗法伦理观念的影响，能够独立使用自己的正规姓名。由于相关史料匮乏，作为普通女性信众的王淑芳、段淑敏、边雅琴与潘静娟等人的心灵世界与生活故事或许已永远沉入历史的河床，无法打捞。所幸"民俗学的材料是无学问阶层心灵唯一的财产"⑦，借助题名碑，后人可以知道她们在民国时期华北碧霞元君信仰史上曾留下

---

① 《二顶走香引善老会碑》，张文大：《妙峰山碑石》上册，团结出版社2013年版，第188—189页。
② 《二顶进香引善圣会碑》，张文大：《妙峰山碑石》上册，团结出版社2013年版，第190—191页。
③ 《万善长青献鲜圣会碑记》，张文大：《妙峰山碑石》上册，团结出版社2013年版，第197—198页。
④ 《万善重整白纸老会碑》，东岳庙北京民俗博物馆编、赵世瑜主持辑录并审订：《北京东岳庙与北京泰山信仰碑刻辑录》，中国书店出版社2004年版，第87页。
⑤ 《万善重整白纸老会碑》，东岳庙北京民俗博物馆编、赵世瑜主持辑录并审订：《北京东岳庙与北京泰山信仰碑刻辑录》，中国书店出版社2004年版，第87页。
⑥ 《傻哥殿〈诚则必灵〉壁石》，张文大：《妙峰山碑石》上册，团结出版社2013年版，第277—278页。
⑦ 林惠祥：《怎样研究民俗学》，蒋炳钊、吴春明：《林惠祥文集》（中），厦门大学出版社2012年版，第768页。

自己的痕迹。

探讨近代北京碧霞元君信仰习俗的整体样貌与内部结构,需要关注这一信仰下的鲜活的个体生命及其日常生活逻辑。在近代中国由王朝国家走向民族国家的进程中,上文提及的刘道真、王淑芳与潘静娟等人只是普通民众,对社会全局的影响力微乎其微。若就追求个性和独立人格的现代文明而言,他们与精英人物一样具有不可忽视的个体意义。由于民国时期政治体制的进步,北京碧霞元君信众的日常生活逻辑出现些许变化,汉族信众在相关碑刻上不再使用张三、李四之类的非正式姓名。或者说,在题名碑上使用非正式姓名的方式已不符合他们的姓名观念与行为逻辑。这一时期北京旗人失去昔日的政治特权与社会优势地位,其所在香会因财力匮乏而逐渐衰落,很少在妙峰山、丫髻山、东岳庙以及五顶等处建立题名碑,即使立碑题名,也不再使用数字式的名字与刘和尚、王歪脖子之类带有自娱色彩的名字。在失去特权而又缺乏生活技能的情况下,大多旗人信众整日为果腹而忙碌,"走会"娱神、刻碑留名已由日常生活的平凡之行变为奢侈之举。从形式上看,民国时期北京的旗民信众在立碑题名的观念与逻辑上具有趋同的一面。对于近现代华北碧霞元君信仰的历史学与民俗学研究而言,呈现普通人物的个性、感受、心灵、命运及其与国家制度、社会网络的关系,或可拓展这一研究领域的视野。

四 余论

得益于现代法治社会提供的制度性保障,当前华北碧霞元君信仰习俗比过去更具有活力。信众的生活主体性趋于增强,他们依照自己的日常生活逻辑,在延续碧霞元君信仰传统的同时,使之呈现多元路径的演进态势。

在近现代华北民间信仰研究上,需要更多关注碧霞元君及其信众的主体性。罗香林曾于1929年指出,"北方的天仙圣母,差不多每县都有她的庙,南方的天后圣母,沿海各地,也是最得势的。她们的声名,虽然没有像孔圣关圣的显赫,然而她们笼络一般平民的实力,却是有过之而无不及,所以要研究中国的社会史,这些女神是不能不注意的"[①]。可以说,在华北社会的日常生活中,碧霞元君是最具影响力的本土女神。在进行相关

---

① 罗香林:《碧霞元君》,《民俗》1929年第69、70期合刊。

信仰习俗的田野调查时，尤其需要关注信众个体的处境、命运及其日常生活逻辑。从区域社会史的角度看，碧霞元君信仰研究似应更多地凸显"人"的主体地位，而不是让"人"成为该信仰习俗的附属物。

在碧霞元君信仰的内部，民众的承载与推动作用固然重要，而在其外部，政府的角色与影响实不可忽视，因为政治权力通常借助国家正式制度广泛渗透民间日常生活领域。自民国初年"神道设教"政略废止以来，碧霞元君信仰主要作为民间文化的组成部分，与国家意识形态没有直接联系。1913年，康有为提出，像拜神巫术、传统庆典、民间医药等貌似有悖于现代思潮的民间习俗"与立国之政治无关"[1]，应采取宽容的态度，反对以行政、立法来移风易俗。不过，南京国民政府以"文明"与"科学"为名，通过法律、行政手段强力冲击了碧霞元君信仰等民间习俗。由此而言，民众的日常生活逻辑与国家制度既有一致性，又有冲突性。

对于一个正常的现代民主国家而言，普通人的日常生活是政治制度的出发点与服务对象之一。如果以制度与日常生活的互动实践为研究视角，"可以较为便捷地分析正式制度实践中'民情'的变动轨迹和作用机制"[2]。因此，讨论近现代华北碧霞元君信仰，可以考虑将国家制度和日常生活逻辑联系起来，将内部观察与外部观察相结合，以较长的时段为研究单位，着力呈现人在民俗信仰中的心灵与命运，这会使该领域的研究更具有立体感和解释力。

---

[1] 《议院政府无干预民俗说》，康有为：《康有为全集》第10集，中国人民大学出版社2007年版，第23页。

[2] 肖瑛：《从"国家与社会"到"制度与生活"：中国社会变迁研究的视角转换》，《中国社会科学》2014年第9期。

开口之争：明清时期里下河地区的水利社会史

——以盐城石䃥口为中心的考察

丁修真

（安徽师范大学历史与社会学院）

摘要：今京杭运河以东，黄海以西，苏北灌溉总渠以南，通扬运河以北1.8万平方千米的苏北平原，历史上称为里下河地区。行政区域上，明清时期主要为兴化、宝应、东台、高邮、盐城、泰州、阜宁七邑所在地。从明代后期开始，由于射阳湖蓄水功能的衰减，水患的频仍，为保证漕运的畅通，里下河地区的引洪入海便成了亟须解决的问题。本文所关注的石䃥一口，位于里下七邑中的盐城县，为里下河地区重要的排水通道，也是里下河地区水利治理的关键所在。明清时期，从中央到地方，围绕石䃥口是开是堵，各方人士，因其利益关涉，一直争论不休，进而引发地域间的对立。通过对这一历史事件的钩索，可见明清时期国家介入地方水利的不同方式，以及地方历史书写背后的利益纠葛。

关键词：水利社会 里下河 淮扬地区 盐城

一 水利史视野下的石䃥口[①]

今京杭运河以东，黄海以西，苏北灌溉总渠以南，通扬运河以北1.8

[①] 20世纪90年代以来，随着区域社会研究视角的兴起，水利社会史研究已引起众多学者的广泛重视。学者们主要对诸如闽台、太湖流域、两湖流域、关中及山西等不同区域进行了深入研究，对这些地区水利工程的组织与管理、用水规则与水利习俗、水利纠纷的发生与解决等方面进行了细致探讨。如赵世瑜对山西汾水流域水利纠纷的关注，行龙通过对明清时期山西晋水流域的水利状况，水案记载的探讨，揭示这一地区的社会变迁。其他则如钞晓虹、任宏伟对关中地区水利的研究，王铭铭对水利社会概念的梳理，而张建民、张研、吴滔、熊元斌、冯贤亮等学者对江南、两湖流域的关注等。淮阳地区水利研究中，《淮河水利简史》是一部较早对淮河流（转下页）

万平方千米的苏北平原，历史上称为里下河地区。从地势和成陆早晚不同，又可分为腹部和滨海两个部分。修建于宋代的范公堤则是这两个地区的自然分界线。至清代，里运河东西堤建成之后，其东堤至范公堤之间则为里下河的腹部地区，地势低洼，一般地面海拔不到 2 米，湖荡成群，古泽射阳亦在其中。范公堤以东为滨海地区，自黄河夺淮，明政府采取固定河漕和"蓄清刷黄"的方法，大量泥沙进入黄河，日渐淤积，地势反而渐高于腹部地区。加之不断抬高的运堤，里下河腹部遂成为"釜底状"的低洼地带。①行政区域上，明清时期主要为兴化、宝应、东台、高邮、盐城、泰州、阜宁七邑所在地。清代归海五坝修筑以后，里下河便成了运河泄洪的主要场所。一遇漕河决口，开放闸坝，滔天水势顺势而下，七邑顿为鱼泽之国。

  本文所关注的石䃎一口，位于里下七邑中的盐城县，是为里下河地区重要的排水通道。该地东滨大海，西襟湖荡，范公堤贯穿其中。境内大小河网密布，其境西北为古泽射阳，"最钜且深，萦回三百余里，能受淮扬两郡十州县之水，旋转而入于海"②，是为里下河地区蓄水之要地。明初淮扬地区并无大水患，嘉隆以后，淮水夺柳铺湾而下，黄河南徙夺高宝之堤而下，并汇于射阳湖，日渐月洗，又加之黄水渟蓄沙积，于是射阳湖日就淤浅，"夏秋水涨，则湖莫能容，奔腾泛滥，侵没民田，千里相望森如巨壑……迨春水落，则水粼粼露湖底，不能运十斛舟，百货阻莫通，是商与民俱病也，自是诸州县咸蒙其害"③。因此从明代后期开始，射阳湖蓄水功能的衰减，水患的频仍，里下河地区的引洪入海便成了亟须解决的问题。

  明人王士性曾指出，里下河一地水势"潴止射阳、广洋诸湖，出止丁溪、白驹、庙湾、石䃎四口耳"④。而位于里下河"釜底"的兴化地区，其

（接上页）域水利治理进行梳理的专书。张崇旺《明清时期淮北的自然灾害与社会经济》（福建人民出版社 2006 年版）一书，对淮北地区的水利管理以及民间治水情况进行了较为系统的介绍，王日根、袁飞、张红安等人亦有对该区水权管理相关的研究。从整体上看，淮扬地区的水利史研究大都围绕灾害史展开，选题的深度与广度上尚有展开的空间。在历史上，明清时期作为漕运主要区域的苏北，国家和地方都曾投入大量人力物力进行水利治理，相关的记载颇为丰富，为该地区水利史的进一步研究提供了可能。

① 水利部淮河水利委员会编写：《淮河水利简史》，水利电力出版社 1990 年版，第 255 页。
② 万历《盐城县志》卷十《艺文》，台北成文公司出版社 1983 年版，第 409 页。
③ 万历《盐城县志》卷十《艺文》，第 409 页。
④ （明）王士性：《广志绎》，中华书局 2006 年版，第 214 页。

水"半由盐城界输于石砣,其半由高邮入盐城,若高盐之水道不通,则兴化浸"①,更需要盐城地区的水系进行排水。故在当时,便有人提出开凿由兴化入盐城的泄洪水道,"兴化起大宗(纵)湖,由旧官河,历冈门镇,至石砣五十余里,宜展开数十丈,浚深丈余,则釜底尽倾,而附砣者不苦浅渴,可以常俾通流,滔滔赴海。诸郡县之昏垫庶有起乎"②。(笔者按:大宗湖,又作大纵湖,位于盐城西南,为高宝兴泰四邑之水汇合而成,湖心为兴盐分界,冈门镇则位于盐城县西十八里。)

至清,里下河地区泄水又有由"大纵湖达射阳海口,达新洋港,通洋港海口;串场河达射阳海口,分泄各场海口"③ 两路。(其中新洋港处,按《盐城县志》载:"县治东上流有二河,一为东门外之石砣闸引河,泄南串场河之水,一为北门外之天妃闸引河,泄新官河之水,两河分流里余至里洋口合流,谓之新洋港。"④)而兴化方面更是明确指出:

> 海口不畅无以泄下河雨水,海口即畅,无以泄漕堤坝水,河强淮弱,既不能与黄争云梯关之海口,又不能导之入江,乃开漕堤五坝,害及下河。而兴视他邑犹为烈。田不淹尽,水不东行,虽百海口庸有济乎?盖射阳、神台入海正路,石砣、天妃路稍偏,犹属捷径,沿场诸口泄水无多,其工费之难易,形势之缓急,留心民瘼者尚希采择于斯。⑤

在两代治水者眼里,盐城为里下河地区泄洪要地,石砣口不啻咽喉。然前文所揭,明代嘉靖以后,湖淮泄水所挟之泥沙受阻于范公堤,日益淤垫,盐城渐成东高西低之势,海口一开,有盐潮倒灌之虞。故盐城对于县邑附近的海口开设,往往是屡加阻挠,以致"石砣之闸,启闭亦虚"⑥。此

---

① (清)顾炎武:《天下郡国利病书》原编第10册《淮》,《续修四库全书》第596册,上海古籍出版社2002年版,第135页上。
② (清)顾炎武:《天下郡国利病书》原编第12册《扬》,第205页上。
③ 咸丰《重修兴化县志》卷二《河渠》,《中国地方志集成·江苏府县志辑》第48册,凤凰出版集团2008年版,第87页下。
④ 光绪《盐城县志》卷三《河渠》,《新修方志丛刊》第189册,台北学生书局1968年版,第222页。
⑤ 咸丰《重修兴化县志》卷首《海口图说》,第22页。
⑥ (明)王士性:《广志绎》,第214页。

种做法，自然引起邻邑不满，于是从明末至清初，从地方到中央，针对石䃮口开设一事，一直争论不休。

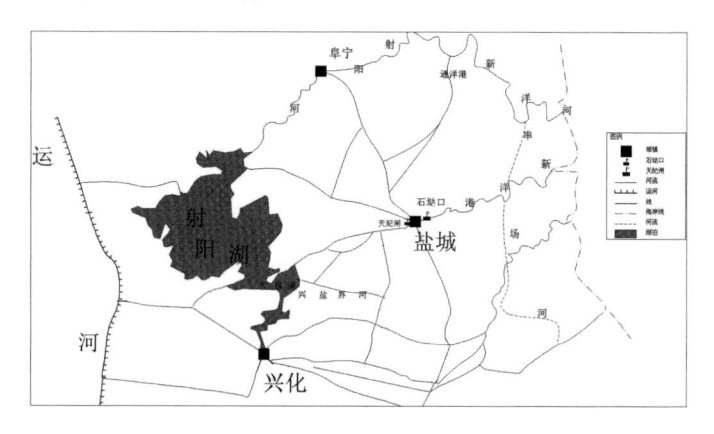

图1　石䃮口地理位置示意图

［此图据《下河归海水道图》（《江苏水利协会杂志》1924年第20期）改绘］

二　明末石䃮开口之争

石䃮口一地原名波湫，明以前便为淮扬地区泄水入海通道之一。宋绍兴五年（1135）修建石䃮，岁久亦坏。洪武二十九年（1396）盐城县主簿蔡叔喻重建。① 随着明中期淮扬地区水利环境的恶化，石䃮口作为里下河泄洪通道的作用也日渐凸显。万历四年（1576）漕运总督御史王宗沐、淮安知府邵元哲主持开浚了石䃮海口。有记载显示，此举得到了兴化人，原内阁大学士李春芳的支持。② 从时间上看，此时李春芳已是致仕在家，其间如何操作不得而知，但有证据表明，在石䃮口开设的问题上，有人曾利用"乡谊"这一因素对其劝说。祝世禄曾于一次上疏后修书与李氏：

> 明公起家兴化，遗爱在民，民尸而祝之。今者邑为沼，邑民为鱼，即明公庙貌半沈，苔且上衣，□且产炉。环兴化诸州县民田民庐可概知已。

而在信中，也是详细分析了石䃮开口的诸多便利：

---

① 万历《盐城县志》卷二《建置志》，第104页。
② （明）胡应恩：《淮南水利考》卷下，《续修四库全书》第851册，第314页上。

岂独湖堤以下田庐盐场可保，即湖不涨堤，堤可不决，运道亦大有利焉。不然陵寝之患未去，而患且移之运道，盐场民生居亦失业，去亦失业，弱者为莩，强者为盗，其为患害不小。明公香火千秋，旧邑旧民得于赴愬，当不待区区缓颊。小疏且上，倪生灵有幸，下部复议。伏惟明公主张而施行之，余不缅缕。①

书信中认为一旦开口，不仅可保田庐盐场，且有裨益于运河，进而解决漕运、祖陵等相关问题，既保证了兴化的地方民生，且有利于朝廷治理，可谓情理并至，自然能够得到李春芳的支持，石䃮口也得以成功开启。

海口既开，盐城知县杜善教一度设闸管理，然而不久海潮涌至，澎湃震荡，尽没民田，一时居民溺死者无算，盐城父老子弟顿时争言堵塞石䃮口。②

万历八年（1580），在盐城知县杨瑞云及巡盐御史姜璧的题请下，石䃮口重新堵塞。杨瑞云所为，自然从地方利益出发。姜氏的支持，则乎自己辖区内的事务，其云："据两淮运司判官孙仲科并灶户管席等禀称，自盐城支河一开，将各场运盐河水尽随潮泄去，运河断流，商不来支，盐日消折，灶益困敝等……今高堰堤成，黄浦决塞，是上流已断，则地上干涸已无可泄之水。若复开浚海口，则地形外高，徒引倒灌之潮，且海口既多，防御实难，是开私贩之门。咸水灌入民田，为害不小，宜乎？官灶河引入潮水，一为士民之告禀者纷纷也。臣至淮安，即与总河都御史潘季驯会议，亦云曾委官踏勘，诚不可开。臣思盐场民地皆国课攸关，河道盐务臣职掌所系，今堤堰既成，此工可已。"③ "奸民勾商船之漏税，引私盐之公行"④ 实为滨海盐场管理的一大难题，因此从盐利稽私之角度，及前次海潮倒灌之灾情等方面考虑，姜氏要求堵塞亦在情理之中。当然，此时总管漕运河务的潘季驯的态度亦十分重要。因为在石䃮口开与堵的背后，正

---

① （明）祝世禄：《环碧斋尺牍》卷四《启李司空》，《四库存目丛书》集部第94册，齐鲁书社1997年版，第332—333页。
② 万历《盐城县志》卷十《艺文志》，第425页。
③ （明）潘季驯：《河防一览》，《影印文渊阁四库全书》第576册，第464页下。
④ （明）陈应芳：《敬止集》卷一《论盐场海口》，第17页下。

是朝廷关于淮扬水利治理摇摆不定的政策的体现。①

盐城方面的举动立即引起了兴化的抗议，时任知县的欧阳东凤立即修书与杨瑞云，要求重开石䃮口。该信中，先是亟述石䃮口对兴、盐二邑的重要性：

> 近年以来，兴盐二邑高岸成谷，明公亦知其故乎？洪水东注宣泄无门，不以兴、盐为壑，将焉往也。往岁亦尝讲求宣泄之策矣，然而丁溪、草堰不能泄十之一，神台、白驹不能泄十之二，惟石䃮一口，顺流而下，势若建瓴。议者谓天然一窍，非诳语也。

尽管上文王士性提及丁溪、白驹、庙湾、石䃮皆为入海水口，不过在欧阳东凤看来，即使丁溪、白驹全开，也只能缓解部分水势，石䃮为四口中关键所在。并且针对盐城方面开设石䃮口所持的诸多"借口"，在信中亦是作了回应：

> 乃贵邑父老，每闻开复，辄同声阻挠，其说不过五端：曰风水有碍，曰县治难保，曰高田无灌溉之资，曰鱼樵无泊舟之所，曰往来有苦叶之悲。夫风水之不足信则已，若果有之，正当开复以通潮汐，俾其内外上下周灌流溢，则阊阎自尔殷阜，人文必当蔚起，如江南太仓、上海等处，其明验矣。城郭果有妨害，则何敢轻议，然盐城半在石䃮外，且内外水潮自有常度，非真巨浪横流，何至遂有冲决？以为灌溉攸赖，则盐城之临䃮口者，无几而沉水底者，且千百而无算。即以盐城之利害多寡较之，其数亦不胜，何独泰、兴为然也？以为泊舟无所，则䃮口而上或䃮口而下，建一埠头，不过费二十金而足，岂数邑生灵反轻于二十金乎？且埠头之费不佞自当身任之，不必以烦盐城

---

① 《明史·河渠志》记载，万历四年（1576）间，朝廷主要采纳都曹侍郎吴桂芳的建议，较为重视里下河地区海口的泄洪功能，开设石䃮口正是此政策下的产物。随后并任命吴桂芳为工部尚书兼理漕政，会其未任而卒。故自万历六年（1578）起，潘季驯重新主持治黄工作。潘氏则认为："今日浚海急务，必先塞决以导河，尤当固堤以杜决，而欲堤之不决，必真土而勿杂浮沙，高厚而勿惜钜费，让远而勿与争地，则堤乃可固也。沿河堤固，而崔镇口塞，则黄不旁决而冲漕力专。高家堰筑，砀家口塞，则淮不旁决而会黄力专。淮、黄既合，自有控海之势。"（《明史》卷八四《河渠志二》，中华书局1974年版，第2051—2052页）可见，潘氏更主张以塞来保证淮河的水量，以实现其"束水刷沙""束水攻黄"的治河目的。而石䃮口的堵塞自然也能征得其同意。

也。或者又谓盐市并在石硖口之南，开之恐来往病涉，不知渡船可造，桥梁可修。如果俭于是，则本府兴化均任其费，亦非难事。事求万全，政必两利，岂敢以邻国为壑？诚有见于此口之开不开，乃兴盐共为祸福耳，乞留意不一。①

从欧阳氏笔下可以得知，盐城坚持石硖口不可开的理由主要有五个方面：一是有碍风水，导致人文不兴；二是城池难保；三是民田无以灌溉。四是渔民无安身之所。五是盐市来往不便。不管盐民如何夸张，确可见石硖一口关涉地方利益甚大。虽然欧阳东凤广征博引，一一进行了驳斥，甚至提出兴化可以承担开设海口的相关费用，但协商的结果显然不尽如人意。以致兴化一方只能"遣诸县令丁夫至石硖口，名为相视，实令遂开之"。杨瑞云得知此事，更是当面据理力争："盐城万民之命，昔悬石硖口，今悬诸君，诸君如遂开，变随手至矣。诸君何以谢盐城？"并正告兴化来人："夫地形若黼，兴化则黼腹也。盐地高如黼边，黼边即张其口，安能泄黼腹中水哉？为我谢兴化相公。"② 此番交锋，终因盐城方面的坚持而作罢。

对于饱受水患之苦的盐城、兴化二邑而言，治水为地方官长重任，两位亟亟于地方事务县令间的互不相让，也进一步激起了双方因地方水利所引发的利益冲突。自杨瑞云上任盐城以来，修城池、建仓社、开浚射阳湖、重堵石硖口，于盐城可谓政绩斐然。在其主持下，万历十一年（1583），该地区的第一部方志修纂完成，杨氏的地方勋绩，尤其是其关于水利治理的一系列措施被写入其中，大书特书。然而，该书中有关盐城、兴化之间的种种"定论"，则为兴化方面所不能认同。在欧阳东凤的倡议下，万历十九年（1591），新修的《兴化县志》刊刻发行，字里行间，与万历《盐城县志》针锋相对。如在关于两县湖界划分问题上：

> 自兴化凋残，人户稀少，而盐民乃越境侵壤，靡顾天理。大河通射阳湖者，不以为界，而以为小沟田埂为界矣。或者云沙沟镇原隶盐城，似有可疑者。而不知沙沟镇中心有河，所以分界，其北盐城，其

---

① 欧阳东凤：《素风集撷遗》，《崇雅堂丛书初编》，民国甲戌年潜江甘氏刊本。
② 万历《盐城县志》卷十《艺文》，第426页。

南兴化，明甚者也。若郝昆所占田土，则在旱河之内，浦龙河之东，况左右前后皆兴化民田，而有本所军屯在焉，是又不足辩矣。①

又如对盐志中大书特书的开浚射阳湖一事，兴化志毫不客气地指出：

水利要害，独此为最（笔者按：指射阳湖）。万历八年，奏请捐银九千余两，捞浚射阳湖，宜开新丰市，又为盐城贪墨，正官利己病邻，侵渔冒破。是以开而未开，浚而未浚，以致积水未退，年复一年，贻祸至今。②

而对于双方争执的焦点石砬口，《兴化县志》更是以专节论之：

石砬口在盐城之东南，逼近城郭，不利风水，颇称病邻，开已旋塞，固其所也。不得已，议开姜家堰。姜家堰在盐城之西北，旧有海寇，自冈门镇一十八里至登瀛桥，道天妃庙下新洋港入于海。按盐城隶淮安府，虽为切邻而别于分隶，未免秦越吾人之肥瘠。往者石砬之议，彼民未睹其害，亦既附从，泻水诚速，而新凿之口，不任奔流，土崩河广至十有余丈，渐近城郭，将剥床而近于庐。盐民下海止由此道，河阔水驶徒涉交病，塞之是矣。若姜家堰则非石砬比也，诚宜哀恳抚院，积诚告我友邦冢君，□人吾人坐视昏垫而莫为之所哉，则固仁人之所隐者。若吾邑南闸亦为泰州减水。诗有之曰，东家流水逼西邻，壅泉病邻五坝所禁也。不然则上告之天子。③

从志书中来看，兴化地方似乎已不再坚持于石砬一口的开设，但是对盐城以邻为壑的做法仍然深为不满，故而提出了一个较为折中的办法，即开设盐城西北部的天妃口作为新的入海口，因天妃口距海较远，且水道崎岖，故暂无海潮倒灌之虞。而在展开舆论攻势的同时，欧阳东凤亦上书淮扬海防兵备按察使，陈情直言，希冀地方大员能够直接插手两府事务。④

---

① 万历《兴化县志》卷二《大纵湖分心》，台北成文出版社1983年版，第71页。
② 万历《兴化县志》卷二《县士大夫条陈水利总论》，第173页。
③ 万历《兴化县志》卷二《石砬天妃海口》，第158—159页。
④ 万历《兴化县志》卷二《兴化县知县欧阳东凤议浚神台水利申文》，第191页。

万历十一年（1583），在巡按御史、巡盐御史等方面的干涉下，盐城、兴化在天妃口开设上暂时达成共识。然而，由于盐城百姓私自的筑塞行为，使天妃开口不久，"海堰之上，神庙民居栉比成市肆"，以致"闸口堙废，几不可开"①，石礃口开设之争依然没有结束。

万历二十三年（1595），南京吏科给事中祝世禄旧事重提，指责治水三十年来，当事者"不师禹而师鲧"，以致屡堤而屡决，现查"广阳湖东有一湖名太湖，方广六十里，湖北口有旧官河，自官河直至盐城石礃口，通海只五十三里，此河见阔六七丈，若深加挑广，此导淮下流入海之一便也"②，要求重开石礃口。随后便有人反对，认为"石礃口止二丈八尺之闸口，庙湾入海之道，若匣子等港俱甚浅窄，安能受泽洞之淮水，使之滔滔入海乎？即不惜工力开浚，而东南地势每亢于东北，故自宋迄今，捍海范公堤屹然一百四十里，前此并未有穿破导淮者，其故可知也"③。针对上述争论，同处里下河地区的泰州人陈应芳指出"盐城之石礃，内地高于海数十百丈，迅驶而下，若建瓴宣泄之道，此为最捷。然而盐城一隅之民，惑堪舆家言，恶其害己也，屡议而屡尼之。缘闸启闭，竟属故事，无裨宣泄万一，而令二十年之积苦，曾不得其毫毛之通利，可胜扼腕也乎"④，赞成重开，并从制度层面上指出，造成如今各地相争之局面乃是因为无专职人员管辖，认为"专官则身履其境，是究是图，不得不归于画一利四矣。盐城隶淮安，与高、泰、宝、兴恒不相入，如石礃一事彼此争不能决，他可知已。有专官则并属兼辖，得运指之便，无曲防之虞"⑤。实际上点明了开闸之争关涉地方各方利益，因此，除非中央的强力介入，只是任由地方上各自为政，淮扬地区整体的水利环境难以改变。

三 清代石礃口的兴废

清初，由于滨海居民营种堤外草荡，里下河地区泄水海口逐渐变为稻

---

① 康熙《兴化县志》卷二《海口》，台北成文出版社1983年版，第171页。
② 《明神宗实录》卷二九二，万历二十三年十二月乙巳条，"中央研究院"历史语言研究所校印本，第58册，第5405页。
③ 傅泽洪：《行水金鉴》卷三九，《影印文渊阁四库全书》第580册，台北商务印书馆1986年版，第547页上。
④ （明）陈应芳：《敬止集》卷一《论盐场海口》，《影印文渊阁四库全书》第577册，第17页上。
⑤ （明）陈应芳：《敬止集》卷一《论农政专官》，第27页上。

田，以致"有闸无板，用土实填，直待下河被水，高阜尽没，然后挖放"①，进一步加剧了里下河地区局部地区间的水利冲突。

顺治七年（1650），户部左侍郎王永吉从治黄的整体格局出发，上疏条陈治河事宜，要求开放海口：

> 黄水自邳、宿而下，至清河口；淮泗之水，聚于洪泽湖，亦出清河口。淮黄交会，东入于海。然黄强淮弱，势不相敌。淮泗逼而南趋，直走四百余里，出瓜州、仪真、方能达江，一线运河，收束甚紧。即有大小闸洞，沿途宣泄，而海口不开，下流壅塞，所以河堤溃决，修筑岁费金钱。九载以来，八年昏垫，海口之当开，固刻不容缓者也。查海口之在兴化、泰州、盐城境内者，俱被附近愚民将闸门填塞，滴水不通，咽喉重地，关系匪轻。乞敕河漕重臣，遴委才能属员亲往相度，勿听一偏之词，务收两全之利。开凿深通，复其故道。淮泗之水消，则黄河之势减。平成之绩，亿万年永赖之矣。②

而对盐城方面的做法，王永吉更是指责其"以一邑一隅之私心而害六州县亿万人性命"，认为盐城之顾虑，完全可以"一面述奏，一面估计疏凿，若堰开之后，虽能尽泄六邑之水而于盐城果有大害，徐议堵塞正亦未晚"，并要求朝廷急遣要员亲往勘察，因怕"盐人惯计动则纠众抗阻，攘臂汹汹，迫勘官以不得不从之势，则一番会勘仅取一纸空文，仍是道旁之筑耳"③。

久居淮安的大儒阎若璩亦指出"今日阻挠下河者有三等：一盐城人，惧咸水入内变伤其田禾；一泰州车儿埠人，富商居宅横当下河故道；一山阳人，有坟在涧河边惧伤其风水"，指出下河地区阻挠治水的地方势力，虽并未完全归罪于盐城，但也认为盐城所持之"海高于内，水不可下"的论调不足为据，"凡濒海之地，比之腹内特高，但浚治倍深，无碍乎水之

---

① （清）王定安：《重修两淮盐法志》卷六五《督运门·疏浚一》，《续修四库全书》第844册，第104页上。
② 《大清世祖章皇帝实录》卷六六，顺治九年七月戊戌条，伪满洲国本，1938年。
③ 嘉庆《重修扬州府志》卷六三《艺文一》，《中国地方志集成·江苏府县志辑》第42册，第430页上。

东注矣"①。

又如《天下郡国利病书》中所指出的"石硔口系盐城县,议开浚,土民哗然。盖以水涸而灌溉无所资,海溢而风潮无所避,揆诸人情良所甚难"。但也认为"诚如近议,浚旧官河,通冈门镇,俾水通流,滔滔不绝,何虞内涸? 海溢有时,多建闸座,以堤防之,何虞潮患? 探本之画,宜莫逾此,在举事者善成之耳"②。

上述言论表明,从里下河地区的整体需要来看,盐城以自身利益为重的做法似已无理可依。随着清朝政局的逐渐稳定,保漕治运等方案的重新实施,里下河地区的整治逐渐展开。康熙七年(1668),朝廷特遣郎中木成格等人实地履勘,随后复遣大臣明珠会同河漕抚臣等人相视海口,督开盐城石硔、天妃等闸,毁白驹等窜民闭闸碑。在中央的强力介入下,石硔口的开设终成定局。

然而石硔口开设以后,盐城先前的忧虑渐成现实。雍正二年(1724),海潮漫过范堤,由石硔口处涌灌城池,伤毁场庐人畜甚惨。朝廷虽屡有修筑海塘之议,地方却往往以费繁工大,循行故事而止。雍正七年(1729),原任山东巡抚陈文勤等人奏请立闸以御海潮,时任盐城县令于本宏指出石硔、天妃两口,为众水汇归入海之处,每遇内河水弱,则盐潮灌入,地成斥卤,春夏之交,田畴无水灌溉,民饮盐水苦不胜言。要求于石硔、天妃口紧要处,设立大闸斗门,以时启闭,一则田庐民命可保,二则可以稽查盐徒之私贩,实为一方之便。③ 如何管理新开海口,不致造成新的水患,并且保证商贩稽查,确保盐政,成了盐城地方必需直面的问题。

乾隆元年(1736),在两江总督赵怀恩的请示下,石硔口一闸由盐城县县丞专管。五年,鉴于"下河沿海河道,既为盐艘民田所资,设闸启闭始能相机宣泄"④,专设闸官一名,管理石硔,并制定相应的启闭制度:"如遇潮汛异涨,海水高于河水之时,闸闭不开;其水势相平之时,每逢三、六、九日,于早潮初落之后,晚潮未发之时,先启闸一次,催令盐艘

---

① (清)阎若璩:《答友人问治下河书》,《清经世文编》卷一一二《工政·十八》,(清)贺长龄编纂,清光绪十二年思补楼重校本。
② (清)顾炎武:《天下郡国利病书扬》原编第12册《扬》,《续修四库全书》第596册,第211页下。
③ (清)傅泽洪:《行水金鉴》卷一五三,《影印文渊阁四库全书》第582册,第411—412页。
④ 《重修两淮盐法志》卷六五《督运门·疏浚一》,第104页上。

民船过毕，立下闸板，不得擅自启闭。"①

经过清初一系列的整治后，盐城石砝从原来的有口无闸，到设闸专管，再至依时启闭，一条较为有序的水路通道逐渐形成。乾隆二十六年（1761），鉴于来往商旅偷越，石砝口奏准成为淮安关下辖的分口②，正式完成了其从泄水海口至商运稽征口岸的角色转变。③《淮关统志》有载：

坐落盐城县东门外。设有东、北二闸口，离淮关陆路二百八十里、水路二百四十里，离海关正口水陆并一百二十里，东闸住官瓦房十二间，北闸住官草房六间。先因东省油、豆等船远从盐城之新洋港出入，偷漏海关税课，当于乾隆二十六年奏准设立，拨役住宿稽查。凡航海油、豆、鱼、蟹等物以及出闸零星杂货，并照海关之例按则征税，船只照税纳钞，所收钱粮俱随正加一火耗，按半月一次解赴海关正口汇解。④

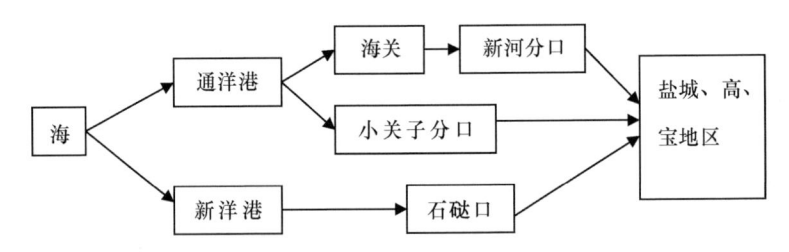

```
                    ┌─── 海关 ──→ 新河分口 ──┐
         ┌─ 通洋港 ─┤                        │
         │          └─── 小关子分口 ─────────┤→ 盐城、高、
海 ──────┤                                   │  宝地区
         │                                   │
         └─ 新洋港 ─────→ 石砝口 ────────────┘
```

上图所反映的淮关地区新旧商路的交替与途经的口岸，新路线较旧路显然更为便捷。

石砝口商路功能的运行很大程度上依赖该处水运的通畅。而此处水路的管理则决定于里下河地区的水利治理。康乾年间，在朝廷的重视下，里下河地区得到了较好的整治，而一旦相关情况发生变化，石砝口的形势也随之恶化。乾隆后期至嘉庆初，淮关政务松弛，税务亏空严重，口岸管理不当是其原因之一。以石砝口处来看，尽管依然备案在册，但是否依旧履行其功能，亦是值得商榷。

---

① 光绪《盐城县志》卷三《河渠》，《新修方志丛刊》第189册，台北学生书局1968年版，第264页。
② 《淮关统志》卷五《口岸》，《四库全书存目丛书·史部》第273册，齐鲁书社1996年版，第722页下。
③ 石砝口作为常关口岸功能的情况，可参见范金民等著《居天下之中的淮安榷关》，中国书籍出版社2008年版，第一章节的部分论述。
④ 《淮关统志》卷五《口岸》，《四库全书存目丛书·史部》第273册，齐鲁书社1996年版，第722页下。

首先是该处闸板年久失修，难资启闭，嘉庆五年（1800），两江总督费淳奏报维修工银高达四万余两，要求于藩运两库各半借给：其藩库银两自嘉庆六年（1801）分作五年给付，运库银则分作辛酉、壬戌两纲，按引带还，照数归款。① 此次工程是否顺利完成，不得而知。只是至道光年间，石硊口处已出现了重新堵塞的情况。

道光十九年（1839），泰州分司移牒江宁布政司，称盐城县石硊闸为南北洋岸盐船必由之路，不宜堵闭。却遭"严檄驳斥，再请而再拒之"②，以致不得不再次移文盐城县令，要求其重新会勘，开放石硊口，新立启闭章程。由此可知，此时石硊口一处管理已非乾隆时期般有序，其间或堵或开，商旅往来势必受到影响，征稽功能亦会大打折扣。

咸丰五年（1855），黄河改道北徙，西北数省之水不再由淮安东趋入海。盐城地区又面临着沿海淡水不足以抵御海潮的状况，加之先前石硊通海，新洋港从前迂曲之处被激湍冲刷径直，春夏稍旱，海潮即度闸而西灌。同治年间，闸官俞元相、知县张鸿声迭请兴修而未果。延至光绪年间，形势更加恶化，以致"不独无水灌田，并饮水亦需凿井，城中石水至钱数十，东南各乡民户买舟逃亡江南者甚众"③。光绪十七年（1891）、十八年（1892）间，淮扬道谢元福受邑人陈玉树等人所托，数次转禀地方督抚筹款议修闸门，均以无款可筹而止。光绪十九年（1893），盐潮再次来袭，盐城不得已改闸为坝。同年，在知县刘崇照的再三催促下，商定修闸所需的二万三千两白银由两江总督檄都转运司拨发万两，其余由商承办，如若商人不肯修闸，则石硊永不启坝盘运。④ 然而直至光绪末年，盐城方面仍未见所允之款项，工程更无从谈起。

民国初年，石硊口处已是"两端闸墙损坏，机心倾侧，木桩腐烂不能安放闸板，平时水流常通，如西水甚小"，并又于"闸口上游筑一土坝以御海潮"⑤，因此"新洋港商船俱由天妃闸口进出，因是石硊口东关房久废，仅以北闸官房为办公之所"⑥。可知此时的石硊口作为征税口岸已是名

---

① 光绪《盐城县志》卷三《河渠》，第265页。
② 光绪《盐城县志》卷三《河渠》，第265页。
③ 光绪《盐城县志》卷三《河渠》，第265页。
④ 光绪《盐城县志》卷三《河渠》，第265页。
⑤ 民国《续修盐城县志》卷二《水利》，《中国地方志集成·江苏府县志辑》第59册，第382页下。
⑥ 民国《续修盐城县志》卷五《赋税》，第420页上。

存实亡。民国二十年（1931）淮关裁撤，所属海关及各口俱废，石硫口作为稽征口岸，也走完了自己的历史。

四 余论

小小的一处常关口岸，却关系着明清两代淮扬地方治水之争，其间引发的问题颇值得深思。

从明末治水之争至清初高邮人王永杰，寓居淮安的阎若璩等人治理淮扬水利的论调，或多或少都有地方利益的考虑。汤斌便指出："若曰一开口，而遂使下河尽为平陆焉，万万无此理也。故目下不在减水坝之塞与不塞，而在地方官不肯尽心相助，呼应不灵，人夫物料恐难凑手耳。"① 认为治水的关键不在于开与塞，而在于尽人事，当为至平之论。

不过问题在于石硫口的开设，是否真的能从根本上改变里下河地区水患的形势？这一点，从石硫开口之后，兴化面临的新问题便能得知，如乾隆二十四年（1759），兴化人任鸿上书道：

> 兴邑近海实非入海之道，如由兴入海，则兴邑海矣。此患自北坝南迁所致，兴非以邻为壑也，阜宁、盐城实为入海之故道。考旧制，由山、宝之间，如平河、泾河、子婴等闸，了如指掌。下达射阳、广洋等洞，宽而能行，径奔天妃、石硫等口而能泄。故在当日，盐、阜未必其独病，而高、宝、兴、泰咸高枕而庆安澜，是开新不如复旧之为，愈而入海得与入江并效矣。②

此时海口已开，而里下河地区水患依旧，康熙年间修筑的归海坝又成了治水的重点。可知泄水去路通畅固然重要，但真正造成里下河地区形势恶化的还是朝廷一直奉行的保漕为先的政策。而对于为保运堤而牺牲里下河地区的事实，朝廷亦是早已承认："……一遇伏汛水发，盈堤溢岸，以致高坝、九里、邵伯、更楼、阎家涵洞皆被漫决，臣等酌开两座，上下堤岸，方得保全。总缘高邮河身与山阳、宝应河身相等，骤受高、宝诸湖滔

---

① （清）汤斌：《答孙屺瞻开海口治下河书》，《清经世文编》卷一一二《工政·十八》，（清）贺长龄编纂，光绪十二年思补楼重校本。
② 咸丰《重修兴化县志》卷二《河渠》，第68页。

天之水，开闸则有害于民田，闭闸则有伤于堤岸，却两相保护，难已。臣往来查看，再四思维，唯将泄水减坝改为滚水石坝，水长听其自漫而保堤，水小听其涵蓄而济运，则运道民生两有裨益。"① 在此种只能听任水势大小的政策下，里下河地区要想摆脱连年苦于水患的状况，开通海口显然非治本之策。以致嘉庆年间，在石硾已开的情况下，兴化方面要求朝廷将归海五坝中的二坝位置移建宝应，可见里下河地区水患症结绝非在盐城一处。从而凸显了水利治理中地方利益同国家决策之间的矛盾。②

通过石硾一口的启闭过程，我们也可以看到明清国家对地方水利介入的不同态度。诚如明代官员指出，兴、盐因分隶不同，且无专官管辖的情况下，始终无法达成共识。即使后来将天妃口开启，也终成无治之局。入清，在中央权力的直接干预下，石硾开启成为定局。重点从争变成了治，即如何管理，进而完成了从泄洪口到通商口的角色转换，是为清代国家水利治理胜于前朝的体现。但是治理需要成本，随着嘉道以后地方经费的窘迫与关务的废弛，治理又成了空言。石硾口的历史，可以视为明清时期淮扬地区水利与社会的一个缩影。

---

① 嘉庆《重修扬州府志》卷十《河渠》，第180页。
② 明清时期国家政策与淮扬地区局部利益的冲突并由此所引发的社会变迁，南京大学教授马俊亚已有专书论述，见《被牺牲的"局部"：淮北社会生态变迁研究》，北京大学出版社2011年版。石硾口的开设之争的历史，正是此种冲突下的一个缩影。

《橙阳散志》的编修及其史料价值

康　健

(安徽师范大学历史与社会学院)

摘要：《橙阳散志》为清代歙县江村的村志，是乡绅江登云、江绍莲父子在潜心收集各种资料的基础上，前后用五十多年时间共同编纂完成的经典之作。该方志体例完备，内容丰富，为集中探讨明清时期徽州乡村社会变迁，及江氏宗族的商业经营、宗族活动、人口迁徙等提供了重要资料。

关键词：《橙阳散志》　江登云　江绍莲　史料价值

在传统中国文献体系中，方志与正史、文集、族谱等皆为重要文献载体。方志作为一种重要的典籍，主要有一统志、通志（省志）、府志、县志、乡镇志和专志等类型。一般来说，府县级以上的方志多由官方倡修，举凡一地的山川水系、风土民情、社会经济、教育文化、地方望族等都包含在内。而乡镇志作为乡村社会最为直接的文献记载，则多为民间乡绅编纂，最能反映基层社会实态，其文献也是编纂府县志的重要资料来源，故而乡镇志具有重要的研究价值。

传统徽州素有"文献之邦"的美誉，如今遗存有数以万计的文书，数以千计的族谱、文集，数以百计的方志。这些资料是支撑徽学这一门新兴学科的重要基石。方志为历史研究之重要史料，在徽学研究中亦得到广泛运用。《橙阳散志》为清代徽州著名的乡镇志之一，其体例之完备，编纂过程之长，史料价值之高，都是徽州其他乡镇志[①]无法比肩的。但目前学

[①] 另外六部乡镇志分别为《丰南志》《孚潭志》《善和乡志》《西干志》《岩镇志草》和《沙溪集略》。

界对《橙阳散志》的作者、版本、卷数等方面都存在不少讹误①,对其编纂实态更缺乏认识,这些都严重影响该方志的运用和史料价值的发挥。有鉴于此,笔者在前人研究的基础上,对该方志作者生平事迹进行考察,对其动态编纂过程进行系统梳理,并在此基础上,对该书的史料价值作初步探讨。不当之处,尚祈专家指正。

一 江登云与《橙阳散志》的编修

《橙阳散志》为江登云辑,其长子江绍莲续编。前者成书于乾隆四十年(以下简称乾隆本),内容为十二卷;后者成书于嘉庆十四年(以下简称嘉庆本),内容为十五卷,末一卷。下面首先对江登云生平事迹及《橙阳散志》的编修进行论述。

(一) 江登云生平事迹

江登云(1717—1778),字舒青,号爱山,一号步蟾,原名嘉咏,字鸣和。他出生于歙县北乡江村。该村为江氏世居之地,北宋初期始迁祖江汝刚迁居该村,生峄、岌、岩三子,此后人丁兴旺,枝繁叶茂,逐渐形成峄、岌、岩三大派。随着世系的推衍,这三大派支下又形成若干门房支派,江登云属于岌公分下桂一公支的东皋堂门,为江村始迁祖江汝刚第二十四世孙。②

明清时期,江氏科第发达,文风昌盛,仕宦辈出,商业兴盛,成为当地望族。江登云出身于书香门第、商贾世家。其高祖父江国宪(1581—1652),"居躬孝友,德重乡间,族人奉为矜式"③。其曾祖父江懋挚(1604—1669),覃恩貤赠武翼大夫、湖广襄阳游击,懿德孝友。④ 其祖父江承元(1648—1715),为当地著名商贾,尝倡修叶坝岭古道、修建东皋

---

① 《中国地方志联合目录》将《橙阳散志》著录为十五卷,实误。该书将南京大学图书馆和广东图书馆藏之《橙阳散志》著录为嘉庆刻本,亦为错误。(参见中国科学院北京天文台:《中国地方志联合目录》,中华书局1985年版,第471页)笔者广泛查阅国家图书馆的稿本、上海图书馆、《中国地方志集成·乡镇志专辑》(南京大学图书馆藏)、中国社会科学院历史研究所和广东省立中山图书馆等馆藏文本,相互比对,纠正了以往认识中的错误,指出广东省立中山图书馆和南京大学图书馆藏文本皆为乾隆四十年刻本,其卷数皆为十二卷。上海图书馆、中国社会科学院历史研究所(缺卷十三至卷十五)等收藏之文本,皆为嘉庆十四年(1809)刻本,卷数为十五卷。
② 《济阳江氏族谱》卷首《源流世系》,乾隆四十三年(1778)刻本。
③ (清)江登云:《橙阳散志》卷四《人物下·隐德》,乾隆四十年(1775)刻本。
④ 《济阳江氏族谱》卷首《源流世系》,乾隆四十三年(1778)刻本。

堂，捐引道庵田产，义举甚多。其父江嗣仑（1685—1749），字英玉，号星源，邑庠生，中康熙戊子科举人，生有六子，登云为其第三子。江嗣仑在江西饶州府经营盐业，年老之时，在皖城经营期间，因经济拮据，遂将盐业交给长子江嘉谟打理。江嘉谟"力担家计，往服其劳"。江登云十六岁便到饶州府鄱阳县佐助其长兄业盐，很快有所起色，后来其长兄在扬州业鹾，从此商业兴盛。① 江登云虽身处商海，但却胸怀大志，于是在乾隆四年（1739）弃商从武，进入武庠，先后中乾隆丁卯乡试二十七名举人、戊辰会试二十五名进士、殿试二甲第六名，钦点御前侍卫，赏戴花翎，管理銮仪卫事。② 江登云仕途较为顺利，为官清廉，颇有政声，屡受提拔。初任湖北襄阳左营游击，署郧阳副将、均州参将，调湖南镇筸左营游击署沅州副将，升江西南安参将、袁临副将，累官至南赣（吉袁临宁）总兵。③

江登云为官三十载，晚年自言："直内廷者八年，外任二十余载，位忝封疆，秩跻上品，天恩高厚，图报靡涯。"族侄江恂在为其撰写的传记中也称："为国家宣力三十年，终老故土，完人也。"④ 江登云虽然一生大半时间在官场，但笔耕不辍，著有《圣贤同归》《素壶便录》《爱山诗草》《修本堂集》《僚友良朋宴集》等书。

尤为值得一提的是，他潜心搜集乡土文献，积数十年之功，"辑《橙阳散志》一书，为一村文献"⑤。《橙阳散志》于乾隆四十年（1775）刊刻，江恂在为该志书所写的序文中评价说："纪载之详，搜罗之广，考核之确，则他志所不逮。虽一家言，若徽郡诸大族，准此而家各为志，则合而成一邑一郡之志。"⑥ 江登云热心于地方文化事业，积极参与《济阳江氏族谱》编纂，出力甚多。令人惋惜的是，他在该谱刊刻不久就病逝，未能将新出资料采入其编纂的《橙阳散志》中。

---

① （清）江登云辑，江绍莲续编：《橙阳散志》卷三《人物一·孝友》，嘉庆十四年刻本。
② 《济阳江族谱》卷五《世系·岁公分桂一公派》，乾隆四十三年（1778）刻本。
③ 《济阳江氏族谱》卷九《清覃恩累晋武功大夫袁临副将署南赣总兵官登云公原传》，乾隆四十三年（1778）刻本。
④ 《济阳江氏族谱》卷九《清覃恩累晋武功大夫袁临副将署南赣总兵官登云公原传》，乾隆四十三年（1778）刻本。
⑤ 《济阳江氏族谱》卷九《清覃恩累晋武功大夫袁临副将署南赣总兵官登云公原传》，乾隆四十三年（1778）刻本。
⑥ （清）江登云：《橙阳散志·江序》，乾隆四十年（1775）刻本。

(二)《橙阳散志》的编修

江登云于乾隆二十九年（1764）开始编纂《橙阳散志》，至乾隆四十年（1775）成书，内容有十二卷。下面就该方志的结构及其体例、动态编修过程及相关问题作一论述。

首先，来看体例结构。江登云《橙阳散志》的编修体例，大多因袭府县志的体例。该书中无论是舆地志、选举志、人物志、物植志、礼仪志、风俗志、舍宇志、营建志、艺文志、别志等"纲"的设置，还是"纲"下"条目"的设置，基本上是沿袭府县志的体例。对此，江登云在凡例中说："《橙阳志》之作，原以备郡邑志之采，然不敢参郡邑志之席，署曰散志，所以别也。"①

值得注意的是，《橙阳散志》效仿府县志体例的同时，又结合江村的实际情况而加以变通，一些类目的设置也颇具新意。江登云说，"其中名目，悉准郡邑志，例间有创见，则以村志所应及也"。这些体例创见表现在几个方面：一是将府县志每篇首尾撰写的典故、咏欢语删减，只"惟鄙见所在，随类敷陈，以豁阅者之目"；二是将府县志中山川、胜景图删去，结合江村实际情况，绘制一幅村图，"以辨方隅"；三是府县一般都有"祥异"内容的设置，江登云认为江村"一村之祥异有限，自可从简"，没有设置"祥异"条目。

其次，来看编修过程。江登云一生大部分时间在外地为官，但他一直注重乡邦文献的搜集、整理，尤其是对于江村的典籍文献，更是潜心搜集。早在乾隆癸酉年（1753），以选贡入职内廷侍卫之时，江登云就抱定了编修江村乡镇志的志向。他和族侄江恂说，"每言欲辑为一书，贻吾族子孙，俾不忘祖德"。大概从这个时候开始，江登云便"喜搜罗故实，采访遗轶"②，为编修《橙阳散志》收集资料。

江登云《橙阳散志》的正式编纂，始于乾隆甲申年（1764），成书于乾隆四十年（1775），前后历经十一年时间。关于该书的编修，江登云在凡例中言③：

---

① （清）江登云：《橙阳散志·凡例》，乾隆四十年（1775）刻本。
② （清）江登云：《橙阳散志·江序》，乾隆四十年（1775）刻本。
③ （清）江登云：《橙阳散志·凡例》，乾隆四十年（1775）刻本。

一、《散志》作于甲申，迄乎乙未。其间颇费时日，盖村事繁琐，兼之远宦睽隔，诚恐罣漏，稿凡三易，所以慎之也。

一、志中纪载，本就一己所知，间命长子绍莲采辑，聊存梗概。嗣经同里诸君雅意，遗闻故典，随时惠教，遂忘鄙陋，编辑成书，其中荒谬实多，尚冀博雅考证焉。

由此可见，江登云在编纂这部书之时，其内容来源有二：一是"本就一己所知"，也就是自己所知、所见、所闻的内容；二是因长期在外为官，无法在村中搜集资料，故而委托其长子绍莲代为采辑，以便存其梗概，并就一些相关问题请教于村中有学识的族人。对此，江登云族叔江廷泰在乾隆四十年（1775），为该书撰写的跋文中亦称，"成进士后，历官三楚、豫章诸省，虽王事鞅掌，未尝一日忘故土，命其子梅宾搜罗编辑，增其缺略，织悉不遗，今则裒然成集，署曰《橙阳散志》"[1]。有了这些资料积累后，江登云在此基础上进行编辑，先后三易其稿，历时十几年时间终于成书。

江登云所编纂的《橙阳散志》于乾隆四十年（1775）正式刊刻出版。该书付梓之时，时任歙县县令的杨祈迪亲自为此书作序。他在序文中说，"余敬读一过，见其体裁，史笔也。分门别类，列图注说，志体也，名之曰散志，以别郡邑志，自居散野之名也。岩峦幽奇，人物倜傥，汇偏隅于寸眸，考订既真，凡邑志谬误者间亦指出"[2]。可见，杨祈迪对该方志有着较高的评价。

（三）修志标准

在传统中国，修史对史学修养有较高的要求，需要具备才、识、学、德的基本素养。而《橙阳散志》编修者江登云就以史家的要求来编纂方志，在资料收集与整理、史事考订等方面力求精准。江登云这些编纂方志的观念，在序跋、凡例等内容中都得到体现。

关于人物志书写要求，江登云认为，"志惟人物宜严，诸传悉准盖棺论定之义，然有才行彰著，实不容掩者，或为特书，或从附录，非曰破格

---

[1] （清）江登云：《橙阳散志·跋》，乾隆四十年（1775）刻本。
[2] （清）江登云：《橙阳散志·杨序》，乾隆四十年（1775）刻本。

亦信，人所共信耳，阿私所好，则断不敢"①。可见，其在书写人物传记之时，江登云十分严谨，具有史家的修养。不仅如此，在选举、人物书写的过程中，还仔细考订，对《歙县志》记载的错误之处，加以修正。现举数例如下：

> 江汝刚，宋天圣庚午进士。有传。按：庚午系天圣八年，开化谱载甚详。旧邑志作天圣二年，误。公宦歙，非歙人也。《橙阳志》未可扳及，然开祥启族，实基一村科第之先，故冠之于首，以寓特书之意，橙阳科第，遂以次及焉。②
> 江同海，字观卿，桐城派，怀宁籍。顺治丁酉举人，辛丑进士，任襄阳县知县。《歙志》作庚子科，误。③
> 江位增，字允升，东涛曾孙，九江府照磨。邑志作汪姓，任长沙经历，误。④
> 江必名，字德甫，一鹤子，嘉定籍诸生。为董思白入室弟子，学殖宏富，作画入宋元人阃奥，迄今访求者，不惜重金购获。与从弟遥止，时称二难。见文学。前志误写秀水籍。⑤
> 江立佑继妻宋氏，早寡抚前室子岩龙成立，守节三十余年。上三名见《魏叔子文集》，皆成化、弘治时人，郡邑志载入国朝，误。⑥
> 江孟蛟妻许氏，家贫早寡，纺绩以给二孤。父病来依，割股救治。苦节四十余年，守令旌其节孝。新邑志作汪孟蛟，误。⑦

以上列出的江登云纠正《歙县志》记载错误之处，种类众多，既有乡贯记载错误，又有姓氏记载错误，还有人物中举年代、生活朝代记载之误。这样的"纠错"之举，在该方志中还有很多，不再一一罗列。对于这样做的目的，江登云说，"橙阳选举人物，新邑志间有舛讹，悉从更正，

---

① （清）江登云：《橙阳散志·凡例》，乾隆四十年（1775）刻本。
② （清）江登云：《橙阳散志》卷二《选举志·科第》，乾隆四十年（1775）刻本。
③ （清）江登云：《橙阳散志》卷二《选举志·科第》，乾隆四十年（1775）刻本。
④ （清）江登云：《橙阳散志》卷二《选举志·舍选》，乾隆四十年（1775）刻本。
⑤ （清）江登云：《橙阳散志》卷四《人物志下·风雅》，乾隆四十年（1775）刻本。
⑥ （清）江登云：《橙阳散志》卷四《人物志下·列女》，乾隆四十年（1775）刻本。
⑦ （清）江登云：《橙阳散志》卷四《人物志下·列女》，乾隆四十年（1775）刻本。

并随款注释于下,以俟重修邑志呈改"①。这些内容都体现出,江登云在修志过程中,博览群书,考证严谨,具有良好的史学修养。

歙县县令杨祈迪称江登云所修之志有"史笔"的特征,江登云族叔则说其具有"良史"的素养。江登云的姻亲徐光文在为该书所撰序文中也称,府县志因采访难以尽行,造成质量不高,而江登云所编纂的"一乡之志"因深入采访,具有"史体"的特征,故而其编纂的志书不仅为"信书"②,而且为"郡邑志"提供借鉴。歙县县令杨祈迪亦云,"统志之取资,必始一邑,而一邑又皆乡之统会,以是知观于乡,知之王道之易,非虚语也。得是书殆所云,非可以野史目之者"③。杨祈迪将"一乡志"的编修与王道之论联系起来,足见《橙阳散志》的重要意义。

江登云的族侄江恂在为该书撰写的序文中亦言,"嗣君绍莲出爱山所辑《橙阳散志》一书,盖即十数年来为予言者,义类悉仿郡邑志,而名之为散,不敢侪于郡邑也。纪载之详,搜罗之广,考核之确,则他志所不逮。虽一家言,若徽郡诸大族,准此而家各为志,则合而成一邑一郡之志"④。对《橙阳散志》的取材之广、记载之详、考订之精,给予很高的评价。

二 江绍莲续编《橙阳散志》

江绍莲(1738—?),字宸联,号梅宾,原字依濂,江登云长子,邑庠生。嘉庆辛未科会试,特赐国子监学正。嘉庆十五年(1810),采访儒行,徽州知府以江绍莲"成履恒以品端学富,详报备奏荐"⑤。江绍莲在其父《橙阳散志》基础上,续编《橙阳散志》,内容有十五卷。⑥ 除《橙阳散志》外,江绍莲还著有《梅宾诗草》《蟾扶文萃》《闻见闲言》《芸窗半稿》等诸书。⑦ 下面就江绍莲与《橙阳散志》的续编进行论述。

(一)体例结构

《橙阳散志》是一部结构严密,体例完备的方志。江登云、江绍莲父

---

① (清)江登云:《橙阳散志·凡例》,乾隆四十年(1775)刻本。
② (清)江登云:《橙阳散志·徐序》,乾隆四十年(1775)刻本。
③ (清)江登云:《橙阳散志·杨序》,乾隆四十年(1775)刻本。
④ (清)江登云:《橙阳散志·江序》,乾隆四十年(1775)刻本。
⑤ 民国《歙县志》卷七《人物志·文苑》,民国二十六年(1937)刻本。
⑥ 《济阳江氏族谱》卷五《世系·劳公分桂一公派》,乾隆四十三年(1778)刻本。
⑦ 民国《歙县志》卷七《人物志·文苑》,民国二十六年(1937)刻本。

子在数十年的编纂过程中,在沿袭徽州府县志结构、体例的基础上,又加以变通,新增一些条目,因而具有自身的特色。

尽管江登云编纂的《橙阳散志》于乾隆四十年(1775)刊刻出版,但令人惋惜的是,于乾隆四十三年(1778)七月初九日病逝,而当时新修的《济阳江氏族谱》刚刊印不久,其中不少新资料,江登云未能增补到方志中。江绍莲继承父志,在其父编修版本的基础上,结合新出的典籍文献,博览群书,详加考订,续编散志,历经三十多年的努力,终于在嘉庆十四年(1809)刊刻出版,内容由原来的十二卷,扩充为十五卷,并新增《备志》一卷。为便于论述,现将两种版本目录内容列表1:

表1 《橙阳散志》两版目录一览

卷次	乾隆本	嘉庆本
序	刘宗魏序、杨祈迪序、徐光文序、江恂序	江兰序、刘宗魏序、杨祈迪序、徐光文序、江恂序、续编引言(江绍莲撰)
卷一	村图、疆界、地脉、山名、水源、地名、井塘、官碣、古迹、胜景	村图、地界、地脉、山名、水源、土名、井塘、官碣、古迹、胜景
卷二	科第、荐辟、殊恩、明经、舍选、封赠、乡宾、文学、武库	科第、荐辟、恩褒、殊恩、明经、舍选、封赠、乡宾、文学、武库
卷三	宦业、忠节、孝友	官业、忠节、孝友、义行、隐德、儒林、士林、隐佚、风雅、名艺
卷四	义行、隐德、儒林、士林、隐佚、风雅、名艺、列女	列女
卷五	五谷、瓜菜、果木、花卉、畜养、禽鱼、古树	五谷、瓜菜、果木、花卉、畜养、禽鱼、古树、药材、颜料
卷六	祭祀、岁时、冠婚、丧葬	祭祀、岁时、冠婚、丧葬
卷七	灯事、游神、还烛、保安	灯事、游神、还烛、保安

续表

卷次	乾隆本	嘉庆本
卷八	社坛、公所、祠堂、书院、园馆、庵观	社坛、公所、祠堂、书院、园馆、庵观
卷九	社仓、坊表、邱墓、桥梁、道路、路亭	社仓、坊表、邱墓、桥梁、道路、路亭
卷十	书籍、碑记	书籍、碑
卷十一	序文、诗歌	记
卷十二	村考、氏族、邻贤、旅客、附居、仙释	序文
卷十三		诗歌
卷十四		诗歌
卷十五		村考、氏族、邻贤、旅客、附居、仙释
卷末		疆圉形势考、山脉水源考、建置沿革考、城郭乡隅考、风俗礼教考
跋	江廷泰、江监载	江廷泰、江监载、江廷霖
	十二卷,纲十,目六十九	十五卷,卷末一卷,纲十一,目七十

需要指出的是,江绍莲续修散志期间,在结构安排方面沿袭其父原有内容的同时,也根据实际情况,进行调整,有所增补。例如,在人物志中不仅将"列女"单独成卷,且新增不少列女名录。又如,江登云在艺文志中将"序文""诗歌"合为一卷,而江绍莲在续修之时,不仅将"序文""诗歌"单独成卷,且"诗歌"的内容扩充为两卷,相比江登云所编纂版本而言,这些内容更为丰富。再如,在《艺文志》中,江绍莲将"碑记"内容分卷编修,不仅"记"单独成卷,而且其内容也新增一倍以上。上述这些新的调整,都是江绍莲在续修散志之时,根据新的资料,增加新的内容,进行合理的调整。

此外，江绍莲续编之时，还新增一些子目内容。如在卷二《选举志》中新增"恩褒"一条，主要目的是"以重旷典"①。又如，在卷五《物植志》中新增"药材""颜料"两个类目。这样《橙阳散志》的类目，增加到"七十一目"②。

江绍莲续编《橙阳散志》最大的特色是新增《备志》一卷，将原来的"十纲"，增至"十一纲"。新增卷末《备志》有疆圉形势考、山脉水源考、建置沿革考、城郭乡隅考、风俗礼教考五个篇章内容，这是从县域乃至府域的视角来叙述，具有超越江村一隅之乡镇志的特色。《备志》的史料价值甚高，近代徽州著名学者许承尧在其撰写的《歙事闲谭》一书中，大量抄录、节选《橙阳散志》内容，尤其是节录的《歙风俗礼教考》③一篇，详细介绍歙县各乡风俗民情、商业经营、日常生活等内容，使得其史料价值备受关注，后来被学界广为征引。④ 但学者在引用时，多是转引《歙事闲谭》，并未查阅《橙阳散志》原文，从而产生不少讹误。很多学者不仅将该篇作者张冠李戴，而且对该方志的版本缺乏认识。

这些体例上的新变，都体现出江绍莲在续编该书之时，并非盲目沿袭府县志和其父江登云所定的体例，而是结合江村一隅的实际情况，有所取舍，加以变通，并根据时代的发展，新增一些切合江村社会情况的类目，使得该方志的体例更为严谨，内容更为丰富。

(二) 续编过程

早在江登云编修《橙阳散志》之时，江绍莲就参与不少资料收集的工作。在其父病逝后，他又用三十几年时间，广泛搜集各种文献，尤其是利用新刊刻的《济阳江氏族谱》，增补该方志。

关于续修散志的情况，江绍莲在《续编引言》中曰："《橙阳散志》十有二卷，先子爱山公手辑书也，作于乾隆甲申，成于乙未，迄今上已

---

① (清) 江登云辑，江绍莲续编:《橙阳散志》卷二《选举志》，嘉庆十四年 (1809) 刻本。
② (清) 江登云辑，江绍莲续编:《橙阳散志·原志凡例》，嘉庆十四年 (1809) 刻本。
③ (近人) 许承尧撰，李明回、彭超、张爱琴校点:《歙事闲谭》卷十八《歙风俗礼教考》，黄山书社2001年版，第601—612页。
④ 20世纪80年代，张海鹏、王廷元等率领的徽商研究团队，在安徽省博物馆查阅《歙事闲谭》的稿本，最早将该书第十八册书稿中《歙风俗礼教考》的商业史料编入《明清徽商资料选编》(黄山书社1985年版) 一书，从而使得《歙风俗礼教考》的史料价值逐渐为学界所知，此后学界征引的绝大多数是转引该书摘抄的内容，并未查阅《歙事闲谭》一书，更遑论查阅江绍莲续编的《橙阳散志》一书的原文了。

已,又历三十五载,里中英彦辈起,声华文物,视昔有加,思照款续编,……详审玩绎,广采见闻,旁征博雅,举志中已见者续之,未及者增之,有因时日孔迫,夙未详尽者,则采掇以补之,广为十有五卷,诸条目惟益恩褒,盖昔无今有者。余一遵原本,罔敢更易。……若夫村隶于邑,邑之疆圉形势、山脉水源、建置沿革、城郭乡隅、风俗礼教,实村之统会,有不可不知者,撰为五考,曰备志,厕于卷末,以备参证,非另开生面也。溯前夏竟今冬,早夜编辑,又得里中同志共相订正,三阅寒暑,书成。"① 由此可见,在江登云去世后,江绍莲广为搜罗新资料,续修散志,经过长期的积累,用数十年时间完成续修。

续修散志完稿之际,江绍莲族叔江兰在序文称,"族兄爱山公辑有《散志》十二卷,记载殊悉,顾自乾隆乙未迄今又三十余稔。吾村文物声华之盛,视昔有加,有宜编续者。去冬族侄依濂自里来扬州,适余协理河工,巡视南下,相聚于扬寓之泼墨轩中,握手论心,出《续修散志》一十五卷,又《备志》一卷,视余问序。盖就原志按款类增,举近今三十年事迹,胥备于册,而郡邑中之疆域形势、建置沿革、山脉水源、城郭乡隅、风俗礼教,并为详考焉" "……今阅《续志》益信,谊笃本源,情殷作述,固始终讲求根柢者,其才其志,有不可企及,则信今传后,有裨于村党良多,厥功懋哉!"② 对江绍莲续修散志有着较高的评价。

(三) 修志标准及史源问题

江绍莲续编《橙阳散志》之时,也秉承其父的优良作风,用史家的标准来编纂志书。诚如上引江兰所言,江绍莲在续修过程中的确十分谨慎,对各种史事详加考订。仅以其新增的《备志》而言,在这五篇文章中,江绍莲征引的史料十分丰富,举凡正史、方志、文集、笔记等多达数十种,如《史记》《唐书》《梁书》《宋书》《徽郡志略》《新安志》《歙志》《萧山志》《元和郡县志》《嘉定县志》《文献通考》《方舆胜览》《水经注》《太平寰宇记》《山海经》《蔗畦外集》《素壶便录》《陔余丛考》等数十种资料。其史源来源广泛,考订精审,因而保证了其续修散志的质量。

在续修之时,江绍莲善于利用新出资料,尤其是新修的《济阳江氏族谱》将《艺文志》的内容在原先基础上增加一倍以上。这些新增的内容集

---

① (清) 江登云辑,江绍莲续编:《橙阳散志·续编引言》,嘉庆十四年刻本。
② (清) 江登云辑,江绍莲续编:《橙阳散志·序》,嘉庆十四年刻本。

中在序文、碑、记等方面，如卷十一《艺文志文二》共有记文38篇，比江登云编纂的版本新增23篇，而这些新增的记文中就有多达16篇文章直接取材于新修的《济阳江氏族谱》。可见，江绍莲续修散志之时，在取材上十分重视参考新修的《济阳江氏族谱》。

此外，江登云、江绍莲父子编修的《橙阳散志》一书的史料，也有一些来自歙县江村江氏族人的文集、笔记等典籍。如江东之《瑞阳阿集》、江天一《江止庵遗集》、江登云《素壶便录》、江恂《蔗畦外集》等。上述江绍莲新增的《备志》中就征引江登云《素壶便录》、江恂《蔗畦外集》数次。卷十一《艺文志文二》中也有几篇文章取材于如江东之《瑞阳阿集》、江天一《江止庵遗集》。这些文献是江氏族人的"族内之书"，搜集、阅读起来较为便利，自然成为江登云父子修志的备用之书了。

综上所述，《橙阳散志》作为清代徽州一部乡镇志，由歙县江村的江登云、江绍莲父子两代人共同完成编纂。从乾隆十八年（1753），江登云开始萌发修志的思考，并开始搜集资料，到乾隆四十年（1775）该书首次刊刻，再到嘉庆十四年（1809）江绍莲完成续编，前后历时50多年时间。至此，《橙阳散志》一书最终定型。一部乡镇志经过如此漫长的磨砺，其质量也由此可见一斑，因而也具有较高的史料价值。

三 史料价值

《橙阳散志》为清代乾嘉时期歙县江村村志，详细记载了从宋至清代乾嘉时期，该村的社会经济、教育文化、风俗民情、民间组织运作、社会变迁等实态，亦从长时段的角度集中反映了江氏宗族崛起、发展演化的历史，具有十分重要的史料价值。具体来说，主要表现在以下几个方面。

（一）商业史研究

如众所知，明清时期徽商作为中国最为重要的商帮之一，其商业资本之巨，从业人员之多，活动地域之广，为其他商帮所不及。徽商经营行业较众多，但主要集中在盐、典当、茶叶、木材等行业。盐商则是徽商的中坚力量，而徽州盐商又主要集中在歙县。歙县江村江氏为扬州盐商的主体力量之一。对此，民国《歙县志》记载：

> 邑中商业以盐、典、茶、木为最著。在昔盐业尤兴盛焉。两淮八总商，邑人恒占其四。各姓代兴，如江村之江，丰溪、澄塘之吴，潭

塘之黄，岑山之程，稠墅、潜口之汪，傅溪之徐，郑村之郑，唐模之许，雄村之曹，上丰之宋，棠樾之鲍，蓝田之叶皆是也。彼时盐业集中淮扬，全国金融几可操纵。①

《歙县志》虽然将歙县从事盐业经营的几个主要宗族列举出来，但只是在宏观层面的描述，关于每个宗族盐业经营的详细资料则是县志无法提供。《橙阳散志》作为歙县盐商主体之一"江村之江"江村的村志，详细记载该宗族从事盐业，尤其是两淮盐业经营的资料。这些资料不仅对于集中探讨江氏商人的盐业经营具有重要意义，而且对于从微观层面、个案角度研究徽州盐商亦有所裨益。

从《橙阳散志》内容来看，江氏商人主要集中在两淮地区经营盐业，该书中记载多是"业鹾维扬""业鹾广陵""业鹾扬州"等。据笔者不完全统计，江氏商人经营盐业有三十多人，这些族人多在两淮行盐，尤其是集中在扬州地区。笔者统计的这些江氏盐商仅为《橙阳散志》中记载的部分内容而已，从中可知，自从明中叶开始，该村族人就从事两淮盐业的经营，到清代康熙、乾隆年间达到鼎盛，尤其是以"布衣上交天子"的江春为代表，他担任两淮总商四十年，可谓"身系两淮盛衰垂五十年"②。

《橙阳散志》除了记载江氏在两淮经营盐业的内容外，还收录不少江氏商人在汉阳、武陵、芜湖、台儿庄、吴门、燕京、寿春、无为州等地活动的资料。例如，江清代康熙年间，江承东"作客汉阳，遇民间灾患，恒多欷助"③。江承燧"尝客武陵，见洞庭风涛之险，修建冷饭、舵杆二洲，以泊行舟，开剿嵎山险道，以便商旅，凡诸善行，不可枚举"④。江羲龄"尝贸易芜湖，有误投多金者，却弗受，人称江公道云"⑤。江以塙"公慎无欺，客寿春数十载，人号长者，乡人往来，频沾厥惠"⑥。

---

① 民国《歙县志》卷一《舆地志·风土》，民国二十六年（1937）刻本。
② 嘉庆《两淮盐法志》卷四十四《人物·才略》，嘉庆十一年（1806）刻本。
③ （清）江登云辑，江绍莲续编：《橙阳散志》卷三《人物志一·义行传》，嘉庆十四年刻本。
④ （清）江登云辑，江绍莲续编：《橙阳散志》卷三《人物志一·义行传》，嘉庆十四年刻本。
⑤ （清）江登云辑，江绍莲续编：《橙阳散志》卷三《人物志一·隐德传》，嘉庆十四年刻本。
⑥ （清）江登云辑，江绍莲续编：《橙阳散志》卷三《人物志一·隐德传》，嘉庆十四年刻本。

总之,《橙阳散志》中蕴含丰富的商业史资料,尤其是关于江氏商人在两淮盐业的经营记载最为丰富。若辅之以族谱、文集等相关资料,则能从长时段角度对江氏盐商发展轨迹进行全面考察。

(二) 移民史研究

明清时期徽州是一个"商贾之乡",大量民众外出经商,而歙县在万历时期已是"十三在邑,十七在天下"[①] 了。入清以后,当地民众外出经商之风更盛。伴随着商业经营的需要,很多徽商及其子弟逐渐在侨寓地定居,开始繁衍生息,逐渐在新的居住地实现"在地化"。而这种在地化的动因,多半是因长期在外经商所致。

歙县北乡江村江氏是著名的商贾世家,他们经商人数众多,经营行业广泛,活动具体广袤,从而使得江氏族人侨寓地也十分广泛。下面进行具体论述。

侨寓扬州地区。扬州作为两淮盐业的"大本营",是徽州盐商麇集之地。江氏商人多在两淮行盐,在这些地区侨寓的族人也最为集中,并世代繁衍,逐渐在地化。如生活于清代康乾时期的江注,"侨寓维扬,志笃根本,尝修葺许村青山头祖墓,建碑以垂久远"[②]。江允升"乾隆辛未,郡邑大饥,公客维扬,捐千余金,首倡义举,买谷以赈,村党扬寓诸贤仿其事,醵金数万,建惠济官仓,俾六邑凶荒有备,实公之昆季启其端也"[③]。江世栋"侨居维扬,凡事关故乡宗党,实力举行,视亲支如一体,间遇困乏,分财周恤,倾囊弗惜"[④]。程淳"客扬数十年,乡人往来,每多饮助,尝捐缗助建都天神庙"[⑤]。江永交"生平好义,厚待亲支。客居维扬,里党公事,恒多倡助,族戚往来其间,缓急并蒙嘘植"[⑥]。江承联"寄居扬州,

---

① (明)王世贞:《弇州山人四部稿》卷六十一《赠程君五十叙》,万历刻本。
② (清)江登云辑,江绍莲续编:《橙阳散志》卷三《人物志一·义行传》,嘉庆十四年刻本。
③ (清)江登云辑,江绍莲续编:《橙阳散志》卷三《人物志一·义行传》,嘉庆十四年刻本。
④ (清)江登云辑,江绍莲续编:《橙阳散志》卷三《人物志一·义行传》,嘉庆十四年刻本。
⑤ (清)江登云辑,江绍莲续编:《橙阳散志》卷三《人物志一·隐德传》,嘉庆十四年刻本。
⑥ (清)江登云辑,江绍莲续编:《橙阳散志》卷三《人物志一·隐德传》,嘉庆十四年刻本。

国子生,敦本尚义。里中社坛建自前明,岁久倾圮,公捐金倡建"①。

《橙阳散志》中关于江氏族人侨寓扬州的例子还有很多,不再逐一列举。这些侨寓扬州的江氏族人要么为徽商,要么就是徽商子弟。他们在扬州定居,其子弟在当地占籍,或寄籍,并以此在当地参加科举考试。《橙阳散志》"选举志"中,有很多族人在扬州、仪征、江都等地参加科举考试,他们当中不乏以"科第""文学""荐辟""拔贡""舍选""殊恩"等功名、官职或殊荣者。如江恂的六世祖光禄公于晚明时期,"业鹾扬州"②,也就是因经营盐业而侨寓扬州,此后其子孙皆在扬州定居。江恂即以仪征籍诸生的身份,参加科举考试,并以拔贡入仕。在乾隆四十年(1775),他又以江都籍的身份任徽州府知府。③ 侨寓扬州的族人,虽身在异乡,但不忘桑梓,他们热衷于家乡的社会公益事业。如乾隆年间,"寓居扬地支丁"的江氏族人输赀重修江村的赉成堂。因风雨侵蚀,到嘉庆七年(1802),侨寓扬州的族人再次捐资进行维修,"凡添换梁柱,并一切工料,共用二千数百余金,工程巩固,祠宇改观"④。

侨寓无为州。除了扬州以外,江氏族人侨寓无为州的也较多。早在明中叶,江若冀就曾"作客无为州",在当地经商,当时"有同渡遗金三十,铤追而还之。又尝典铺被盗,恐多牵累,隐不呈报,会盗贼为缉捕所获,呼公质证,公绝不认,盗得免死,寻为良善,一时传颂高义"⑤,因多善举,被世人称颂。明代嘉靖、万历年间,江元鼎因在无为州经商,遂"占籍庐郡"。元鼎公的元孙江家祚认为其先祖到无为州侨寓的原因是经商所致,其言曰:"自吾支祖之迁淮西也,多历年所向,以淮为贸迁地,寄寓其间。"⑥

随着无为州经营贸易的发展,江氏族人在当地定居日益增多。尤其是入清以后,江氏族人在无为州在地化十分明显。江政观"居无为州,再迁

---

① (清)江登云辑,江绍莲续编:《橙阳散志》卷三《人物志一·义行传》,嘉庆十四年(1809)刻本。
② (清)江登云:《橙阳散志·江序》,乾隆四十年(1775)刻本。
③ 《济阳江族谱》卷三《嶂公分正一公支下翼公派》,乾隆四十三年刻本。
④ (清)江登云辑,江绍莲续编:《橙阳散志》卷十一《艺文志二·修赉成堂记》,嘉庆十四年刻本。
⑤ (清)江登云辑,江绍莲续编:《橙阳散志》卷三《人物志一·义行传》,嘉庆十四年刻本。
⑥ (清)江登云辑,江绍莲续编:《橙阳散志》卷十一《艺文志二·淮西两门建祠记》,嘉庆十四年刻本。

桐城周家潭"①。江泉龙、江维浩、江仕侠祖孙三代人皆定居无为州。因族众定居无为州日益增多，每年往返故里歙县江村祭扫路途遥远，多有不便，江氏族人在元鼎公之孙江泉龙的带领下，于顺治十七年（1660）在无为州南乡的南圩头创建支祠笃本堂，当时"爰建祠堂，各分老幼，春秋偕至，祭奠一堂，欢欣鼓舞，免歙州千里之劳，节往返之费，于间岁一返故乡，较昔良便"。祠堂建立后，邀请族人"聘龙及孔龙、胤龙诸公准诸体制，定以祠规"②。

随着世系推衍，族人在无为州定居的人数众多。在雍正初年，就达到"丁口数千余人"的规模，这些族众在无为州分布十分广泛。对此，《橙阳散志》记载：

> 正二公分祠，亦名笃本堂，在无为州南乡南圩头，希曾、千里两门建。支下分处，共十一村：曰桥西，曰张三渡，曰清水凹，曰官田河，曰俞家渡，曰潘思滩，曰南圩头，曰东湖，曰前竹园，曰八里坂，曰鹤毛河，胥以此为总汇。每岁三月初一日春祭，冬至日冬祭，诸族毕集。祠建于顺治十七年，康熙三十九年增建祠廊，乾隆四十年间毁，四十五年重建。③

根据上引资料可知，从明代中叶，到清代乾隆年间，歙县江村正二公派下的族众迁居无为州已有两百多年时间。因人丁兴旺，乃至形成了希曾、千里两大支派。这些族人分布在十一个村落，他们以新建的笃本堂作为支祠，每年举行春秋二祭。为保证祠堂的日常运作，族众还积极捐资田产，作为日常开销之资。如江光祖，"承先志，尝捐田入无为州支祠，以助祭祀，族人感其谊"④。

虽然定居在无为州，但族众不忘桑梓乡情，定期回歙县江村展墓。江权龙不仅在无为州创建支祠，还在故里江村"立祠规于故乡祠墓，定以三

---

① （清）江登云辑，江绍莲续编：《橙阳散志》卷三《人物志一·义行传》，嘉庆十四年刻本。
② （清）江登云辑，江绍莲续编：《橙阳散志》卷十一《艺文志二·淮西两门建祠记》，嘉庆十四年刻本。
③ （清）江登云辑，江绍莲续编：《橙阳散志》卷八《舍宇志·祠堂》，嘉庆十四年刻本。
④ （清）江登云辑，江绍莲续编：《橙阳散志》卷三《人物志一·义行传》，嘉庆十四年刻本。

岁一归祭扫"①，以表尊祖敬宗之情。此后，族人时常返乡祭扫祖墓。如江以宥，"字之三，里村人，居无为州南圩头。性诚朴，笃志根本，年七十外，犹率领宗支，时归故里，展谒先墓，不惮千里跋涉，孝思真挚，近俗所不多靓"②。

为开展日常礼俗活动需要，同时也为加强对族众的管理，定居在无为州的江氏族人，不仅兴建祠堂，而且开始编修族谱。雍正年间，江氏族人"将迁淮以后二百余年丁口数千余人，叙其世次，志其里居，汇为善本，藏之各分"③，编修支谱。

在侨寓地无为州创建支祠，编修族谱，是江氏族人在侨寓地在地化的重要表征。此外，他们还在当地参加科举考试，获得功名。在《橙阳散志》"选举志"中，清代前期，就有不少族人在无为州入学、获取功名的事例。如江俊、江祚长、江世桢、江家澍、江之南、江必禄、江三奇等人，就在当地以"文学"名义获得科名。④

侨寓其他地区。明清时期，徽商足迹遍天下，所谓"钻天洞庭遍地徽"，就是对这种情况的绝佳描述。在这样的商业大潮下，歙县江氏宗族不仅集中在扬州、无为等地经商，在当地侨寓，而且在宿迁、桐城、六安州、嘉善、淳安威坪、海州、徐州等地经商，因而侨寓这些地区的也很常见。例如，江瑞琪，"贸易台儿庄……土人为立碑记，有江善人之目，后裔居宿迁洋河"⑤。江之湘，"先世自汝修公子跻公宋御史直言忤旨，罢职，避居新安，历数世复归常山，后迁桐城，至公兄弟情殷一本，谊切宗盟，往来村中不绝"⑥。江光祖在无为州定居，其后裔迁居于六安州苏家埠。⑦

---

① （清）江登云辑，江绍莲续编：《橙阳散志》卷三《人物志一·义行传》，嘉庆十四年刻本。

② （清）江登云辑，江绍莲续编：《橙阳散志》卷三《人物志一·隐德传》，嘉庆十四年刻本。

③ （清）江登云辑，江绍莲续编：《橙阳散志》卷十一《艺文志二·淮西两门建祠记》，嘉庆十四年刻本。

④ （清）江登云辑，江绍莲续编：《橙阳散志》卷二《选举志·文学》，嘉庆十四年刻本。

⑤ （清）江登云辑，江绍莲续编：《橙阳散志》卷三《人物志一·隐德传》，嘉庆十四年刻本。

⑥ （清）江登云辑，江绍莲续编：《橙阳散志》卷三《人物志一·宦业传》，嘉庆十四年刻本。

⑦ （清）江登云辑，江绍莲续编：《橙阳散志》卷三《人物志一·义行传》，嘉庆十四年刻本。

江惟棐，"侨居嘉善，尤多善行，有长者之称"①。江琯，"性旷达，遨游四方，文人才士恒乐与交，江阴刘君风汉尤称莫逆。后占籍海州，遂家于新安镇"②。江嘉楠的妻子孙氏，"随夫侨居徐州夏镇。明末，夫遭寇乱死，孙矢志殉烈，同瘗夏镇"③。

(三) 社会史研究

《橙阳散志》作为清代歙县江村的村志，着重记载了宋至清代嘉庆以前该村村落治理、桥梁道路修建、屋宇建设、宗族管理、民风民俗等情况，蕴含丰富的社会史资料④，是研究宋至清代乾嘉时期歙县江村村落变迁、江氏宗族发展轨迹、日常生活、民间信仰的重要资料。

该书卷六《礼仪志》中的岁时、婚冠、丧葬，卷七《风俗志》中的灯事、游神、还烛、保安。这些内容都是研究徽州乡村社会及江氏宗族活动、民间信仰和民俗活动的绝佳资料。卷八《舍宇志》中关于社坛、祠堂、书院、园馆、庙宇（庵、观），卷九《营建志》中的社仓、坊表、桥梁、道路、路亭，卷十一《艺文志二》中收入江村景房公祠堂记、赉成堂、悠然堂、本乎堂、展锡祠、淮西两门祠堂、东皋堂、茂荆堂、居敬堂、安义堂、明善堂、貤庆堂祠等众多门房支派祠堂的碑记。上述资料都是深入考察江村村落建设、江氏宗族活动、民间信仰的重要资料。

尤为值得关注的是，该方志中《艺文志》收录的有关该村落的序文、碑记、诗歌资料更为丰富，这些资料是研究徽州乡村社会史的宝贵资料。明清时期徽州会社十分普遍，举凡文会、祀会、钱会、桥会等无所不有。江绍莲在《歙风俗礼教考》中对歙县文会功能曾有专门描述："各村自为文会，以名教相砥砺。乡有争竞，始则鸣族，不能决则诉于文会，听约束焉。再不决，然后讼于官，比经文会公论者，而官藉以得其款，要过半

---

① (清) 江登云辑，江绍莲续编:《橙阳散志》卷三《人物志一·隐德传》，嘉庆十四年刻本。
② (清) 江登云辑，江绍莲续编:《橙阳散志》卷三《人物志一·风雅传》，嘉庆十四年刻本。
③ (清) 江登云辑，江绍莲续编:《橙阳散志》卷四《人物志二·列女传》，嘉庆十四年刻本。
④ 《橙阳散志》社会史方面的价值已引起学界关注。如周致元先生曾用该方志中的义行、社仓、桥梁等资料，对徽州民间救荒措施进行探讨。参见氏著:《徽州乡镇志中所见明清民间救荒措施》，《安徽大学学报》(哲学社会科学版) 2008年第1期。

矣，故其讼易解。"①

其实，江绍莲所在的歙县江村不仅有聚星文会、瑞金文会、蟾扶文会等文会组织，还有其他会社，如祭祀性会社组织。这些会社资料在《橙阳散志》中有着丰富的记载，如卷十中《建立社坛示碑》（嘉靖五年）、《重建慈化西社记碑》（康熙五十三年）、《兴建鹏扶文会馆记碑》（乾隆年间），卷十二中《议建瑞金文会保龙序》（天启五年）、《聚星文社序》（万历十二年）、《重兴聚星文社序》（天启元年）、《建聚星文社馆序》（天启三年）、《建聚星文社馆序》（天启三年）、《聚星会馆告成序》（崇祯八年）、《重修聚星会馆序》（康熙元年）、《江村文会义田序》（乾隆年间）、《仁里社序》（天启元年）、《荣养堂文明新社序》、《蟾扶文会序》（乾隆年间）、《蟾扶文会序》（乾隆九年）。这些民间社会组织，在江氏宗族的文化建设、民间信仰、祭祀活动、教育发展、村落治理等方面都发挥重要作用。

如众所知，清代乾隆、嘉庆年间，在中国南方的广大山区，棚民活动十分活跃。他们进山垦殖，在促进山区经济开发的同时，也对当地生态环境造成严重破坏。棚民问题在当地成为突出的社会问题，引起各地官府及清廷的关注，乃至在乾隆、嘉庆年间在全国各地掀起一股"驱棚运动"。徽州地处皖南山区，在乾隆、嘉庆年间，棚民问题十分严重，引起地方官府和徽州宗族的关注。歙县江村的棚民问题也较为突出，棚民大规模的垦山造成江氏祖墓所在的飞布山生态风水破坏严重。《橙阳散志》卷十中的《飞布山保龙禁碑》（乾隆十一年）、《飞布山保龙禁碑》（乾隆三十七年）、《飞布山保龙禁碑》（乾隆四十年）、《飞布山保龙禁碑》（嘉庆八年），就是关于乾隆、嘉庆年间江村棚民垦殖造成生态问题的记载。从中可以看出，从乾隆十一年到嘉庆八年（1746—1803），江氏族人三令五申地向官府申诉，要求严禁棚民进山开矿，但却屡禁不止。若将这些棚民资料与徽州其他地区的资料结合起来使用，有利于深入探讨徽州棚民问题。

需要指出的是，《橙阳散志》作为一种方志，其内容是包罗万象的，因而史料价值也是丰富的。上述所言商业史、移民史和社会史研究等方面史料价值，仅是选取主要方面论述而已。除此之外，《橙阳散志》在文学、

---

① （清）江登云辑，江绍莲续编：《橙阳散志》卷末《备志·歙风俗礼教考》，嘉庆十四年刻本。

艺术等方面也具有重要的史料价值。①

综上所述,《橙阳散志》虽然是一部乡镇志,但作为反映徽州乡村社会"百科全书式"的典籍,它全面、系统地记载了宋至清代前期歙县北乡江村村落变迁、江氏宗族教育文化发展、商业活动、人口迁徙、民间信仰、日常生活、宗族发展等方面内容,不仅对于探讨歙县江村村落社会史、文化史、商业史、移民史等提供重要资料基础,而且对于深化明清时期徽州乡村社会史研究也有所裨益。

结　语

《橙阳散志》作为徽州重要乡镇志之一,其编纂者为清代乾隆、嘉庆时期的江登云、江绍莲父子。他们先后利用50多年时间,潜心收集有关其桑梓之邦江村的各种资料,并相互校勘,在长期积累的基础上,共同完成这部方志编修。虽然学界对《橙阳散志》的运用较多,但在其版本和卷数方面存在严重分歧,尚未明晰其版本和具体卷数。这在相当程度上影响了对该方志的运用。

目前学界对该方志版本方面,存在乾隆四十年刻本和嘉庆十四年刻本等不同观点,卷数则有十二卷和十五卷之别。之所以出现这些问题,与学界对该方志长期的动态编纂过程关注不足不无关系,乃至造成在利用方面出现不少讹误,尤其是将《歙风俗礼教考》一文作者张冠李戴,严重影响该方志价值的发挥。笔者在系统搜集该方志各种版本的基础上,相互比勘,基本厘清该方志的动态编纂过程,并对其史源问题也作了有益的探讨。

明清时期徽州既是个"文风昌盛之地",又是个"商贾之乡","崇儒重教""故贾而好儒"是徽州重要风气。歙县作为徽州首邑,文化更为昌盛,科举更为发达,富商大贾尤为众多。江村江氏就是典型代表。该宗族在科举、文化(文学、书画等)和商业经营方面都有突出表现,尤其是在盐业经营方面最为突出,在歙县首屈一指。这些丰富的资料都在《橙阳散

---

① 最早发掘《橙阳散志》文学、艺术等方面史料价值的是近代徽州学者许承尧。他在《歙事闲谭》(黄山书社2001年版)一书中,不仅多次摘录《橙阳散志》内容,而且还对这些内容进行评述。如卷八《江氏诸人诗》,列出江村诗人数十位;卷十八《江村所著之书》,列出江村历代78位学者,著书150多部;卷十八《江村之书画家》,列出江村书画家22人;卷十八《江鹤亭江橙里》,对江春、江昉生平事迹及其文学创制进行评论;卷十八《江村闺秀》列出江村名媛5人。

志》中得到集中体现。因此，《橙阳散志》具有商业史、社会史、文化史、移民史等方面的研究价值。

　　当然，一部著作即使有丰富的史料价值，但却难以孤立地表现出来，而是需要与其他相关资料结合使用，在相互印证中才能更加凸显其研究价值。令人欣喜的是，歙县江村江氏宗族遗存下来的资料较为丰富，不仅有《橙阳散志》，而且有族谱，如《济阳江氏族谱》；还有丰富的诗文集存世，如江东之《瑞阳阿集》、江天一《止庵遗集》、江昱《松泉诗集》《题襟集》、江恂《蔗畦诗稿》、江昉《晴绮轩诗集》《晴绮轩集句》《练溪渔唱》《集山中白云词句》《新安二江先生集》等。此外，清代其他学者的著作，如李斗《扬州画舫录》、汪鋆《扬州花苑录》、焦循《扬州画足征录》、杭世骏《道道古堂集》、袁枚《小仓山房诗文集》《随园诗话》、阮元《淮海英灵集》《揅经室集》、沈叔埏《颐彩堂诗钞》、张维屏《国朝诗人征略》、金兆燕《棕亭诗钞》、王昶《湖海诗传》《蒲褐山房诗话》、赵翼《瓯北集》、沈大成《学福斋集》等著作，对江氏商业经营、诗词文学、社会公益事业也有大量记载。将上述江氏族人和外地学者的著作与《橙阳散志》比照而观，则可以对歙县江村江氏宗族的商业经营、教育文化、民间信仰、诗词文学、村落变迁等进行深入剖析。同时，在这些资料相互结合运用的过程中，也更能凸显《橙阳散志》的史料价值。

商业、经济与社会

论徽州本土和域外对徽商形象认同的差异及其原因

卞 利

（南开大学中国社会史研究中心）

摘要：明代中叶以来，徽商异军突起，形成"无徽不成镇"局面。但富甲一方的徽商，却在徽州本土和本土之外、历史文献与文学作品中被知识与文化精英们塑造成迥然不同的形象。在对明清以来徽州本土和徽州域外知识暨文化精英、历史文献与文学作品中塑造的迥然不同的徽商形象及其原因进行全面分析，指出：地域文化差异和地域歧视、文人穷酸清高和徽商暴富奢侈的鲜明对比与心理落差、徽州本土文献和域外文献记载的片面性，以及徽商自身客观存在的问题等因素，是造成徽州本土和域外精英、历史文献和文学作品对徽商形象建构与塑造的不一、难以取得共识和认同的重要原因。

关键词：明清时代　徽商形象　差异分析

作为由徽州（府）歙县、休宁、婺源、祁门、黟县和绩溪六县商人所组成的地域性商人群体，徽商起源很早，大约在南宋时期初步形成规模，但形成一个特定专有名称——"徽商"，则是在明代。根据王振忠考证，"徽商"一词最初出现在明代正德年（1506—1521）间，至万历时（1573—1619），"'徽商'一词在社会上的使用已极为普遍"[①]。

其实，在"徽商"一词成为徽州府属六县商人的专有名词之前后，徽州本土和域外知识与文化精英就已有目的地开始对徽商"儒商"形象的塑造了。而且两个不同精英群体对徽商形象的塑造呈现出巨大的差异。

---

① 王振忠：《明清文献中"徽商"一词的初步考察》，载《历史研究》2006年第1期。

那么，在徽州本土精英塑造的徽商形象如何？徽州域外精英笔下的徽商又是怎样？两者产生差异甚至巨大差异的动机、目的和深层次原因何在？本文将在学术界现有成果的基础上，根据所掌握的史料，对以上问题进行探讨与分析。

一　徽州本土精英暨文献对徽商的型塑

明清时代的徽商秉承中国传统儒家文化的宗旨和教条，将三纲五常特别是五常思想与经商实践相结合，从而创造了独具特色的儒商文化。正是凭借儒家的五常思想，依靠灵活的经营方略和高效的管理艺术，徽商在茫茫商海中努力开拓，拼搏进取，驾轻驭熟，在与其他地域性商帮的竞争中取得明显优势，获得了空前的成功，成为富甲一方的商人群体。徽商也因此被徽州本土精英人物塑造为讲求仁、义、礼、智、信的道德楷模、"正道自牧，居商无商商之心，不效贪商窥窬分毫"①的"儒商"，并在徽州形成了广泛的社会认知与文化认同。

概括而言，在明清乃至民国的徽州族谱、方志、文集和杂记中，徽州本土精英所塑造的徽商"儒商"形象，主要从以下几个方面入手：

一是仁心为质，乐善好施。明清时期的徽商队伍中，确实不乏科场失意而被迫弃儒从贾者，徽州本土精英由此而不惜笔墨地盛赞他们拥有不为良相、即为良贾的品质，称其商业经营中，能秉持仁心为质、乐善好施的理念。曹嗣轩在其纂修的《休宁名族志》中，就曾称赞明代该县鱼滩商人张洲"持心不苟，俭约起家，挟资游禹杭，以忠诚立质，长厚摄心，以礼接人，以义应事，故人乐与之游，而业日隆隆起也。家居，为人解纷息讼，乐义好施，敦伦睦族，种德施仁，逾古稀之寿域，有大丘之遗风"②。而清代歙县丰南盐商吴嵩堂，则被塑造为"仁心为质，视人之急如己，力所可为，即默任其劳，事成而人不知其德"的道德典型。吴吉祜在其所辑撰的《丰南志》中称，黄嵩堂常语其子曰："我祖宗七世温饱，惟食此心田之报。今遗汝十二字：'存好心，行好事，说好话，亲好人。'又尝曰：'人生学与年俱进，我觉厚之一字，一生学不尽，亦做不

---

① 嘉靖《竦塘黄氏宗谱》卷五《明故金竺黄公崇德公行状》。
② （明）曹嗣轩编撰，胡中生、王夔点校：《休宁名族志》卷二《张》，黄山书社2007年版，第372页。

尽也。'"① 在徽州各姓族谱和方志等乡土文献中，明清时期的徽商常常形塑为恪守传统儒家五常原则的儒商典范。

二是贾道儒行，以义为利。在明清时期的商业经营活动中，大部分徽商都能按照传统儒家的道德规范进行经营，在变幻莫测的市场中，坚持贾道儒行，以义为利，义利兼顾，诚实经营，并最终赢得顾客和市场，获得了成功。徽商队伍中，既有行商，也有坐贾；既有经营盐、典、茶、木四大行业者，也有经营粮食、棉布、百货、旅馆及饮食等其他行业者。但无论是哪一种行业的经营者，在徽州本土的文献中，徽商总是被形塑为以义为利、义利坚顾的商人。在同治《黟县三志》中，清代黟县商人舒遵刚被塑造为义以为利的典型。据该方志收录的《舒君遵刚传》云：舒遵刚自幼熟读"四书""五经"，在商业经营中坚持以义为利原则，对依靠欺诈手段获得商业利润的行为极为鄙夷，舒遵刚能给予坚决的抵制，用其常语人之言曰："圣人言：生财有大道，以义为利，不以利为利。钱，泉也，如流泉然。有源斯有流，今之以狡诈求生财者，自塞其源也。今之吝惜而不肯用财者，与夫奢侈而滥于用财者，皆自竭其流也。人但知奢侈者之过，而不知吝惜者之为过，皆不明于源流之说也。圣人言：'以义为利。'又言：'见义不为无勇，则因义而用财。'岂徒不竭其流而已，抑且有以裕其源，即所谓大道也。"②

三是艰辛开拓，执着进取。明清时期的徽商具有艰辛开拓、敬业执着的精神，他们不惮劳苦，备尝艰辛，任重致远。万历《休宁县志》为此写道，休宁商人"籍怀轻赍，遍游都会，因地有无以通贸易，视时丰歉以计屈伸。诡而海岛，罙而沙漠，足迹几半寓内。近者岁一视家，远者不能以三四岁计矣。夫捐家室，冒风波，濒死幸生，求哺啜啜之数口"③。在瞬息万变的市场中，奋志经营，创造了"无徽不成镇"④ 的局面。许多徽商，终年奔波于江湖，一生营商不止，"往往挟轻赍以贾四方，贸平而取廉，多获赢利，老乃倦息"⑤，直到耗尽了青春和生命，方才罢休。徽商的开拓

---

① （民国）吴吉祜辑，吴晓春点校：《丰南志》卷八《艺文志·皇清附贡生诰授资政大夫候选道加四级恩加顶戴一级又恩加一级议叙加六级显考嵩堂府君行述》，黄山书社 2017 年版，第 263 页。
② 同治《黟县三志》卷十五《艺文·人物类·舒君遵刚传》。
③ 万历《休宁县志》卷一《舆地志·风俗》。
④ 民国《歙县志》卷一《舆地志·风土》。
⑤ 万历《休宁县志》卷首《序》。

精神，不仅仅表现在徽商个人一生无悔投入商业的行为方面，更体现在商人家族对商业世代不懈、前赴后继的执着和追求之中，举族经商是其经营活动过程中形成的一个重要特色，故"一家得业，不独一家得食，焉而已，其大者能活千家百家，下亦至数十家数家，且其人亦终岁客居于外，而家食者亦无几焉"①。用万历《歙志》的一段文字来说，就是：

> 吾邑不能不贾者，时也，势也，亦情也。太史公之时，江淮以南，地广人稀，食土之毛，人足自给，无事贾也。乃今邑之人之众，几于汉一大郡，所产谷粟不能供百分之一，安得不出而糊其口于四方也？谚云"以贾为生"。意不贾则无生，奈何不亟亟也？以贾为生，则何必子皮其人而后为贾哉？人人皆欲有生，人人不可无贾矣。……总之，则其货无所不居，其地无所不至，其时无所不鹜。

"不贾则无生"，徽商就是在这样一种时、势和情的逼迫下为了生存和生计，走上了捉摸不定的漫漫经商路，只有不断地开拓进取，方能获得经营的成功。

四是诚实经营，信誉至上。在商业活动中，明清时期的徽商大都能遵守诚信规则，讲求商业信誉，注重商业承诺，不销售假冒伪劣商品，不搞价格欺诈，依靠"诚信笃实，孚于远迩"，所售商品"贸易无二价，不求赢余，取给朝夕而已"②。歙县《丰南志》曾引用该村成功商人吴南坡的话云："人宁贸诈，吾宁贸信，终不以五尺童子而饰价为欺。"③ 制售过期变质的假冒伪劣商品，以假充真，以次充好，历来也是投机奸商获取商业暴利的惯用伎俩之一，徽商则拒绝出售假冒伪劣商品。清代婺源茶商朱文炽贩运茶叶至广东销售，因路途耽搁，新茶已经成陈茶。本着诚信的原则，朱文炽在与客户的交易文契上，"必书'陈茶'两字，以示不欺。牙侩力劝更换，坚执不移。屯滞二十余载，亏耗数万金，卒无怨悔"。从事长途贩运贸易的清代休宁商人吴鹏翔，在一起贩卖胡椒的业务中，了解到自己所贩卖的800斛胡椒可能有毒。在原售者请求终止合同、原价退货的情况

---

① （明）金声：《金正希先生文集辑略》卷四《与歙令君》，载《四库禁毁书丛刊》集部第50册，第522页。
② 光绪《婺源县志》卷三十六《人物·义行》。
③ 嘉庆《古歙岩镇镇东磡头吴氏族谱·吴南坡公行状》。

下,吴鹏翔不为所动,断然将 800 斛胡椒付之以炬,"盖惧其他售而害人也"①,从而有效避免了一起可能导致大范围中毒事件的发生。这些诚信经营、信誉至上的理念,到清末绩溪商人胡雪岩时,被发展到了极致。在胡雪岩经营的杭州庆余堂药店中,一方"戒欺匾",真实地反映了徽商诚信经营的事实,该匾额的文字云:"凡百货贸易均着不得'欺'字,药业关系性命,尤为万不可欺。余存心济世,誓不以劣品弋取厚利,惟愿诸君心余之心,采办务真,修制务精,不至欺余以欺世人,是则造福冥冥,谓诸君之善为余谋亦可,谓诸君之善自为谋亦可。"②

五是善观时变,灵活经营,以智取胜。在明清时期徽州的族谱、方志和文集等文献中,有关徽商善观时变、灵活经营进而取胜的文字记载,连篇累牍,不胜屈指。歙县《潭渡孝里黄氏族谱》在总结明代族人黄谊经营成功的经验中,即称先后经商于福建和山东的黄谊"基之以勤俭,参之以筹画,将之以果敢,颇以奇胜,未足自协。遂转毂于温、于杭及汴、扬都会之区,盐与子钱并举,择人而任时,间出,廉贾能度,息更倍入,厚积而速成,同侪莫之或及"③。休宁藤溪陈氏宗族在总结该族商人成功的原因时指出,"吾都雅尚商贾,挟智而游者受上报"④。也就是说,利用灵活经营的商业智慧,是徽商不断制胜的法宝。

六是贾而好儒,风雅倜傥。在徽州本土精英与民众心目中,明清时期徽商形象大多是贾而好儒、富而不骄、风雅倜傥之辈,是儒商的典范。一生中为徽商撰写了大量墓志铭、传记、行状和寿序的歙县岩寺人、兵部右侍郎、号称"文坛两司马"的汪道昆,因祖父即从事盐业经营而成为商人世家,故对徽商贾而好儒、文雅倜傥形象的描述与建构用力最勤。在他笔下,一个个贾而好儒的徽商儒商形象跃然书册,汪道昆亦因此成为徽州籍精英对徽商正面形象建构的最具代表性的人物之一。在为歙县溪阳里商人吴良儒撰写的墓志铭中,汪道昆盛赞吴良儒经商不忘诗书,"人言诸吴固多上贾,而处士之贾也良,其握算如析秋毫,其计赢得如取诸外府,其发也如贾大夫射雉,其掇之也如丈人之承蜩……暇则闭户翻书,摹六书、古帖,其知交率远贵游而亲尔雅,无不当人人心"。同时,汪道昆还借吴良

---

① 嘉庆《休宁县志》卷十五《人物·乡善》。
② 匾现仍悬于浙江省杭州市胡庆余堂药店大堂上方。
③ 雍正《潭渡孝里黄氏族谱》卷九《黄东泉处士行状》。
④ 康熙《藤溪陈氏宗谱》卷三《本宗列传第十六》。

儒之口，再次阐发了关于贾儒和名利之间的关系，曰："儒者直孳孳为名高，名亦利也；藉令承亲之志，无庸显亲扬名，利亦名也。不顺不可以为子，尚安事儒？"① 在盐商聚居的清代扬州，贾而好儒的徽商还"盛馆舍，招宾客，修饰文采"②，斥资资助文人的学术文化事业，在他们周围，集结了一批又一批的学者和文人，以致"怀才抱艺者，莫不寓居于此"③。徽商对学术事业的资助，直接促成了"徽扬学派"的产生，所谓"徽郡大姓，如汪、程、江、洪、潘、郑、黄、许诸氏，扬州莫不有之，大略皆因流寓而著籍者也。而徽扬学派，亦因以大通"④。在苏州，歙县商人潘之恒"以文名交天下士"⑤。在南京，婺源商人李廷芳"与留都诸缙绅游，皆以行谊相推重"⑥。在浙江，"吴宪自新安来钱塘初试，额未有商籍，业蹉之家艰于原籍应试。宪因与同邑汪文演，力请台使设立商籍，上疏报可。至今岁科如民籍例，科第不绝，皆宪之倡也"⑦。徽商以"贾而好儒"的"儒商"相标榜，"商名儒行"，"居商无商商之心。……好贤礼士，遇贤士则挥金不靳，有李白散金扬州之风"⑧。徽商的这一行为，有力地推动了城市多元文化的交流、互动与发展。在扬州、武汉、苏州和杭州等繁华的商业大都市，徽商通过与当地官员、商人、文人和百姓的交往与交流中，与他们形成了一种文化上的共识与认同。

明清时期，徽商还酷爱书籍、书画、碑帖和古器物的收藏。对此，许承尧曾慨叹道：

余生也晚，里中耆宿多不及见，犹及见王杏飘、汪艺梅诸先生，皆风雅，好奖进后学，兼攻鉴赏。而是时休、歙名族，乃程氏铜鼓

---

① （明）汪道昆著，胡益民、余国庆点校：《太函集》卷五十四《明故处士溪阳吴长公墓志铭》，黄山书社2004年版，第1143页。
② 民国《歙县志》卷一《舆地志·风土》。
③ 汪蔚林编：《孔尚任诗文集》卷七《札·与李畹佩》，中华书局1962年版，第540页。
④ （民国）陈去病：《五石脂》（不分卷），载《丹午笔记·吴城日记·五石脂》，江苏古籍出版社1999年版，第326页。
⑤ （明）汤显祖：《玉茗堂全集·文集》卷十三《有明处士潘仲公暨吴孺人合葬墓志铭》，载《续修四库全书》总1362册《集部·别集类》，第506页。
⑥ 万历《三田李氏统宗谱·仲父光禄寺署丞冲源先生行状》。
⑦ 嘉庆《钦定两浙盐法志》卷二十五《商籍二·吴宪》，载《四库全书存目丛书》史部总第841册，第562页。
⑧ 嘉靖《竦塘黄氏统宗谱》卷五《明故金竺黄公崇德公行状》。

斋、鲍氏安素轩、汪氏涵星研斋、程氏寻乐草堂，皆百年巨室，多蓄宋元书籍、法帖、名墨、佳砚、奇香、珍药，与夫尊彝、圭璧、盆盎之属。每出一物，皆历来赏鉴家所津津乐道者，而卷册之藏，尤为极盛。诸先生往来其间，每至，则主人为设寒具，已而列长案，命童子取卷册进，金题玉躞，锦贉绣褫，一触手，古香经日不断，相与展玩叹赏，或更相辨论，断断不休。某以髫龄随侍长老座隅，盖往往见之，恨尔时都无所知，百不能一二记忆也。①

明清时期的徽商，就是这样被一代一代包括其所在宗族在内的徽州籍文化和知识精英描绘成贾而好儒的"儒商"形象，并在徽州本土获得广泛的社会认同。

七是节衣缩食，生活俭朴。因山多田少、人众地寡，且少量的耕地十分贫瘠，粮食难以自给，故自南宋以来，徽州就形成了节约勤俭的风气。对此，弘治《徽州府志》曰："徽岭以南，壤瘠而民贫；岭北，壤沃而民饶；黟则民朴而俭，不事商贾；祁门则土隘，俗尚勤俭，男耕女绩，以供衣食；婺源乃文公桑梓之乡，素习诗礼，不尚浮华。"② 嘉靖《徽州府志》亦称徽州"贫者日再食，富者三食。食为饘粥，客至不为黍。家不畜乘马，不畜鹅鹜。其啬不几姑苏、云间"，至于女人，则"尤好能节俭，居乡者数月不沾鱼肉，日挫缄治纑纫绽。黟、祁之俗织木棉，同巷从相纺绩，女工一月得四十五日"。③ 徽商大都小本起家，在辛勤经营致富后，也多维持俭朴的生活。明代休宁珰溪金应宿在其纂修的《珰溪家谱补戚篇》中，把该族明代经商致富的族人金文海，当作"以勤持己，以俭率诸人"④ 的典型加以称赞。清初歙县籍商人江演于扬州经营盐业致富，亦是"处家至俭，一布袍屡浣不易，一茧被数十年不更制，非筵宴，尝蔬茹，无脓鲜之奉"。为此，《济阳江氏族谱》赞其"有齐晏子风"⑤。直到晚清时期，徽商的勤俭形象一直被徽州本土精英们所建构和推崇，宣统元年（1909），

---

① （民国）许承尧撰，李明回等校点：《歙事闲谭》卷二十《咸丰前歙人收藏之富》，黄山书社2001年版，第707页。
② 弘治《徽州府志》卷一《地理志一·风俗》。
③ 嘉靖《徽州府志》卷一《风俗》。
④ 万历《珰溪家谱补戚篇》卷五《明故盛四十五金君墓志铭》。
⑤ 道光《济阳江氏族谱》卷九《清诰赠光禄大夫演公原传》，转引自张海鹏、王廷元主编《明清徽商资料选编》，黄山书社1985年版，第381页。

婺源人汪镜芙在其提交的《婺源风俗之习惯》调查报告中,对婺源商人服饰衣着崇尚朴素节俭的传统有着较为细致的说明,云:"婺邑二十年前,服饰崇朴素,富商大贾往来江淮吴越间,皆穿土布衫。虽茶寮酒肆之中,楚舞吴歌之地,莫不称婺源朝奉。"① 尽管徽州籍精英在徽州方志、文集和杂记等文献中,也曾对个别徽商的奢侈性消费行为有所提及。还是汪道昆,在不惜笔墨盛赞徽商贾而好儒、勤俭节约、诚实守信和乐善好施等美德的同时,也对徽商的奢侈与铺张有所提及,在《汪长君论最序》中,汪道昆写道:"新安多大贾,其居盐筴者最豪,入则击钟,出则连骑,暇则召客高会,侍越女,拥吴姬,四座尽驩,世所谓芬华盛丽。"②

七是善于公关、官商一体的红顶商人。在长期经营与管理活动中,明清时期的徽商深谙公关之道,善于利用公关艺术,同官府中的徽州籍官员以及经商地的地方官府和士绅打交道。在盐业经营中,为了取得垄断了独占地位,徽商甚至和当时的最高统治者交往。清代两淮盐运总商、歙县人江春在乾隆皇帝六下江南时,不惜重金予以接待。他先后为朝廷平定金川叛乱、修治黄河、救济水灾等捐款总计1120余万两,深得乾隆皇帝的欢心。乾隆五十五年(1790),江春被乾隆邀请参加在北京举行的千叟宴,成为"以布衣上交天子"③的红顶商人,后来他更被乾隆皇帝"加授布政使衔,荐之一品"④,可谓享尽了荣耀。徽商把善于公关、结交官府发展到极致的,还有绩溪商人胡雪岩。这位被誉为"江南财神爷"的红顶商人,不仅广交官府如浙江巡抚王有龄等,操纵商场,活跃洋行,而且为清政府镇压太平军和协助左宗棠平定阿古柏叛乱、收回新疆主权捐款捐物,作出了突出的贡献,被授予了江西候补道员的官衔。

八是注重团结,抱团取暖。徽商经商于外,商海茫茫,人地两生,险恶难测。因为他们深知,"波涛千派,挂风帆益励战兢之心;星月一天,摇夜橹更防窥伺之辈"⑤。险恶的江湖,迫使徽商不得不团结起来,抱团取暖,以攻坚克难,取得经营的成功。在异地他乡,徽商大量建立会馆和行

---

① (清)刘汝骥:《陶甓公牍》卷十二《法制科·婺源风俗之习惯》。
② (明)汪道昆著,胡益民、余国庆点校:《太函集》卷二《汪长君论最序》,黄山书社2004年版,第49页。
③ 民国《歙县志》卷九《人物志·义行》。
④ (民国)许承尧撰,李明回等校点:《歙事闲谭》卷十八《江鹤亭》,黄山书社2001年版,第618页。
⑤ (清)佚名:《生意手册·标杠规单》,原件藏南开大学历史学院卞利处。

业公所,并以此为据点,团结同乡之人,互相帮助,协力并进。在武汉的汉口,徽商建立了自己的会馆组织——紫阳书院,为了拓宽新安巷,维护徽商的群体利益,他们和当地的土著发生了矛盾。为此,他们不惜动用会馆的全部资产,和当地人进行了6年诉讼。先是输了官司,直到40多年之后,才将官司赢了过来。不仅拓宽了新安巷,而且置买了店铺,扩充了道路,开辟了新安码头,并兴建了魁星楼。所以后来在武汉流传着这样一句民谣,"哪怕你湖北人刁,徽州人买断你汉口的腰"[1]。当然,这一官司所以能够最终获胜,全都依仗于徽商的群策群力、以众帮众,真正做到了有钱出钱、有力出力。依靠团结互助和群体的力量,团结互助,抱团取暖,徽商创造了一个又一个的辉煌业绩。

二 徽州域外文人学士笔下的徽商形象

徽州籍知识和文化精英所塑造的徽商正面形象,在徽州本土赢得了普遍的认同,这种认同与徽州地域文化认同一样,深深地扎根于徽州六县的土壤之中。

然而,在徽州本土之外,明清时期徽商的形象却并非如此。恰恰相反,除了收取不菲润笔费的部分官员和文人在其所撰写的墓志铭、行实和寿序等文字中,对徽商贾而好儒、以义为利和诚实守信形象进行言不由衷的盛赞之外,其他诸如徽商经商之地的方志和杂记文献中,对徽商的形象描述实在是不堪。在徽州域外的这些知识和文化精英笔下,徽商被塑造成悭吝、奢侈、鄙陋、薄情、猥琐、巧取豪夺、附庸风雅和为富不仁的暴发户,个别文人在其创作的白话小说或笔记文献中,甚至将徽商痛斥为"徽狗"[2]。

概括而言,明清徽州本土之外文献所描述的徽商主要有以下几个负面形象。

一是为富不仁、敲骨吸髓的重利轻义之徒。明清时期的徽商尽管乐善好施、以义为利,对捐助社会公益和慈善事业投入了极大的热情,并在经商地和桑梓故里徽州捐助建造了学校、书院、道路、桥梁和祠堂等大量基础设施,赈济了不少灾民,资助药局、会馆、公所等社会慈善事业,从而

---

[1] 曹觉生:《解放前武汉的徽商与商帮》,载《史学工作者通讯》1957年第3期。
[2] (明)凌濛初:《初刻拍案惊奇》卷九《宣徽院仕女秋千会,清安寺夫妇笑啼缘》。

赢得了"轻利重义"①的"儒商"和"义商"赞誉。但在徽州本土之外特别是在其经商之地，徽商则被视为攫取商业暴利、不惜敲骨吸髓、为富不仁的"徽狗"。明代中叶以降，徽商几乎垄断了江南地区的典当业，在为当地民众调剂余缺、解决一时燃眉之急的同时，也确实存在轻义重利盘剥和攫取者不义财富的现象，从而导致当地利益受损者的忌恨。在明代的松江府，"成化末，有显宦满载归，一老人踵门拜不已。宦骇问故，对曰：'松民之财，多被徽商搬走，今赖君返之，敢不称谢。'"②康熙《平湖县志》甚至说："湖人之髓，其足供徽人嗜吸耶？"③《此中人语》则云："近来业典当者最多徽人。其掌柜者，则谓之'朝奉'。若辈最为势利，观其形容，不啻以官长自居，言之令人痛恨。"④明末经营于镇江府金坛县的徽州典商，因垄断市场而获取暴利，这一行为曾导致该县诸生的群体性呈控，要求徽商给贫民让利，"金坛当质铺俱系徽商，典利三分；银水戥头，几及五分。诸生则控之县，求减恤民。诸商敛银八百浼王、冯二绅，王则为酌之曰：两外二分五厘，两内则仍三分。诸生复叫号于通衢曰：日求减典利为贫民也，贫民有两外之典乎？王、冯等又深恶之矣。诸生之出言竖议，大约多在乡绅，意复不肯扬善隐恶"⑤。结果被利欲熏心的徽商狠狠地戏耍了一把，这也就难怪当地人对徽商见利忘义行径如此痛恨的缘由了。为进一步强化徽商为富不仁的形象。

二是充满铜臭味的附庸风雅之辈。在徽州本土知识与文化精英所编撰族谱、方志等文献中，明清徽商贾而好儒、捐资助学、资助学术、作诗赋词、收藏书画、碑帖和古董等行为。在明代中叶以降，徽商聚居的"九省通衢"汉口，徽商不仅在此经营盐业、茶业、粮食、丝绸、棉布和饮食等业，而且还在清代中叶出资创办或赞助了甲辰诗社、巴氏吟宴等会社组织⑥，与当地文人雅士诗词"宾主倡酬，殆无虚日，'新雨联吟'、'落枝

---

① 道光《济阳江氏族谱》卷九《明处士世禄公传》，转引自张海鹏、王廷元主编《明清徽商资料选编》，黄山书社1985年版，第288页。
② （明）李绍文：《云间杂识》。
③ 康熙《平湖县志》卷四《风俗》。
④ （清）程址祥：《此中人语》卷三《张先生》。
⑤ （清）计六奇：《金坛狱案》，载《中国野史集成续编》第27册，巴蜀书社2000年版，第719页。
⑥ （民国）王葆心著，陈志平等点校：《续汉丛口谈》卷四，湖北教育出版社2002年版，第120页。

倡和'之集，[曹问林]、[方岩夫]两翁皆与诗会，兴不少衰"①。歙县商人黄承增、方轸等还为之刊刻了《新雨联吟集》。徽商的这些行为，向来备受徽州本土精英的推崇，被其视为徽商儒雅形象最有力的见证。然而，在徽商贾而好儒、舞文弄墨和斥巨资收藏书画、古董等名品的背后，却隐藏着难以言状的巨大功利性目的，被徽州本土之外文人学士指责为低俗的附庸风雅之举，从而受到了他们的鄙夷和不齿。即使是闻名全国的一些明清文人和学者，尽管在其著作中留下了不少对徽商予以称颂的序文、行状和墓志铭等文字记录，但除了笑纳数额不菲的润笔费之外，在内心深处，他们还是非常鄙夷和排斥徽商那副暴发户嘴脸的。为此，个别文人甚至用"新安耳食"②和"铜山钱库"③来嘲讽徽商购置名画附庸风雅的行为。连一向同徽州商人及官员来往较密、交情甚笃的王世贞都曾不屑一顾地当着休宁艺术家詹景凤的面，对徽商与苏州文人之间相互利用、各取所需的关系进行揶揄，云："新安富贾见姑苏文人，如蝇之聚一膻。"詹景凤倒是也不示弱，迅速回之以"姑苏文人见新安富贾，亦如蝇之聚一膻，何也？"④明清知名文人和官员们很清楚，自己同徽商之间其实就是一种彼此利用的关系。因此，当崇祯十五年（1642）钱谦益借游览黄山之机，用重金赎回被徽商购买的王维《江山霁雪图》之时，从他描写名画落入徽商而重见天日的文字，我们就明白了江南文人、名士是如何从心底里鄙夷充满铜臭味的徽商之辈了。钱谦益写道，"冯祭酒开之先生得王右丞《江山霁雪图》，藏弆快雪堂，为生平鉴赏之冠。董玄宰在史馆，诒书借阅，祭酒于三千里外械寄经年，而后归祭酒之孙研祥，以玄宰借画手书装潢成册，而属余志之。……祭酒殁，此卷为新安富人购去，烟云笔墨堕落铜山钱库中三十余年。余游黄山，始赎而出之，如丰城神物，一旦出于狱底，二公有灵，当为此卷一鼓掌也"⑤。由斯可见，当时东南地区的文人名士对徽商满身铜臭气的鄙夷和不屑。

---

① （清）范锴著，朱忱等校释：《汉口丛谈校释》，湖北人民出版社1999年版，第318页。
② （明）沈德符：《万历野获编》卷二十六《玩具》，中华书局1959年版，第653页。
③ （清）钱谦益：《牧斋初学集》卷八十五《题跋三·跋董玄宰与冯开之尺牍》，载《续修四库全书》总第1389册《集部·别集类》，第434页。
④ （明）詹景凤：《詹氏性理小辨》卷三十八《撷藻下》，载《四库存目丛书》子部第112册，第510页。
⑤ （清）钱谦益：《牧斋初学集》卷八十五《题跋三·跋董玄宰与冯开之尺牍》，载《续修四库全书》总第1389册《集部·别集类》，第433—434页。

三是一副吝啬薄情和行为猥琐的嘴脸。在徽州本土，明清徽商的吝啬被当作勤俭节约的美德而加以正面形塑的。而在徽州本土之外，特别是徽商较为集中的江南地区，徽商的吝啬则被当地知识和文化精英们塑造为薄情与猥琐的形象而加以嘲讽及斥责。明代小说家凌濛初在其《二刻拍案惊奇》曾指出："徽州人有个僻性，是乌纱帽、红绣鞋，一生只这两件事不争银子，其余诸事悭吝了。"① 清人董含则在《三冈识略》中记录了徽州汪、程二大姓富商因为鄙吝而受到因果报应的事迹，云："新安有富人二：一程，一汪，以贾起家，积财巨万。性鄙啬，虽产日广，而自奉弥俭。以重利权子母，持筹握算，锱铢必较。汪无子，病将革，族人争立，抢夺一空，奴辈各攫赀散去，汪卧床不得食，引首四顾，饮恨而卒。程三子，长子获与乡荐，贪滛以横，田宅益广。遇乱，怨家群起劫之，被杀，余二子五孙皆死于兵。"② 沈起凤甚至以调侃的形式，记录了徽州某富翁为富不仁的文字。这位在苏州经营起家的富商在向他人传授致富奇术时说："求富不难，汝等先治其外贼，后治其内贼，起家之道，思过半矣。"外贼则指的是眼、耳、鼻、舌、身，而"内贼亦有五，仁、义、礼、智、信是也。仁为首恶，博施济众，尧舜犹病。我神前立誓，永不妄行一善，省却几多挥霍。匹夫仗义，破产倾家，亦复自苦。我见义则忘，落得一生享用。至礼尚往来，献缟赠苧，古人太不惮烦。我来而不往，先占人便宜一着。智慧为造物所忌，必至空乏。终身只须一味混沌，便可常保庸福。若千金一诺，更属无益。不妨口作慷慨，心存机械，俾天下知我失信，永无造门之请。此五者皆除内贼之诀也。精而明之，不爱脸，不好舌，不惜廉耻，不顾笑骂，持此以往，百万之富，直反掌间耳"③。类似的调侃性文字，在明代中叶以来的笔记小说等相关文献中还有不少记载。这一现象至少说明，明清时期的徽商在徽州域外的文人学士和民众心目中的形象，远非如徽州本土文献和知识精英们所描述的那样光鲜。

四是趋炎附势、奢侈挥霍的暴发户形象。为了攫取最大利益，明清时期的徽商在徽州本土和经商地慷慨捐资用于道路、桥梁、园林、学校、书院和城市等基础设施建设，并大力资助慈善事业，在徽州知识和文化精英

---

① （明）凌濛初：《二刻拍案惊奇》卷十五《韩侍郎婢作夫人，顾提控椽居郎属》，黄山书社 1995 年版，第 163 页。
② （清）董含：《三冈识略》卷八《积财贻害》，辽宁教育出版社 2000 年版，第 177 页。
③ （清）沈起凤：《谐铎》卷七《鄙夫训世》，清嘉庆二十五年刻本。

纂修的族谱和方志等文献中，是被作为徽商乐善好施的儒商典范而形塑的。但在徽州域外的经商地，徽商捐助公益和慈善事业之举，则往往被指责为是出于趋炎附势、结交官府获取自身利益的动机和目的。在经商之地，徽商不惜"广挟金钱，依托势要，钻求札付"①。在明清两淮盐业的中心——扬州，明代休宁商人汪新"既雄于赀，又以文雅游扬（州）缙绅间，芝城姜公、金公辈名儒巨卿皆与公交欢"②。清代两淮盐运总商、歙县人江春等人甚至不惜斥资千万两白银，多次为乾隆皇帝接驾，并捐资开展扬州城市园林、道路和梅花书院等基础设施建设。对此，《两淮盐法志》云：江春"为总商四十年，国家有大典礼及工程灾赈，兵河饷捐，上官有所筹划，春皆指顾集事"③。最后获得了最高统治者乾隆皇帝的赏识，被赐予正一品的官衔。其实，江春对公益慈善事业的捐助，正是为了寻求最高统治者的支持，把持两淮盐业的支配地位和垄断优势，获取自身的利益最大化这一目的而进行的。对此，有人对徽商的贾而好儒进行了这样的解读，认为徽商的"贾而好儒（文化）者实在'几希'。由附庸风雅而后玩出名堂的固不乏其人，但那一开始大多也是一种投资行为，并非目的，更非'性格特点'。如将'贾而好儒'理解为'贾而好官'，则无论其为古为今，则庶近之。关于所谓'贾而好儒'，今人的说法倒不如身在其中的汪道昆本人'迭相为用'，即官与商互相利用的说法那样直捷而爽快。特别需要指出的是，汪道昆所说的'儒'，也就是官僚或预备官僚，与今天业已成为独立的文化事业的从业者是完全不能等同的"④。包括江春等徽商对公益和慈善事业的捐助，与其纵情声色犬马的消费，可谓小巫见大巫。对徽商这一奢侈挥霍性行为，连清世宗都曾予以谴责。在雍正元年（1723）八月的一道谕旨中，清世宗指出："朕临御以来，躬行节俭，欲使海内之民，皆敦本尚实，庶康阜登而风俗醇。夫节俭之风，贵行于闾里，而奢靡之习，莫甚于商人。朕闻各省盐商内实空虚，而外事奢侈，衣服屋宇，穷极华靡；饮食器具，备求工巧；俳优妓乐、恒舞酣歌；宴会嬉游，

---

① （明）贺仲轼：《冬官记事》，载《丛书集成初编》第1500册，中华书局1985年版，第4页。
② 顺治《休宁西门汪氏宗谱》卷六《挥金新公墓志铭》。
③ 同治《续纂扬州府志》卷十五《人物志七·流寓》。
④ （明）汪道昆撰，胡益民、余国庆点校：《太函集·点校前言》，黄山书社2004年版，第3页。

殆无虚日。金钱珠贝，视为泥沙。甚至悍仆豪奴服食起居，同于仕宦。越礼犯分，罔知自检；骄奢淫逸。相习成风，各处盐商皆然，而淮阳为尤甚。使愚民尤而效之，其弊可胜言哉。尔等既司盐政。宜约束商人，严行禁止，出示晓谕，谆切劝诫，使其痛自改悔。庶循礼安分。不致蹈僭越之愆。"① 在这里，明清时期的徽商特别是徽州盐商纵情声色犬马，过着一种无度的生活，的确是一个客观存在的事实。

五是偷税漏税、巧取豪夺的不法奸商。在徽州本土的族谱、方志等各类文献中，明清时期的徽商向来被当地知识和文化精英形塑为诚信守法、以义为利的义商良贾，并凭借吃苦耐劳、开拓进取和灵活的经营方略而获得财富，取得成功。而在徽商聚居的经营之区，人们则将徽商获取暴利之举同偷税漏税和巧取豪夺联系在一起，认为正是通过这种偷税漏税、巧取豪夺的不法经营，徽商才最终实现了迅速暴富的目的。明代万历三十五年（1607），河南巡抚沈季文就曾针对在河南从事典当业经营的徽商税负极低（实际上是偷税漏税）现象，专门向明神宗建上疏，建议对徽商课以重税，云："征税之法，当税富民，不当税贫民；当有官税，不当有私税；当征有税之税，不当征无税之税。商贾之中有开设典当者，但取子母，无赋役之烦、舟车之权、江湖之险，此宜重税，反以厚赂而得轻。至于小民担负之微，市饼卖浆，豨毛牛骨，终日经营，不过铢两，反以输纳而得重，此甚非平也。今徽商开当遍于江北，赀数千金，课无十两，见在河南者，计汪充等二百十三家，量派银二千六百余两，抵其全数，足免贫民。盖取之富商者，不过割其羡余；征之微末者，则如朘其膏脂臣。"② 徽商在河南经营的 213 家典当铺，拥有数千金的资本，竟然纳税不到 10 两。沈季文的奏疏，揭示了偷逃税款行为的普遍性，徽商的守法诚信经营在这里被打了大大的问号。徽商之所以受到经商地民众的痛恨，除了偷税漏税之外，还有就是巧取豪夺。杭州西湖南、北二山，是天子岗—天目山东向的余脉，逶迤东来，气势磅礴，"风气盘结，实城廓之护龙"，向来是杭州"百万居民坟墓之所在也，往时徽商无在此图葬者"。但聚居在杭州、经济实力不断壮大的徽商在明代成化以后，却看中了这块风水宝地。为谋占这块风水宝地，徽商不惜"冒籍占产，巧生盗心。或毁人之护沙，或断人之来脉。致

---

① 《清世宗实录》卷十，雍正元年八月己酉条。
② 《明神宗实录》卷四百三十四，万历三十五年六月丁酉条。

于涉讼,群起助金,恃富凌人,必胜斯已"①。这种挖人祖坟为己所用的强盗行径,引起了杭州民众的公愤,并最终引发了一场官司之讼。徽商的这一巧取豪夺的行径,暴露了自诩为乐善好施徽商的不义面目。

三 徽州本土和域外对徽商形象认同差异产生的原因分析

明清时期,富甲一方的徽商,为什么在徽州故里和域外文献记载中呈现出两种截然不同的形象?徽州本土知识文化精英和从徽商那里攫取不菲润笔费的文人学士描述的徽商,与徽州本土之外文人学士描绘的徽商,为什么会产生如此迥别的差异?

揆厥其缘由,我们以为,主要有以下几种因素:

首先,地域文化认同和地域歧视所致。就明清时期经济文化最发达之区的江南而言,经济的富庶、科第的兴盛和文化的繁荣,使这一地区的知识和文化精英群体产生了天然的认同感、优越感和自豪感,对相对较为落后贫瘠的徽州山区,以及来自徽州山区攫取巨额财富的徽商,他们拥有较为强烈的地域歧视和排斥性心理。对此,明代书画艺术家、休宁人詹景凤曾对以王世贞等为代表的江南文人歧视徽州和徽商行为进行过揭露与分析,认为王世贞之所以"好引重其友人,夸诩其乡人,讥弹吾新安人",其原因主要在于其恃才傲物的地域优越感和压制与苏州并驾齐驱的徽州。指出:

> 王何以好讥弹吾新安人?彼以天下之苏、徽,犹天之有日月也,压服新安,则苏为无双四海矣。王尝恨知音希值,致美隋炀帝妒薛道衡,今幸不杀吾新安人尔。王所与新安人周旋,多富商、荡子,新安诸贤亦往往以其故,不悦司寇。见郡人有求司寇(王世贞——引者注,下同),文交司寇,辄共诮诋,则吾新安诸贤亦过矣。②

对徽州文化有着强烈认同的詹景凤,一方面,对恃才傲物的王世贞处处体现出尊重之情;另一方面,对其歧视徽州的做法不以为然。在以"姑

---

① 万历《杭州府志》卷十九《风俗》。
② (明)詹景凤:《詹氏性理小辨》卷三十八《撷藻下》,载《四库存目丛书》子部第112册,第509页。

苏文人见新安富贾，亦如蝇之聚一膻"，善意地回击了王世贞"新安富贾见姑苏文人，如蝇之聚一膻"的同时，詹景凤亦详细地列举了徽州文学的成就，以回应王世贞对徽州文学成就的轻慢，认为：

> 前郡人汪太学求司寇叙其诗，中有云："使新安人而能诗，则天下无不能诗者矣。"近又叙新安一少年诗，则首之曰："歙无诗，至伯玉（汪道昆——引者注）而有诗。"夫今世所称诗，宗者非唐耶？唐以吾休宁人吴少微为正始，其子吴巩又与吾家老硝相后先掩映。迄宋，则诸君子多游理窟，至如吾元晦（朱熹——引者注）感遇诸什，彼司寇五六公有能过之者？不即如吾家《学录》、《咏怀》诸篇，亦酷似陈伯玉。又其时，吾休宁有吴微兄弟，以诗文著天下，人以为与苏氏同称曰"眉山三苏、江东二吴"。吴后，歙又有罗鄂州兄弟。至入国朝，而吾家太宰长歌依稀供奉。成［化］、弘［治］间，吾休宁克勤学士又以天下诗文著，盖实开献吉之基。献吉起，而姑苏始有徐昌榖、黄省曾。维时，吾歙、休亦有程自邑。假令自邑而无诗也，则献吉何以曰"黄子，吾真畏程生尔"？更奇哉，继程则吾休有陈山人达甫、吴司训瑞穀，歙有方司徒定之、江左辖民莹、陈山人仲房，皆铸词汉唐，多可传述。后十五六年，而司马伯玉生歙，诗果谁始乎？或曰："司寇意非贬歙也，欲跻己于吴士上，故乃先跻伯玉，谓'吾两人辟二郡洪荒也。'"此或信然。然当时天下实靡有能出两公上者，假令司寇不言，人更望洋不见涯涘。①

我们之所以在此不惜篇幅，大段引录詹景凤为徽州辩护的文字，其实正是基于詹景凤对徽州文化认同、归属和自豪之感。而对于王世贞对徽州地域文化暨徽州人的贬低与歧视，詹景凤则心平气和地指出，因自然条件和风俗习性之差异，包括徽州和苏州在内的全国各地自然会产生差异，各地之人亦各有优劣长短，要在消除偏见，取长补短，而非冷嘲热讽，"夫五方性殊，好尚各异，互有瑕疵，类难相一。譬诸寸尺，此有所短，彼有所长，何能相咲然？而人情安于习俗，快于嘲人。如其各执习见，以此嘲

---

① （明）詹景凤：《詹氏性理小辨》卷三十八《攦藻下》，载《四库存目丛书》子部第112册，第509—510页。

彼，足当经籍，便为后世断案，则圣人奚以贵于教乎？"① 从地域文化和心理接受与认同这一视角而言，詹景凤的论述是极富道理和启发意义的。

其次，文人的穷酸清高和徽商纵情于声色犬马，形成了巨大的反差，从而导致了部分文人心理上的失衡，成为部分文人抹黑徽商形象，甚至是以侮辱性语言和文字痛斥徽商为富不仁行为的重要原因之一。扬州八怪中的郑板桥在贫困潦倒时，曾得到过扬州盐商祁门人马曰琯的接济。在一封家书中，郑板桥对文人的贫困和无赖现象有着深刻的揭示，云："文人无赖，日事奔走阿谀。彼等非天生媚骨，恬不知耻，何至若此？所以若是者，为谋家庭升斗，将儿不啼、女不哭、妻子不骂读书无用也。困穷如是，情有可原。特如黄、朱二子，力学俱优，在扬州薄有声名，愚素钦仰，乃亦追逐其间，随声附和，是何道理？或曰：亦为贫故。伤哉，贫也。"② 文人如此潦倒穷困的生活，与"连屋列肆，乘坚策肥，被绮縠，拥赵女，鸣琴跕屣"③ 暴富的徽商形成了鲜明的对比。在文人发迹以后，他们对徽商的痛恨和不齿，便也在情理之中了。

最后，徽州本土文献记载的一边倒和域外文献记载的片面性，直接造成了两者对徽商形象认同的差异。我们注意到，记载有关明清时期徽商"贾而好儒"、乐善好施、捐助社会公益和慈善事业的原始文献史料，大都出自徽商所在家族纂修的谱牒、徽州本土地方志和徽州本地文人的文集、杂记，而族谱、方志本身扬善隐恶的曲笔书法，是造成对捐助社会公益和慈善事业的徽商一边倒称赞的始作俑者。更何况徽州很多名门望族谱牒的纂修和刊印开销大部分都是来源于徽商的资助呢？"文人发起，商人助资"④ 已成为明清至民国时期徽州族谱纂修和刊印的基本模式，试问怀揣商人提供的丰厚资金，受命为该商人及其家族修谱立传，有几人会敢冒求真求实书写族中那些坑蒙拐骗的徽商呢？至于地方志中徽商义商良贾的传记，其所依据的史料和素材，亦多来源于族谱中的记载。而包括徽州本土和域外的明清知名官员、文人或学者不惜笔墨赞誉徽商的善行义举，则大

---

① （明）詹景凤：《詹氏性理小辨》卷三十八《攡藻下》，载《四库存目丛书》子部第112册，第510页。
② 郑炳纯辑：《郑板桥外集·与起林书》，山西人民出版社1987年版，第52页。
③ （明）归有光著，周木淳校点：《震川先生集》卷十三《白庵程翁八十寿序》，上海古籍出版社2007年版，第319页。
④ 民国《龙川胡氏支派宗谱》卷首《序·章献琳序》。

多是笑纳了徽商不菲的润笔费而不得不写下言不由衷的溢美之词而已。而痛斥徽商吝啬鄙陋、猥琐薄情和为富不仁，除了诸如王世贞等辈所接触的多是徽州富商和浪荡之人而引起其感官上的不悦与心理上的鄙视外，显然也充满着这些文人学士的地域性歧视与偏见。所有这些因素，都是造成徽州本土和域外文献对徽商形象描述与塑造的不一、难以达成共识祭认同的重要原因之一。

古人的生活品味：养生、起居与赏玩

——《遵生八笺》解读

陈 锋

（武汉大学）

摘要：《遵生八笺》是一部集养生、交友、赏玩于一体的综合性著作。本文在叙述《遵生八笺》的作者和内容的基础上，主要探讨《遵生八笺》对养生理论的借鉴与认识，以及明代文人的起居、旅游、交友、古玩鉴赏。

关键词：《遵生八笺》 养生 起居 古玩鉴赏

高濂的《遵生八笺》是一部重要的著作，但学界对其研究较少，尤其来自历史学者、哲学学者、古玩学者的研究鲜见，现有的研究主要集中在养生方面，包括吴非《〈遵生八笺〉养生思想研究》，白雪、张云崖、杨琳静《高濂的养生思想及方法——〈遵生八笺〉之〈延年却病笺〉》，白雪、乔丽娜《从〈遵生八笺〉看明清时期中国传统养生文化》，刘理想、金香兰等《〈遵生八笺〉中怡情养生实践方法初探》，石惠民《从〈遵生八笺〉论明代茶文化与养生》等。[①] 由此可见，我们对古代事物没有足够重视，另外也说明还有很多东西值得去研究。

一 《遵生八笺》的作者及主要内容

《遵生八笺》的作者是明代的高濂。高濂字深甫（父），号瑞南道人，

[①] 吴非：《〈遵生八笺〉养生思想研究》，中国中医科学研究院2007年硕士论文。白雪、张云崖、杨琳静：《高濂的养生思想及方法——〈遵生八笺〉之〈延年却病笺〉》，《现代养生》2011年第10期。白雪、乔丽娜：《从〈遵生八笺〉看明清时期中国传统养生文化》，《搏击》2011年第12期。刘理想、金香兰等《〈遵生八笺〉中怡情养生实践方法初探》，《江西中医药学院学报》2012年第1期。石惠民：《从〈遵生八笺〉论明代茶文化与养生》，《艺术科技》2014年第3期。

又号湖上桃花渔,浙江钱塘人,今杭州市人。大约生活于明代嘉靖、隆庆至万历年间。一般历史上有记载的人物要么是有相当级别的官员,要么是在主流学术中作出过重大贡献的文人,而高濂写的《遵生八笺》这本书可以说是非主流的,因为养生、赏玩在中国传统文化观念中不是非常正道的东西,所以《明史》里没有关于他的传记,其他典籍里也没有他的传记。据《遵生八笺》之一《燕闲清赏笺》记载的"余为典客时,高丽使者馈墨"可知,高濂可能做过小官,"典客"类似于现在的一般政府工作人员,如秘书、接待之类的。且他做官的时间应该非常短,因为再无其他记载。从其他材料中还可看出,高濂的家庭条件优渥,大多数时间生活在杭州,家中有一座非常好的、像别墅一样的房子,有专门的藏书楼,"筑山满楼……藏古今书籍",这个藏书楼"山满楼",或许另外的名字叫"妙赏楼",有藏书印记为证:"其印记曰'妙赏楼藏书',曰'高氏鉴定宋刻版书',曰'高深父妙赏楼藏书'。又有'五岳真形图'。每册首皆用之"。①经高濂收藏鉴定后的书会盖上各式印章,且印章考究、精美。高濂的主要藏品是书,《遵生八笺》屠隆序称,高氏"家世藏书",说明不仅他一个人在收藏,其父辈甚至祖辈也都在收藏,是藏书世家。高濂当时收藏的书大多是宋版书,一本即价值连城。也大量收集医学书。所谓"少志博习,得古今书最多,更善集医方书"②。高濂不仅拥有非常丰富的藏品,对古玩、文物有很好的鉴赏能力,所谓"鉴赏文物,无所不涉"。且十分注重保养身体。高濂的一生可以用四句话来概括:"富收藏、精鉴赏、工文学、善养生。"此外,高濂还精通音律,"能度曲",在宴客时常"按拍高歌"。古人的"唱"大多为吟唱,要有深厚的文化功底和音乐才能。所以高濂是一位真正的才子。

另外,高濂的文学作品,传世至今的有诗文集《雅尚斋诗草》《芳芷楼诗》,戏曲传奇《玉簪记》《节孝记》等。

高濂不仅是理论养生家,也是实践养生家。他年幼时身体羸弱,眼睛不好,由此开始锻炼身体、注重养生,因方法得当,随后不仅疾病痊愈,身体也愈发强壮。自称:"余幼病羸,复苦瞆眼,癖喜谈医。自家居客游,路逢方士,靡不顿首倾囊,以索奇方妙药……自治羸疾顿壮,蒙疾顿明。

---

① (清)丁申:《武林藏书录》卷中,"高瑞南"条。
② (清)叶昌炽:《藏书纪事诗》卷3。

用以治人，应手奏效。"久病成医，高濂对养生慢慢有了心得，不但为自己治疗，还给旁人看病。他还泡制了"延龄聚宝酒"，高濂"年三十九岁服起，于六十四岁，须发如漆，齿落更生，精神百倍，耳目聪明"。

一般认为，《遵生八笺》是一本养生专著，是我国古代养生学的主要文献之一，但我不这么认为。它还涉及旅游、交友、鉴赏等内容，应该说这是一本集养生、交友、赏玩于一体的综合性著作。

《遵生八笺》始刊于明万历十九年（1591），乾隆年间收入《四库全书》。《四库全书》中的作品除了在政治上有所选择以外，在学术性、准确性上也有严格把控，因此《遵生八笺》绝非不经之说。1985年，巴蜀书社首次对该书加以标点，分册印行。此后又有多种版本出现。

该书按内容分为八类，每类一笺，故名八笺。《说文解字》中解释"笺"为"表、识、书"也，我认为很恰当。其中有三种含义，"表"是分别表述清楚，"识"是注释，"书"是分析的意思。"八笺"既是八类，又是八种解说和注释。事实上，《四库全书》已对《遵生八笺》进行了分类，这个分类可说是最标准的：

> 其书分为八目，卷一、卷二曰《清修妙论笺》，皆养生格言。卷三至卷六曰《四时调摄笺》，皆按时修养之诀。卷七、卷八曰《起居安乐笺》，皆实物器用可资颐养者。卷九、卷十曰《延年却病笺》，皆服气导引诸术。卷十一至卷十三曰《饮馔服食笺》，皆食品名目，附以服饵诸物。卷十四至十六曰《燕闲清赏笺》，皆论赏鉴清玩之事，附以种花卉法。卷十七、十八曰《灵秘丹药笺》，皆经验方药。卷十九曰《尘外遐举笺》，则历代隐逸一百人事迹也。书中所载专以供闲适消遣之用。①

按照《遵生八笺》的内容，我认为可以分成四大类：第一类为养生内容，包括卷一、卷二《清修妙论笺》，卷三至卷六《四时调摄笺》，卷九、卷十《延年却病笺》，卷十七、卷十八《灵秘丹药笺》，共十卷。第二类为起居器物、环境和旅游，包括卷七、卷八《起居安乐笺》，卷三至卷六《四时调摄笺》，共六卷。第三类为古玩鉴赏，包括卷十四至卷十六《燕闲

---

① 《四库全书总目》卷123，《子部三十三·杂家类七》。

清赏笺》，共三卷。第四类为隐逸人士事迹，即卷十九《尘外遐举笺》。

《遵生八笺》号称"八笺"，但事实上分为以上四大类，难免有体例混乱的地方，《四库全书总目》也曾指摘其"标目编类，亦多涉纤仄，不出明季小品积习"。

二 养生理论的借鉴与认识

高濂在养生延年上有三个方面值得特别注意：一是对传统的养生理论有很好的借鉴、总结。二是在借鉴、总结前人论说的基础上，叙述了自己的系统认识。三是有自己的实践。

从借鉴前人的养生学说出发，高濂广泛搜集了道教、佛教中有关修身养性的名言确论。《遵生八笺》卷一《清修妙论笺上》，曾引用庄子所言"能遵生者，虽富贵不以养伤身，虽贫贱不以利累形"，以及《福寿论》中"贫者多寿，富者多促。贫者多寿，以贫穷自困而常不足，无欲以劳其形、伐其性，故多寿。富者奢侈有余，贼心害性，所以折其寿也"等。之后引出"养生大要"：

> 一曰啬神，二曰爱气，三曰养形，四曰导引，五曰言语，六曰饮食，七曰房室，八曰反俗，九曰医药，十曰禁忌。……身以安乐为本。安乐所可致者，以保养为本。先其本，则本固，本既固，疾病何由而生？寿岂不永？故摄生有三：曰养神，曰惜气，曰防疾。

高濂总结前人经验，指出养生有十个值得特别注意的地方，后又提出"养神、惜气、防疾"是养生中较为重要的三个方面。

《遵生八笺》卷二《清修妙论笺下》引用了佛教经典总集《大藏经》的养生观点，"救灾解难，不如防之为易；疗疾治病，不如避之为吉"。认为人生来会得"百病"：

> 喜怒偏执是一病，亡义取利是一病，
> 好色坏德是一病，专心系爱是一病，
> 憎欲无理是一病，纵贪蔽过是一病，
> 毁人自誉是一病，擅变自可是一病，
> 轻口喜言是一病，快意逐非是一病，

以智轻人是一病，乘权纵横是一病，
非人自是是一病，侮易孤寡是一病，
以力胜人是一病，威势自胁是一病，
语欲胜人是一病，货不念偿是一病，
曲人自直是一病，以直伤人是一病，
与恶人交是一病，喜怒自伐是一病，
愚人自贤是一病，以功自矜是一病，
诽议名贤是一病，以劳自怨是一病，
以虚为实是一病，喜说人过是一病，
以富骄人是一病，以贱讪贵是一病，
谗人求媚是一病，以德自显是一病，
以贵轻人是一病，以贫妒富是一病，
败人成功是一病，以私乱公是一病，
好自掩饰是一病，危人自安是一病，
阴阳嫉妒是一病，激厉旁悖是一病，
多憎少爱是一病，坚执争斗是一病，
推负着人是一病，文拒钩剔是一病，
持人长短是一病，假人自信是一病，
施人望报是一病，无施责人是一病，
与人追悔是一病，好自怨憎是一病，
好杀虫畜是一病，蛊道厌人是一病，
毁訾高才是一病，憎人胜己是一病，
毒药酖饮是一病，心不平等是一病，
以贤喷嘀是一病，追念旧恶是一病。
不受谏谕是一病，内疎外亲是一病，
投书败人是一病，笑愚痴人是一病，
烦苛轻躁是一病，搁擿无礼是一病，
好自作正是一病，多疑少信是一病，
笑颠狂人是一病，蹲踞无礼是一病，
丑言恶语是一病，轻慢老少是一病，
恶态丑对是一病，了戾自用是一病，
好喜嗜笑是一病，当权自信是一病，

诡谲谀謟是一病，嗜德怀诈是一病，
　　两舌无信是一病，乘酒凶横是一病，
　　骂詈风雨是一病，恶言好杀是一病，
　　教人堕胎是一病，干预人事是一病，
　　钻穴窥人是一病，不借怀怨是一病，
　　负债逃走是一病，背向异词是一病，
　　喜抵捍戾是一病，调戏必固是一病，
　　故迷悮人是一病，探巢破卵是一病，
　　惊胎损形是一病，水火败伤是一病，
　　笑盲聋哑是一病，乱人嫁娶是一病，
　　教人捶擿是一病，教人作恶是一病，
　　含祸离爱是一病，唱祸道非是一病，
　　见货欲得是一病，强夺人物是一病。

如果"除此百病，逐日点检，使一病不作，决无灾害、痛苦、烦恼、凶危，不惟自己保命延年，子孙百世亦永受其福矣"。以佛法来讲，一切人生理上的病，多半是由心理而来，所谓心不正，心不净，人身就多病。身病往往与心病结合。"百病"主要是心理和行为上的毛病，如喜怒偏执、喜怒自伐、专心系爱、心不平等、以智轻人、多憎少爱等属于心理之病。如亡义取利、好色坏德、乘权纵横、威势自胁、与恶人交、非议名贤等属于行为之病。当然，心理和行为的毛病很多时候是难以区分、合二为一的。百病可以用百药医，所以，"百病"之后列有"百药"：

　　思无邪僻是一药，行宽心和是一药，
　　动静有礼是一药，起居有度是一药，
　　近德远色是一药，清心寡欲是一药，
　　推分引义是一药，不取非分是一药，
　　虽憎犹爱是一药，心无嫉妒是一药，
　　教化愚顽是一药，谏正邪乱是一药，
　　戒勑恶仆是一药，开导迷误是一药，
　　扶接老幼是一药，心无狡诈是一药，
　　拔祸济难是一药，常行方便是一药，

怜孤恤寡是一药，矜贫救厄是一药，
位高下士是一药，语言谦逊是一药，
不负宿债是一药，愍慰笃信是一药，
敬爱卑微是一药，语言端悫是一药，
推直引曲是一药，不争是非是一药，
逢侵不鄙是一药，受辱能忍是一药，
扬善隐恶是一药，推好取丑是一药，
与多取少是一药，称叹贤良是一药，
见贤内省是一药，不自夸彰是一药，
推功引善是一药，不自伐善是一药，
不掩人功是一药，劳苦不恨是一药，
怀诚抱信是一药，覆蔽阴恶是一药，
崇尚胜己是一药，安贫自乐是一药，
不自尊大是一药，好成人功是一药，
不好阴谋是一药，得失不形是一药，
积德树恩是一药，生不骂詈是一药，
不评论人是一药，甜言美语是一药，
灾病自咎是一药，恶不归人是一药，
施不望报是一药，不杀生命是一药，
心平气和是一药，不忌人美是一药，
心静意定是一药，不念旧恶是一药，
匡邪弼恶是一药，听教伏善是一药，
忿怒能制是一药，不干求人是一药，
无思无虑是一药，尊奉高年是一药，
对人恭肃是一药，内修孝悌是一药，
恬静守分是一药，和悦妻孥是一药，
以食饮人是一药，助修善事是一药，
乐天知命是一药，远嫌避疑是一药，
宽舒大度是一药，敬信经典是一药，
息心抱道是一药，为善不倦是一药，
济度贫穷是一药，舍药救疾是一药，
信礼神佛是一药，知机知足是一药，

> 清闲无欲是一药，仁慈谦让是一药，
> 好生恶杀是一药，不宝厚藏是一药，
> 不犯禁忌是一药，节俭守中是一药，
> 谦己下人是一药，随事不慢是一药，
> 喜谈人德是一药，不造妄语是一药，
> 贵能援人是一药，富能救人是一药，
> 不尚争斗是一药，不淫妓嬿是一药，
> 不生奸盗是一药，不怀咒厌是一药，
> 不乐词讼是一药，扶老挈幼是一药。

"百病"与"百药"实则与做人处事相关，治百病，首先是治心，即所谓"古之圣人，其为善也，无小而不崇；其于恶也，无微而不改。改恶崇善，是药饵也"。如果"以百药自治，养吾天和，一吾心志"，就可以达到"耆年颐寿之地"。

除了心病要用"心药"医治外，《遵生八笺》首先注意到了四季的调理，主要反映在《四时调摄笺》中，高濂认为："时之义大矣，天下之事未有外时以成者也。"春夏秋冬四季之"时"，与养生关系密切。四季分别有不同的注意事项和调理办法。如春季"春阳初升，万物发萌"，常感精神昏倦，宿病也随之发动，但一般情况下应尽量少吃或不吃药，多出门活动，"春日融和，当眺园林亭阁虚厂之处"。春季分为三阶段，"季春"指春的最后一个月，季春"时肝脏气伏，心当向旺"，此时应益肝补肾，顺应时节。夏季则要"夜卧早起"，保持身心愉悦，忌生气，忌暴晒、极热，大汗淋漓。

此外，高濂注意到了延年却病，认为"生身以养寿为先，养身以却病为急"，养生无非是想活得更长久，但并非赖活着，而要活得有尊严、有质量；养生是要强壮体格，提高免疫力，减少或避免疾病的发生，"我命在我，不在于天"，不能无所作为。高濂说，掌控生命，"大法有三：一保精，二行气，三服饵"，主要是节欲、养气、饮食。这与他提出的"养神、惜气、防疾"是互为一体的。

关于节欲，《遵生八笺》卷十《延年却病笺下》中有《色欲当知所戒论》，其论称"人生孰不欲倚翠偎红"，食色性也，男女都有各自的需求，但是过度纵欲有害。"元气有限，人欲无穷，欲念一起，炽若炎火。人能于欲念初萌，即便咬钉嚼铁，强制未然。思淫逸之所，虎豹之墟也，幽冥之径也。"他不是宣扬戒欲，而是在讲如何合理节欲。他又说"色欲知戒者，延年之效有十"：

> 阴阳好合，接御有度，可以延年。
> 入房有术，对景能忘，可以延年。
> 毋溺少艾，毋困嶸童，可以延年。
> 妖艳莫贪，市妆莫近，可以延年。
> 惜精如金，惜身如宝，可以延年。
> 勤服药物，补益下元，可以延年。
> 外色莫贪，自心莫乱，可以延年。
> 勿作妄想，勿致梦交，可以延年。
> 少不贪欢，老能知戒，可以延年。
> 避色如仇，对欲知禁，可以延年。

在"色欲知戒"的同时，高濂又提出"身心知损者，延年之劾二十"，包括"口勿妄言，意勿妄想""行住量力，勿谓形劳""悲哀喜乐，勿令过情""物来顺应，事过心宁""爱憎得失，揆之以义""动止有常，言谈有节"等，以保持身心的健康。

关于养气，高濂称："人之所生，神依于形，形依于气，气存则荣，气败则灭，形气相依，全在摄养。"气怎么形成？又该如何保护？在此之前，应了解"胎息"和"导引"的概念。"胎息为大道之根源，导引乃宣畅要术。人能养气以保神，气清则神爽；运体以却病，体活则病离。"胎息又称为"脐呼吸""丹田呼吸"，相传道家的胎息功源于仿生龟息气功，是一种极缓慢而深沉的呼吸，最早在《抱朴子》中有所解释，"得胎息者，能不以口鼻嘘吸，如在胞胎之中"，就是说像婴儿一样不用口和鼻子呼吸，用脐呼吸，如在孕胎之中。真正的胎息，是心住息而返归本源，意喻为胎，是心不动念，无来无去，以达心定神凝之境。而"导引"中的"导"指"导气"，"引"指"引体"，简单而言就是将呼吸运动与肢体运动相结合。传统的胎息功非常讲究，不但要分场合、分形体、分时辰，初练功者还要有师傅引导，要像佛家坐禅一样，盘腿而坐后将脚后跟抵住生殖命脉，以保精气，然后再开始练胎息、练功夫。但高濂认为，胎息不必限于时辰，关键是要有方法，并与导引结合在一起，"一咽一吐，皆从鼻窍中出入。出声宜细，不令有声闻之于耳"。胎息时越慢越好，且呼、吸要轻柔，不能发出声响。高濂自述，他"日得空闲，即以唐李真人十六字行之，自然不饥不渴，如常饮食一般，不可厌倦间断。久久行之，功不尽述"。这"十六字诀"是："一吸便提，气气归脐。一提便咽，水火相见。"①

关于饮食，《遵生八笺》卷十《延年却病笺下》中有《饮食当知所损论》，其称："饮食所以养生，而贪嚼无忌，则生我亦能害我，况无补于生，而欲贪异味，以悦吾口者，往往隐祸不小。"意思就是吃应有所节制，七八分饱为宜，切忌胡吃海喝。"饮食知忌者，延年之效有十之八：蔬食菜羹，欢然一饱，可以延年。随时随缘，无起馋念，可以延年。毋好屠宰，冤结生灵，可以延年。……一粥一菜，惜所从来，可以延年。一颗一粒，不忍狼藉，可以延年。"这里主要是讲饮食的禁忌，共有十八条。

除饮食的禁忌外，有关饮食的具体事情，在《遵生八笺》卷十一至卷十三《饮馔服食笺》中有所记载。书中将饮食分为许多类，如茶泉类、汤品类、熟水类、粥糜类、粉面类、脯鲊类、家蔬类等，是了解、研究饮食发展、饮食文化的重要资料。仅"茶泉类"就有14则，从论茶品，到采茶、藏茶、煎茶、试茶，以及饮茶的效果和茶器，论说详尽。如其《论茶品》云："茶之产于天下多矣，若剑南有蒙顶、石花，湖州有顾渚、紫笋，峡州有碧涧、明月，邛州有火井、思安，渠江有薄片，巴东有真香，福州有柏岩，洪州有白露。"其《煎茶四要》云："一择水，凡水泉不甘能损茶味，故古人择水，最为切要，山水上，江水次，井水下。……二洗茶，凡烹茶先以热汤洗茶，叶去其尘垢，冷气烹之则美。三候汤，凡茶须缓火炙，活火煎，活火谓炭火之有焰者，当使汤无妄沸，庶可养茶。……四择品……茶盏惟宣窑坛盏为最，质厚白莹，样式古雅。"②

不管是医药，还是饮食，高濂都有其实践，并把实践所得，汇录于书。

《遵生八笺》卷三至卷六《四时调摄笺》载有春、夏、秋、冬四季的药方，高濂认为："时之义大矣，天下之事未有外时以成者也。"不同的季

----
① （明）高濂：《遵生八笺》卷9，《延年却病笺上》。
② （明）高濂：《遵生八笺》卷11，《饮馔服食笺上》。

节,气候不同,人的感应不同,春天,"春阳初升,万物发萌,正二月间,乍寒乍热,高年之人多有宿疾,春气所攻,则精神昏倦,宿病发动。……惟用消风和气、凉膈化痰之剂,或选食治方,中性稍凉,利饮食调停以治,自然通畅"。夏天,"孟夏之月,天地始交,万物并秀,宜夜卧早起,以受清明之气。勿大怒大泄,夏者,火也,位南方,其声呼,其液汗,故怒与泄为伤元气也"。不同的季节应该有不同的药方应对,这些药方都有具体的剂量和服用方法,如春季所用《升麻子散》,其药方为:"升麻、黄芪各八分,山栀七分,黄连七分,决明子、车前子各一钱,干姜七分,龙胆草、充蔚子各五分。共为末,空心服二三钱,白汤下。"非常具体、细致。

《遵生八笺》卷十一至卷十三《饮馔服食笺》记载的饮食方法,不单纯是从书本上摘抄,许多是高濂的实际经验。如"家蔬类"中配盐瓜菽、糖蒸茄、蒜梅、绿豆芽等55种蔬菜的制作方法和食法,高濂称"皆余手制曾经知味者,笺入。非漫录也"。如糖蒸茄、蒜苗干、蒜菜的制作方法:"糖蒸茄,牛奶茄嫩而大者,不去蒂,直切成六棱,每五十斤用盐一两拌匀,下汤焯,令变色,沥干,用薄荷、茴香末入在内,砂糖二斤,醋半钟,浸三宿,晒干,还卤,直至卤尽,茄干压匾,收藏之。……蒜苗干,蒜苗切寸段,一斤盐一两,淹出臭水,略晾干,拌酱,糖少许,蒸熟晒干,收藏。……蒜菜(当是酸菜),用嫩白冬菜切寸段,每十斤用炒盐四两,每醋一碗,水二碗,浸菜于瓮内。"又如"粥糜类"共介绍38种,其中的芡实粥、莲子粥、甘蔗粥、山药粥称:"芡实粥,用芡实去壳,三合,新者研成膏,陈者作粉,和粳米三合,煮粥食之。益精气,强智力,聪耳目。莲子粥,用莲肉一两,去皮煮烂细,捣入糯米三合,煮粥食之。治同上。……甘蔗粥,用甘蔗榨浆三碗,入米四合煮粥。空心食之,治咳嗽、虚热、口燥、涕浓、舌干。山药粥,用羊肉四两,烂捣,入山药末一合,加盐少许,粳米三合,煮粥食之,治虚劳骨蒸。"所以说高濂不但有很深的学问,还是一位美食家,有较高的生活品位。

另外,高濂的"服食方类",也作"神秘服食方",虽自称"余录神仙服食方要,皆余数十年慕道精力,考有成据,方敢镌入",但此类食方,功效如何,尚无实例,还待科学验证。《遵生八笺》卷十七《灵秘丹药笺上》除丹药的记载外,也有一些补品的制作方法,如制何首乌法、制茯苓法、制莲子粉法等,仍有值得借鉴的地方。如《制熟地黄法》中明确写要用"淮庆熟地黄"和精工细作:"将淮庆熟地黄,不拘多少,先用酒洗净,入笼蒸一炷香,取出晒干。再用酒拌润,仍入笼蒸一炷香。如此拌九次,取出乘润捣千余下,分小饼晒干。再捣再晒,为末,收贮听用。"古人选取中药一定是要看产地的,现在的中药、食材之所以达不到曾经的疗效和品质,原因之一就是地点不同、养殖不同,原因之二就是粗制滥造。唯有注意原生态,精心选材,细致、认真制作,才能得到良好的品质和效果。

三 起居、旅游、交友

起居器物、环境与旅游、交友,是人生一大况味。这方面的内容,主要载《遵生八笺》卷七至卷八《起居安乐笺》。另外,在《遵生八笺》卷三至卷六《四时调摄笺》中也有部分记载。《起居安乐笺》所述内容大致分六部分:起居颐养理论、起居养生、居室建置、环境、旅游、交友。

高濂对起居器物非常讲究,当然,他的生活品位与其身份地位、所处阶层有一定关系。有人说平民百姓讲究不了,有条件的人才能讲究,高濂却认为,每个人的境遇虽有不同,但都应该学会享受生活,有自己不同的追求和不同的满足。高濂《自足论》称:

> 居庙堂者,当足于功名;处山林者,当足于道德。若赤松之游,五湖之泛,是以功名自足。彭泽琴书,孤山梅鹤,是以道德自足者也。知足者,虽富贵不艳于当时,芳声必振于千古。否则不辱于生前,必灾祸于没世。故足之于人,足则无日而不自足,不足则无时而能足也。又若迫于饥寒,困于利达者,谓人可以胜天,乃营营于饱暖声华。孰知此命也,非人也,命不足于人,人何能足我也?……人能受一命荣,窃升斗禄,便当谓足于功名;敝裘短褐,粝食菜羹,便当谓足于衣食;竹篱茅舍,荜窦蓬窗,便当谓足于安居;藤杖芒鞋,蹇驴短棹,便当谓足于骑乘;有山可樵,有水可渔,便当谓足于庄田;残卷盈床,图书四壁,便当谓足于珍宝;门无剥啄,心有余闲,便当谓足于荣华;布衾六尺,高枕三竿,便当谓足于安享;看花酌酒,对月高歌,便当足于欢娱;诗书充腹,词赋盈编,便当谓足于丰赡。是谓之知足常足,无意于求足未足者也。足果可以力致幸求哉?我故曰:能自足窍通者,是得浮云富贵之夷犹;能自足于取舍者,是得江风山月之受用;能自足于眼界者,是得天空海阔之襟怀;能自足于贫

困者，是得箪瓢陋巷之恬淡；能自足于辞受者，是得茹芝采蕨之清高；能自足于燕闲者，是得衡门泌水之静逸；能自足于行藏者，是得归云倦鸟之舒徐；能自足于唱酬者，是得一咏一觞之旷达；能自足于居处者，是得五柳三径之幽闲；能自足于嬉游者，是得浴沂舞雩之潇洒。若此数者，随在皆安，无日不足，人我无竞，身世两忘，自有无穷妙处，打破多少尘劳。①

诚哉斯言！当你登至高位，取得功名时，应脚踏实地，鞠躬尽瘁，报效国家；若在还未成就功名之前，就随意、散漫地生活，穿也不讲究，吃也不讲究，那最终会被消磨斗志与追求；若你连温饱问题都难以解决，那吃饱穿暖就是你的追求；若你盖不起豪宅，那温馨的小窝也是你的满足。高濂的意思是，在什么阶层，就追求什么样的生活，拥有什么样的理想，不过分追求，也不过分设想，随遇而安、知足常乐，如此，便有最高的幸福指数，便是最好的养生。

至于居室，包括各种居处建置，各有讲究。如书斋，高濂称：

> 书斋宜明静，不可太敞。明净可爽心神，宏敞则伤目力。窗外四壁，薜萝满墙。中列松桧盆景，或建兰一二。绕砌种以翠芸草令遍，茂则青葱郁然。傍置洗砚池一，更设盆池，近窗处，蓄金鲫五七头，以观天机活泼。斋中长桌一，古砚一，旧古铜水注一，旧窑笔格一，班竹笔筒一，旧窑笔洗一，糊斗一，水中丞一，铜石镇纸一。左置榻床一，榻下滚脚凳一，床头小几一，上置古铜花尊，或哥窑定瓶一。花时则插花盈瓶，以集香气。闲时置蒲石于上，收朝露以清目。或置鼎炉一，用烧印篆清香。冬置暖砚炉一，壁间挂古琴一，中置几一，如吴中云林几式佳。壁间悬画一。书室中画惟二品，山水为上，花木次之。禽鸟人物不与也。或奉名画，山水云霞中神佛像亦可。名贤字幅，以诗句清雅者可共事。……右列书架一，上置《周易古古》、《诗经旁注》、《离骚经》、《左传》、林注《自警》二编、《近思录》、《古诗记》、《百家唐诗》、王李诗、《黄鹤补注》、《杜诗说海》、《三才广记》、《经史海篇》、《直音》、《古今韵释》等书。释则《金刚钞义》、

---

① （明）高濂：《遵生八笺》卷7，《起居安乐笺上》。

《楞严会解》、《圆觉注疏》、《华严合论》、《法华玄解》、《楞伽注疏》、《五灯会元》、《佛氏通载》、《释氏通鉴》、《弘明集》、《六度集》、《莲宗宝鉴》、《传灯录》。道则《道德经新注指归》、《西升经句解》、《文始经外旨》、《冲虚经四解》、《南华经义海纂微》、《仙家四书》、《真仙通鉴》、《参同分章释疑》、《阴符集解》、《黄庭经解》、《金丹正理大全》、《修真十书》、《悟真》等编。医则《黄帝素问》、《六气玄珠密语》、《难经脉诀》、《华佗内照》、《巢氏病源》、《证类本草》、《食物本草》、《圣济方》、《普济方》、《外台秘要》、《甲乙经》、《朱氏集验方》、《三因方》、《永类钤方》、《玉机微义》、《医垒元戎》、《医学纲目》、《千金方》、丹溪诸书。闲散则《草堂诗余》、《正续花间集》、《历代词府》、《中兴词选》。法帖，真则《钟元常季直表》、《黄庭经》、《兰亭记》。隶则《夏丞碑》、《石本隶韵》。行则《李北海阴符经》、《云麾将军碑》、《圣教序》。草则《十七帖》、《草书要领》、《怀素绢书千文》、《孙过庭书谱》。此皆山人适志备览，书室中所当置者。画卷旧人山水、人物、花鸟，或名贤墨迹，各若干轴，用以充架。斋中永日据席，长夜篝灯，无事扰心，阅此自乐，逍遥余岁，以终天年。此真受用清福，无虚高斋者得观此妙。

古时文人大都讲究，首先，书斋要有书斋名号，高濂著有《雅尚斋诗草》《芳芷楼诗》，当是以书斋"雅尚斋""芳芷楼"命名。其次，书斋里需有各种摆设，既要有品位，也要根据自己的喜好。挂画只能挂山水画和花鸟画。书架上的书需按释（佛家）、道（道家）、医（医学）等分门别类地摆放，也可以摆放一些休闲之书和字画，以便吟诗、赏字、品画。

另外如茶寮，作为专门喝茶的房间，里面除了摆放茶灶、茶盏、茶注、茶臼、拂刷、净布、炭箱、火钳等工具外，还要有专门沏茶的人，"以供长日清谈，寒宵兀坐"。又如药室，"用静屋一间，不闻鸡犬之处，中设供案一，以供先圣药王，分置大板桌一，光面坚厚，可以和药。大铁碾一，石磨一，小碾一，乳钵大小二，臼筒一，用以捣珠末不飞。椿（舂）臼一，大小中稀筛各一，大小密绢筛各一，棕扫帚一，净布一，铜镬一，火扇一，火铃一，大小盘秤各一，药柜一，药厢一。葫芦瓶罐，此药家取用无算，当多蓄以备用。凡在药物所需，俱当置之药室，平时密锁，以杜不虞"。我们在现实生活中不一定能拥有一间药室，但至少可以准备一个药箱，存放平日必备的药品，以备不时之需。

茶寮、药室之外，盆景也是必不可少的，高濂撰《盆景说》称：

> 盆景之尚，天下有五地最盛，南都，苏、松二郡，浙之杭州，福之浦城。人多爱之，论植以钱万计，则其好可知。但盆景以几桌可置者为佳。其大者，列之庭榭中物，姑置勿论。如最古雅者，品以天目松为第一，惟杭城有之，高可盈尺，其本如臂，针毛短簇。……福之种类更伙，若石梅一种，乃天生形质，如石燕、石蟹之类，石本发枝，含花吐叶，历世不败，中有美者，奇怪莫状。此可与杭之天目松为匹。更以福之水竹副之，可充几上三友。水竹高五六寸许，极则盈尺，细叶老干，潇疏可人，盈盈数竿，便生渭川之想，亦盆景中之高品也。……他如榆椿、山冬青、山黄杨、雀梅、杨婆奶、六月雪、铁梗海棠、樱桃、西河柳、寸金罗汉松、娑罗松、剔牙松、细叶黄杨、玉蝶梅、红梅、绿萼梅、瑞香桃、绛桃、紫薇、结香、川鹃、李杏、银杏、江西细竹、素馨、小金橘、牛奶橘，冬时累累朱实，至春不凋。小茶梅、海桐、璎珞柏、树海棠、老本黄杨，以上皆可上盆。但木本奇古，出自生成为难得耳。又如深山之中，天生怪树，种落崖窦年深，木本虽大，树则婆娑，曾见数本，名不可识，似更难得。……盆古为难。若定之五色划花，白定绣花、划花，方圆盆以云板脚为美，更有八角圆盆，六角环盆，定样最多，奈无长盆。官窑、哥窑圆者居多，绿环者亦有，方则不多见矣。如青东磁，均州窑，圆者居多，长盆亦少。方盆菱花、葵花制佳，惟可种蒲。先年蒋石匠凿青紫石盆，有扁长者，有四方者，有长方四入角者，其凿法精妙，允为一代高手。传流亦少，人多不知。又若广中白石、紫石方盆，其制不一，雅称养石种蒲，单以应石置之，殊少风致。亦有可种树者。又如旧龙泉官窑盈三二尺大盆，有底冲全者，种蒲可爱。①

所说盆景，是置于居室几桌之上者，"其大者，列之庭榭中物，姑置勿论"，由各种名贵盆栽说到定窑、官窑、哥窑、均窑所产各种"古盆"，罗列细致精到。

---

① （明）高濂《遵生八笺》卷7，《起居安乐笺上》。

在起居方面，高濂《怡养立成》云：

> 鸡鸣后醒睡，即以两手呵气一二口，以出夜间积毒。合掌承之，搓热，擦摩两鼻旁，及拂熨两目五七遍。更将两耳揉捏扯拽，卷向前后五七遍。以两手抱脑后，用中、食二指弹击脑后各二十四。左右耸身舒臂，作开弓势，递互五七遍后，以两股伸缩五七遍。叩齿，漱津满口，作三咽，少息。因四时气候寒温，酌量衣服，起服白滚汤三五口，名太和汤。次服平和补脾健胃药数十丸。少顷进薄粥一二瓯，以蔬菜压之。勿过食辛辣及生硬之物。起步房中，以手鼓腹，行五六十步，或往理佛焚香，诵经念佛，作西方功德。或课儿童学业，或理家政。就事欢然，勿以小过动气，不得嗔叫。①

由此看来，清晨要做的功夫可谓十分细致，而且也十分科学。书中还对各种起卧用具作了详尽解释，如二宜床、无漏帐、竹榻、石枕、蒲花褥、隐囊、靠背、芦花被、纸帐、倚床、短榻、藤墩、书枕、袖炉、蒲石盆、仙椅、隐几、梅花纸帐、滚凳、蒲墩、如意、竹钵、禅椅、禅衣、佛堂、禅灯、钟磬、念珠等器物，不同的用具对身体有不同程度的益处。如"倚床"："高尺二寸，长六尺五寸，用藤竹编之，勿用板，轻则童子易抬。上置倚圈，靠背如镜架，后有撑放活动，以适高低。如醉卧、偃仰观书，并花下卧赏俱妙。"

旅游也是《起居安乐笺》的一个重要内容。高濂不仅推荐了旅游地点，如"山满楼观柳""苏堤看桃花""保俶塔看晓山"等诸多妙处，也具体建议了应该带上怎样的行囊去旅游。各种旅游器具包括竹冠、披云巾、道服、文履、道扇、拂尘、云舄、竹杖、瘿杯、瘿瓢、斗笠、葫芦、药篮、棋篮、诗筒葵笺、韵牌、叶笺、坐毡、衣匣、便轿、轻舟、迭桌、提盒、提炉、备具匣、酒樽等。各种器具又有不同的解释，如"韵牌"，高濂自己制作："余刻诗韵，上下二平声，为纸牌式，名曰韵牌。每韵一叶，总三十叶。山游分韵，人取一叶，吟以用韵，似甚便览。近有四韵，刻已备矣。恐山游水泛，无暇作长篇仄韵，此余始作意也。"又如"备具匣"，高濂也叙说了自己的经验："余制以轻木为之，外加皮包，厚漆，如

---

① （明）高濂：《遵生八笺》卷8，《起居安乐笺下》。

拜匣。高七寸，阔八寸，长一尺四寸。中作一替，上浅下深。置小梳匣一，茶盏四，骰盆一，香炉一，香盒一，茶盒一，匙箸瓶一。上替内小砚一，墨一，笔二，小水注一，水洗一，图书小匣一，骨牌匣一，骰子枚马盒一，香炭饼盒一。途利文具匣一，内藏裁刀、锥子、挖耳、挑牙、消息肉叉、修指甲刀锉、发刷等件。酒牌一，诗韵牌一，诗筒一，内藏红叶各笺，以录诗。下藏梳具匣者，以便山宿。外用关锁，以启闭。携之山游，似亦甚备。"古代文人旅游，常坐下来聊聊天、对对诗，"携之山游，似亦甚备"。

《起居安乐笺下》又专门有《宾朋交接条》《高子交友论》。前者是先贤的论述，如《白虎通》曰："朋友之道有四，近则正之，远则称之，乐则思之，患则死之。"《扬子法言》曰："朋而不心，面朋也。友而不心，面友也。"《礼记》曰："君子之交淡如水，小人之交甘苦醴。君子淡以成，小人甘以坏"等，均是精当摘录的交友至论。后者是高濂自己的论述：

今之世，友道日偷，交情日薄，见则握手相亲，背则反舌相诋，何人心之不古乃尔？此辈自薄，非薄我也。不知诋我以悦他人，他人有心亦防尔诋。自己辗转猜忌，智巧百出，视友道为路尘，宜管鲍陈雷之绝世也。吾意初与人交，深情厚貌，不易洞晓，何术以知其心地之善恶，情性之邪正也？但以吾心之美恶邪正以交其人，彼虽奸险，欲伺我隙，我无隙可伺，彼将奈何？彼虽贪婪，欲窥我败，我无败可窥，彼将奈何？与之谈，必先以仁义，彼之愚我邪我之言，勿听也。与之饮，必敬以酒食，彼之诱我乱我之事，勿行也。我无私，彼将何以行其私？我无好，彼将何以投吾好？……岂果人人皆小人，而世无君子耶？道谊之在天下，亦未全灭也，但千百中一二耳……过无从知，善无从进，直谅之道，三益之友，淹没无闻矣。夫贵者，能以直友为可重，则事功日进，而望誉日隆。富者能以直友为可宝，则家业日昌，而声名日著。……古者贵择交，且交以心，匪交以面也；交不能择，友不以心，是诚面交矣，何能久且敬哉？故君子宁寡交以自全，抱德以自重，乃鄙泛交以求荣，趣附以自贱也。……他如同门同业，一贵一贫，在贵者当念其穷，勿以路人视故人，分所有以周急，厚道也。在穷者亦当安其穷，勿羡人以怨人，希所有以自足，亦厚道也。奈何贵者不古，而穷者不明？昧此二者，何得于友耶？举世皆尔尔，果何人为丈夫哉？交情乃见矣。……惜乎今之时同调者罕其人，而朱门无容辙，遂使诸君冥心物外，介然绝俗，高枕岩阿，而无意海宇，使中原意气，化作秋云，尚友之心，不得圆满如意，是一恨也。

高濂的《交友论》长篇大论，只是摘其要而示之，其要义是感叹"今之世，友道日偷，交情日薄，见则握手相亲，背则反舌相诋"。那么，该如何与人相交，哪种人值得深交，高濂给了许多提示，如："彼虽奸险，欲伺我隙，我无隙可伺，彼将奈何？彼虽贪婪，欲窥我败，我无败可窥，彼将奈何？与之谈，必先以仁义，彼之愚我邪我之言，勿听也。与之饮，必敬以酒食，彼之诱我乱我之事，勿行也。我无私，彼将何以行其私？我无好，彼将何以投吾好？"等。这种不在于"彼"而在于"我"的交友观，颇具启发意义。

四 古玩鉴赏

收藏与鉴赏是人生一大乐趣。关于古玩鉴赏的内容集中在《遵生八笺》卷十四至卷十六的《燕闲清赏笺》，其中卷十四为叙古鉴赏、叙古宝玩诸品、论古铜色、论新旧铜器辨正、论新铸伪造、论宣铜倭铜炉瓶器皿、论古铜器具取用、论汉唐铜章、刻玉章法、论官哥窑器、论定窑、论诸品窑器等19篇；卷十五为论画、论砚、论墨、论纸、论笔、论文房器具、论香、论琴、养鹤要略9类，每一类又分作若干篇；卷十六包括"瓶花之宜""瓶花之法"的插花艺术及各种花、木、竹的种类及种植方法。

古玩鉴赏，首先要"有闲"，高濂对"闲"如此认识："心无驰猎之劳，身无牵臂之役，避俗逃名，顺时安处，世称曰闲。而闲者，匪徒尸居肉食，无所事事之谓。俾闲而博弈樗蒲，又岂君子之所贵哉？孰知闲可以养性，可以悦心，可以怡生安寿，斯得其闲矣。余嗜闲，雅好古、稽古之学。"闲者，不是尸居肉食，无所事事，而是追求好古、稽古之学，从而达到"闲可以养性，可以悦心"。正所谓"人生世间，如白驹之过隙，而风雨忧愁辄三之二，其间得闲者才十之一耳。况知之而能享者，又百之一二。于百一之中，又多以声色为乐，不知吾辈自有乐地。悦目初不在色，盈耳初不在声，明窗净几，焚香其中，佳客玉立相映，取古人妙迹图画，以观鸟篆蜗书、奇峰远水、摩挲钟鼎、亲见商周"。其次要"有识"，要有对古玩的见识，高濂称："余自闲日，遍考钟鼎卣彝、书画法帖、窑玉古玩、文房器具，纤细究心。更校古今鉴藻，是非辩正，悉为取裁。若耳目所及，真知确见，每事参订补遗，似得慧眼观法。他如焚香鼓琴，栽花种竹，靡不受正方家，考成老圃，备注条列，用助清欢。时乎坐陈钟鼎，几列琴书，帖拓松窗之下，图展兰室之中，帘栊香霭，栏槛花研，虽咽水餐云，亦足以忘饥永日，冰玉吾斋，一洗人间氛垢矣。"①

高濂也正是在这种"闲"和"识"中，吸取前人经验，记录把玩过程中的所见、所思。

如《论古铜色》称："曹明仲格古论云：铜器入土千年者，色纯青如翠，入水千年者，则色绿如瓜皮，皆莹润如玉。未及千年，虽有青绿而不莹润，此举大概，未尽然也。若三代之物，迄今何止千年，岂尽莹润而青绿各纯者也。若云入土则青，入水则绿，其水银并褐色黑漆古者，此又埋于何地者也。凡三代之器，入土年远，近山冈者多青，山气湿蒸，郁而成青，近河源者多绿，水气卤浸，润而成绿。余见一物，乃三代款识，半身水浸，年远水痕，涸溢数层，此为入水无疑，而色乃纯青，其着水潭底方寸，少黄绿色，则水土之说岂尽然哉。"这是对曹昭《格古要论·古铜器论》的批驳，高濂之论，已经被今人所接受。

《论新铸伪造》称："近日山东、陕西、河南、金陵等处，伪造鼎彝壶瓤尊瓶之类，式皆法古，分寸不遗，而花纹款识，悉从古器上翻砂，亦不甚差。但以古器相形，则迥然别矣。虽云摩弄取滑，而入手自粗。虽妆点美观，而气质自恶。其伪制法：铸出，剔摩光净，或以刀刻纹理缺处，方用井花水调泥矾浸一伏时，取起烘热，再浸再烘，三度为止，名作脚色。候干，以碯砂、胆矾、寒水石、硼砂、金丝矾各为末，以青盐水化净，笔蘸刷三两度，候一二日洗去，干又洗之。全在调停颜色、水洗功夫，须三五度方定。次掘一地坑，以炭火烧红令遍，将酽醋泼下坑中，放铜器入内，仍以醋糟罨之，加土覆实，窑藏三日取看，即生各色古斑，用蜡擦之。要色深者，用竹叶烧烟熏之。"此种记载，对当今的鉴定仍有借鉴意义。

《论藏书》称："藏书以资博洽，为丈夫子生平第一要事。其中有二说焉：家素者，无资以蓄书；家丰者，性不喜见书。故古人因贫，日就书肆、邻家读者，有之求其富而好学者，则未多见也。……藏书者，无问册

---

① （明）高濂：《遵生八笺》卷14，《燕闲清赏笺上》。

帙美恶，惟欲搜奇索隐，得见古人一言一论之秘，以广心胸未识未闻。"①高濂认为，藏书的重点在于增长知识，不一定非要买非常好的版本，也颇有新意。

《论画》称："画家六法三病，六要六长之说，此为初学入门诀也，以之论画，而画斯下矣。余所论画，以天趣、人趣、物趣取之。天趣者，神是也；人趣者，生是也；物趣者，形似是也。夫神在形似之外，而形在神气之中，形不生动，其失则板，生外形似，其失则疏，故求神气于形似之外，取生意于形似之中，生神取自远望，为天趣也。形似得于近观，为人趣也。故图画张挂，以远望之山川徒具峻削，而无烟峦之润，林树徒作层迭，而无摇动之风。人物徒肖尸居壁立，而无语言顾盼步履转折之容，花鸟徒具羽毛文彩，颜色锦簇，而无若飞若鸣若香若湿之想。"这种"天趣、人趣、物趣"的评判，言前人所未言。《赏鉴收藏画幅》进一步说到画的收藏："收蓄画片，须看绢素纸地完整不破，清白如新，照无贴衬，此为上品。面看完整，贴衬条多，画神不失，此为中品。若破碎零落，片片凑成，杂缀新绢，以色旋补，虽为名画，亦不入格，此下品也。"这种上品、中品、下品之说，也自成一格。

《论研》称："砚为文房最要之具。古人以端砚为首，端溪有新、旧坑之分。旧坑石色青黑，温润如玉，上生石眼，有青绿五六晕，而中心微黄，黄中有黑点，形似鸲鹆之眼，故以鸲鹆名砚。眼分三种，晕多晶莹者，谓之活眼。有眼蒙胧，晕光昏滞者，谓之泪眼。虽具眼形，内外焦黄无晕者，谓之死眼。故有'泪不如活，死不如泪'之评。又以眼在池上者，名曰高眼，为佳。生下者，为低眼，次之。惟北岩之石有眼，余坑有无相间。或有七眼、三五眼，如星斗排联者，或十数错落，上下四旁生者。或有白点如粟，贮水方见隐隐，扣之无声，磨墨亦无声，为下岩之石，今则绝无，有则希世之珍也。上岩、中岩之石，皆灰色而紫如猪肝，总有一眼，晕少形大，如雄鸡眼，扣之摩之俱有声，质亦粗砺。"除端石外，也论述了歙石、湖广沅州石、黎溪石、洮河石、广东金星石、红丝石、紫金石等砚材石品。高濂认为，不论是何种石品，由于坑口或地址层面的不同，均仍有好坏之分，不能一概而论。

《论文房器具》称："文房器具，非玩物等也。古人云：'笔砚精良，

① 以上见（明）高濂《遵生八笺》卷14，《燕闲清赏笺上》。

人生一乐。'"其中叙述的文房器具品种奇多，如文具匣、研匣、笔格、笔屏、水注、笔洗、水中丞、研山、糊斗、镇纸、璧尺、图书匣、臂阁、贝光、裁刀、书灯、笔觇、墨匣、蜡斗、笔船、琴、剑、香几、书斋清供、日用诸品香（包括伽楠香、黑角沉香、片速香、唵叭香、铁面香生香、降真香、黄檀香、白胶香、茅山细梗苍术、兰香、安息香、龙挂香、甜香、芙蓉香、万春香、龙楼香、玉华香、黄暖阁黑暖阁、黄香饼、黑香饼、河南黑芸香、京线香）等。有些论说颇有意味，如《琴、剑》称："琴为书室中雅乐，不可一日不对，清音居士，谈古若无古琴，新琴亦须壁悬一床。无论能操。纵不善操，亦当有琴。渊明云：但得琴中趣，何劳弦上音。吾辈业琴，不在记博，惟知琴趣，更得其真。……清夜月明，操弄一二，养性修身之道，不外是矣，岂以丝桐为悦耳计哉。"① 弹琴的技艺不见得要多好，随性而弹也是人生一大乐趣。

---

① 以上见（明）高濂《遵生八笺》卷15，《燕闲清赏笺中》。

在作茧自缚与破茧而出之间

——近代道教困境探微

刘 平

（复旦大学历史系）

摘要：近代一百多年间，随着社会变革潮流的加速推进，道教难以符合清朝—民国政权在意识形态上的需求，逐渐失去当权者的扶持，加之自身发展乏力，无法跟上时代发展步伐，日渐凋零。外部与自身的双重作用，导致道教在近代不断衰落。如果从长时段的发展眼光来推究原因，在进入近代以前的明清时期，讲究个人修炼与得道成仙的道教——作茧自缚——已然体现出了难以抗拒社会裂变与外来力量冲击之势，一方面，在明清政府有意无意地压制之下，道教作为中国传统文化的一部分，更多地以文化、信仰层面的方式在民间流传，教义守旧，宫观破败，道人谋生维艰，自身发展动力不足。另一方面，总体而言，明清时期闭关锁国，演至近代"大变局"之时，中国不断遭受外来冲击，或曰与外界的碰撞、交流、融合，使得社会面貌发生显著变化，传统宗教包括道教日渐衰落。当然，道教扎根深远，生命力顽强，自身具有一定的调适功能，在从传统到现代的转型过程中，仍然彰显了它在中国社会不可或缺的作用——既能在激烈的社会变革中占有一席之地，又能在社会稳定时期焕发生机，寻求破茧而出之机。探究道教文化在近代的发展趋势、内在价值正是本文的关注所在。

关键词：近代中国 道教文化 嬗变 历史启示

明清时期，道教之衰落症候已经显示，进入近代，三次大的社会思潮或社会运动更是对道教造成重大打击：一是秉持基督教异端的太平天国；二是标榜民主、共和、科学的国民党（发动"反迷信运动"）；三是新中国成立之后的一个较长时期（"文化大革命"时期达到顶峰）。在一百多年波澜壮阔的洪流之中，道教几度遭遇灭顶，但由于其与中华文化血肉相连，最终得以在改革开放的形势下恢复发展（尽管变调、变态）①，在台湾则是呈现另外一番欣欣向荣的景象（与民间文化、民间信仰的紧密结合，或是衍生出新的宗教形态，如天帝教）。

在中国传统社会，宗教作为国家意识形态、文化形态的重要组成部分，在各朝各代的命运变化很大，"一朝天子一朝臣"，不仅皇帝的德识喜恶会影响宗教的生存及发展，最重要的是，社会结构的变化会直接影响到宗教在整个社会政治、经济、文化生活中的地位和作用。道教作为中国本土产生的宗教，它在近代的发展特别能够体现出宗教与国家治理的互动、矛盾与互补。②

至于道教本身，无论是注重养气、养形、养食的天师道，还是专攻内丹的全真道，以及其他相关门派，如果去除其宗教内核，其个人修炼与得道成仙的路径与目标，无异于作茧自缚——无论如何努力挣扎，已然体现出难以抗拒社会裂变与外来力量冲击之势。

一 道教在近代之命运

道教起源时，巫道不分，东汉顺帝时张道陵的"五斗米道"和灵帝时张角的"太平道"，都带有浓厚的巫教色彩，在其步入正统的过程中，民间"巫"的成分依然如影随形。元、明以降，道教主要分为正一和全真两大教派。明中叶后，道教衰落势头已经较为明显。至于清朝，满人信仰萨满，提倡信奉藏传佛教，入关后重视儒学。清廷对道教的态度是保护与限制并用，但其中的限制多于保护。早在乾隆五年（1740），正一真人诣京庆祝万寿，鸿胪寺卿梅珏成疏言："道流卑贱，不宜滥厕朝班。"于是清廷

---

① 大陆目前的道教宫观存在诸多问题，尤以敛财无度为人诟病，民间的道教信仰以供奉财神、占卜预测为主，民间道士则以为人做法事为生。

② 与本文有关的既往学术史中，以下文章值得关注，如饶明奇：《论佛教和道教在近代中国的变迁》，《华北水利水电学院学报》1999 年第 3 期；［法］施舟人（Kristofer Schipper）：《道教在近代中国的变迁》，载［法］施舟人《中国文化基因库》（北大学术讲演丛书 17），北京大学出版社 2002 年版；萧登福：《试论近代道教式微原因及其振兴之道》，载台湾《宗教哲学》季刊第 31 期，2004 年 11 月；王卡：《道教在近现代的衰落与复兴》，《中国哲学史》2011 年第 1 期，以及《中国传统文化中的道教——从传统转向现实》，载《中华文化软实力——2011 年嵩山论坛论文集》，红旗出版社 2011 年版。

停其朝觐筵宴例；十七年（1752），改正一真人为正五品，不许援例请封；三十一年（1766），以法官品秩较崇，复升正一真人正三品。① 至嘉庆二十四年（1819），清廷上谕称："正一真人系属方外，原不得与朝臣同列，嗣后仍照旧例朝觐，筵燕概行停止。"道光元年（1821），第59代天师张钰"恳请来京叩谒"，清廷上谕："前经停其朝觐，著不准来京。"② 完全中止了清廷与道教的一切联系。如果说与清廷断绝关系尚可接受，则清廷规定不得自由传教对道教的发展更是一个严重阻碍。乾隆四年（1739）规定："嗣后真人差委法员往各省开坛传度，一概永行禁止。如有法员潜往各省考选道士受箓传徒者，一经发觉，将法员治罪，该真人一并议处。"③

　　鸦片战争后，西风东渐，传统社会结构开始瓦解。其间，以基督教为代表的西方文化的强势输入，高举科学、民主旗帜的新文化运动等社会运动的冲击，中国传统的佛教、道教都面临着空前严峻的挑战。频繁的战乱、政府的抑制与打击在加速了传统道教的衰落。这是道教在近代总的发展趋势。④ 具体而言，近代道教的衰落表现在以下几个方面。

　　第一，信众减少。据统计，民国时期，在山东33个州县中，有道教记载者17个，其中明确表示信仰不多者有8个，表示清末民初渐衰者4个，未表示意见者5个⑤；在临朐县，道教"信者无多，间有假神道以牟利者"⑥。严格来说，当时除了少数著名宫观以外，民间的道士道姑散乱零落，除了民间法事（主要为丧事）以外，活动清冷。

　　第二，道观颓废。以江苏省为例，在清代早中期，南京共有道观15处，"民国年间无一剩存"⑦。宝山县在光绪八年（1882）时有佛寺39处，

---

① 《清史稿》卷115，志90。
② 刘锦藻：《皇朝续文献通考》卷89，"方伎（宗教附）"。按，该史料没有明确记载是哪一年"停其朝觐"的，考前项记载是1819年，此项记载是1821年，当在这两年之间。
③ 《皇朝续文献通考》卷89，"方伎（宗教附）"。
④ 有学者如此评论："二十世纪上半叶，是道教在历史上最衰落的时期。其社会影响力甚微，事实上已丧失了作为中国文化三大主流之一的传统地位。"见王卡：《道教在近现代的衰落与复兴》，《中国哲学史》2011年第1期。此说颇有遮掩，1949年之后，道教情形更为式微，迨至"文化大革命"，道教遭遇毁灭性打击，退出了历史、文化舞台，改革开放之后才有所谓"恢复宗教"之事。
⑤ 张玉法：《中国现代化的区域研究——山东省》，台北"中央研究院"近代史所专刊（43），第743页。
⑥ 张玉法：《中国现代化的区域研究——山东省》，台北"中央研究院"近代史所专刊（43），第738页。
⑦ 叶楚伧、柳诒徵：《首都志》卷14，正中书局1935年版。

道观 2 处，到 1930 年，仅剩佛寺 4 处，道观 1 处。① 造成这种气息奄奄的凋敝景象，与国家、社会发生转型有关。

第三，道观用途逐渐发生变化。近代由于社会动荡，战乱不断，以及各种"新政"，道观经常被用作学校、驻军场所，有时则为匪股盘踞。

第四，道教组织松散，未能形成统一的或是比较大型的教团。

有学者认为，若以中国社会开始发生变化的大致年代 1860 年为界限，以前应为佛道信仰的兴盛期，以后为开始走向衰落和维护期。若再以帝制结束的最后年代 1916 年为界，此前为佛道信仰的动摇期，此后为衰落期。② 这一观点存在几个问题，一是"中国社会开始发生变化的大致年代 1860 年"，忽略了此前的两次鸦片战争与太平天国；二是 1860 年前为"佛道信仰的兴盛期"，宋元以降，即明清时期，道教已呈衰落症候；元代以降，佛教亦然③；三是，帝制结束应以 1911 年辛亥革命成功为界，后来的袁世凯帝制、张勋复辟，属于一时沉渣泛起；四是，1860 年、1916 年的两条界限，与所述兴盛期、走向衰落和维护期、动摇期、衰落期，逻辑不通。但作者给我们的启发是，有必要梳理近世道教衰落的过程。

本文开篇提到，太平天国（拜上帝教）、国民党（民主、科学）与共产党（无神论）依次对于道教造成沉重打击，这是从社会思潮或社会运动的层面来说的。如果从民族—国家层面来说，进入近代伊始，即已开启西方文化对于中华文化的全面入侵（冲突？交流？）；如果从政治—法律—教育层面来说，戊戌变法时期康有为、张之洞提出的"庙产兴学"主张是一道分水岭④——清末新政时期开始有所实施，民国初年在民间多有推行，

---

① 光绪《宝山县志》卷 14，"寺观"；民国《宝山县再续志》卷 5，"风俗·寺观"。
② 饶明奇：《论佛教和道教在近代中国的变迁》，《华北水利水电学院学报》1999 年第 3 期。
③ 相比于道教，近代佛教之衰落，其兴衰进程与特点略有不同，自太虚法师提倡"人生佛教"，至印顺法师与星云法师提出并弘扬"人间佛教"，佛教的衰落趋势相对较小，复兴转机相对较早。
④ 当时，康有为代御史宋伯鲁草拟奏折称："查中国民俗，惑于鬼神，淫祠遍于天下。以臣广东论之，乡必有数庙，庙必有公产。若改诸庙为学堂，以公产为公费……则人人知学，学堂遍地。"见康有为：《请饬各省改书院淫祠为学堂折》，《新报》第 63 册，光绪二十四年五月十五日。张之洞称："今天下寺观，何止数万？都会百余区，大县数十，小县十余，皆有田户，其物业皆由布施而来，若改作学堂，则屋宇田产悉具，此亦权宜而简易之策也。"见张之洞：《劝学篇·设学第三》。百日维新期间，光绪帝谕令："至如民间祠庙，其有不在祀典者，即著由地方官晓谕居民，一律改为学堂，以节縻费，而隆教育。"见《清德宗实录》卷 420。当然，这一政策之停留纸面，无力推行，与维新命运是联系在一起的。

南京国民政府时期的"反迷信运动"使这一情形带有强制性质,但由于当时国家未能完全统一,中央权威不张,旋因外敌入侵,中国共产党崛起并在内战中获胜,"庙产兴学"遂为"彻底破除封建迷信"的革命运动所取代。

当然,我们在讲述近代道教、佛教的衰落时,不能忘记佛道二教的顽强生命力,以及他们在衰落中的发展。民国肇始,法律规定了"宗教信仰自由",回(伊斯兰)、耶(基督教)等教(包括民间教派)固然大有发展,佛道二教也已出现生机。民初袁世凯对传统宗教的保护有据可查。1912年4月29日,袁世凯出席参议院会议,宣布"人民信教自由。举凡各教,均一视大同,毫无偏倚,不论其信教与否,亦不论其信仰何教,均须互相尊重,悉泯猜嫌,冀享幸福"①。承认了各宗教的平等地位。1913年6月,袁世凯批准内务部制定的《寺院管理暂行规则》,把供奉佛教道教神灵的庙宇列入保护范围,还规定:"不论何人不得抢夺寺院财产""寺院住持及其它关系人不得将寺院财产变卖、抵押或赠人"②,将民间庙产纳入政府明令保护的范围之内。1915年8月20日,袁世凯签发大总统令:"除僧侣热心公益,自愿捐输,仍准禀明立案外,均应严禁侵占,违者依法治罪。"③ 这些条例的颁布,对于传统宗教、民间信仰无疑起到了一定的保护作用。

即使是南京国民政府在1928年开始推行的"反迷信运动",也主要是依赖学生、军人进入民间,由于国民党在许多地区势力不强,运作不力,中国传统宗教与民间文化仍然得以在夹缝中顽强生存。

二 近代道教衰落之原因

传统中国农业社会,或小国寡民,或天朝盛世,总也脱离不了王朝更替、好运不长的怪圈。传统宗教文化包括道教在内,也在明清两朝庞大帝国的落日余晖中逐渐走向衰落,西方势力的侵入,使这一过程呈现出加速度推进的态势。传统宗教文化包括道教在内,乃是中华文化重要的组成部分。由明清至于近代,文化盛衰也是社会发展的一面镜子,可以很好地反

---

① 袁世凯:《莅参议院宣言》,《大总统书牍丛编》,广益书局1914年版,第3页。
② 《管理寺庙暂行规则》,《政府公报》1913年6月册。
③ 袁世凯:《大总统令》,《政府公报》1915年8月册。

映政权更迭、文明碰撞与社会变迁。探究其间道教衰落的原因,一方面有助于我们加深对道教历史文化的认识,了解道教在近代社会发展的特点;另一方面也有助于我们探究道教在当代、未来的发展趋势。

道教在近代中国的加速度衰落,主要在于历史因素、外部因素与内部因素的合力作用。

(一) 历史因素

从历史上看,元中期以后,道教发展就不断遭受挫折。宪宗、世祖时期,因佛道之争发生两次焚毁道经之事,特别是"至元毁藏",使原来7800余卷的《玄都宝藏》遭受重大损失。至于明朝,虽然有《正统道藏》《万历续道藏》的编纂,有成祖之大兴武当,世宗之独好斋醮,但国家设有专门管理道教的道录司,清朝因之,从制度上限制了道教的发展。[①] 在清朝,道教在"三教"之中最为乏力,日趋边缘化,至乾隆朝,清高宗对道教严加限制。道光年间,清宣宗对道教的压制更为严厉:令天师不准来京;取消"正一真人"号;不准天师在各省考选道士;不准容留士民投充、挂名;遇有道人坐门募化,概行驱逐,等等。[②] 至此,道教上层集团与清廷几乎再无联系。1840年后,中国社会发生巨变,外敌入侵,内乱不已,中枢腐败,民不聊生。值此时运不济、社会动荡之秋,道教衰落之势一发不可收拾。

(二) 外在因素

外敌入侵。鸦片战争爆发,洋人携洋枪洋炮与洋教作为外来因素强势进入中国,迫使中国发生巨大裂变。祖宗之法与先圣之教都在这一刻大惊失色,道教亦然。作为中国传统文化的重要构成因素,道教的嬗变正是近代中国演变的一个缩影。

政局不稳。近代有识之士开始在苦难中寻求出路,其过程充满荆棘与

---

① 从对于为僧为道者的"资格审查"等规范即可见一斑。明永乐十六年 (1418),"上以天下僧道多不通经典,而私簪剃,败辱教门,命礼部定通制:今后愿为僧道者,府不过四十人,州不过三十人,县不过二十人。限年十四以上,二十以下,父母皆允,方许陈告有司,邻里保勘无碍,然后得投寺观从师授业。五年于诸经习熟,然后赴僧录道录司考试,果谙经典,始立法名,给与度牒,不通者罢还为民。若童子与父母不愿及有祖父母、父母无他子孙侍养者,皆不许出家;有年三十、四十以上、先曾出家而还俗,及亡命黥刺者亦不许出家;若寺观住持不检察而容留者罪之"(《明太宗实录》卷205)。

② 李尚英:《中国清代宗教史》,人民出版社1994年版,第54页。

挫折。辛亥革命爆发，中国完成了由传统向现代转化的重要一步，但民国前期，即 1912—1928 年的 16 年间，先后经历了袁世凯、皖系军阀、直系军阀、奉系军阀的统治，政权更迭频繁，社会动荡不已。北伐胜利，南京国民政府成立后，依然有新军阀的混战、国共两党的对立、日本入侵与国共内战。这样剧烈的政治变动对于传统文化的影响之大可想而知。

政治高压。民国肇立，具有"共和"观念的政府提倡的反迷信之风即已在社会流传，南京国民政府成立后，反迷信之风演为反迷信运动，对于传统文化系统的儒佛道三教、民间文化与民间信仰造成直接打击。1928 年 11 月，南京政府内政部颁发《神祠存废标准》，其绪论称："查迷信为进化之障碍，神权乃愚民之政策。我国民族自有书契以来，四千余年，开化之早，为世界之先。乃以教育未能普及之，故人民文野程度相差悬殊，以致迷信之毒，深中人心。神权之说，相沿未改。无论山野乡曲之间，仍有牛鬼蛇神之俗，即城市都会所在，亦多淫邪不经之祀。际此文化日新，科学昌明之世，此等陋俗若不亟予改革，不唯足以锢蔽民智，实足腾笑列邦。"其道教部分称："道教为中国固有之宗教，唯以无人昌明，致为方士所混淆。其善者则从事于服饵修炼，其不善者则以符箓禁咒惑世。后世之白莲教、义和团、大刀会、小刀会及最近之硬肚社、红枪会等皆其流毒也。应即根本纠正。"① 随后开展的反迷信运动与继起的新生活运动都对道教、佛教展开了全国范围的打击。

文化层面的中西、新旧冲突。近代中国社会在西方冲击下，开始从传统向现代转型，先进的中国人从西方学习了许多新东西。就文化层面而言，倡导科学与民主，尊重个人权利与自由，包括保护宗教信仰自由，这些理念对于社会转型曾经起过积极的作用，但对于固有文化及其理念却是不小的冲击。有学者称："近代中国的西方化精英，将来自西方的宗教视为'文明之宗教'，而将中国传统的道教和民间信仰称作'野蛮之宗教'（孙中山语）。他们主张的'脱巫去魅'的现代性价值取向，导致中国本土宗教信徒的信念弱化，精神萎靡不振。现代主流媒体中常见的批判'封建迷信'的话语，导致道教在中国普通民众中的影响力大为降低。……几乎每一次以争取'自由进步'为口号的思想启蒙运动，都把抨击中国传统文

---

① 《神祠存废标准》，载立法院编译处编《中华民国法规汇编》（全八册），中华书局 1934 年版，第 807、812 页；《申报》1928 年 11 月 26 日。

化作为其理论的开篇导言。"① 有些激进的精英更是主张废灭道教，例如，钱玄同于1918年4月致信陈独秀："废孔学不可不先废汉文；欲驱除一般人之幼稚的、野蛮的、顽固的思想，尤不可不先废汉文。……欲使中国不亡，欲使中国民族为二十世纪文明之民族，必以废孔学、灭道教为根本之解决，而废记载孔门学说及道教妖言之汉文，尤为根本解决之根本解决。"② 陈独秀更是声称："一切宗教都是一种骗人的偶像：阿弥陀佛是骗人的，耶和华上帝也是骗人的，玉皇大帝也是骗人的；一切宗教所尊重的崇拜的神佛仙鬼，都是无用的骗人的偶像，都应该破坏！"③ 将汉文汉字与道教、儒家一起归入被废除之行列，甚至废除所有宗教，未免过于激进，但这种思维却裹挟"民主""科学"之势，开始影响政治文化人物的思维（尤其是国民党、共产党等政治党派），最终引发打击、破坏传统文化的运动。

故而，近代道教所处的时代是政权丕变、社会动荡、中西文化剧烈碰撞的转折期，这个充满严酷挑战的环境对道教的发展产生了非常大的压力。

（三）自身因素

西风东渐，中土瓦解。外在因素的强大冲击使得包括道教在内的传统文化遭遇空前危机，但正如百年中国历经苦难而未亡一般，道教也在其中顽强挣扎。我们这里要探究的是，除了外在因素对道教的影响之外，道教自身的缺陷更是成为其近代衰落之路的推动力。这些缺陷并非一朝一夕所出现，而是历史积累的结果。探究近代道教自身的缺陷乃是为了更好地认识当代道教及其发展前景。

实际上，在当今社会比较稳定之时，往往多有人奢谈"传统文化"之美妙，然而回顾既往社会多事之秋，以"儒释道"三教为代表的传统文化往往为"新派""先进人物"所诟病（这些人物的优劣善恶姑置不论），究其原因，这类文化在社会丕变之时不仅无助于变法维新（包括"新政"），也无助于救亡图存，因为其肌体血液、文化因子已经发生病变。

一般而言，一件事物的衰落，往往首先要从自身原因展开审视，近代

---

① 王卡：《道教在近现代的衰落与复兴》，《中国哲学史》2011年第1期。
② 钱玄同：《中国今后之文字问题》，《新青年》第4卷第4号。
③ 陈独秀：《偶像破坏论》，《新青年》第5卷第2号。

传统文化——儒释道三教的嬗变尤其如此。在社会变革,尤其是新文化运动冲击之下,近代儒教的衰落自不待言(就其自身而言,前述对于社会变革的阻碍自非虚言),佛道二教的衰落更与其自身发生病变有关。拿佛教来说,早在光绪三十三年(1907),苏曼殊与章太炎即已指出:"法门败坏,不在外缘而在内因。……丛林轨范虽存,已多弛缓。不事奢摩静虑,而惟终日安居;不闻说法讲经,而务为人礼忏。嘱累正法,则专计资财;争取缕衣,则横生矛戟。驰情于供养,役形于利衰。为人轻贱,亦已宜矣。复有趋逐炎凉,情钟势耀。诡云护法,须赖人王。相彼染心,实为利己。既无益于正教,而适为人鄙夷。此之殃咎,实由自取。"① 杨仁山更是批评:"近世以来,僧徒安于固陋,不学无术,为佛法入支那后第一隳坏之时。"②

道教情形亦不出其右,有学者在谈到近世道教式微原因时指出以下数端:无人领导改革;重"术"轻"学",信徒的素质难以提升;缺乏教团组织,传教无方,无认同感;缺乏讲经布道者;修持法门过于杂散,未加整理;过度的包容,丧失了自己。③ 我认为,这些检讨主要是从道教教团式微的角度加以归纳的,我们在谈到近代道教文化嬗变的总体情况时更应该注意以下几个方面。

1. 社会凋敝,道观经济衰落

在谈到当今的北京道教宫观时,前些年领衔调查北京寺庙宫观的施舟人(Kristofer Schipper)教授指出:"清末的北京城有六十多座道观和五百多座大大小小的道教神庙,祈安大醮、超度斋会以及各类保护神的祭典游行和酬神演戏活动,是京城随处可见的常景。这类情形在中国的其它城市与乡村同样普遍。"④ 据 1926 年北京白云观道士抄写的《诸真宗派总簿》记载,清末民初道教支派还有 106 个。另据 1957 年中国道教协会某老道长回忆,民国时期著名的道教宫观丛林和子孙庙,有 1 万多座;常住宫观的

---

① 苏曼殊等:《儆告十方佛弟子启》,载马以君编注《苏曼殊文集》,花城出版社 1991 年版,第 266—267 页;以及《苏曼殊作品集》,中国华侨出版社 2012 年版。

② 杨仁山:《般若波罗蜜多会演说》(一),载《杨仁山集》,中国社会科学出版社 1995 年版。

③ 萧登福:《试论近代道教式微原因及其振兴之道》,载台湾《宗教哲学》季刊第 31 期,2004 年 11 月。

④ [法] 施舟人:《道教在近代中国的变迁》,载 [法] 施舟人《中国文化基因库》(北大学术讲演丛书 17),北京大学出版社 2002 年版。具体情况可参见 Susan Naquin, *Peking*: *Temples and City Life*, 1400 - 1900, Berkeley: University of California Press, 2000, 以及佟洵:《道教与北京宫观文化》,宗教文化出版社 2008 年版。

全真、正一两派职业道士约5万人；普通的道院道坛和散居道士为数更多，无法统计。这些宫观道院都有数量不等的宗教活动收入，如香火费、信徒功德捐献、道士为民众做醮仪的收入等。较大的宫观丛林还有许多土地和房产，收取地租和房租。①

必须注意的是，较大数量的宫观的存在，并不表明近代道教的兴旺，只是与后来破坏力巨大的"新中国"时期的情形在数量上的对比。实际上，施舟人还指出，太平天国销毁了大量佛教、道教的寺观和民间的庙宇，如广东罗浮山的道观和江西龙虎山的天师府均毁于一旦。在南京，他们杀了所有的和尚、道士，以及许多天主教徒。②

历史上，道观经济除了某些时候的朝廷赏赐及官府拨款以外，主要依靠土地收租和富裕信徒的捐赠。近代以来，部分道观仍然以富商捐助为经济来源，一些小规模的道观、道院主要仰仗于经忏服务；较大规模的道观有的开始参与经营工商业。③ 但由于"庙产兴学"风潮的持续发生，道教宫观经济遭受重大打击。民国初年，政府"曾藉口破除迷信，拟欲没收道观土地财产，一律与佛教并案办理"④。1928年，南京政府内政部长薛笃弼在全国教育大会上提议，没收寺产，充作教育基金，改寺院为学校。中央大学邰爽秋教授等人联名发表《庙产兴学运动宣言》，各地组织团体，迅速付诸行动。湖南、安徽、浙江、江苏等省都发生过毁庙风潮，一时间，"反迷信运动"声势颇为浩大。1935年，全国教育会议通过将全国寺产充作教育基金、所有寺庙改为学校的决议。尽管其间迫于宗教界的阻力，南京政府一再颁布保护宗教及庙产的训令，但"庙产兴学"风潮对佛道二教的冲击力不容小觑。如此，道观经济衰落，日常经费不足，根本无法发展。

2. 各自为政，道教组织松散

从《诸真宗派总簿》可以看出，由于道教没有统一的教主，早在元代就已分成全真、正一两大派，各派系统之下，支派林立，大大削弱了道教

---

① 参见王卡《中国传统文化中的道教——从传统转向现实》，载《中华文化软实力——2011年嵩山论坛论文集》，红旗出版社2011年版，第394—403页。
② ［法］施舟人：《道教在近代中国的变迁》，载［法］施舟人《中国文化基因库》（北大学术讲演丛书17），北京大学出版社2002年版。
③ 参见钟国发《上海地区的道教》，《长三角通讯》2009年第4期。
④ 南怀瑾：《中国道教发展史略》，复旦大学出版社1996年版，第137—138页。

的向心力，而且，各支派内部结构、相互联系不够严密，形成一盘散沙、各自为政的状况。有鉴于此，某修道杂志痛陈："修道之事，不贵空谈，而贵实行，实行办法，首在组织团体。……然一考其现状，多为环境所困，不能实行，抱道终身，于事何补，非但财力薄弱者有此遗憾，即富厚之家，亦不免蹉跎岁月，成效难期，其弊皆由于缺乏一完美组织之故耳。"①

辛亥革命后，道教界开始成立全国性和地方性的组织。1912年，北京白云观方丈陈毓坤主持成立以全真派为主的"中央道教会"。同年秋，龙虎山62代天师张元旭在上海成立以正一派为主的"中华民国道教总会"及"上海正一道教公会"。1927年，上海火神庙成立"中国道教总会"。1932年，上海道教正一、全真两派联合成立"中华道教会"。1949年，张恩溥（正一）、李理山（全真）在上海筹建"上海市道教会"及"中华民国道教会"。地方性道教组织也纷纷成立，如沈阳太清宫于1912年成立了"中国道教会关东总分会"，1941年，西安八仙宫成立了"陕西道教会"②。但由于各寺庙仍停留于传统而分散的管理状态，各类道教会影响有限，甚至成立不久即无形解体。

3. 知识贫乏，道士素质低下

在传统封建专制社会，支持道教的皇帝十分重视道士的培养，他们把道士的培养同国家教育制度协调起来，颁布"道举"制度，直接将道士的晋职同选拔官吏的科举制度结合起来。③ 演至近代，道教组织不完善，道教教育缺乏，道教信徒减少，道士文化程度低下。

日本人洼德忠曾经记载了他在中国所看到的道教情形："济南的迎祥宫同样是纺棉的场所，但在内殿有一个兼作医生的道士默默无闻地活着。我问了他两三个问题，发现他毫无道教知识。太原的元通观是山西著名的道观，它收藏着正统道藏的木板。尽管颇有名气，但无论怎么也找不到它的存在。"④ 在白云观，"我发现有极少数道士成天到处晃荡，晒太阳打发

---

① 上海《扬善》半月刊社：《为修道集团事征求同志意见》，载南怀瑾《中国道教发展史略》第八章第三节，复旦大学出版社1996年版。
② 朱越利、陈敏：《道教学》，当代世界出版社2000年版，第111—112页。
③ 胡孚琛、吕锡琛：《道学通论——道家·道教·仙学》，社会科学文献出版社2009年版，第368页。
④ [日]洼德忠：《道教史》，上海译文出版社1987年版，第285页。

日子。主要是因为该进行的打坐似乎也不怎么严格实行。随时随地均可打坐，但似乎主要是在自己的室内进行，问其原因，回答说这样不致受冻，真令人失望，有这种意识的道士很多"①。如果说道教宫观是一个载体、舞台，那么，道士道姑就是其中的主体。舞台既已破败，演员又很蹩脚，要演出一部好的连台大戏怎么可能呢？

4. 教义老旧，道教理论停滞

庄子论道云："夫道，有情有信，无为无形；可传而不可受，可得而不可见；自本自根，未有天地，自古以固存；神鬼神帝，生天生地；在太极之上而不为高，在六极之下而不为深；先天地生而不为久，长于上古而不为老。"② 学者可以对于这杳杳冥冥的"道"有各种各样的解释，但道教修炼者如何去体验实践呢？《道藏》一类道教经典，分布稀少，兼及内容庞杂高深而晦涩，曲高和寡，一般道士接触不到，接触到了也不会去读，即使读了也读不懂，最终，道教的宗教内涵与目的，只是变成了口头标榜的修炼——虚妄无边的得道成仙（并不排除全真、武当等派的内丹修炼），和与世俗争利的生存——标榜清静无为，与世无争，实则厕身尘世，无所不为。

有人称，世界上其他的宗教几乎全都关心"人死之后如何"的问题，认为人生充满罪恶与痛苦，把希望寄托在天国，企望死后灵魂得到安宁，只有道教独树一帜，讲究养生之功，希望长生不死。③ 但数千年的历史实践证明，无论是何种途径，都无法达到这一目标。由于道教理论的抽象高深，无论是"修炼"（气功容易引人走火入魔的现象必然引起人们的恐惧和误解）还是"无为"，真正能够悟道成真、得道成仙的人只是存在于道经与传说之中，信仰者少，不利于道教的广泛发展。

当然，一般人观察、体验到的只是一些浅表的东西，道教文化之博大精深，影响中华文化至深且厚，绵绵延延，自有其道理。

5. 求生不易，活动方式陈旧

道教徒自己若能做到洁身自好，其修炼活动必然限于深山、密室，真正做到与世无争。实际上，在近代，道教徒的生活与大众生活是混为一体

---

① ［日］窪德忠：《道教史》，上海译文出版社1987年版，第289页。
② 《南华真经·大宗师》。
③ 网文：《道教历史、影响、衰落的原因》，http：//blog.163.com/hjxuexibu@yeah/blog/static。

的。比如，近代民间丧葬活动多邀请僧道设坛作法，"道士们常为丧家念经、办法事。丧家子女先后到土地庙、城隍庙去'报庙'，请道士写表（祈神的文书），在神像前烧香、焚表、磕头"①。"哈尔滨的娘娘庙、武圣庙、城隍庙，等等，对报庙者接应酬答，司空见惯，已成道庙的经常性活动。有钱的人家死了人则大操大办，到庙里资请'经箱子'，即请道士到丧家念经、作法事、超度亡灵。预先讲妥经价，道士念多少经、念什么经价钱不等。"②改革开放后，原本消灭殆尽的道教恢复活动，一般民间道士的主要活动依然是为丧家做法事，即便是江苏的南通、苏州、昆山地区也不例外，相比其他行业，早些年收入尚好，近年谋生不易，尤其是政府开始大规模要求农民撤村"上楼"（住入公寓），规定城镇地区不得噪声扰民，其活动空间日渐萎缩。是为笔者数次田野调查所目睹者。

有鉴于近代道教徒谋生不易，陈撄宁曾有《复兴道教计划书》之议，提出"道士农林化"一途："道教全真派本旨，重在修行，既要修行，必须先能解决生活问题。然专靠募化，实不足以维持生活。若兼做经忏，虽可以暂顾目前，亦非长久之计。而且于全真派注重清修之本旨，颇有妨碍。……所谓农林化者，即是以农业生产，并森林种植，维持道粮，自食其力，不必求人。然后品格清高，方不致被外人所轻视。农业不限定耕田种地，收获米麦，凡植物可以充饥，药草可以疗病者，皆在农业范围之内；森林不限定松柏大树，凡是茶叶、竹笋、棉花、桐子，以及各种果木，只看土地相宜，皆不妨试种。各处荒山未曾开辟者，不计其数，正需人去经营。近来出家人，多半和俗家混居繁华都市之中，除了诵经拜忏而外，无事可做。凡俗家所能做的职业，出家人一概无分，反落得一个不事生产之名。何如隐居山林，自食其力为上策耶！"③陈氏所言，颇中要害，然而当时既无基础，后来更显缥缈，遑论当今逐利无度的所谓道士了。

在以上历史、外在、自身三大方面的影响因素中，道教自身的缺陷——本文主题指称的作茧自缚——实为其发展受限的根本原因。外在因素中，未得到政府的保护、支持，反而屡遭打压，也是重要原因。二者既有矛盾之处，又互为因果。因为道教存在于现实社会中，它要生存发展，自然要融入周围环境，而政治环境是至关重要的一环。如果道教完全处于

---

① 《黑龙江省志·宗教志》，黑龙江人民出版社1999年版，第119—120页。
② 《黑龙江省志·宗教志》，黑龙江人民出版社1999年版，第120页。
③ 陈撄宁拟稿：《复兴道教计划书》，上海市道教会1947年版。

政治权力的羽翼之下，其自身的宗教影响力必然大为削弱，改革开放后的中国宫观道教便面临着这样的问题。

三 近代道教衰落的历史启示

近代中国的落后挨打，使得一批思想文化精英从接受洋人的"器物"开始，进而接受西方的政治文化观念，在宗教方面，他们甚至将西方宗教视为"文明之宗教"，而将中国传统的道教、佛教和民间信仰称作"野蛮之宗教"[①]。贬斥佛道等教，更多的是为了表明一种进步姿态，或是争取西方人对中国的帮助，但这种否定传统文化、自损肌体的态度所招致的后果可能会适得其反，更多的观望人群会对新事物产生疑虑，不利于社会的稳定。作为后来的观察者，我们要做的是从道教这类传统文化的衰落之中加以批判分析，得出有益的历史教训。

"道教文化"，既可将其视为一个整体，又可突出"文化"一层的概念。近代以来，尤其是进入民国之后，道教得不到官方支持，上层道教力量微弱，但它在民间的影响依然存留。所以，从文化的角度对道教在这一重要历史时期的嬗变情况进行定位，可以确定，道教文化之世俗化意蕴超过了作为宗教的道教本身。

本来，我们在前述分析近代道教衰落之原因时，已经提出了诸多启示性内容，但"历史启示"必须与现实生活、未来愿景结合，故有进一步分析的必要。

1. 道教必须充分发挥自身的调适能力

原始道教时期的五斗米道——汉中政权是中国两千年政教关系史上少见的"政教合一"实体，在紧随其后的魏晋南北朝时期，葛洪、寇谦之与陶弘景等人"清整道教，去除三张伪法"，使道教列为正统宗教，道教开始被统治阶层所利用。后来，在与政治、其他宗教、社会阶层的折冲樽俎之中，道教的生存之道不断完善。历史证明，道教要想渡过难关，取得发展，必须不断调适与社会环境的关系。

近代一百来年是道教文化与现代文明冲突、调适的关键阶段。当道教

[①] 1912年5月，孙中山在广州圣心书院欢迎会上演说时称："世界宗教甚伙，有野蛮之宗教，有文明之宗教。我国偶像遍地，异端尚盛，未能一律崇奉一尊之宗教。今幸有西方教士为先觉，以开导吾国。惟愿将来全国皆钦崇至尊全能之上主，以补民国政令之不逮。"见《孙中山集外集补编》，上海人民出版社1994年版，第78页。

不再受到统治者青睐、面临社会转型之时，开始有意识地改造自己，比如前述全国性、地方性组织机构的设置；比如改变道教宫观、道教徒的某些功能，在修炼、谋生之外，致力兴办教育文化医疗农林事业；比如整理道教经典，革新教义（陈撄宁倡立仙学）；比如提出改革道教的传教手段①（传统道教都是封闭式的师徒相传的关系）。在从传统社会向近代、当代的过渡中，世界形势复杂多变，只有不断调整自身，道教才能立于不败之地。

2. 道教应该对社会作出贡献

道教绵延两千多年，成为中国传统文化的主干、基础之一，对于中国社会的政治制度、意识形态以及民间文化习俗等方面，都曾经发生过重要的影响。②

早在南宋时，弘扬净明道的刘玉这样解释道名："何谓净？不染物；何谓明？不触物。不染不触，忠孝自得。……净明只是正心诚意，忠孝只是扶植纲常"，并称"本心以净明为要，行制贵在忠孝"③。净明道提出的"以忠孝为本，敬天崇道、济生度死为事"思想与儒家观念相合。④ 不仅如此，净明道倡导三教合一，对于后世传统文化的世俗化有着积极影响。宋元之际，成吉思汗向丘处机咨询"为治之方"，丘处机答曰："以敬天爱民为本"；又问"长生久视之道"，答曰："以清心寡欲为要。"⑤ 从历史上看，正是与社会的契合，才为道教的发展提供了发展路径。

近代以来，道教人士积极参与爱国运动。例如抗日战争时期，以惠心道长为首的茅山道士、以李光斗道长为首的南岳衡山道士以及杭州玉皇山福星观住持李理山道长等，都曾为抗日战争作过重要贡献。⑥ 在社会动乱时期，道教可以为人们寻求心灵安慰提供服务，也可以为维护世界和平做出贡献，正如陈撄宁所说："世界人类为战争所苦，希望和平，亦已久矣。

---

① 陈撄宁称："惟独道教历年以来未闻有讲经之事，人皆争先，我独落后。……惟道教讲经，尚属创举，向来未曾有过，故应当选择地点。总以交通便利，房屋宽舒，最少能容纳百人以上座位者为合格。一切布景，皆要清静而庄严，庶足以壮观瞻而保荣誉。"见陈撄宁拟稿：《复兴道教计划书》，上海市道教会1947年版。

② 人们经常引用鲁迅的一句话是："中国根柢全在道教……以此读史，有许多问题可迎刃而解。"见《鲁迅书信集》上卷，人民文学出版社1976年版，第18页。

③ 《玉真刘先生语录》内集，载《净明忠孝全书》卷3。

④ 《净明忠孝全书》卷1。

⑤ 《元史》卷202，《释老传·丘处机》。

⑥ 朱越利、陈敏：《道教学》，当代世界出版社2000年版，第110页。

宗教者，和平之母也。吾人果欲实现和平，自不能不弘扬宗教。道儒释耶回五教之宗旨，无非劝人为善，诫人作恶，务使天下亿兆生灵咸涵育于慈风惠泽之中，彼此皆能互助合作，而不相侵害。然后人类社会，方得维持，国家治安庶几长保。此宗教精神所以伟大也。"①

要为社会作出应有的贡献，道教不能执着于个人修炼，必须积极参与社会活动，社会的积极反馈是道教进一步发展的温床。

3. 道教管理应当纳入法律体系，法律应当保障道教的自由发展

近代从帝制向共和的转型过程中，"宗教信仰自由"在法律层面上得到了保证，但由于政治人物与政权性质的局限性，这种自由在实践中多有窒碍。

1912 年 3 月，南京临时政府公布《中华民国临时约法》，其中第 5 条称："中华民国人民一律平等，无种族阶级宗教之区别。"第 6 条第 7 款称："人民有信教之自由。"这是中国历史上首次以宪法的形式宣布各种族、各宗教一律平等的原则，第一次宣布信教自由的原则。1913 年 10 月颁布的《中华民国宪法（草案）》第 12 条称："中华民国人民有尊崇孔子及信仰宗教之自由，非依法律，不受制限。"1914 年 5 月颁布的《中华民国约法》第 5 条第 7 款称："人民于法律范围内，有信教之自由。"② 南京国民政府同样提倡宗教信仰自由，1931 年公布的《中华民国训政时期约法》第 11 条规定："人民有信仰宗教之自由。"1947 年 12 月颁布的《中华民国宪法》第 13 条规定："人民有信仰宗教的自由。"从宪法的基调来说，宗教信仰自由乃是统一口径，但在实践中，这种自由是有限度、有制约的，更多的宗教活动因为与国家政令、党派意识形态相抵牾而受到限制。

北洋政府时期，有《寺院管理暂行规则》（1913）、《管理寺庙条例》（1915）的订立，南京国民政府更为注重对宗教事务的管理，相关法律规章每每出现，如《寺庙登记条例》（1928）、《废除卜筮星相巫觋堪舆办法》（1928）、《神祠存废标准》（1928）、《寺庙管理条例》（1929）、《监督寺庙条例》（1929，取代《寺庙管理条例》）、《令禁止幼年剃度》（1930）、《寺庙兴办公益慈善事业实施办法》（1932，1935 年新订《佛教寺庙兴办慈善公益事业规则》）、《寺庙登记规则》（1936，取代《寺庙登

---

① 陈撄宁拟稿：《复兴道教计划书》，上海市道教会 1947 年版。
② 中国人民大学法律系国家法教研室资料室编：《中外宪法选编》，人民出版社 1982 年版，第 82 页。

记条例》）等。①

政府从法律层面上给宗教以合法地位，将宗教治理纳入法制轨道，这是法制史上的进步。但宗教信仰自由的原则与具体规章的限制形成了一对不解的矛盾，例如政府对于寺庙宫观财产产权的限制，使佛道二教失去了对财产的控制与支配的权力。民国年间，这一矛盾一直存在，说明政府统治理念的不成熟、不自信。后来的台湾时期，虽然有蒋介石时代的限制，但在蒋经国及其以后的转型时期，宗教政策、法律的宽松与成熟为台湾宗教的兴旺发达提供了保障。实际上，宗教与法律可以构成一张稳定的关系网，有利于宗教自身发挥积极作用，也有助于保证社会稳定、促进社会进步，对于当代大陆的宗教政策，不失为一种良好借鉴。

4. 道教有必要厘清自身与迷信之间的界限

近世人们对于道教之偏见，不外乎风水、阴阳、房中、内丹、诵经、斋醮、装神弄鬼之类，总名之曰"迷信"②，而对于道教之宗教内容往往视而不见。

近代辛亥革命、新文化运动、五四运动、反迷信运动等，均以"科学"为旗帜，对中国社会的封建迷信现象展开抨击，对普通民众颇有影响。而处于风雨飘摇之中的近代道教，未能积极地从宗教层面把自己与迷信活动区别开来，造成"被动挨打"的局面。反之，把宗教与迷信加以区分，还是南京国民政府做了一些努力。1928年，国民政府公布《神祠存废标准》，保留比较正规的信仰，破除世俗的迷信活动，其中与传统国家民族宗教、道教有关的部分，保留的有伏羲、神农、黄帝、仓颉、禹、孔子、孟子、岳飞、关帝、土地、灶神、太上老君、元始天尊、三官、天师、吕祖、风雨雷神等，废除的有日、月、火、五岳、四渎、龙王、城隍、文昌、送子娘娘、财神、瘟神、赵玄坛、狐仙等。但这一标准的制定者对中国传统宗教的多神崇拜缺乏了解，机械地把上述种种宗教神灵硬性划分为可存、可废两类，最终未能破除迷信，反而伤害宗教。

---

① 具体内容参见中国第二历史档案馆编《中华民国档案资料汇编》第三辑"文化"，江苏古籍出版社1991年版。有关分析参见瞿海源：《政府订定宗教法令的检讨》，载瞿海源《台湾宗教变迁的社会政治分析》，台北桂冠图书公司1997年版。

② 例如《申报》如此描述上海社会："本市五方杂处，良莠不齐，操术愚民以糊口者，为数不少，若关亡、若圆光、若扶乩、若樟柳神、若祝由科、若看香头、若辰州符，五花八门，更仆难数，而间接赖以生活者，若香烛店、若扎纸作、若锡箔业，实繁有徒，未易列举。"《拟具破除迷信办法》，上海特别市市政周刊，载《申报》1928年9月6日。

宗教和迷信之间该如何判定？有人说，从信仰对象的角度来看，"对无限本体（世界本原）的信仰为宗教之根本特征，而信仰有限之物实为迷信，信仰对象不同判明了宗教和迷信的分界线"①。这一标准本身是经不起推敲的，对于民国时期的道教来说，宗教与迷信的界限实在难以确定，但是，对于社会、个人以及个人服从社会是有利还是不利，应该是一个评判标准。南怀瑾先生称："何况道士众中，人才衰落，正统的神仙学术无以昌明，民间流传的道教思想，往往与巫蛊邪术不分，致使一提及道教，一般观念便认与画符念咒、妖言惑众等交相混杂，积重难返，日久愈形鄙陋。……国人们将义和团思想，与圆光、看相、算命、占卜、咒水、画符等等江湖粗浅邪术，一概误附于道教，益使五千年文化精英所独创的宗教，蒙受百般误解与侮辱，殊堪浩叹！'物必自腐而后虫生'，凡有志振兴道教之士，先当自求振奋，然后方可言其大者。"② 故而，道教之欲振作，欲消除人们的"迷信"误会，加强自身的宗教修养是一条重要门径。

结 语

作为中国土生土长的宗教，我们首先要强调道教作为宗教的作用。

法国学者高万桑（Vincent Goossaert）曾经提出了道教的中介作用，也就是国家和地方社会之间的互动，"道士与国家官员对国家、社会、法律和仪式有着相似的理解，双方对于这些概念的应用并无相悖，只是有时采用合作的方式，有时则是竞争的方式。而通过这些方式，道教参与到了帝国国家的构建之中"③。在传统社会，道教可以作为国家和地方良性互动的调节机制，所以会得到统治者的大力支持。近代中国的变局给道教发展带来重重阻碍，不管它自身作出什么努力去迎合政治环境的改变，终究不能挽回颓势。由此可知，道教若想充分发挥其宗教性功能与政治性"中介作用"，是需要大环境的认可与支持的。

我们还应该认识到道教作为一种文化现象，它已经渗入近世国人生活的方方面面，作为稳定民间社会和加载民众精神寄托的有力工具，是无法

---

① 胡孚琛、吕锡琛：《道学通论——道家·道教·仙学》，社会科学文献出版社2009年版，第99页。

② 南怀瑾：《中国道教发展史略》第八章第一节，复旦大学出版社1996年版。

③ ［法］高万桑：《清代江南地区的城隍庙、张天师及道教官僚体系》，《清史研究》2010年第1期。

摒弃的。对于广大道教徒来说，修道的先行条件是立德，就是在日常生活中不断积累功德，提高自我修养，为民众服务，与社会协调。经历近代中国大变局之后，道教没有退出历史舞台，反而日渐发展，有破茧而出之迹象，说明道教文化能够顺应时局变化，逐渐成为社会生活的重要组成部分。

1933—1937年间华北白银走私与中国各方应对探析

肖红松

(河北大学历史学院)

摘要：日本政府借助美国白银收购政策所引发的中国白银外流之机，利用在华北攫取的特殊权益和外交军事威势，庇护日韩浪人走私白银，使华北地区成为中国白银走私的"最大漏洞"，借此破坏中国金融秩序、削弱中国财力。日本纵庇走私的另一目的在于确保走私银元顺利运入伪满洲国、朝鲜和日本本土，充实储备或转售牟利，以增加侵华之财力。华北白银走私的诸种样态与运作机制确需细致探究。中国政府实行提高白银出口税和平衡税政策，联合外资银行遏制白银合法外流。在防止白银走私方面，国民政府及华北地方政府、津海关、北宁铁路局颁行多项法规，压缩商民携银出境额度，实行运银领照制，并开展有限度缉私，加强关路合作稽查，寻求日方协助禁运。以上举措在限制本国商民走私上发挥了一定作用，但对涉日走私案件的处置表明中国政府与虎谋皮。华北大规模白银走私的终止是多种因素共同作用的结果，零散走私仍在继续。透过华北白银走私与反走私斗争亦可观察华北危局乃至战前中日关系的历史走向。

关键词：白银走私　反走私　华北危局　中日关系

自1931年"九一八"事变起，日本开始大规模武装侵华，数月之内，日本侵占中国东三省，并在1932年3月扶植伪满傀儡政权进行殖民统治。之后，日本又阴谋侵略华北，采取军事上的侵略政策、政治上的分离政策和经济上的走私政策，三者相互因应配合，暗含着"蚕食"之意义。走私，非纯粹经济意义，亦含有政治意味。华北走私种类繁多，白银走私为其中的大宗，其肇始原因复杂，牵扯甚广，学者们从日本在华走私、国民政府币值改革等角度已做宏观研究①,但专门探究华北白银走私的论著尚少,故笔者主要依据华北地方资料及报刊,探究1933—1937年华北白银走私的背景、样态与中国各方应对的举措及绩效,并从白银走私与反走私斗争观察华北危局乃至战前中日关系走向,以求教于各位专家。

一 华北白银走私的背景、实态

(一) 日本在华北走私白银的多重背景

1. 华北白银走私肇端于美国白银收购政策

在20世纪30年代,资本主义世界陷入经济危机中,主要资本主义国家竞相转嫁危机,相互间展开了激烈的贸易战、货币战。美国政府采取的应对措施之一是收购白银,增加白银储备。美国政府于1933年12月公布《银购入法》,收购新产白银;1934年6月国会通过《白银购买法案》,宣布总统有权将白银收归国有,财政部长酌情随时收买国外白银,拟将白银在国家货币储备的比例提高到四分之一,需购入白银约13.3567亿盎司。②刘克祥认为,美国政府提高银价的原因有三:一是美国国内代表南方银矿主利益的白银集团不断向美国政府施加压力;二是要操纵世界白银市场,迫使实行银本位国家特别是中国,投靠美元集团;三是提高银价刺激银本位国的购买能力,以利于美国推销剩余产品,转嫁其经济危机。③由于美国政府的强势购买,世界银价一路狂涨。1934年11月,伦敦银价每盎司

---

① 代表论著有谢菊曾:《一九三五年上海白银风潮概述》,《历史研究》1965年第2期;郑会欣:《日本帝国主义对一九三五年中国币值改革的破坏》,《近代史研究》1986年第1期;戴建兵:《白银与近代中国经济(1890—1935)》,复旦大学出版社2005年版;郑会欣:《抗日战争前夕日本对华北走私问题初探》,《南京大学学报》1983年第4期;姚会元:《1933—1936年日本在华北的走私活动》,《中国社会经济史研究》1986年第1期;张祖国:《三十年代中期日本在冀东地区的走私贸易》,《天津社会科学》1987年第4期;丁则勤:《论华北事变前后的冀东走私问题》,《北京大学学报》1987年第6期;[韩]孙准植:《战前日本在华北的走私活动》,台北"国史馆"1997年版;齐春风:《中日经济战中的走私活动1937—1945》,人民出版社2002年版;孙宝根:《抗战时期国民政府缉私研究》,中国档案出版社2006年版;连心豪:《近代中国的走私与海关缉私》,厦门大学出版社2011年版等。讨论白银走私的论文,参见张淑生、齐春风《1930年代日本在华走私白银活动述评》(《安徽史学》2015年第4期)和刘世超《七七事变前夕日本在华北的白银走私研究》(《中国物价》2014年第11期),两文对中国政府反白银走私举措未做深入探究。

② 王丕烈:《一年来的美国银政策与世界银价前途》,《银行周报》1935年第19卷第4期。

③ 刘克祥、吴太昌主编:《中国近代经济史1927—1737》,人民出版社2010年版,第1542页。

25.24 便士，比 1933 年平均涨高 38% 强。纽约银价每盎司 54.25 美分，比 1933 年平均涨高 54% 强。① 1935 年 6 月伦敦银价已涨到每盎司 36.25 便士，比 1934 年 6 月上涨了 81%。同期纽约银价上涨到 81 美分，上涨达 78%。②

世界银价飙升导致中外银价差价拉大，中国白银急速外流。1934 年 10 月中旬，每一个中国银元（含银量 0.7555 盎司）所含白银的价格在国外比国内高出四分之一以上。至 1935 年春，国外银价高出国内银价更达 50% 之多。③ 1934 年 1—7 月，价值 5000 万元的白银从上海出口，8 月出口达 8300 万元，9 月出口 3600 万元。④ 据中国银行统计，1933 年中国白银净流出 1442 余万元，1934 年净流出增至 2.567 亿元，1935 年降至 5940 万元。⑤ 陈争平指出，1934 年中国白银净流出近 1.80 亿两，1935 年又净流出 1.86 亿两⑥，但笔者多番查阅，未见其原始依据。为防止白银外流，国民政府于 1934 年 10 月增征白银出口税，规定：（1）银本位及中央造币厂厂条征出口税 10%，减去铸费 2.25%，净征 7.75%；（2）大条、宝银及其他银类，加征出口税 7.75%，合原定 2.25%，共计 10%。"如伦敦银价折合上海汇兑之比价，与中央银行当日照市核定之汇价相差之数，除缴纳上述出口税而仍有不足时，应按其不足之数，并行加征平衡税。"加征白银出口税和平衡税政策意在通过提升白银出口成本，平衡中外银价差额，故遭到一些人反对，为此蒋介石曾指示"白银出口税征收应坚持到底"。"如果因反对而中止，致半途而废，则后事更难为继。故任何牺牲亦所不惜也。"⑦ 实际上此项政策施行后白银出口数额减少。海关报告，1934 年全年白银净输出 22700 余万元，其中 6 月底至 10 月底，净输出 2 亿元以

---

① 王丕烈：《一年来的美国银政策与世界银价前途》，《银行周报》1935 年第 19 卷第 4 期。
② 孙健：《中国经济史——近代部分》，中国人民大学出版社 1989 年版，第 441 页。
③ [美] 阿瑟·恩·杨格：《1927 至 1937 年中国财政经济情况》，陈泽宪、陈霞飞译，中国社会科学出版社 1981 年版，第 240—241 页。
④ [美] 阿瑟·恩·杨格：《1927 至 1937 年中国财政经济情况》，陈泽宪、陈霞飞译，中国社会科学出版社 1981 年版，第 235 页。
⑤ 中国人民银行总行参事室编：《中华民国货币史资料第二辑（1924—1949）》，上海人民出版社 1991 年版，第 881—882 页。
⑥ 朱汉国、杨群主编：《中华民国史》第三册志二，四川人民出版社 2006 年版，第 376 页。
⑦ 中国第二历史档案馆编：《中华民国史档案资料汇编》第五辑第一编，财政经济（四），江苏古籍出版社 1994 年版，第 173—175 页。

上,而11月、12月两个月仅输出一二千万元。① 可见,征收白银出口税不似有的学者所说并非完全无效,白银合法输出量较以前有明显的下降。当然,海关统计并不完整。

然而,受国际银价飙升的影响,白银非法走私出境恶潮汹涌而至。1935年4月、5月,国际白银价格一度涨至峰值。如"5月17日伦敦银价为35.375便士,而上海英汇行市只有20.50便士,据此计算,当时如偷运银元100万出口,可获差益40万元,除去运费和一切费用,纯益当在30万元左右"②。百分之三四十的暴利驱使投机商和冒险家们疯狂进行走私白银的勾当。1935年6月一个月私运的白银就高达184万元。③ 据国民政府财政部顾问杨格（Arthur N. Young）估计,"仅在1934年的最末几个星期中,即有价值二千万元的白银偷运出口;1935年一年以内,白银走私出口估计约在一亿五千万元至二亿三千万元之间;1936年约在三千万至四千万之间"④。白银非法走私出口在华南、上海、华北等多地展开。

2. 华北为白银走私"最大漏洞"与日本侵略者有密切关系

事实上,为了破坏中国金融,削弱中国"对日作战财力","九一八"事变后,"日政府就与日商界合力破坏我（中国）各大商埠金融","计划在汉、沪、津、济、宁、平、港、粤等处收买现金或现洋,于3个月使全国（指中国）金融完全破产"⑤。蚕食中国财力,无疑是日本对华作战的重要步骤。而美国白银政策所引发的国际银价飙升、中国白银外流给日本侵略者提供了绝佳的掠食机会。1935年5月,北平宪兵司令部报告,"探闻关外市面金融完全被日人操纵,现金被日人吸收殆尽,故市面金融发现极度恐慌。现在流通市面之钞票,完全为伪满洲银行发行之纸币,但因不能兑现,已失去信用。故关内时有奸商私运大批现银出关,以图渔利。……查日人吸收现金之用意,在使战区金融发生恐慌,以达其操纵伪满市面经

---

① 中国第二历史档案馆编:《中华民国史档案资料汇编》第五辑第一编,财政经济（四）,江苏古籍出版社1994年版,第179—182页。
② 转引自谢菊曾《1935年上海白银风潮概述》,《历史研究》1965年第2期。
③ 谷春帆:《银价变迁与中国》,上海商务印书馆1935年版,第150页。
④ [美] 阿瑟·恩·杨格:《1927至1937年中国财政经济情况》,陈泽宪、陈霞飞译,中国社会科学出版社1981年版,第238页。
⑤ 《天津市社会局第3817号密令》,天津商会档案,二类2954号卷,转引自姚洪卓《日本侵略华北问题探讨》,天津人民出版社2012年版,第41页。

济之目的"①。该情报准确地揭示了日本走私现银出口的战略目的。以下诸多证据指向日本庇护日韩浪人走私白银,然而关于日本策划华北白银走私的关键性资尤其是日文资料目前没有被充分挖掘,尚需继续搜集补证。

(二) 华北白银走私实态的多角度分析

1. 华北白银走私有特殊的阶段性

一般认为,日本走私华北的第一阶段是从《塘沽协定》签订后至1935年5月底日方迫使中国海关退出长城沿线为止,在此阶段走私出口的大宗货物为白银。总体上这样说没有问题,但白银走私不宜以1935年5月划界。如上所述,中国白银外流与美国收购白银国策有关,而日本欲借此达到牟取暴利、破坏中国抗战财力之目的,故此在中国厦门、上海及华北等地疯狂进行白银的合法出口和非法偷运勾当。杨格称华北地区是白银走私的"最大漏洞"②,主要是由于日本当局公开支持日韩浪人、汉奸商人组织"密输团"大规模武装偷运银元银币,并借政治军事强势加以庇护,破坏中国海关缉私执法所致。

1933年初,日军侵占山海关,之后中国政府收回,设立海关,征税缉私。7月北宁铁路通车后,往来关内外货物陡增,该路成为华北走私商货的重要通道。此时伪满洲国金融恐慌,银根紧缩,日伪政权有意吸收关内银元以填补储备空虚,刺激关内银元外流。特别是1934年6月美国购银法案公布后,中外银价的巨额差价所造就的暴利驱使日韩浪人在华北挤兑、收购、走私白银,频频出现大宗走私白银的案件。陆路方面,天津、北平、河北等地大批银元经由北宁、津浦、平汉等路汇集到山海关,闯越"国境",运往奉天等地,继而转运朝鲜、日本。海路则经过鲁北、冀东沿岸各港口,偷运银元至大连等地。中国政府被迫加强缉私,华北海关在陆路、海路缉获了不少的贩私案件,处理却非常棘手。1935年5月中下旬接连发生两起日籍、伪满走私银贩为逃避秦关缉私而坠城摔伤的事件,日方竟然以此要挟中国海关赔偿,并强硬要求中国海关不得在长城沿线缉私,

---

① 中国第二历史档案馆编:《中华民国史档案资料汇编》第五辑第一编,财政经济(四),江苏古籍出版社1994年版,第194页。

② [美]阿瑟·恩·杨格:《1927至1937年中国财政经济情况》,陈泽宪、陈霞飞译,中国社会科学出版社1981年版,第238页。

中国被迫全面接受。① 长城沿线缉私权的丧失意味着华北陆路走私途径全面开放，走私风险降低，走私利润暴涨。1935年，外交部驻北平特派员程锡庚报告："自本年7月以来，现银私运出口不独有利可图，且以沿途易于偷漏，遂肆行无异，辗转勾结，私运人造丝、白糖、卷烟纸、呢绒、布匹等入口，不独避免关税，低价获利，且可换现银出口，利上加利。"② 至9月白银走私达到了高峰，但是之后华北形势变化，白银走私趋于减退。11月，冀东伪政府成立，11月中国政府颁布法币改革令，规定中国、中央银行、农民银行的钞票为法币，宣布废除银本位制、白银国有，并将法币汇价与英镑挂钩。而美国为夺取对中国法币的控制权，采取停止收购白银、降低银价等方法，迫使国民政府同意法币与美元发生固定的比价。受美国调整白银政策影响，国际银价暴跌，白银贸易无利可图；加之日本反对中国政府币制改革、白银收归国有政策，日本官宪转而阻止白银外流，在山海关派宪兵切断了从海滨到山地的走私。③ 在多种因素的共同作用下，到1935年12月华北大规模白银走私活动基本停止，零星银元铜元走私活动却仍在继续。

2. 华北白银走私机构和群体

白银走私机构中最重要的是日本人控制的银行、钱庄等金融机构。日资正金、朝鲜等银行都包办私运，利用中央银行钞票随地可以兑现的通例，往往把数十万数百万的中央银行钞票，运到天津兑换成现银后走私出口。④ 伪满中央银行在山海关设立办事处，派人到天津、唐山等地，用伪满纸币"收买现银"⑤。各地钱庄在白银走私链条中充当中介。如1935年5月，唐山现洋外流高潮期间白银交易中心是银号，即钱庄、钱铺。市内大小银号有二三十家，营业几乎全注意在"买卖现洋"上了。这些银号收买本市商号和乡村银贩的现洋，再将这些现洋卖给朝鲜人，由朝鲜人贩运出

---

① 中国第二历史档案馆编：《中华民国史档案资料汇编》，第五辑第一编，外交（二），凤凰出版社1994年版，第1099页。

② 中国第二历史档案馆编：《中华民国史档案资料汇编》，第五辑第一编，外交（二），凤凰出版社1994年版，第1077页。

③ ［日］中村隆英：《冀东走私的兴衰》，李秀石译，《国外中国近代史研究》，第9辑，1987年版，第303—304页。

④ 殿槛：《白银私运》，《清华周刊》，第42卷第7期，1934年12月，第2页。

⑤ 《伪组织吸收津东现金》，《申报》，1935年4月15日，第8版。

山海关。① 在山海关也有 20 余家钱庄,各雇 20—50 名不等的人员从事白银收购、走私、偷运。大连是银元密运中心,山东、河北的白银走私至此处,售卖给当地钱庄,经其转售给当地走私者,经海路、陆路运往新义州。日本人还开设专门收买白银的机关。如 1935 年 5 月河北省政府主席于学忠报告:"近有日人在榆设机关数处,专为收买关内现银,其价以关内通用钞票一百十二元收买现洋一百元,致现银流出甚多,虽经我官方查禁,而唐山、遵化一带奸商仍有私行窃运者。"② 日本人开办的洋行、贸易公司等商贸机构则兼营各种走私勾当。在天津日本租界,日本人组织的洋行、贸易公司有二三百家之多③,名义上从事正当营业,实际上从事白银、烟毒或其他商品的走私活动。山海关的协和商栈表面上是运输公司,暗地里专门从事走私,不断向关外走私白银,甚至走私中央、中国、交通等银行发行的钞票。④

走私白银的主体是数量众多的日韩浪人,他们或受雇于上述的走私机构偷运带脚,或者自己出资雇人走私。事实上,走私者很少固定走私专项货品,往往是走私哪类货品利润高、风险低,就从事哪类货品的走私。走私资金往往来自金融机构、投机商自有资金或者走私进口烟毒、人造丝、砂糖等商品所赚取的资金,用此类资金套购现洋,再走私出口。

用纸币高价套购现银,是白银走私的重要环节。具体方法是日韩浪人手持各种外国银行钞票购物,如找回中国银行钞票时,以"不能兑现"为由拒收。如此往返多家,制造中国钞票不能兑现的谣言,使得中国钞票无人敢用,迫使持钞者急于脱手,汇兑银元。他们或用中国某一银行钞票以多换少,制造该行钞票贬值假象,从而引诱持钞者争相兑现。如此一来,华北的北平、天津、青岛等城市的中国银行相继出现白银挤兑风潮。据交通银行统计,1935 年 4 月 14 日至 5 月 25 日,天津的中央、中国、交通、四行库兑出白银 1682103 元,北平自 1935 年 6 月 6 日至 29 日仅交通银行一家就兑出 1629600 元,青岛自 1935 年 5 月 14 日至 6 月 6 日,交通、中

---

① 王晋之:《白银外流史料》,《钱业月报》,第 16 卷第 5 号,1936 年 5 月,第 37—39 页。
② 中国第二历史档案馆编:《中华民国史档案资料汇编》第五辑第一编,财政经济(四),江苏古籍出版社 1994 年版,第 192 页。
③ [韩]孙准植:《战前日本在华北的走私活动(1933—1937)》,台北"国史馆",1997 年版,第 26 页。
④ 《秦榆一带发现走私团体》,《申报》,1935 年 10 月 1 日,第 11 版。

国、中国实业三行共兑出 399200 元。① 日资银行、洋行、日朝籍人也会用日本银行发行的钞票 2050 元或朝鲜金票 1400 元，或伪满洲洋票 1300 元购买中国三行钞票 1000 元，再以之加贴水购兑中国银元，偷运关外。② 唐山银贩收集现洋，使用中央、中国、交通、中南等银行钞票购买，贴水越来越多。该市自 1935 年 5 月 3 日起每千元贴水 15 元，逐日增高，到 16 日增加到 48 元，两周内贴水平均数为 36.7 元。该市现洋大多从四乡收来，银贩们"下乡收购现洋，每千元只贴水三数元，运到市上卖给银号，便可得十倍厚利"。每次由乡下收买的现洋有 600 元至 1500 元之谱。③ 从城镇延伸到乡村，银贩们把民间散存银元利用高利率贴水方式悉数套购而去，之后售与钱庄，转售朝鲜人走私出境。

中外商人参与银洋走私的案件不断曝光，特殊行业职工参与走私案件值得关注。天津河东大王庄宋德仁在日昌轮船充当茶役，1935 年 4 月间私运国币 3000 元、银条 8 根时被获，5 月 30 日被捕。④ 10 月 27 日，津浦路 22 次车司机李子华、崔世峰、张连庆 3 人私运现银 2100 元，驶抵济南车站时被获。⑤ 津浦路机车伙夫谷振中每日随车往返津浦间，因贪图重利，由原籍各地购买现银，运往天津或浦口售卖，得利颇丰。他于 11 月 1 日由从山东带国币 350 元，拟到津售卖，中途被路警查获。⑥ 同年 8 月 26 日，郑斗贤、崔元俊、崔昌成、田亭山 4 名韩国人乘坐平汉路 22 次车从顺德抵北平，携带手提包 7 个，藏现洋 12000 余元，被中日警察捕获。⑦ 日文资料中有大量的日朝籍人走私银元铜元的案例。

3. 华北白银走私的路线、节点与规模

白银走私的路线有陆路和水路。1935 年 5 月，国民政府军事委员会办公厅通报称，"日本为扰乱我国金融，尽力吸收我国各地现金，分为海、陆两路运返本国。在华中由崇明、海州两地运出者，日在二十万左右。在华北，海路由青岛、烟台等处运出，陆路由北宁铁路运出榆关。同时又在

---

① 中国第二历史档案馆藏交通银行档案，转引自郑会欣《试论 1935 年白银风潮的原因及其后果》，《历史档案》1984 年第 2 期。
② 转引自姚洪卓《日本侵略华北问题探讨》，天津人民出版社 2012 年版，第 42 页。
③ 王晋之：《白银外流史料》，《钱业月报》，第 16 卷第 5 号，1936 年 5 月，第 37—39 页。
④ 《日昌轮茶役私运白银案》，《大公报》，1935 年 8 月 31 日，第 6 版。
⑤ 《津浦路司机等三人偷运现银破露》，《大公报》，1935 年 10 月 29 日，第 4 版。
⑥ 《津浦机车火夫私运白银》，《大公报》，1935 年 11 月 3 日，第 6 版。
⑦ 《韩人四名私运现洋一万二千元，在北平被捕》，《大公报》，1935 年 8 月 27 日，第 6 版。

大连、天津等处设立交易所,为吸收现银机关"①。陆路方面,走私者依托华北铁路、公路交通网线,在沿线城镇设立秘密的白银收购点,汇集零散的银元后,再偷运夹带出口。资料显示,北宁、津浦、胶济、平汉等华北主干铁路都是日朝浪人走私的重要线路,其中北宁铁路因连接北平和山海关,是陆路走私最繁忙、最猖獗的线路。走私者把从天津、北平、昌黎、唐山等地收集来的白银夹带上火车,运到山海关,换乘人力车,进入伪满洲国东罗城,再由万家屯车站北上,每天偷运白银五六万元。

天津为白银走私之重要节点。财政部报告称:"天津租界及华北战区等处,日本浪人勾结汉奸偷运白银,由长城出口谋利。"② 津海关报告,每天乘火车由天津到山海关的日朝及中国走私犯,成群结队,私带银元难以数计。他们都穿着特制白棉布马甲,周身缝有许多口袋,将银元藏于袋内。采取这种方法,每人每次可藏袋 700—800 枚银元。此外,在开往山海关和关外的火车上经常查获隐匿的大量走私银元。③ 津浦路连接华北和华东,山东、江苏等地白银沿津浦路向天津、济南集中。白银走私者在济南汇兑或收购白银后,经津浦路运往天津,或经胶济路运往青岛,再走私出口。到 1935 年 10 月,天津现银外流有增无减,系由各租界钱号收买四乡现洋,每百元贴水 20 余元,由此吸引天津四乡民众多携洋来津,密售牟利。④

水路方面,是经青岛、烟台、塘沽等冀鲁沿岸港口,运往大连或日本。其中冀东沿海、山东半岛到大连的水路航程短、费用低,轮船班次多,为走私者所青睐,是全面抗战爆发前夕最为繁忙的走私路线。在山东,日本浪人以青岛为基地,大量走私人造丝、白糖进口,私运白银、铜币出口,偷运白银数额每天达万枚左右。日本浪人分别从青岛、烟台冒充旅客私带银元、铜元出口。凡开往日本、大连等处的轮船内,常发现冒充旅客私带铜元的人。有时走私团伙成群结伙聚至码头,并随身携带武器,如有海关关员阻止,即行闯关,有时将铜元由船卸下装入汽车,由码头东

---

① 《胶海关监督袁思彦为日本人组织"密输团"事致胶海关税务司的公函》,1935 年 5 月 31 日,青岛市档案馆编:《帝国主义与胶海关》,档案出版社 1986 年版,第 460—461 页。
② 中国第二历史档案馆编:《中华民国史档案资料汇编》第五辑第一编,财政经济(四),江苏古籍出版社 1994 年版,第 188 页。
③ 天津海关编志室编:《天津海关志》,1993 年版,第 414 页。
④ 《白银外流目前仍未停止》,《大公报》,1935 年 10 月 26 日,第 4 版。

北门等路口闯出。关员往往寡不敌众,无计可施。尽管缉私形势恶劣,胶海关查获充公的铜元竟达九千斤之巨。① "烟台与日管大连仅一衣带水隔,运输至为便利,每现洋千元运至大连,即可获利八十余元。一班奸商惟利是趋,纷纷偷运现银前往。"② 山东半岛也有直达日本本土的航班,虽路途远,路费高昂,也被走私者用于走私白银。山东各口的白银也有运往朝鲜半岛的。据中国驻京城(今韩国首尔市)总领事1935年5月3日电称:"近有奸商,勾结日人在山东各口岸,偷运现洋五百余万元,陆续到鲜,改铸出口。"③

山海关是华北通往关外伪满洲国的重要门户,也是白银陆路走私的首选之地。1935年4月至9月间,白银陆路走私达到高潮,频频出现大宗现洋走私案件。《大公报》,1935年4月18日刊登山海关通信:"伪满为谋扰乱我金融起见,在山海关收买现洋,市价增高至每现洋一百元可换中交纸币一百零五六元左右。当地无知商民争将现洋售与伪满委托之洋行,载运出关,并在前所设立机关将现洋切断,使不能更行运回,其目的在吸收我国现银,扰乱金融。不肖奸商贪绳头微利,自平津偷运大批现银至山海关脱售。"④

5月,河北省政府向财政部报告:"窃查偷运现洋出口一事,迭奉严令查禁,各地方官署及海关堵获颇多,本国商民虽稍敛迹,而日、鲜人乘机大事偷运,业经连日查询北宁路车站钱商及行政机关,方知日、鲜人尤以朝鲜人居多,以为有利可图。如密带千元到关,换卖天津大洋票,以现行市计,可得五六十元,除盘费外,尚余四十元之利益。本月中旬,最高行市到一百六十元。是以日、鲜人结伙,分开秘运,显系有组织之行为。身体携带或用皮包偷运现洋,乘北宁路车到关者,日在百人以上,带有现洋八百、千元不等,约计十二三万元。此外,由迁、抚、乐各县密集至昌黎、滦县两地,再用汽车或轿车偷运至关,亦不下二三万元,统计每日密运到关约有十五六万元。再用洋车整运,或人身带出关外,且有日本人充

---

① 《胶海关税务司甘柏操为日船走私中国铜元事致胶海关监督的公函》,1937年2月1日,青岛档案馆编:《帝国主义与胶海关》,档案出版社1986年版,第461—462页。
② 《烟台市面恐慌》,《银行周报》1934年第18卷第48期,国内要闻,第6—7页。
③ 《财政部关务署密令》政字第16828号,1935年5月22日,中国第二历史档案馆藏海关总税务司署档案,档号:六七九/27979。
④ 《偷运白银出关,北宁路员役破获多起》,《大公报》,1935年4月18日,第10版。

伪国国境警察,包运至东罗城,遂由关外装伪奉山路车运到沈阳、大连等处,如此情节,日人显似保护。如以偷运上车之地方而言,以北平、天津各居五分之二,合有十一二万元;唐山、古冶、滦县,昌黎、秦王(皇)岛等处占五分之一,约四五万元。以日计十五六万元,如以月计,约有四百余万元之巨数流出国外。"①

该报告信息丰富,其一,中国政府的禁令与海关缉私使中国不法商民的偷运稍稍敛迹,但无权约束日鲜浪人的走私行径。其二,日鲜浪人尤其是朝鲜人主要依托北宁路,乘火车偷运白银出山海关,继而经东罗城转运沈阳、大连等地,是有组织的走私犯罪,受到日本当局的庇护。其三,偷运白银到山海关有两条线路,除了走北宁路的主路外,还有从迁安、抚宁、乐亭等县兑购的白银汇集到昌黎、滦县,乘汽车、轿车到达山海关。其四,偷运的利润与规模很大。偷运千元银元可赚取五六十元甚至高达一百六十元,利润惊人,驱使日鲜人流窜往返,造成每月四百余万元的巨额白银流入日本人的控制区域。

据国民政府财政部的另一份报告称,仅1935年4、5月间,秦皇岛海关缉获的走私银元即达177900余元,未缉获者不知凡几。秦关税务司报告称:"每次自西开往秦王(皇)岛之火车中,皆有多数韩人私带大批银元,其搭车抵站者,每次不下二百余人,估计平均每日运至山海关之银元,约在四十万元之谱,当时私运之猖獗,可见一斑。"② 1935年1—5月,秦皇岛关区的武装走私主要是由海路和陆路走私出口银元。5月15日山海关分卡副税务司末尼池报告说:"近来,在每趟火车上,200—300名朝鲜人,每人每次至少从天津带去银元600块,这大批银元经从沿海至山区大约6英里的范围内,由长城沿线走私出口。走私者成群结队有时超过千人,全部携带棍棒,其中一些人还有手枪。根据保守的估计,每月至少有一千万银元被偷运出口,并且还有继续增长的趋势","日本走私者在山海关、秦皇岛等地雇用了上千名中国人在各地收买银元,或扮作农夫进出山海关进行银元走私,或成群结队由秦皇岛出发,夜间翻越长城背往关外"。11月,秦关税务司就银元走私出口情况向海关总税务司报告:4—6月,从万家屯

---

① 中国第二历史档案馆编:《中华民国史档案资料汇编》第五辑第一编,财政经济(四),江苏古籍出版社1994年版,第188页。
② 《民国二十四年津秦两关办理缉私困难情形报告书》,中央档案馆等编:《华北经济掠夺》,中华书局2004年版,第130页。

车站装车运往沈阳、安东的银元分别为4299000元、5448000元、3855000元。① 到11月，山海关车站走私白银依旧猖獗。9日，有125名私贩带着装银元的皮袋一起下车；14日，更有约200人同时下车，一律乘坐人力车，像游行一般从车站排到城中，缉私人员不敢过问。估计每日走私偷运银元约100万元。②

满铁天津事务所对白银走私出口也做了详细调查，认为经由山海关向伪满洲国输出品主要是现大洋，以北平、天津、唐山为中心集中，利用火车运至山海关，到山海关的下一站万家屯再利用火车运往新义州和朝鲜各地。从瓦房店至大连一线运出者似乎较少。现大洋在山海关站下车后要靠暴力通关，伪满洲国监视员负伤入院者有之，死亡者有之，后来监视放松。现洋被运到东罗城，包装成90公斤一箱，从万家屯站起运，向朝鲜运输。据该事务所估计，从1934年10月到次年8月，"走私输出的河北现大洋（主要经由山海关），据称大约达3000万元"。1935年1—8月，从万家屯站装车的现洋有2460余万元，发往奉天锦州、安东、绥中等地。4—7月，该站没收现洋61765元。③

4. 日韩浪人走私白银行径得到日本军政当局庇护

1935年5月20日，北宁路路警在军粮城站查获张昌复等11名朝鲜人走私现洋8250元，将人、银扣押，交津海关处分。此正当之举却遭到日本驻天津总领事川樾茂的"严重抗议"，迫令北宁铁路局将人、银"从速交还本馆"，并具结"俟后不得再有类似事件发生"的保证。④ 中国海关缉私人员在山海关角楼附近和长城处追索走私银贩时，私贩跳城跌伤，日本关东军却以塘沽停战协定为由，向中国提出抗议，声称中国业将长城割让给满洲国，中国缉私人员不得在长城一带执行巡缉，跌伤之人系"满洲国人"，日军对其有"保护之责"。前一案件是依靠原有的领事裁判权强行破坏中国关路部门执法权；后一案件则是曲解《塘沽协定》本义，强势剥夺中国海关长城沿线执法权，蚕食我海关权力。

---

① 李桂林主编：《秦皇岛海关志》，1992年版，第102页。
② 时昭瀛、夏国盛：《华北走私问题》，《时事月报》1936年第15卷第1期。
③ 满铁天津事务所：《〈华北特别是冀东地区走私贸易的状况〉节录》，"中央档案馆"等编：《华北经济掠夺》，中华书局2004年版，第100—106页。
④ 中国第二历史档案馆编：《中华民国史档案资料汇编》第五辑第一编，财政经济（四），江苏古籍出版社1994年版，第188页。

且看日本庇护下的日本走私犯是何等嚣张。1935年12月12日，天津《大公报》刊登一起严重案件："来青岛预定十一日午十一时开之日轮原田丸，在晨九时许有海关关员会同日警署部长横谷、日领馆巡查共十余人，登该轮抄关，在舱内查出私运现洋两万余元。当时该轮日籍船夫数人见发现私运，即逼海关人员离船，关员以职务所关，不肯离去。讵船夫突将舱内电灯扭熄，持铁器向关员动武。因舱内黑暗，关员空手难敌，致有华员于伯献、孔广益、张际铭三人、俄员兰斤一人受重伤，另二华员受轻伤，内二日员未受伤，余均逃避。当场由日警捕获船夫数人，并现洋两万余元，一并交日领署讯办，受伤人员均送福柏医院医治，至此次严重事件当由海关向日领交涉。闻该轮曾数次被海关查获私运，此次因关员疏于戒备，致遭暗算，现该船停泊前海。"该事件反映以下信息：原田丸私运银元数量巨大，且系累犯；船员在私运罪行败露后蓄意殴打中俄关员致重伤四人、轻伤两人，行为残暴至极；处置结果还是将走私犯并凶手、脏银交日本领事馆处分，海关仅能提出严重交涉。

1936年12月17日，日轮景山丸由塘沽驶往日本以前，被津海关搜获私运银币约7400元。海关通知日领馆派员到场作证，但关员正将银币搬运登岸之际，日领馆馆员却将银币强行运去，经交涉无结果。次年1月16日，财政部向日本大使馆交涉，要求其将银币交回海关，并保障以后不得再有此种举动。日本大使馆1月28日回复，"诿称中国片面制定取缔现银出口规则，在条约上对于日本人不适用，故并无破坏关政庇护私贩之事"。3月19日，外交部照会日本大使馆，再次对日方的诡辩予以驳斥。[①] 这起案件更加清晰地反映了日本领事馆的处置态度：其一，领事馆人员不是配合中国海关执法，反而劫掠海关已获私运之银元，不予归还；其二，日本大使馆诡辩称日本不承认中国取缔现银出口规则，该法规对于日本人无效，也就是说日本使馆不承认日人运输白银出口是走私行径，当然会把银元归还给运输者。这便是日本使馆的强盗逻辑！

5. 走私白银的走向与大致规模

日本将偷运出的白银一部分存入伪满中央银行，以填补傀儡政权金库的空虚，绝大部分则送到朝鲜和日本，熔炼成纯银再运到伦敦等国际市场

---

① 中国第二历史档案馆编：《国民党政府〈外交部工作报告〉中对日交涉案件资料选》，《民国档案》1988年第3期。

抛售牟利。① 据1935年5月驻新义州领事馆电称："闻近来东三省银币密输于朝鲜、日本，为数甚巨，即安东一处，每日约有十五万元。其他大连、图们江各处，为数更多。此项现洋，概由长城各口及河北、山东沿海秘密转运而来。"② 5月，白银密输未见减少，密输者经由山海关转运新义州。该地陈展货物托运所收受白银7106箱，价值2131.8万日元，多运往京城（今韩国首尔）、东京、大阪等地，该所运费达68840元之多。③《朝鲜商工新闻》1935年5月1日报道，有大量中国银元流入汉城，其数量之多"有如山积，遂与银杯等熔铸一炉，以电气分解，成为纯银。铸成九贯（一贯合三点七五公斤）重之银块，其成分为千分之九九九，再往海外输送"④。

根据美国商务部报告，1935年1—9月，日本运出白银总值1.44亿日元，而上年同期只有700万元；仅9月一个月中，日本输出的白银价值就高达日金2100万元，而前一年同期仅100万元。美国调查称："就所知日本存银及日本登记的白银输入比较之，不应若是之多。"⑤ 很明显，日本输出的大部分白银是从中国私运出口的。对此，日本的报纸毫不隐讳地承认。东京《日日新闻》报道，1935年9月，"日本输出白银计二千零九百七十万三千日元，比前一年同期之一百三十五万日元，增加十余倍。从一月至九月，由上海向日本走私输出白银约达一亿四千四百十五万五千日元。而日本年产白银仅一千万日元左右，故由日本出口之白银主要是中国向日本走私之白银"⑥。杨格明确指出，中国白银走私"最大的漏洞在华北"，走私最甚时以每月1500万元的速度被偷运出境。在1935年的前9个月中，约有6000万盎司白银从日本出口，其中大部分显然是从中国走私出

---

① 郑会欣：《试论1935年白银风潮的原因及其后果》，《历史档案》1984年第2期。
② 《财政部关务署密令》政字第16828号，1935年5月22日，中国第二历史档案馆藏海关总税务司署档案，档号：六七九/27979。
③ 中国第二历史档案馆编：《中华民国史档案资料汇编》第五辑第一编，财政经济（四），江苏古籍出版社1994年版，第204页。
④ 《财政部关务署密令》政字第17057号，1935年6月11日，中国第二历史档案馆藏海关总税务司署档案，档号：六七九/27979。
⑤ 《世界白银流通现状》，《钱业月报》，第16卷第1期，1936年1月，经济资料，第5页。
⑥ 东京《日日新闻》，1935年10月20日，中国人民银行总行参事室编：《中华民国货币史资料 第2辑 1924—1949》，上海人民出版社1991年版，第150—151页。

去的。① 齐春风曾对中国白银走私数量做过初步统计，认为其中主要是经华北走私出境②，但尚需补充更多的资料加以论证。

（三）日韩浪人偷运白银出口造成华北各省金融恐慌

到1935年4月中旬，"津东各县现银非常缺乏，市面流通全为纸币，致各业所受影响匪小。金融界前曾设法由平津运银接济，但不数日即被吸收净尽，现唐山现银加水暴涨不已，由数元而升至十余元，至十八日晚每百加水十八元二角，持现洋百元，到处可兑纸币百十八元二角。据唐市金融界调查，半月来偷运出唐之现洋达七十余万元，目前全市所存现洋只数万元"。"一般奸商因铁道沿线现洋吸收净尽，收买困难，故近又深入长城各县收买，致迁安、遵化等县现洋亦感缺乏。"③ 此时，天津是白银走私的集散地，中外不法商民利用往来国内准带现洋一千元的规定，携带白银运往唐山、大沽等处，再转运山海关一带，交由日本浪人接应收买。④ 河北省政府报告从山海关偷运出关的白银中有五分之四来自北平、天津，每日平均十一二万元。在北宁路上车上连日破获多起来自平津偷运的大批现银。⑤ 中国政府还得悉，日本方面在天津收买汉奸、浪人多名，组织"密输团"向外输送现洋。⑥ 烟台在1934年11月底，由于"奸商偷运现洋赴大连，致烟地现银空虚，金融界大起恐慌"，后来从济南运来大批现洋和中国银行、交通银行发行钞票，流通市面后，金融渐行稳定，并奉准由上海运现洋来山东调剂金融。⑦ 1935年10月底，石门运出的整批现洋达数万元，少数外运者无法统计，先前该市现洋以正太路沿线所收现洋为大宗，在正太路运费等款改为钞票后来源缺乏，造成只有数十万元银号现洋流通

---

① ［美］阿瑟·恩·杨格：《1927至1937年中国财政经济情况》，陈泽宪、陈霞飞译，中国社会科学出版社1981年版，第238页。
② 参见张淑生、齐春风《1930年代日本在华走私白银活动述评》，《安徽史学》2015年第4期。
③ 《津东现银偷运》，《大公报》，1935年4月20日，第10版。
④ 中国第二历史档案馆编：《中华民国史档案资料汇编》第五辑第一编，财政经济（四），江苏古籍出版社1994年版，第198页。
⑤ 《偷运现银出关，北宁路员役破获多起》，《大公报》，1935年4月18日，第10版。
⑥ 《财政部关于严禁日人偷运现银扰乱金融秘咨稿》，1935年5月28日，中国第二历史档案馆编：《有关日本策动华北走私情况档案史料选》，《民国档案》1987年第4期。
⑦ 中国银行总管理处经济研究室编：《全国银行年鉴 民国二十四年》，汉文正楷印书局1935年版，银行日志，第38—39页。

市面,"若不设法制止,则不久即有现洋绝迹之虞"①。

中国白银因合法出口和非法走私,导致存银量急剧下降,银根紧缩,金融恐慌,时人称为"白银风潮"。谢菊曾、郑会欣等学者对这场白银风潮的因果有专文论述②,本文不再赘述。面对白银外流带来的严重危机,中国政府进行了限制携带、缉私等治标措施,并且通过谋求币制改革等治本之策,加以应对。

二 国民政府应对华北白银走私的诸般举措

规模巨大的白银走私给中国经济带来空前的灾难。白银外流,国内银根吃紧,金融市面恐慌,工商业倒闭,形成白银风潮。白银走私是日本侵略华北过程中所推行的削弱中国对日作战财力的"压迫政策"。

面对汹涌的白银外流狂潮,国民政府一方面要遏制白银合法出口渠道。如前所述,国民政府1934年10月增收10%的白银出口税和平衡税,暂时发挥了一定的作用。次年4月起,美国政府将银价从64.5美分提高到71.1美分,国际银价随之上涨,中国白银外流有所增加。因此,新任中国银行董事长宋子文代表中国政府与上海洋商银行公会订立了"白银停运协定":赞助中国政府的健全通货政策,自动暂停装银出口;如遇往来银行欲施行装银出口时,各银行当劝阻之。③ 该协定是君子协定,各国在华银行自愿停止装银外运,实际上中国对其并无约束力。日本学者饭岛幡司认为外商银行遵守了协定,从签署该协议至法币改革前,半年间外国银行自有白银额度仅减少了1400万元,而1934年间外资银行从中国运出了高达2.2亿元的白银。④ 天津的中央、中国、交通3家银行也约集汇丰、麦加利、花旗、大通、华比、正金、朝鲜汇理、中法、工商、德华、华义11家外商银行驻天津分行的经理们,会商防止现银出口事宜,各行均表示愿意根据上海中外银行合作办法,一律不运现银出口,并希望地方当局设法取

---

① 《石家庄禁止现银出境》,《大公报》,1935年10月26日,第10版。
② 参见谢菊曾《一九三五年上海白银风潮概述》,《历史研究》1965年第2期;郑会欣:《试论1935年白银风潮的原因及其后果》,《历史档案》1984年第2期;吴景平:《蒋介石与1935年币制政策的决策与实施》,《江海学刊》2011年第2期等。
③ 周伯棣:《白银问题与中国货币政策》,1936年版,第112页。
④ 中国人民银行总行参事室编:《中国近代货币史资料第2辑 1924—1949》,上海人民出版社1991年版,第155页。

缔私运现洋出口。① 天津市银行业同业公会为此上报财政部，要求华北省市当局酌定取缔办法，杜绝白银出口。这方面的绩效如何，尚需更多的资料来证实。

另外，针对华北白银走私的猖獗态势，央地政府及关路部门采取了应对措施。

（一）制定颁布有关缉查白银私运之法规

从国民政府、海关、津海关到平、津、冀、鲁等省市政府都有颁布，时间多则集中于走私最为猖獗的1935年上半年。

我们首先看国家层面的相关法规。1934年12月3日，财政部通令各海关认真查缉现银偷运出口，一经发觉全数充公，对防范不力者记过处罚；令各地商会、银行公会、钱业公会不得有私运情事，如经查获充公，并加倍处罚。② 21日，该部颁布《缉获私运白银奖惩办法》③，该办法分处罚和奖励两部分：第一部分是对私运者的处罚，银币银类被全部充公，加倍处罚；第二部分是以海关为主、军警协助、得眼线配合，开展缉私，缉获后分别奖励。

1935年5月7日，财政部与铁道部联合颁布了《北宁铁路取缔辗转私运银币银类出关办法》，明确禁止北宁路旅客携带银币银类出山海关站，在津、榆之间上下车的旅客每人每次准携带20元银币，逾限未领部照者被获充公。④ 北平政务整理委员会委员长黄郛委托北宁铁路管理局殷同局长与日军驻山海关特务机关长仪我诚也进行会商，由日方协助取缔偷运白银出关。⑤

5月11日，津海关监督韩麟生就防止现银出口及兑换现银等问题向财政部提出建议：第一，扩充北宁路携带银币限制办法，"无论北平、天津之东路或北路与塘沽、大沽沿海一带，以及长城各口等路线，一律均适用

---

① 中国第二历史档案馆编：《中华民国史档案资料汇编》第五辑第一编，财政经济（四），江苏古籍出版社1994年版，第187页。
② 《财部令各海关严查偷运现银出口》，《大公报》，1934年12月4日，第3版。
③ 《缉获私运白银奖励办法》，《钱业月报》，第15卷第1号，1935年1月，经济纪闻，第8—9页。
④ 财政部财政科学研究所、中国第二历史档案馆编：《国民政府财政金融税收档案史料1927—1937》，中国财政经济出版社1997年版，第407页。
⑤ 《于学忠转报华北走私白银走私情形致行政院呈》，中国第二历史档案馆编：《有关日本策动华北走私情况档案史料选》，《民国档案》1987年第4期。

此项'不准超过二十元规定,逾额须凭护照放行,否则扣留充公'之办法"。其意在于原定携带银币限制办法局限于津榆间的北宁线,其外还有海路、陆路、河路随处通行,奸商难免绕越私运,所以须全面覆盖,在各条路线上普遍执行限运缉私。第二,关于各银行兑现一节,"凡兑现至一千元者(或减为五百元)。均应声明用途,取具当地商会及银钱业公会证明书,连带负责,银行方面方可兑给现洋,其无证明书者,概不兑予"。要求大宗兑现者说明正当商业用途,并出具担保证明,无证明者不予兑现。第三,关于出关工人携带现洋一节,"凡经查出工人出口携带现洋在二十元以下者,可将现洋扣留,照数换给纸币放行,或在开船以前检查,如经查出携带者,可饬其下船自行兑换纸币呈验"。做这样的修改,韩氏的依据在于海关对贫苦工人携带的数元现洋都一律没收的做法导致工人异常悲愤,几乎酿成暴动,且有因此欲自杀者,其情"实堪悯恻",所以建议工人出关携带现洋20元以下者,换成纸币后应予放行。6月8日,财政部批复给韩麟生三条意见:第一条,转发行政院决议,"旅客携带现洋,由北平各站至天津以五十元为限,由北平各站至天津以东各站,及由天津以东各站至天津以东各站,均以20元为限"。财政部解释说,之前该部制定的《北宁路取缔辗转私运银币银类出关办法》,规定旅客赴天津以东各站每人每次携带银币以20元为限,逾限如未申请该部护照者一经查获由海关将逾限之银币没收充公。第二条,关于银行兑现一节,财政部的意见是"应准由部密饬办理,但毋须明白宣布,以免纷扰"。财政部解释说,针对平津地区时常有奸商持大宗钞票分赴各银行兑换银币,希图偷运出口的现象,该部已经密令军警严密监视,遇有情节可疑即予盘查,并追查其用途,防止兑现私运,此种办法收效颇著。"如为格外慎重,似可密咨河北省政府、天津市政府密饬现驻各发行银行监视之军警,对于兑现一千元以上者,饬其声明用途,并取具当地商会或银钱业公会证明连带负责,再予照兑,但不必明白宣布,以免发生纷扰,牵动市面。"第三条,关于工人出关携带银元事宜,"应准仿照胶海关呈准办法,凡出洋劳工携带现洋,如系零星小数,经关员查询,自行呈出者免予扣留,准其向中国、交通两行购置汇票放行成案办理"。当年5月11日,胶海关报告,由青岛赴大连的劳工贫民携带现银50元以内,海关不予追究,准其兑换金票放行。财政部回复,该关对于出洋劳工自行呈验的现币,可令其向中国、交通两家银行购买汇票。天津出关工人携带现洋的标准仍是20元以下,主动呈交者准购汇票放行，20元以上的没收。①

5月22日，财政部长孔祥熙提议按照《危害民国紧急治罪法》处罚偷运银币银类出洋或前往不行使银本位币地方的人犯，分别情节轻重处以死刑、无期徒刑或五年以上有期徒刑，并科币额或价额三倍以下罚金，由国民政府通令全国军警机关协同各海关认真查缉，一经拿获，交司法机关惩治。② 次日，该提案获得国民党中政会批准，但将科罚一节由"三倍以下罚金"改为"五倍罚金"。5月28日，国民政府据此颁布防止白银出口训令。③

6月14日，行政院批准了《取缔现银出口处理办法》三项，"（一）本国人及不享受领事裁判权之外国人，如私运银币银类出口，一经查获，人银一并移交海关处理。（二）日韩人或其他享受领事裁判权之外国人，私运银币银类出口，一经查获，按照条约，将人送交各该国领事法办，至检获之银币银类，照章移交海关处理。（三）嗣后北宁铁路，应有海关派干员在各站切实检查。路警并应尽力协助，惟无论如何，不得容许日警协助检查"。该办法系北宁铁路局提议，由外交、财政、铁道三部会同审定，经行政院第215次会议审查通过的。④ 北宁铁路局担负稽查现银走私职责，如何处置所获人犯赃物是个非常棘手的问题，故该局提出区分走私者身份，特意提出日韩走私贩交日本领事处置，亦为当时的常规处置办法，而其私运银币银类归海关处理，则常引来日本领事的无端抗议和蛮横索要。

中央应对白银危机的关键性措施是1935年11月3日公布实施法币政策，随后财政部颁行运输银币银类请领护照及私兑私带办法等法规，兹不赘述。

再看地方层面的法规。1935年2月，天津海关发布《查缉无照私运现币和银类奖励办法》，规定偷运出口的银币银类，除全数没收充公外，还照数加倍处罚；所没收之银币银类折价后的60%及40%分别奖给特殊有

---

① 中国第二历史档案馆编：《中华民国史档案资料汇编》第五辑第一编，财政经济（四），江苏古籍出版社1994年版，第198—203页。
② 中国第二历史档案馆编：《中华民国史档案资料汇编》第五辑第一编，财政经济（四），江苏古籍出版社1994年版，第192页。
③ 中国第二历史档案馆编：《中华民国史档案资料汇编》第五辑第一编，财政经济（四），江苏古籍出版社1994年版，第194—195页。
④ 中国第二历史档案馆编：《中华民国史档案资料汇编》第五辑第一编，财政经济（四），江苏古籍出版社1994年版，第204页。

功、一般有功人员；系告密者告发所缉获而无军警协助的，可将没收之银币银类折价后的60%奖给告发者，40%奖给海关人员；若有军警协助缉获的，则军警和告发者各得40%，关员可得20%。① 该办法系重申1934年12月财政部《缉获私运白银奖惩办法》主旨，其意当在奖励海关关员、地方军警和民众参与缉私，遏制白银走私狂潮。4月23日，北宁铁路管理局公布《暂行取缔现洋外溢办法》，规定出山海关旅客可携带现洋50元，免运费；携带50元以上100元以下者、千元或不满千元者要缴纳数量不等的运费，凭票放行，隐匿不报者查出后补缴运费外科10倍罚金；旅客携带百元以上者应知会海关核办；沿线达到站均须注意检查。②

1935年5月4日，河北省比照财政部《海关查获私运现银处罚给奖办法》，制定了《河北省查禁私运现银出口暂行办法》，得到国民政府批准。《办法》如下："第一条，凡是旅客出口及前往不通用国币之各地方者，一律不准携带银币或银类，否则一经查获，以私运论即依本办法惩之。第二条，查缉私运现银出口，除由海关暨本省军警政机关负责施行外，并准由人民随时向各海关暨军警政机关告密举发。第三条，查缉私运现银或银类出口者，除由海关缉获者，应按照财政部（民国）二十三年十二月九日第1065号咨原定处罚给奖办法办理外，其由本省各军警政机关查获者，应按照本办法规定标准处罚提奖。第四条，缉获私运出口至银币或银类，送交该管市县局，除将银币或银类充公外，并照偷运数额加一倍处罚，唆使之人从严惩办。第五条，前条充公之银币或银类（变价后）照下列成数提奖：（甲）如由本省各军警政机关单独缉获者，异常劳绩，给予百分之六十，寻常劳绩，给予百分之四十。（乙）如本省各军警政机关得举发人告密，因而查获者，查获人员及举发人，各得百分之四十。举发人姓名，应为代守秘密。第六条，第四条所规定之加一倍罚金，应加给第五条甲乙两项有关系之军警及举发人各二成，余数充公。但偷运人逃逸，无从处罚，或偷运人无力缴纳罚金者，不在此例。第七条，市县局查获之私运现银或银类，除变扣应提奖金外，应按月报解财政厅，并分报省政府查核。第八

---

① 津海关档案，6目录，247号卷，转引自姚洪卓《七七事变前夕华北地区的海关缉私》，《海关研究》1989年第2期。
② 《禁止现洋外运，北宁路公布取缔办法四项》，《大公报》，1935年4月24日，第10版。

商业、经济与社会　　　　　　　　　　　　　　429

条，本办法自省政府公布之日施行。"①

笔者查阅资料，发现河北省在上报财政部之前，曾在《大公报》4月27日刊布了这项办法，共计9条。第一条，"旅客出口携带现银，以值五十元为限"。第二条，"前条旅客携带现银超过上列限度，未经持有部照，即以私运论，一经查获，得依本办法处罚之"②。第三条至第九条，则与上报办法之第二条至第八条相同。报载《办法》系河北省政府委员会议通过的，第一、二条规定旅客携银出境以50元为限，超限且无财政部护照者以私运论处。在上报财政部审批之后，该《办法》第一条则明令禁止银币或银类携带出口，违者处罚。笔者推断应为财政部坚持该部前颁办法之原则作出了修改，而动员海关、军警、民众参与缉私之原则与财部办法一致，故未做修改，但也照顾了河北省的自身考虑。

1935年5月15日，北平市制定《查禁私运现银出境暂行办法》9条③，明确旅客携银出境以50元为限，超限须领财部或市政府护照，无照者没收充公，走私者加倍受罚；指明查禁主体为军警机关，民众有告密举发权，奖励军警民众参与缉查私货。同日在全市内布告办法。④北京市政府与河北省政府应该有充分的交流，前述《大公报》所载的冀省相关办法与本项办法大致相同，表明两地当局在应对走私方面存在协商共进的关系。

然而，北平市府将该办法上报财政部审核后，财政部认为第三条以下各款妥适，第一、二两条还需修改，理由是第一条与《北宁铁路取缔辗转私运银币银类出关办法》第二条抵触，改为"旅客携带现银由北平各站至天津，以五十元为限。由北平各站至天津以东各站，均以二十元为限"。又以财政部有颁发现银出口护照之权、其他机关不宜发照为由，把第二条中"或本府护照"五字删去。6月6日，行政院同意财部意见，责令北平

---

① 中国第二历史档案馆编：《中华民国史档案资料汇编》第五辑第一编，财政经济（四），江苏古籍出版社1994年版，第190页。

② 《查缉现银出口 冀省府拟定暂行办法，规定处罚提奖各标准》，《大公报》，1935年4月27日，第4版。

③ 《北平市查禁私运现银出境暂行办法》，《北平市市政公报》，1935年第301期，法规第9页。

④ 《布告 兹订定北平市查禁私运现银出境暂行办法仰一体凛遵由》，《北平市市政公报》，1935年第301期，文电第30页。

市政府修正办法。①

山东省针对白银私运加剧的态势，陆续颁行多项规章，缩紧携银限制，救济市面恐慌。早在1931年11月，山东省政府就发布《限制现洋出境章程》，规定商民携带现洋出省，每人不得超过500元；省内不限，但由省城运赴各县的数额在2000元以上者，须经财政厅核发护照。商贩调运现洋出省购货，数额在2000元以下者，给照放行；2000元以上者不准出境。党政军机关、公益慈善团体、行商公司、银行业、外商外侨携银出境均请领护照。各县政府、各铁路车站、省会公安局及军警稽查员、财政厅特派稽查委员担负稽查，验照放行，罚没私运者。② 概言之，本办法禁止个人携带500元以上出境，禁止商贩调运2000元以上出境。

山东白银偷运猖獗，造成现洋缺乏，银根奇紧。1934年9月，该省府为救济市面，颁行《限制现洋出境办法》四项，规定商民在省内转运现洋，每人限500元，超者领照；携洋出省境者每人不得超过200元；银行（号）运现银出省境也须领照调运；经营土产贸易之商号领取流通凭照，每张限5000元。③ 11月，省政府降低省内流通凭照额度，要求2000元以上者须向商会或钱业公会领照，2000元以下自由流通。④ 同月，又将携洋200元出省境改为仅限陆路。由省内未设海关的沿海各口岸出境者只准携带通用银行钞票，每人所带旅费或零用现洋不得超过20元；多余现洋应掉换钞票，超过20元者禁止由海口出境。其有海关各口岸，对未经领照报税及超过每人旅费现洋20元者一律查禁。⑤ 限制再次收紧，只有陆路出省者可携带200元现洋，由沿海各口岸出境者携带现洋不得超20元。12月8日，省政府又出台《改订限制现洋流出严格办法》四项，规定凡商民在省内携洋转运以300元为限，逾限者领照；凡商民携洋出省境者每人不得超过20元；各银行（号）运洋出省须请领护照，财政厅有权核减或令其缓

---

① 中国第二历史档案馆编：《中华民国史档案资料汇编》第五辑第一编，财政经济（四），江苏古籍出版社1994年版，第407—408页。

② 《山东省限制现金出境暂行章程》，《山东财政公报》，第3卷第3期，1931年12月，法规第11—13页。

③ 转引自山东省地方史志编纂委员会编《山东省志·金融志》，山东人民出版社1996年版，第66页。

④ 《山东省限制现金出境暂行章程变通办法》，《财政旬刊》1934年第11卷第8期，章则第1页。

⑤ 《鲁省严禁现银出境》，《银行周报》1934年第18卷第49期，国内要闻，第2—3页。

运；经营土产贸易之商号领取流通凭照，以每张2000元为最高限度。①

对比该省1934年9月、11月、12月所颁之办法，我们发现：其一，省内携银标准由500元降到300元，逾额者须领护照；其二，对携带现洋出省境者限制日渐严格，由9月的可携洋200元出境，到11月仅限陆路出境，由各海口经海路出境者至多20元，再到12月所有出省境者携洋均不得超过20元；其三，坚持各银行号请领调运现洋护照的原则，强调财政厅核减、缓运的权利；其四，土产贸易期间，由财政厅委托钱业公会、商会代发的现洋流通凭照限额由5000元骤减到2000元，以此限制大额的现洋流动。

1935年7月，山东省政府公布《新订禁止现洋出境暂行办法》，归纳要点如下：第一，确定商民携带现洋额度、请领护照原则及核发机关权限。凡中国商民、机关团体、银钱行号、商号及外侨商民由本省携带现洋出省境，或在省内由甲处运往乙处者，每人携带数额以50元为限，超过者应尽量适用汇兑方法汇拨。第二，确定稽查主体及其责任。由省会公安局及军警稽查人员、财政厅特派稽查员、各县政府、各铁路车站及汽车路局负责稽查中国商民，由省政府转函各国驻山东领事协助稽查外国侨商。稽查机关或人员遇到持有国民政府（或财政部）所颁之现洋准运专照者查验放行；遇违章偷运者拿获扣留。第三，确定对私运者的处罚规则。外商外侨偷运现洋被查获者，由省政府转函该管领事核查办理或交中国司法机关办理；本国商民及银钱行号商号或团体偷运现洋情节轻微者酌予罚没，情节重大者交司法机关治罪。第四，前颁《限制现金出境暂行章程》《严格限制办法》作废。②笔者认为新订办法最大的改动有两个方面：一方面是增加了对外侨商民携洋出境的限制，50元以上请领护照；另一方面希望外国驻华领事，事实上主要是日本领事官协助鲁省政府遏制现洋出境，除审核侨民运银动机外，还要惩处走私者。7月19日，省财政厅召集银行业、商会，规定临时连索兑现办法，函请各领事通令外国侨民遵照办理。③

7月23日，山东省政府在上述《办法》的指导下制定《济南市各车站检查现洋出境手续》，指定在济南市各车站设立专门的检查人员办事处，

---

① 《鲁省严禁现银出境》，《银行周报》1934年第18卷第49期，国内要闻，第3页。
② 《新订山东省禁止现洋出境暂行办法》，《山东民政公报》，第237期，1935年8月21日，本省法规，第7—8页。
③ 《鲁防现银出境》，《大公报》，1935年7月20日，第3版。

由财政厅特派检查委员、省会公安局所属分局长及所派到站警务人员负责检查，驻济外国领事馆派遣警务人员到站协助，财政厅为上述人员配发出入证。各检查人员发现中国商民携带现洋时立即检查，每人限带50元，逾额者送公安分局转报财政厅核办；发现日本旅侨携带现洋，通知到站日领事警务人员共同检查，如果超过准带数目，由日警令其掉换通用钞票，或送日领馆处置；检查人员如遇到其他国家侨民携带现洋逾额时勒令掉换钞票，或送该管领事馆核办。①

（二）华北各省市展开有限度的白银缉私活动

上述遏制白银走私的法规是被动出台的、治标性质的法规，尽管如此，平津各银行联合外资银行禁止白银外运，津海关、北宁路局及平津冀等地方政府还是将法规条例布告周知，责令中外民众遵行，而且利用不完整的缉私权限，侦办偷运银元案件。

1. 银行方面协助政府禁止银元外运

1935年春，天津出现私运现洋出境问题，数额不多。中央、中国、交通三家银行经理李宏章、卜白眉、钟秉锋会商预防办法，并在4月17日与英、法、美、德、意、日各外国银行茶会，请求各外国银行协助维持津市市面。各行表示近期没有运银出境，嗣后也不会运银出境，中外银行洽商圆满。② 7月1日，天津市长程克邀中央、中国、交通各行经理座谈，要求各银行严定兑现办法，说明派员监管难以防范，市府另谋妥善办法，拟请租界当局通力协助。③ 10月底，天津各银行限制兑现，市面现银减少。私贩者不得不携带巨额钞票，散向四乡搜罗现洋，而市公安局派员盘查，限制钞票出境。④ 市公安局还会同租界当局拟定查禁白银走私办法，在各车站码头派员常川检查。12月9日再次通令各区所，认真查办私运白银勾当。⑤

烟台与大连隔海相望，两地运输较为便利。1934年冬，走私现银千元到大连可获利80余元。"一班奸商惟利是趋，纷纭偷运现银前往。"山东省财政厅限制现银出境，从每人携带最多不超过200元，降为每人携带不

---

① 《禁银出境》，《大公报》，1935年7月25日，第10版。
② 《天津金融界防止白银流出》，《大公报》，1935年4月19日，第3版。
③ 《防止运银，程克昨邀银行界会商》，《大公报》，1935年7月12日，第4版。
④ 《公安局防止白银流出，限制中交钞票出境》，《大公报》，1935年10月29日，第6版。
⑤ 《津市公安局再令所属，严禁运现出口》，《大公报》，1935年12月10日，第4版。

超过50元，旋即改携带20元为限。即便如此，奸商仍有大利可图，大肆走私。烟台市因出境现银过多，市面银根吃紧，经济周转不灵。11月30日起，市面交易被迫停止。烟台商会及烟台特区行政专员兼公安局长张奎文召集该市中国、交通、民生各银行协商急救办法，议决由各银行尽量发行钞票，流通市面；暂不兑换现银，以维持现状。消息传到济南，省财厅及各银行以为不兑现银不妥，决定一面尽量发行钞票，一面急运大批现洋赴烟台照常兑现，以资救济。12月2日，财政厅召集各银行负责人协商救济烟台金融办法，议定"一方面由财厅令禁绝对不准现洋出境。一方面，各银行运现银赴烟台维持，并多发钞票"。仅两日，民生、中国、交通各行运往烟台的现洋已达数十万元。①

国民政府实行法币政策后，规定集中白银及银货兑取法币等各办法，但天津仍有白银私运出口的案件发生。1936年2月1日，津海关关员检查出口船只，发现外商华比等数家银行私运大批现银，装轮待发，随即以取缔现银出境之令予以扣留。津海关监督公署查明这批现银系运往上海掉换法币，派人加意看押，并报告市政府。市长萧振瀛对此颇为注意，派员通知各银行嗣后掉换法币，尽可在津办理，无须外运。市商会得知消息后也非常重视，深恐现银外流，给地方金融造成不良影响。该会主席纪华分赴英商汇丰、麦加利、美商花旗、美丰、日商正金、朝鲜、比商华比、德商德华、法商中法工商、汇理等11家银行，访晤各行经理，恳切希望与华商各银行精诚合作，维持地方金融安定，防止现银出境，"谈话结果颇佳"②。商会了解到外商银行外运现银时持有财政部护照，毋须津海关公署审核，因此建议嗣后中外民众运送银料银元须呈交平津金融维持会核准后外运，建议市府加派人员在轮船码头认真稽查，无该会许可者扣留。该项建议获得萧振瀛的批准。③

2. 华北地方政府、重点部门在重要地带开展有限度的缉私

北宁路山海关站是缉私斗争的重要节点，报刊屡次报道破案讯息。1935年4月，北宁铁路员役随车破获多起大宗走私银元案，多自平津偷运

---

① 《烟台市面恐慌》，《银行周报》1934年第18卷第48期，国内要闻，第6—7页。
② 《外商华比等银行私运现银被扣》，《大公报》，1936年2月21日，第4版。
③ 天津市档案馆等编：《天津商会档案汇编（1927—1937）》上，天津人民出版社1996年版，第723、726页。

现银到山海关脱售，扣留现洋 1 万余元，将人犯解送天津海关讯办。① 当月，津海关山海关分卡联合公安局，破获德盛永首饰楼私运现银案，收缴现洋 9.3 万余元及运送洋号坎、账簿多件。8 月 15 日，津海关将照章提奖的现洋 2 万余元送交山海关公安局②，奖励参与破案的警士们。

同期的河北现银偷运出口问题颇为严重，津东各县现银缺乏，各业深受影响。4 月 18 日，河北省政府电令津东各县切实严防私运，声明已向财政部请示办法。滦榆区专署拟在所辖各县组织缉私队，由各县警察拨调充任。③ 电令所说的办法，应为前文所述的《河北省查禁私运现银出口暂行办法》，5 月 4 日得到财政部批准。此后省政府向全省发出查禁贩卖现洋通令，责令所属严密缉拿。5 月 17 日，唐山接到通令后，一般的银号不敢再做收银转卖的勾当，只有中国法律不能制裁的朝鲜人单独做，但成交者甚少。④

北平对于私运白银出境侦查取缔甚严，抓获私运白银贩多人。1935 年 7 月 1 日，铁岭人燕长生、河北滦县人李庭阶到中国银行兑现 3000 元。驻守该行的便衣警长见其形迹可疑，经盘诘获悉该款系某外侨所有，外侨要求两人兑现后运赴关外，许诺每人给 5 元报酬。警察以私运白银罪将两人转送公安局法办。⑤

北平公安局侦缉一分队在前门大街一带商铺侦查日久，发现天桥北路西门 90 号玉成祥烟卷钱铺，时有某国人往来，腰缠甚重，步履维艰，遂令所属第二小队长梁保全带领侦探暗中蹲守侦查。8 月 16 日下午 2 时，警探见有天桥西路郭记烟阁少铺长郭宗文持现洋赴该铺兑换，当即将郭宗文及该铺经理张玉沛，副经理陈良 3 人，连同证物，送交侦缉总队审讯。该犯供认，收买现洋，每百元贴水 13 元，业已经营三月有余。该队正核办期间，警探在前门桥西福庆成烟阁子铺捕获收买现洋私运出境人犯吴玉福等 3 名，该犯等供称收买现洋百元，可获利 10 元，两三日间可收得两三千元，业已经营一月余。17 日下午，该队将两案六犯解送公安局第三科

---

① 《偷运白银出关，北宁路员役破获多起》，《大公报》，1935 年 4 月 18 日，第 10 版。
② 《榆关破获私运现银案，提二万元赏警士》，《大公报》，1935 年 8 月 22 日，第 10 版。
③ 《津东现银偷运，冀省政府再令严防，滦榆区将组缉私队》，《大公报》，1935 年 4 月 20 日，第 10 版。
④ 王晋之：《白银外流史料》，《钱业月报》，第 16 卷第 5 号，1936 年 5 月，第 39 页。
⑤ 《私运白银 为了五块大洋，何苦受人利用》，《大公报》，1935 年 7 月 2 日，第 6 版。

商业、经济与社会　　435

法办。①

北平公安局还利用私运白银犯游街演说的方法警醒市民。8月15日公安局侦缉一分队在蔡家胡同19号抓获刘自明，其供认收买现洋卖给崇文门内苏州胡同某国人，每百元获利11元。21日，该局特派保安第四队警察押解刘自明赴前门大街、天桥等处游街，演说其犯案经过及当局取缔私运白银意义，听者动容。22日又押赴宣武门、西单、西四等处演说，23日在东单、王府井大街、崇文门一带演说，促使一般市民知所警惕。②

华北各省市政府、津海关、北宁路局在稽查走私犯罪时遭遇到的最大难题是日本、朝鲜不法侨民大肆走私，且中国方面"巡查愈力，私贩的态度愈凶"③。基于外交方面的慎重考虑，中国政府希望得到日本驻华军政代表的协助，屡次交涉所得到的回应较为矛盾。日本驻华使领馆官员名义上表示支持中国缉私，派出警察协助中国方面开展缉私，但是日本军方则态度蛮横，阻碍中国执法，强迫中国海关取消长城沿线缉私权限。

1935年4月，秦皇岛海关英税务司因连日破获日韩人偷运现洋案件数起，特就上车检查私运现洋问题向日方提出交涉。日方同意自5月1日起，派警察2名、宪兵3人，协同海关巡查员4人在北宁线每次列车到山海关站后上车检查，如抓获中国走私贩交由海关惩处，如抓获日韩走私犯则交日方处置。④10日，日本宪兵在山海关拘捕多名朝鲜私运现银犯，山海关税关对此表示谢意。⑤8月26日，平汉路22次火车到达北平西站时，公安局警察联合路警及日本警察署警员查获由顺德到北平的4名韩人用7个手提包私运现洋1.2万余元，当即逮捕，由日警员带往日本警署处置。⑥

1936年5月20日，北宁路警察在军粮城查获11名韩人私运现洋8250元，将人、银送交津海关处分。日本驻津总领事川樾茂却声称路警"无任何理由"强行检查张昌复等人，没收现银并引渡到津海关，"其时本国人中有为贵国军警等殴辱者，且于前述之外强夺其金品，被害不少"。因此，要求北宁路局局长将现洋"须从速交还本馆"，路警所夺的金品也"请迅

---

① 《平市迭次捕获私运现洋人犯》，《大公报》，1935年8月18日，第6版。
② 《平私运白银犯游街演说》，《大公报》，1935年8月22日，第6版。
③ 时昭瀛、夏国盛：《华北走私问题》，《时事月报》1936年第1期。
④ 《津东现银偷运，日警将协同缉查》，《大公报》，1935年4月23日，第10版。
⑤ 《私运现银　山海关税关加以取缔，日宪兵拘捕私运鲜人》，《大公报》，1935年5月13日，第4版。
⑥ 《韩人四名私运现洋一万二千元，在北平被捕》，《大公报》，1935年8月27日，第6版。

予调查交还本馆",并保证"嗣后不得再有类似事件发生,应请贵局严予取缔,相应照会"①。事实上,5月7日财政部、铁路部颁布《北宁铁路取缔辗转私运银币银类出关办法》规定津、榆之间旅客携带白银不得超过20元,逾限者没收,且北宁路局局长请求日军驻榆特务机关长协助取缔私运,得到了肯定的答复。川樾茂诬陷路警的依法缉私行为为"无任何理由",蛮横要求返还被扣现洋和金品,要求路局此后不能再有类似事件发生,还要"严予取缔"。取缔什么呢?显然是要求中方取缔缉私,不再逮捕日韩走私人犯!此案发生后北宁路局感到处置困难,压力巨大,曾建议以后抓获中国人私运白银,没收并移交海关处理,外籍人走私则将人银移交各该领事处置,以免除外交纠纷。6月,行政院下令缉获外籍人员走私,现银交海关,人犯交该国领事馆处置。

前述发生在长城沿线的两起私运银元案件,更是受到了日方的强烈抗议。5月17日和25日,秦皇岛海关缉私人员在角楼湾和罗城附近发现走私者从长城上向外转移银元,当即实施缉捕,走私者畏罪潜逃由长城上跳下摔伤。事件发生后,日本关东军乘机寻衅,向中国海关提出所谓"强硬要求",声称角楼湾摔伤者是伪"满洲国人",日军对其有"保护之责",无理要求赔偿给走私者5000元;且以《塘沽停战协定》为由,声称中国已将长城割让给伪"满洲国",要求"中国海关应停止在长城上执行巡缉工作",声称"如不承认此项要求,即取断然手段,将海关人员驱出山海关,不许在石河以东施行缉私工作"②。国民党政府对此竟然忍气吞声,命令海关人员退出从榆关到古北口一线的长城各关,为日本对华北的走私敞开了大门。

(三)中国政府在有限缉私的同时,依靠英美实行币制改革

1935年11月3日,财政部发布币制改革令,宣布自次日起,以中央、中国、交通三银行所发之钞票为法币,除法币外不得行使现金,违者全数没收,以防止白银偷漏;所有银钱行号、商店及其他公私机关或个人持有

---

① 中国第二历史档案馆编:《中华民国史档案资料汇编》第五辑第一编,财政经济(四),江苏古籍出版社1994年版,第198页。
② 《民国二十四年津秦两关办理缉私困难情形报告书》,中央档案馆等编:《华北经济掠夺》,中华书局2004年版,第130—131页。

的银币或生银类交发行准备委员会或其指定银行兑换法币。① 11月15日，财政部发布《兑换法币办法》八条，规定凡各地银钱行号、商店、公私团体及个人持有的银币、厂条、生银、银锭及其他银类者，应从11月4日起三个月内就近交兑换机关换取法币，藏匿或转付其他用途者以侵占罪论。② 11月23日颁布《运输银币银类请领护照及私运私带处罚办法》，规定凡运送银币银类应由中央、中国、交通三银行持财政部准运护照运输，沿途关卡或军警验照放行，未领部照或兑换机关证明而私运者没收充公，人犯送法院以妨害国币惩治暂行条例惩处。同日颁布的《修正缉获私运银类银币处罚给奖办法》，明令前项充公的银币、银类送交三行掉换法币后给破案人员提奖。③

南京政府向日本通报币制改革情况后，日本外务省、陆军省陆续表态，强烈抵制。日本关东军和天津驻屯军加紧推进"华北自治"，阻挠、破坏华北的白银南运。④ 日本为扶植建立冀东傀儡政权、安定金融市面起见，决定阻止白银走私外流。11月17日，日军派宪兵到山海关切断了走私途径，并在奉山线火车上实行检查。11月21日至12月28日，扣留白银11986元。⑤

1935年底，华北大规模的银元走私出口基本停歇，零散白银走私依然继续着。日本转而走私人造丝、砂糖、卷烟纸等税率较高的货品进口。

三 结论

通过以上论述，我们初步得出以下的结论：

1933—1937年，日本在华北策动走私中，白银走私为其早期的大宗走私出口货品。白银走私的国际背景为美国白银收购政策导致的中外银价差价巨大，引发中国白银合法或非法外流趋势加剧。华北成为白银走私外流

---

① 中国第二历史档案馆等编：《中华民国金融法规档案资料选编》，档案出版社1989年版，第401—402页。
② 中国第二历史档案馆等编：《中华民国金融法规档案资料选编》，档案出版社1989年版，第406—407页。
③ 中国第二历史档案馆等编：《中华民国金融法规档案资料选编》，档案出版社1989年版，第409—411页。
④ 卓遵宏等编：《抗战前十年货币史资料》（三），"法币政策"，台北"国史馆"，1988年版，第61—66页。
⑤ 满铁天津事务所：《〈华北特别是冀东地区走私贸易的状况〉节录》，"中央档案馆"等编：《华北经济掠夺》，中华书局2004年版，第112页。

的"最大漏洞"，当与日本政府谋求破坏中国金融秩序、削弱中国抗战财力等战略阴谋有密切关系，且与该时段日本扩大在华北特殊权益有关。此结论盖成共识，从时人评论到前辈学者屡经论证得出，笔者认同。

日本政府依仗军事外交威势、领事裁判权及新攫取的特殊权益，为日韩浪人的走私犯罪提供庇护。具体而言，公开支持白银走私，在长城沿线设立收购站，高价收买由关内运出的白银，同时还收买汉奸、浪人组织"密输团"，进行大规模地武装偷运。白银走私与其他杂货的走私在阶段上有所不同。在华日资银行勾结银号钱庄、零散银贩，贴水套购银元。走私路线分水陆两种，北宁铁路、冀鲁沿岸至大连航线为最繁忙的走私路线，天津、山海关、大连等为聚散关键节点。私运银元银币数量价值，齐春风曾做过统计，但尚需继续求证。从深层次上讲，日本政府纵庇日韩浪人走私银元，确保走私银元顺利运入伪满洲国、朝鲜和日本本土，充实储备或转售牟取暴利，旨在增加其侵华之总体财力。

中国政府实施提高白银出口税和平衡税政策，联合外资银行遏止白银合法外运。在防止走私方面，国民政府及平津冀鲁政府、津海关、北宁铁路管理局出台了多项法规，一再压缩商民携银出境额度，执行运银领照制，在重要地带进行有限度的缉私，有意识加强关路合作稽查，应该说在惩办中国商民走私白银方面起到了一定的作用。然而，国民政府始终无法打破日本在华的治外法权，无法阻止中国海关缉私职权被一步步剥夺，要求日本当局协助缉私的愿望亦无法实现。最终，因中国政府实行法币政策、美国调整白银政策以及日本扶助伪冀东政权控制区金融稳固等多种因素，使得日韩不法侨民在华北大规模走私白银的群体性犯罪行为于1935年底基本中止，而一般意义上的白银走私罪行却仍在持续中。

[注：本文原载《江苏师范大学学报》（哲学社会科学版）2018年第6期]